加賀の下級武士の藩政期と維新後

森田柿園の記録から

鈴木雅子

港の人

加賀の下級武士の藩政期と維新後　森田柿園の記録から

目次

装画（函）：松永光玉

凡例

一、本書の執筆に当たり、用字用語の表記は、現代日常的一般に行われている表記に従った。

二、ただし明治以前の古文書・日記等を引用する場合が多く、その場合は例外として、原文に忠実に翻刻し、その当時の雰囲気を伝えられるように心掛けた。しかし一方、そのままでは現代の人々には理解しにくい点も多いかと思われるので、次のような心配りをした。

1、漢文式の表記は、返り点の有無にかかわらず、読み下し文に改めた。（可然→然(しか)るべし、不宜→宜しからず、被仰付→仰付けらる、難致→致し難し、有之→之(これ)有(あ)り）

2、形容詞、助動詞等、語尾の部分に漢字を当ててあるものは平仮名に直した。（悪敷→悪(あ)しく、珍敷→珍しく、有之間敷→之(これ)有るまじく、相改度→相改めたし）

3、動詞や副詞等の語尾にくる文字を表記せず、漢字のみの場合が多いが、意味をとりやすいよう適宜仮名文字を補った。（申上→申上(もうしあ)げ、罷出→罷出(まかりい)で、先以→先づ以て、若→若(も)し、雖→雖(いえど)も、甚→甚(はなは)だ、并→并(ならび)に、直→直(ただち)に）

4、現代ではあまりなじみのない漢字やその読みには振り仮名を付けた。（慥(たしか)に、迚(とて)も、何(いずれ)も、迄(まで)、都(すべ)て）

5、助詞に当ててある特殊な仮名や変体仮名、漢字は、今日一般に用いられる仮名に直した。（…江→…へ、茂→も、之→の、迚→とて、計・斗→ばかり）

6、『柿園日記』は漢字と平仮名、片仮名、変体仮名が混用されているが、すべて漢字と現在通用の平仮名とに統一した。（外来語「コロリ、コレラ」のような例を除く）

7、当時の加賀方言、また訛った言い方と思われる「キヤキ」「候(そうら)へし」のような例はそのままとし訂正はしなかった。

8、濁点を付けていないものには濁点を付け加えた。また理解しやすいように句読点を加えた。

三、数字は古文書との兼ねあいから原則として漢数字表記とした。ただ西暦年を併記するような場合は（　）に入れて記し漢数字表記とはしない。（天文十二年（一五四三）、八月廿三日、五十九年間、七十歳、二千五百石）

例外として引用書については「一〇二頁」のように記し、注記の場合も、字数節約のため「一二〇石」「九三〇メートル」のように記した。（なお他書の引用の場合はその表記に従う。）従って日記類と説明叙述の文との表記に違いが生ずる場合があるが、御容赦頂きたい。

四、注は該当する注のある節、または項の文末にまとめて記した。

五、附録として、森田平次『幸若舞曲考』、森田盛昌『宝の草子』、盛昌筆『無表題秘伝書』の三書を翻刻・紹介した。

六、巻末に参考とした文献名をまとめて掲載した。

一　はじめに

もう随分昔、四、五十年ほども前になろうか。子育ても一応すみ、やっと自分の時間が持てるようになった頃、たまたま父・森田良雄から『金沢の昔話と伝説』（昭和五十六・金沢口承文芸研究会編）を見せられた。それは父の米寿を祝って次兄・森田外雄が父に贈った本であった。藤島秀隆（注1）氏の解説の参考文献の中に、先祖の森田盛昌、良郷、平次（柿園）の著書が載っていて、父はそれに赤印を付けていた。その本に載っている金沢の昔話を読んで、私も子供の頃、母からいろいろ聞いた話を懐しく思い出したのだが、記憶にあるのと少し違っていたり、又私の覚えている話が無かったりして残念だったので、こんな話もありますと連絡した所、補遺編（昭和五十九）に母の話を五つ載せて頂けた。これを契機として、藤島氏のお勧めもあり、石川郷土史学会に入会し、先祖の遺したものを調べるようになったのである。

森田家は代々学を好み、蔵書も多く、森田平次（私の曾祖父）は明治十八年に念願の土蔵を建て、厖大な蔵書をここに納めた。昭和十七年（一九四二）祖父・外與吉が、老齢のため東京の息子・良雄と同居することになり、その時蔵書の多くを石川県立図書館に預け、一部を東京に運んだ。そして第二次大戦中、疎開のため金沢に戻り、金沢で亡くなった。東京・荻窪の家は幸いにして空襲にも焼けずに残ったので、金沢から運んだ本も無事であったが、その後も長いこと押し入れの奥深くしまいこまれたまま、子孫からもずっと忘れられてしまっていた。

先祖のことを調べはじめた頃、石川県立図書館におられた伊林永幸(注2)氏から、平次が所有していた「能登国四郡公田田数目録案」が戦後行方不明になっていて、歴史学の方々が心配している、と伺った。そこで思い立って実家の押し入れを探したところ、「公田田数目録案」の他に、盛昌筆の『咄随筆』や『柿園日記』、外與吉の『霞園日記』などの数々が見付かった。戦災を免れて本当によかったと心から御先祖様に感謝したことであった。私は大学で国語学を専攻したので、理学部や経済学部出の兄達と比べ、昔の読みにくい文字なども少しは読めたから、父から森田家関係の古文書類を托され、それから少しずつ調べはじめたというわけである。『追跡　一枚の幕末写真』(鈴木明、一九八四・集英社)に「幕末・明治以来わずか百年、長命の人ならば、まだ生きている人もあり得るという年月なのに、わずか百年前の先祖の姿を知っている人は、わが日本人の中で、殆んどいないのである。」とあるが、私の場合は平次、外與吉と書きついでくれていたおかげで、百年前、二百年前の事も分かるのだから、私は有難いこの祖先達にただただ感謝するばかりである。

そこで私の仕事のまず第一は、森田家の系譜をたどることから始まるのだが、平次の記した森田家の家譜は、自身に関しては明治三十七年まで書き続けられており、跡継ぎの外與吉に関しては明治二十六年まで書きとめている。「一家相伝書」という符箋をはり「右家相続子々孫々奉戴吾々遺命大切保存可致事勿論候者也　仍遺言如件」と記した帙に納め、家督を継いだ子々孫々がそのあとを書き継いでくれるであろうと信じていたに違いない。しかし家制度というものが無くなってしまった現在では、もう意味のないものになってしまった。子孫のほとんどは、こういうものがあるという事も知らない。今は後継ぎの男の子がいなくても、養子をとって家名を継がせるなどということのないのが普通になってしまったし、森田家の直系も、長兄・良美が亡くなり、娘二人は結婚して姓を変えたから、結局絶えてしまっている。

それにしても、これは特別の家というわけでもない、ただの「森田」という家であって、他人には余り興味もないだろうし意味もないものなのである。何か意味を見付けるとしたら、古い時代の一寸珍しい事などが書かれている点に、歴史的・社会的・民俗的などの意味が見付け出せることかもしれない。明治以後、戦争とか震災とかの為に、多くの家々に伝えられたものが焼けたり散逸してしまったりしたと思われるが、失せもせずにこうして遺されているという事は、やはり珍しい事だと思うので、その意義を認められるようなものは発表してゆこうと思う。

前おきが長くなったが、平次を知るためにまずその系譜をたどることから始める。このもとになる主なものは『森田家譜』『柿園日記』である。加賀藩の陪臣に過ぎない、小身の武士の家系を発表するなど、まことにおこがましい限りであるが、微禄の武士の家の歴史の、一典型として、それなりにさまざまの浮沈を経ながら受けつがれ、一つのドラマを織りなしており、一応興味あるものと思われるので、お許し頂きたいと思う。

(附)『柿園日記』について

なおここで、資料とし種々引用する『柿園日記』についての説明を一言加えておくことにする。『柿園日記』八冊、縦二三・七乃至二三・四センチ、横一七・二センチ。和紙半折に墨書の、自ら和綴にしたもの。平次はこれを子孫の為に書きのこしている。もっとも『柿園舎日記』とも書かれていて、毎日の事を書きついだ、いわゆる日記ではなく、「家」の記録というべき記事で埋められており、従ってこの「柿園」は平次の号である柿園、つまり平次自身をさしているのではなく柿園舎、則ち金沢・柿木畠の柿園舎に住んでいた森田家を指しているものと思われる。

日記の巻一の前書きによると、安政四年に、それまで保存されていた幾つかの家の記録を、当時三十五歳の平之佑（のちの平次）が取りまとめ、世間の記録とも照らし合わせて、年代順に整理したもので、森田家代々について、年月を逐うて主だった出来事を記録するという体裁をとっており、八冊の内訳は次のようになっている。

巻一　天文十二年（一五四三）元祖三郎左衛門良明（よしあきら）出生の時から宝暦八年（一七五八）五代小兵衛常昌まで
巻二　宝暦八年（一七五八）より寛政六年（一七九四）八代作左衛門修陳（はるのぶ）まで
巻三　寛政七年（一七九五）より文政十二年（一八二九）九代大作良郷まで……鉄吉（平次の幼名）七歳
巻四　天保元年（一八三〇）より嘉永五年（一八五二）まで……大作六十三歳、平之佑（鉄吉改名）三十歳
巻五　嘉永六年（一八五三）より安政四年（一八五七）まで……大作六十八歳にて没、平之佑三十五歳
巻六　安政四年（一八五七）より慶応三年（一八六七）まで……平之佑四十五歳、外與吉（とよきち）五歳
巻七　明治元年（一八六八）より明治二十四年（一八九一）まで……平次（平之佑改名）六十九歳、外與吉二十九歳
巻八　明治二十五年（一八九二）より明治四十一年（一九〇八）まで……平次八十六歳にて没、外與吉四十六歳、良雄十五歳

従って、巻五まではあとからまとめたもので、（もっとも、その中に安政元年の能登遊覧の記録のように、逐日書きとめた普通の日記と思われるものも、まじってはいるが……）巻六以下は、平之佑が日々の出来事の中から、子孫に言い伝えておくべきだと考えた事を、えらんで書きとめていったものであろう。そしてこれは、日々のメモの中から少しずつ後日にまとめて記したものらしく思われる。ただ、巻七、八あたりになると、

老年でもあり、そのまま直接書き記していったもののようである。

こういうわけで、日記とはいうものの、「家系」を大切に考えていた、当時の記録であるから、内容も親戚縁者の消息や慶弔などの記事が多く、その点では、森田家と関係のない人々にとっては、興味をそそられることもない、つまらないものと言えるかもしれない。しかし親類等の消息記事を通じて当時のこの階層の人々の「家」というものに関しての考え方とか、どの範囲までを縁者としてつき合っていたのかという事とか、婚姻についての習慣とかがいろいろ分かって、それはそれでなかなか面白いと思った。また彼自身が意図して書いたわけではないが、生活というものは社会とのつながりの中で営まれているものであるから、おのずからその中に当時の加賀の国の有様や、下級武士の生活などが写し出されていて、これもまた興深く読むことができた。これに関しては別に章を立てて述べる。慾を言えばこの記録のもとになったメモの方が残されていたならもっと当時の生活がいろいろ描き出されていて、多分今の目で見たらもっと面白かったろう。しかし今となっては残されたこの日記の中にしか当時の生活をうかがい知ることは出来ないので、平次の日常的なナマの姿を知ることはあまり期待できそうもないのである。

『改正森田家譜　附録共四冊』も同体裁のもので、本家系譜、別家系譜、同姓森田系譜、紀氏本系帳の四冊。(なお年齢はすべて数え年。満年齢ではない。)

(注1) 藤島秀隆氏——昭和十年(一九三五)東京都生。国学院大学大学院文学研究科修士課程修了。専門は中世日本文学および伝承文芸。金沢工業大学名誉教授。金沢能楽美術館々長、加能民俗の会々長等を歴任。著書『中世説話・物語の研究』(桜楓社)、『加賀・能登の伝承』(桜楓社)、『加賀藩の伝承文芸』(北国新聞社)他。

(注2) 伊林永幸氏——昭和二十二年(一九四七)石

川県大聖寺生。国学院大学大学院文学研究科修了。日本史学専攻。石川県々立高校の教諭・校長を歴任。金沢港大野からくり記念館々長等を経て現在、加賀市大聖寺公民館々長。加賀市文化財保護審議会、大聖寺町史編纂、江沼地方史研究会等々で活躍されている。編著書『加能史料』奈良・平安Ⅰ～Ⅲ、『白山史料集』下、『角川歴史地名辞典石川県』他論文多数。私が金沢でお目にかかった頃は加能史料編纂室主任で県立図書館古文書課におられた時だったのだと思う。これも運命の引きあわせだったのだろうと改めて感謝している。そして叉くしくも氏は私の母方の従妹の御夫君でもあることを知り御縁の深さを思ったことである。

二　森田家の系譜

（一）家祖

森田平次は、森田家の家譜四冊をまとめ、家の記録というべき『柿園日記』八冊を丹念に書きついでいる。また歴代由緒帳の写し等も伝えられているので、これらをもとに森田家の系譜をたどることにする。

「家伝云　姓ハ紀氏　孝元天皇之御後武内宿祢ノ命之苗裔　従四位下宮内少輔紀維実朝臣之後胤也」平次が時に「紀良見」と署名しているのは、この為である。

維実朝臣の母は、美濃国池田郷の領主惟将の娘であったので、美濃に住み、池田を名乗った。維実十代の孫・池田九郎教依は、楠正行の後室を妻とし、正行の胤子を猶子（ゆうし）（注1）とした。それが池田十郎教正である。のち教正の子孫が越前国に移り住み、吉田郡森田郷（注2）に居を構え、これにより初めて森田氏を称するようになった。これが森田家の祖であり、同国坂井郡三国（注3）辺に一族が多いという。定紋は丸円蔓柏、替紋浮泉（ふせん）蝶、また森の一字である、と。

平次は諸実記によってこれを裏づけることにより、それを信じた。だからこそ、きちんと家伝に書きとめ、また自らも紀良見と署名したのであろう。しかし私は、越前の森田氏以前にさかのぼった系譜は、信ずべきかどうか、ためらわざるを得ない。江戸時代に、大名を始めとして下層武士階級にまで例の見られる、氏を飾ろうとして作り上げられた系譜と考えられないこともないからである。ただ、初代の頃に既に家祖に関して、以上のように伝承されていたものらしく、また先祖を同じくする同姓の森田氏（加賀藩御馬廻組、長町に居住）の家には、相伝の楠正成の遺品・菊水の蒔絵の盃があったといい、全くの作り事とはいえないのかもしれない。ともあれ、越前に住んだ森田氏から後は、多分代々の家督相続者の記録をもとにしたものであろうから、信用できると思う。

（注1）猶子（ゆうし）―養子。

（注2）森田郷―現・福井市北西部。九頭竜（くずりゅう）川流域の、もと北陸街道の渡し場として発達した地。明治二十二年、町村制施行により森田村となり、のち森田町（吉田郡）。昭和四十二年、福井市に編入された。

（注3）三国（みくに）――明治二十二年より福井県坂井郡三国町（みくにちょう）。九頭竜川河口にある港町。かつては沿岸航路の要港として重んじられていた所。海岸に面して東尋坊などの名勝がある。平成十八年三月二十日市制施行により新設の坂井市に合体、坂井市三国町となる。坂井郡は消滅。

（二）中川氏に仕えた森田家の六代（第一図参照）

1　元祖・三郎左衛門良明（よしあきら）

天文十二年（一五四三）越前国に生まれた。森田郷森田村が家祖の旧地である。吉田郡船橋駅（注4）の近辺に住み、同姓喜右衛門（長町の森田家の祖）等と共に、坂井郡本庄の城主堀江景忠に仕えた。堀江氏は朝倉家の幕下で、永禄十年、讒により朝倉氏に囲まれたが、和解し、一族は能登に退く。その後、本願寺方一揆に属し、加賀国に住んだ。そこで良明も亦、本願寺の幕下となり、近江国神崎郡小川城にたてこもり、城主小川孫一祐忠と共に戦ったが、織田信長の攻略によって、小川氏と共にその軍門に降り、信長の旗本である中川八郎右衛門重政の配下となった。これにより妻子は中川氏の領地・尾張国青山（注5）に移った。慶長五年（一六〇〇）九月、関ヶ原の戦で、中川重政の三男・半左衛門忠勝に随ってよく戦い、十五日の一戦で遂に討死した。時に五十八歳。子孫代々、この日を先祖祭として祭っている。

（注4）船橋—現・福井市舟橋町。天正年間、柴田勝家が刀狩をして集めた鉄で鉄鎖をつくり、舟を徴集して舟橋を架したという。北陸街道の九頭竜川渡河地点に位置することから、宿駅としても繁栄した。

（注5）青山—明治三十九年、青山村は豊場村と合併して豊山村となり、のち愛知県西春日井郡豊山町青山。名古屋市北区に接する地。昭和十八年、市制施行、春日井市となる。

2　二代・三右衛門良政（法名道秋）

天正四年（一五七六）尾張国青山で生まれた。中川半左衛門忠勝、牛之助（のち半左衛門）元重二代に仕え、関ヶ原の戦には父の三郎左衛門良明と共に供奉し、また大坂冬、夏両度の陣にも主の左右に随って戦功があった。寛文六年（一六六六）八月二十五日、江戸で没す。九十一歳。

第一図　中川氏に仕えた森田歴代

1、——は実子、＝は養子の関係をあらわす。
2、年齢は数え年

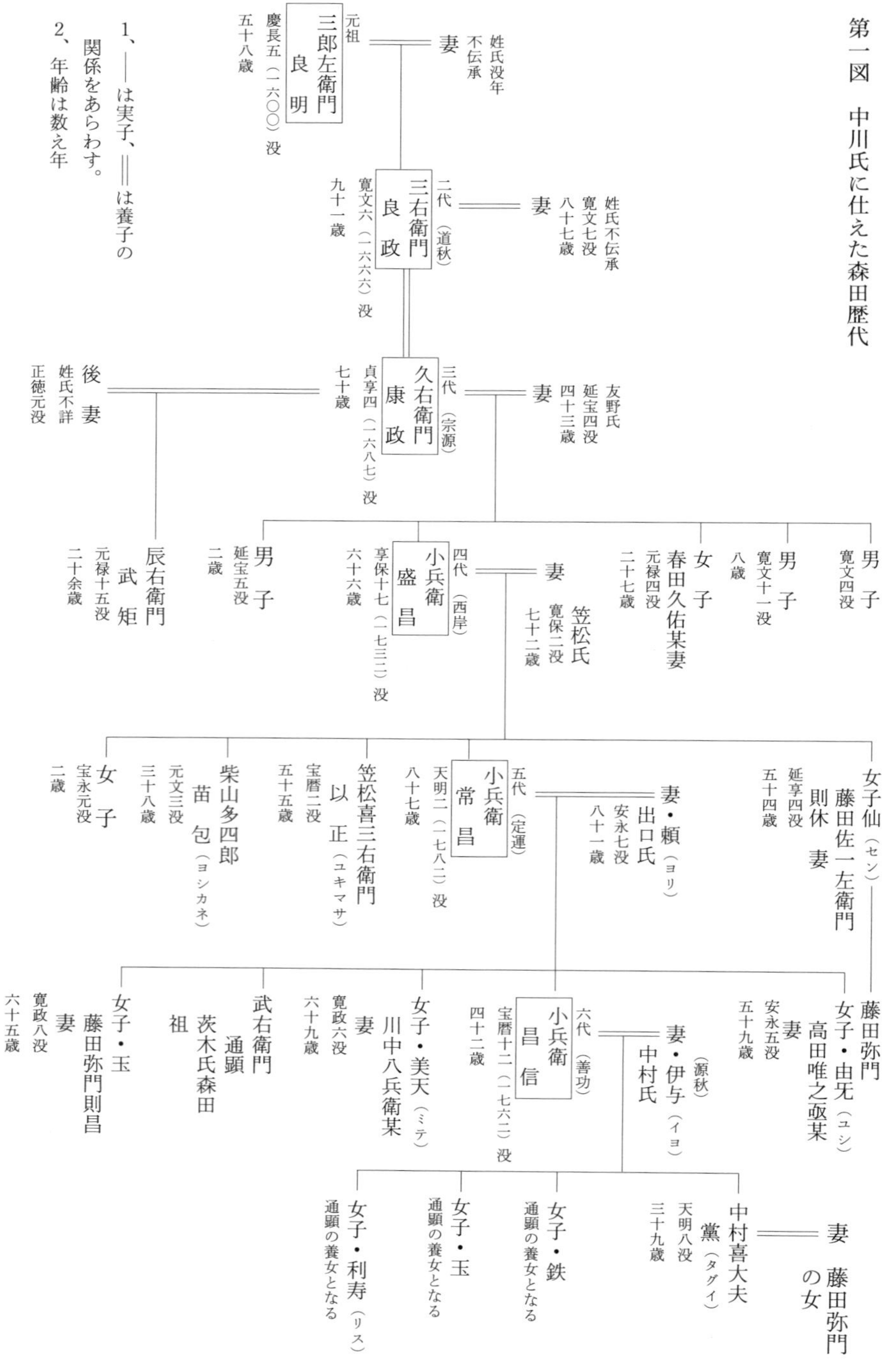

3　三代・久右衛門康政（法名宗源）

中川家の旧臣有馬惣兵衛某の子で、元和四年（一六一八）江戸で生まれた。幼名大吉。元和七年、主命によって、四歳にして三右衛門良政の養子となる。十二歳で中川半左衛門元重に召し出され、小兵衛と改名。元重死去後、長三郎（のち半左衛門）重勝に仕え、重勝の三弟・七兵衛重良（十九歳）が前田松雲公（綱紀）に召し出された時、岩村作右衛門と共にその附人となった。万治元年（一六五八）七兵衛重良の姉於喜知が、前田家家中・馬淵加右衛門に嫁した時、道中の供を勤め、この時馬淵氏縁家に若城小兵衛（御馬廻組）という人がいた為、小兵衛は久右衛門と改名した。寛文元年（一六六一）七兵衛重良が松雲公入国の御供をして江戸より加賀に入るのに随い、翌二年妻子と共に金沢に転居。（但し両親の三右衛門夫婦は極老につき江戸に残った。）これより金沢に居住することとなり、菩提所は主従ともに広岡放生寺（注6）と定めた。

寛文八年（一六六八）七兵衛重良に男子出生の際、親子の相性よろしからずとの陰陽師の言により、久右衛門康政夫婦が仮親となり、重良の幼名長三郎と久右衛門の幼名大吉とをとり、長吉と呼ぶ。（同じような事が『咄随筆』「岩倉弥右衛門妻観音参り」にも載っており、この時代の習俗だったかと思われる。）寛文十一年（一六七一）七兵衛重良死去、四歳の長吉が中川家を相続。久右衛門康政と岩村作右衛門、出口彦兵衛の三人が幼主を守護した。江戸以来五十九年間勤仕し、貞享四年（一六八七）九月十三日、金沢で没した。七十歳。

妻、友野甚兵衛某（江戸の有間左衛門の家来）の妹。寛永十一年、江戸で生まれた。延宝四年（一六七六）産後の肥立悪く、夫に先立ち四十三歳で没した。時に小兵衛盛昌、僅かに六歳であった。四男一女を生む。

後妻、姓氏不詳。正徳元年（一七一一）没。一男を生む。

（注6）放生寺——養雲山と号し、曹洞宗に属する。加賀藩の重臣・津田遠江守重久の寄進により元和元年（一六一五）に建立されたという。寛永十二年（一六三五）重久の一周忌供養の際、大乗寺二十一代超山誾越大和尚を招いた縁で、かつて大乗寺の由緒ある末寺で、戦国時代に廃絶した放生寺の寺号の再興を願い出て許可された。明治以後、鉄道開通の為に中橋町に移り、その後金沢駅高架工事の為に日吉町に移築した。四代盛昌が寄付した「寒山拾得」の掛軸を今に所蔵する。

4　四代・小兵衛盛昌（法名西岸）

寛文七年（一六六七）金沢で生まれた。母友野氏、幼名不詳。天和三年（一六八三）十七歳の時、中川長吉（のち八郎左衛門）重直に召し出され、平之亟と称し、近辺の御用を勤める。貞享四年、父久右衛門康政没し、二十一歳で家督を継ぎ、その扶持給米を受け、亡父の役義を命じられ、御家事向を司る（この時の知行高は伝承なし）。元禄五年（一六九二）小兵衛と改名。諱は初め自参、のち盛昌。

同年九月、飛驒国高山城在番に御馬廻組一組が遣わされ、長吉重直は永井織部の組で、小兵衛盛昌もこれに供奉し、主従二十二人で出立。十月、長吉重直は金森家家中・荒川半兵衛の旧宅に居住、火消役を勤めた。元禄六年四月に交代のため高山発足、五月に金沢に帰着。この在番一件を自撰したものが『高山在番雑記』で、これに高山城下の絵図を添え、二部のうち一部を兵法の師・出口伊左衛門に贈った。この時小兵衛盛昌は二十七歳であった。享保二年（一七一七）三月には長吉重直が能州出船奉行の御用で能州へ発足。盛昌も供をして能登へ赴き、五月に七十九日ぶりに帰着。この時の紀行も物している。

享保十年（一七二五）九月、八郎左衛門重直死去し、養子権之助久充が中川家を相続、御馬廻組に加えられた。盛昌もこの時、五十九歳で新知四十石を賜った。享保十六年（一七三一）凡そ三代四十九年勤仕し、六十五歳で致仕（注7）、休料三人扶持。西岸と称した。享保十七年（一七三二）十一月二十八日、嶋田町（注8）の居宅で没す。六十六歳。かねて自撰の法号は西岸斎珠岳宗浦居士。（「古語ニ云合浦珠還ル（注9）」とあり、自筆の文書にはみな「合浦珠還」の印が押してある。）

ひととなり恭謙質朴、よく忠勤を尽くしたので、恩賞も亦人に過ぎ、かつて主重直が嶋田町の私宅を訪い、手ずから獅子画の掛物を賜り、鶯宿梅一樹を庭前に植えられたという。天性酒を好んだが分を過ぎず、文武に達し、武田流の兵法を出口伊左衛門政信に、柔術を東美源内宣名に学び、それぞれ指南免許状を受け、他に鎗術、馬術を学び、余暇に画をよくし、簾雨斎と号した。心を風月に寄せ、連歌を翫び、群書を渉獵し、目にしたものは書写し抜粋した。『自他群書・五巻』『咄随筆・三巻』『漸得雑記・二十六巻』『能登紀行・一巻』『宝草子・一巻』『飛州高山在番雑記・一帙』等を著し、出口政信編集の『菅家見聞集・六巻』を校輯、また長吉重直の代に、命により『中川系図・一巻』を撰定した。（咄随筆、高山在番雑記、荒川半兵衛旧宅図、高山城下絵図、道程図等や、元禄三年に出口政信の門弟となって描いた城取七枚図などの自筆本や絵図若干が、今に伝えられ、私が保管している。）

妻、笠松新左衛門正直の娘、惣左衛門正行の妹。寛文十一年生。元禄の初め盛昌に嫁し、盛昌没後落飾、一人扶持頂戴す。寛保二年（一七四二）正月十八日、嶋田町の宅で没。七十二歳。三男二女を生む。

（注7）致仕（ちし）――官職を退くこと。また退職して隠居すること。

（注8）嶋田町（しまだまち）――現・JR金沢駅のあたりであった。町名の由来は藩士島田氏の屋敷跡に町立てされたことによる。昭和四十年に一部が本町二丁目、昭和町となる。（同四十五年の世帯数、人口は0とい

うから、一帯は駅舎のあるところか、昭和六十一年の地図には柳町のそばに島田町とあるが、平成九年（一九九七）の地図には、この町名はない。索引にもないから消滅地か）菩提寺の広岡放生寺に近いので、久右衛門康政が金沢にきた頃からこの辺りに住んでいたのかもしれないが不詳。盛昌がここに家を求めたのは元禄年中と言い伝えられており、この家の図面を平次は若い頃著した『柿園舎乃記』の中に模写している。

（注9）合浦珠還ル（がっぽたまかえル）——合浦の地は、もと珠を産したが、貪慾の大守が多かった為、珠はよそへ行きしばらく産しなくなった。後漢の孟嘗が大守となり、清廉に任に臨んだので、珠が再び本地にかえったという故事（後漢書、孟嘗伝）。大守が善政をしくことをいう。

（附）『咄随筆』の登場人物と話者

なお、ついでにここで『咄随筆』に登場する人物について触れておく。

笠松氏は旧家で、代々越前国吉田郡志比庄笠松の城主。玄祖は但馬（たじま）また新介と称し、朝倉家に随った。嫡子新介は退いて能登に来り、畠山家に属して討死。その嫡子新介はまた但馬と改め軍功多く、世に笠松黒手切と称した。畠山家没落後長（ちょう）家に随い、嫡子新介は早世、次男仁兵衛は大坂陣で討死。その嫡子は又仁兵衛と称し百五十石を賜る。これが新左衛門正直の父である。正直は初め長家に仕えたが、故あって処士（注10）となり、のち村井家に召し抱えられた。元禄十一年没。「笠松が黒手切」のほか『咄随筆』には「蘇生も宿業による」「蛇茸となる」「きつね火」等の笠松新左衛門の咄が載っている。

新左衛門の嫡子が惣左衛門（元文三年没）で、「奉公に深き心ざし」に若い頃、源八といった時の事が出ているし、「御符は信心から」等の咄も載っている。（その妹が盛昌の妻で、常昌と弟二人を生み、次男鍋次が母方伯父の惣左衛門の養子となり、笠松喜三右衛門以正（ゆきまさ）と名乗った。）「しれぬ玉子」「中西故摩兵衛噂」の中西摩兵衛（享保元年没）は、笠松新左衛門の妹聟で、長家の家来。その弟二人のうち、作平は享保四年没と『柿園日記』に記されている。

盛昌の父・久右衛門と岩村作右衛門（元禄六年没）は、江戸在住中からの同役で、「野中の竹の下に銭瓶」「人魂」「悪さ重る鷲部屋の猫」等は二人こもごも語る寛政年中の咄を載せたもの。「似せ卵蛇の迷惑」「似せ鬼」等、江戸の咄は、その頃聞いたことを金沢に転居してからも常々語っていたものなのである。森田、岩村の二人は江戸から主人に随って来たのだが、もう一人の同役・出口彦兵衛（初代・元禄四年没）は加賀の人で、兵学者出口伊左衛門政信（宝永二年没）の弟である。その子彦兵衛長信（二代・正徳元年没）は盛昌と同役。長信の子の宇兵衛長尚（延享二年没）は、のち彦兵衛と改名、この三代を三代彦兵衛と称したという。宇兵衛の妹が盛昌の子常昌の妻である。「名針にて蘇生」「土葬の骸に付く生霊」等、出口宇兵衛の咄も幾つかある。「参宮人は心持ち様大事」等に名の出る篠原六郎左衛門の家来・二木彦四郎（宝永四年没）は、二代彦兵衛の妻の父であって、宇兵衛や常昌妻の母方祖父ということになる。「衣類のほころびはこがねの泉」の岩村紋兵衛（寛延三年没、六十五歳）は、出口宇兵衛と共に盛昌の同役として名が見え、多分作右衛門の子であろう。

また「与所の門松」に名の出る長谷川久弥に関して『柿園日記』享保九年四月廿二日の条に「長谷川喜六於江戸死去、久弥嫡子也」と見える。

同じ「与所の門松」に出てくる中川式部の家来・岩倉弥右衛門は享保九年五月十二日に病死と記され、その後の日記に「岩倉豊左衛門妻平産」とか「岩倉新左衛門母病死」とかの記述が見えるのは詳しくは分からないが縁者であろう。この弥右衛門は「岩倉弥右衛門妻観音参り」にも名が見え、妻女を「近き縁者」と記すが、どういう縁続きか分からなかった。ところが二〇〇七年（平成十七）になって、この岩倉家の御子孫・岩倉正武氏からの御連絡で、大切に受けついでこられたその家譜に、弥右衛門永喜(ながよし)の妻は笠松惣左衛門の娘とあり、従って盛昌妻の姪という関係であることが判明した。岩倉氏の御父上は内閣文庫長、国立公文書館長等もなさっていた故岩倉規夫氏で、御子息ともども家譜や先祖由緒書等を大切に保管しておられたおかげで、このような珍しい事が明らかになった。岩倉氏は茅ヶ崎市にお住まいで、早速お目にかかり、藩史に名の残るような身分の人と違い、ごく普通の陪臣の子孫同士が、三百年の時を経て一堂に会したという事は、それこそ現代の一奇譚ではないかと話し合った。きっと両方の御先祖様が遠くから見守っていて下さったのだろうと、この不思議な出合いに感謝したことである。

さてもとに戻って、「貉のばけ」の物語を語った東美源内（正徳四年没）は盛昌の柔術師匠。源内の逸話「飛行の銭」中に「愚息多四郎」とあるのは、三男で幼名源次。のち柴山喜左衛門尚政（青山将監の家来）の聟養子となった柴山多四郎苗包(よしかね)である。そして「あちらこちら」に「某に男子三人有り」とあるのは嫡子常昌（幼名与三次）、次男笠松喜三右衛門以正（鍋次）、三男柴山多四郎苗包（源次）である。なお、「奉公に深き心ざし」に出てくる中川長吉殿は、いうまでもなく小兵衛盛昌の仕えていた主人であって、その終りの方には、盛昌の妻の言葉も引かれている。こう見てくると、咄を語った人々、話題となった人々は、彼の周囲にいた親戚、友人、知人等々だった事が知られるのである。（第二図参照。没年はいずれも『柿園日記』による。）

なお盛昌について石川県図書館協会・昭和八年発行の『咄随筆』や『加能郷土辞彙』の解説で日置謙氏は、盛昌が藩臣茨木氏の家来であったとし、それ以降の解説や注ではみなそれを踏襲している。しかしここに述べたように、この時森田家は中川氏に仕えていて茨木氏とは何の関係もなかった。『咄随筆』には

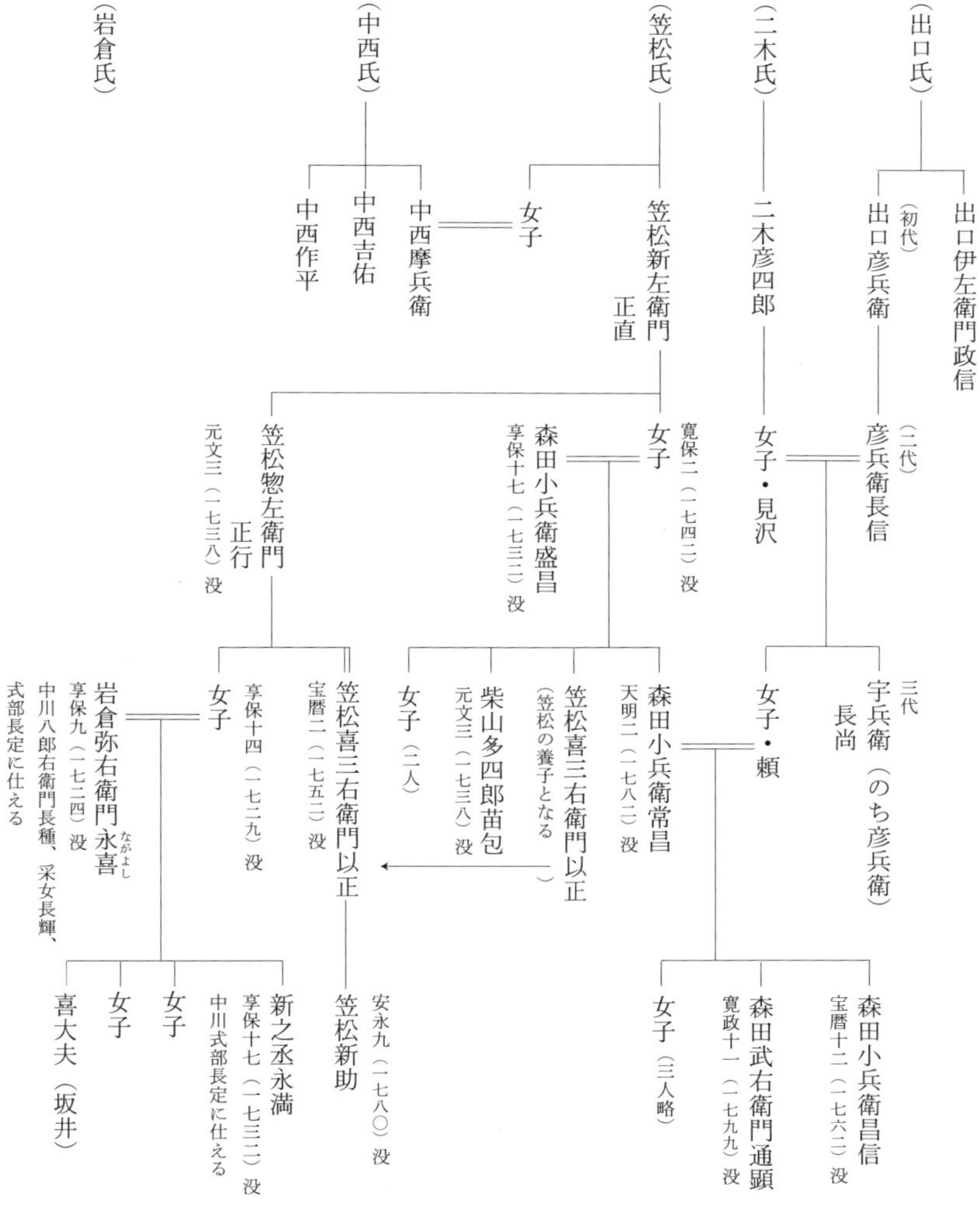

第二図　森田盛昌と縁者との関係

主人中川氏の名は出ているが、茨木氏関係の名は全然ない。よく読めば分かる事なのだが、内容も見ずに、盛昌やその著書の解説に、日置説をそのまま引用して記すものがほとんどである。私は平成五年『石川県大百科辞典』の『咄随筆』の解説で、中川氏の臣と記したのだが、それにもかかわらず、その後のものにも茨木氏の臣と記したものが見られるのは腑に落ちない。私も研究者として、ただ他書の孫引きで済ませたりしないよう心しなければと考えさせられたことである。

（注10）処士――民間にあって仕官しない人。浪人。

5　五代・小兵衛常昌（つねまさ）（法名定運（じょううん））

元禄九年（一六九六）生。幼名与三次。宝永の初め中川長吉重直に召し出された。正徳三年（一七一三）前髪を執り、名を平ノ佑と改め、享保の頃また名を元祖の名である三郎左衛門と改めた。（享保十年、八郎左衛門重直死去、養子権之助久充相続。）享保十六年（一七三一）家督を継ぎ、父の知行四十石を賜り、父の役義を継ぎ、名を小兵衛と改める。享保十七年、権之助久充の京都詰めに随い京都に赴く。元文五年（一七四〇）御用方主附、役料知十石を賜る。八郎左衛門重直、権之助久充、駒之助久柄（ひさもと）の三代五十余年勤仕して宝暦九年（一七五九）致仕。休料三人扶持。剃髪して定運と称す。天明二年（一七八二）六月二十四日、柿木（かきのき）畠（注11）の宅にて没す。八十七歳。

ひととなり清廉にして節を守り、文武諸芸にはげみ、兵法を父小兵衛盛昌に、柔術を東美源内に、その没後は高弟北川金右衛門の門に入り、真甚流の剣術を鈴木治大輔重次に学び、それぞれ免許状を受ける。その他、岸本佐左衛門に伊勢流の礼式を学び、算術をよくし、雑書を渉り、かつて書写した自筆の書物が沢山伝えられていたという。晩年、眼病のため盲目となったが、法華経を暗誦するほどであったという。

妻、名頼。出口彦兵衛（二代）長信の娘。正徳の末か享保の初め頃、常昌に嫁す。安永七年（一七七八）夫に先だって柿木畠の宅にて没す。八十一歳。二男三女を産む。

（注11）柿木畠――もと城南の火除地で、三代藩主前田利常の時代に柿の木が植えつけられたので、犀川柿の木畠とか接木畠とか呼ばれていた。五代藩主綱紀の頃からだんだんと武士達の邸地となり、柿木畠は町名のようになってしまったが、宮内橋下に少しの土地が畑地として残り、その地内に小家を建てて畑番が住んでいた。それを七世・通顕（(三) 8参照）が買い求め、建て替えて文化七年まで住み、その後隣家と振り替えて外與吉の代まで住んだのである。柿木畠は明治維新後、鞍月用水にかかる御厩橋を境に上柿木畠と下柿木畠に区切られ、柿園舎の地は上柿木畠四十三番地となる。第二次大戦後住居表示変更により、その辺りは広坂一丁目となり、そこをはさんで上柿木畠と下柿木畠は狭く分かれ分かれに残された。柿園舎のあった所は現・広坂一丁目四の一である。（九柿木畠と柿園舎を参照）

6　六代・小兵衛昌信（法名善功）

享保六年（一七二一）嶋田町の宅で生まれた。幼名与三次。享保十四年（一七二九）九歳で中川権之介久充に召し出され、御手廻役を勤める。元文の初め前髪を執り、名を平ノ佑と改め、又のち三郎左衛門と改める。元文五年（一七四〇）権之助久充が越中境奉行（注12）を勤めた時、供をして境に赴く。久充死去後、養子駒之助（のち外記）久柄に仕える。宝暦九年（一七五九）家督を継ぎ、父小兵衛常昌の知行四十石を賜り、且父の役義を命ぜられ、名を小兵衛と改める。宝暦十一年、外記久柄が京都御屋敷詰で上京の時、供をして上京し、翌十二年（一七六二）秋、京都で病を得、療養のため帰国途中、近江国蒲生郡武佐（注13）の駅で没した。四十二歳であった。

この時、嗣子大蔵は十三歳で、家督を継いだが、幼少の為遺知の内二十石を与えられた。明和二年（一七六五）十六歳の時、故あって中川家より暇を賜り処士となり、叔父武右衛門通顕方に寄食、ここに於いて元祖三郎左衛門良明が中川八郎右衛門重政に仕えて以来百九十年ほどで、家系七代の統を失ったのである。

大蔵はのち喜大夫黨と名を改め、安永二年（一七七三）母方の叔父中村少兵衛兼郷（定番御歩）の猶子となり、森田氏を改めて中村氏となった。その後、御算用者に召し抱えられ、勤仕十五年。天明八年、三十九歳で没した。

妻、伊与。中村元右衛門為兼（定番御歩）の嫡女。享保十二年生。小兵衛昌信に嫁し、一男三女を生む。夫没後、三十六歳で、四子を連れ、昌信の弟武右衛門通顕に再嫁した。

（注12）越中境奉行――境は現・富山県朝日町。古代から越後国との国境で、親不知の天嶮をひかえていた為、多数の駅馬が設置され陸海交通の要所として江戸期には境村（西頸城郡青海町に隣接。現・朝日町境）に関所が置かれた。（現在町立境小学校校庭に遺構の一部が復元保存されているそうである。）

（注13）武佐――江戸期には蒲生郡に沢山あった村の一つ。明治二十二年町村制施行により武佐村が誕生。昭和三十三年近江八幡市に編入、武佐町となる。もとは中山道の宿場町。近江国は明治五年に滋賀県となった。

7　再興家七代・政右衛門良信（よしのぶ）

のち安政六年（一八五九）になって、中川家から森田名跡再興の旨を言い出され、御表方坊主辻宗古の嫡子・誠之亟を、当時茨木氏に仕えていた森田家当代、平之佑良見（柿園）の養弟とし、森田小兵衛良信と名乗らせた。小兵衛はのち政右衛門と改名、中川家に仕えて、故小兵衛昌信の遺知四十石を賜り名跡を再興。この時、伝来の中川家御判印物や先祖自筆のものなどを政右衛門に引き渡した。

良信家は、明治以後、士族に列せられ、東京に移住したという。

（三）茨木氏に仕えた森田家（第三図参照）

8　七世初代・武右衛門通顕（みちあき）（老名通顕（つうけん））

五代・小兵衛常昌の次男。母は出口氏。享保十三年（一七二八）嶋田町の居宅で生まれた。幼名小膳。元文の初め中川権之助久充に召し出され、近習役を勤める。寛保の末に前髪を執り、名を右内と改め、宝暦の初めまた武右衛門と改めた。宝暦四年（一七五四）室鳩巣の孫弟子・三木次郎兵衛政偏（長（ちょう）家の家来）に頼み、諱を通顕、別号を鶴皐と付けてもらった。権之助久充死去の後、駒之助久柄に仕えたが、次男なので、他家に仕官して公界を見んと欲し、暇を乞うて中川家を辞し、宝暦七年（一七五七）茨木家の旧臣である友人・山川五右衛門実直の吹挙により、茨木左大夫道啓（みちひら）に召し抱えられ、二人扶持、白銀五枚を賜り、下行方（げぎょう）（注14）役。時に三十歳であった。宝暦十二年（一七六二）左大夫道啓が死去し、六歳の鉄次郎が相続して、茨木家は知行三分の一となり、奉公人の大半は暇を下されたが、武右衛門通顕は先代に篤実に仕えた為、五人扶持に加増になった。

同年、兄小兵衛昌信が没し、その子大蔵も明和二年浪人となり、遺知も没収された。時に父母（小兵衛常昌夫婦）は既に老い、しかも嫂の伊与と幼女三人が残されたので、一族相談して、伊与を通顕の妻とし、遺児三人を養女とした。老父母をひきとり、少い扶持で数多の家族を養うはめになったのだから、その貧困はたとえようもなく、代々貯えてきた甲冑・諸道具類も次々と売り払わざるを得ず、小兵衛盛昌以来ずっと住んでいた嶋田町の居宅もまた売り払って公義町（こうぎまち）（注15）の小さい家に転宅。更にまた明和四年にこれを売り払って、再び木倉町（きぐらまち）（注16）の家を年季買で買って転宅。言い尽くせぬ程の苦労を重ねた。明和八年（一七七一）幼主鉄次郎（のち源五左衛門）自道（よりみち）も成長し、本知拝領のため家来らもみな加増され、通顕も新知三十五石を賜った。その後、訳あって木倉町の家を立ち退かねばならなくなり、是非なく安永二年（一七七三）九月二十六日、柿木畠の畑番人・万屋（よろずや）平兵衛の古家を買い求めてそこに転宅した。森田家はこれ以来、代々柿木畠に住んだのである。

安永二年、五石加増、四十石となる。同七年（一七七八）御勝手方頭取（家老役に当たる）となり、その後十石加増、都合五十石。天明八年（一七八八）七月、古い家を二階造りの町家に建て替えて引き移る。寛政七年（一七九五）致仕。剃髪して通顕（つうけん）と称す。休料五人扶持。寛政十一年（一七九九）四月二十三日、柿木畠の居宅で没した。七十二歳。

中川氏に仕えた本家は中絶したが、清廉質朴、忠勤を尽くして茨木氏に仕えて一家を興し、森田家を中

六代（善功）小兵衛 昌信　宝暦十二（一七六二）没　四十二歳
＝ 妻・伊与（イヨ）（源秋）（中村氏）　文化三（一八〇六）没　八十歳
＝ 初代（通顕）武右衛門 通顕　寛政十一（一七九九）没　七十二歳

- 中村喜大夫 黨（タグイ）　天明八没　三十九歳
- 女子・鉄　高木勢之進保高妻　文政七没　六十九歳
- 女子・玉　寺尾喜左衛門元珍妻　文政四没　六十四歳
- 女子・利寿（リス）　文政六（一八二三）没　六十四歳
- 定右衛門 良雲　寛政二没　三十三歳
- 二代 作左衛門（退翁）修陳（岡田氏）　天保三（一八三二）没　六十九歳
- 女子・銭（ゼン）　永井五郎右衛門成直妻　文化十一没　五十一歳

妻・伊遊（イユ）（妙悦）（三好氏）　安政六（一八五九）没　五十五歳
＝ 三代（翠園）（山川氏）大作 良郷　安政四（一八五七）没　六十八歳

- 男子　文政四、胎死
- 妻・逸（大浦氏）　大正八没、八十六歳
- ＝ 四代（柿園）平之佑（平次）良見　明治四十一（一九〇八）没、八十六歳
- 女子・孝（コウ）　文政十没　三歳
- 上田作左衛門（作平）良幸　上田氏名跡を継ぐ　明治四十四没、八十四歳
- 女子・和喜　大浦甫一右衛門貞集妻　安政三没、二十七歳
- 女子・信（ノブ）　森牛之助成章妻　万延元没、二十九歳
- 女子・筆（初の名田喜）　北木津村半左衛門の養女となる　飛田弥右衛門倅の妻　明治四十二没、七十五歳
- 女子・文（アヤ）　中村慶太郎従貞妻　安政六没、二十三歳
- 女子・貞（テイ）　米原敬之丞義道妻　明治三十一没、五十九歳
- 女子・定（サダ）　小泉与大夫伯寿妻　明治三十五没、六十歳

（平之佑良見・逸の子）
- 女子・春　中西則正妻　昭和三没　七十歳
- 妻・喜久（石崎喜一郎妹）　昭和十九没　七十五歳
- ＝ 外與吉 良樹　昭和二十（一九四五）没　八十三歳

（外與吉良樹・喜久の子）
- 妻・貴子（沢田一郎二女）　明治三十五生　平成五没
- ＝ 良雄　明治二十七生　平成三（一九九一）没
- 良香　明治三十五没　一歳
- 美也子　明治四十三没　七歳

（良雄・貴子の子）
- 良美　大正十一生　平成二十一（二〇〇九）
- 外雄　大正十四生
- 雅子　鈴木一彦妻　昭和三生
- 良行　昭和五生

1、―は実子、＝は養子の関係をあらわす。
2、年齢は数え年

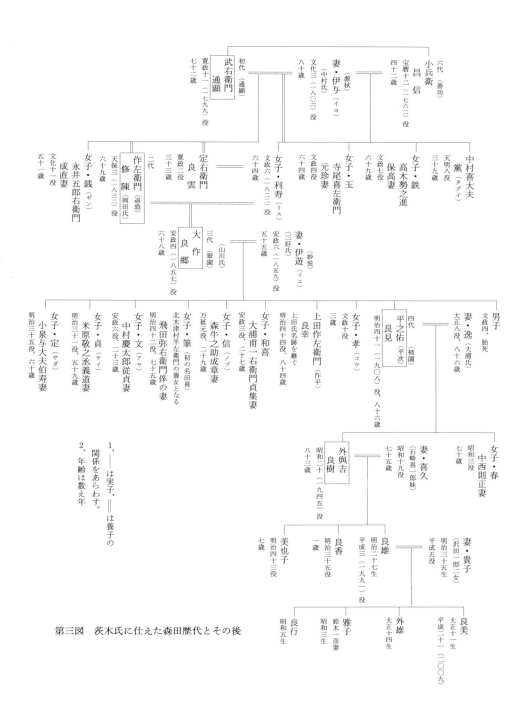

第三図　茨木氏に仕えた森田歴代とその後

興したのである。彼も典籍を好み、三木次郎兵衛らと交わって詩賦を翫ぶ文人でもあった。

妻、伊与。中村元右衛門為兼の嫡女。十五・六歳で小兵衛昌信に嫁し一男三女を生む。昌信没後、武右衛門通顕の妻となり、三女はその養女とした。通顕との間に一女を生む。通顕没後、落飾して源秋と称す。文化三年（一八〇六）柿木畠の宅で没す。八十歳。

（注14）下行方役――下行とは下し賜うこと、またその物。主に米にいう。何人扶持という扶持米と、足軽・小者の玄米で支給された切米（春、暮れの二度に渡された）とを下行米という。従って、下行米の計算などの係をする役をいうのであろう。

（注15）公義町――城下西部に位置する。初め寺地であったが、その後上ゲ地となったので公儀上ゲ地と呼ばれ、後に公儀町となった。しかし幕府が公儀と呼ばれることから字をはばかり、文政六年に高儀町と変えたという。明治二十二年からは金沢市の町名。昭和四十年長土塀二～三丁目となる。

（注16）木倉町――江戸～昭和四十年の町名。城下町の南西部に位置する。地名の由来はこの地に藩用の材木蔵があったからという。明治四年出大工町に合併。昭和四十年片町二丁目となる。

9　八世二代・作左衛門修陳（初名成之、老名退翁）

実は岡田豊右衛門秋道の子。岡田氏は岡嶋家の家来であったが、岡嶋家断絶のため流浪中の明和元年（一七六四）鍛冶町（注17）辺で生まれた。幼名幸助。十一歳で父を失い、諸家に仕えたが、天明八年（一七八八）二十五歳で茨木家に召し抱えられ、寛政五年（一七九三）命により武右衛門通顕の聟養子となり、養女利寿を妻とし、名を作左衛門と改めた。同七年、養父通顕致仕後、家督を継ぎ、養父の知行五十石を賜り、御勝手方頭取となる。越中境関所奉行を勤める源五左衛門自道の供をして境に詰める(注18)こと十度。誠意を尽くして仕えた功により十石加増、都合六十石。文化七年（一八一〇）柿木畠の居宅の東隣の出雲屋七右衛門の家を買い上げて移り、その家を普請して住む。（この家を、のち大作良郷が柿園舎と名付け、その後柿園や外與吉の代までずっと住み続けたのである。）天保元年（一八三〇）二代四十三年仕えて致仕、休料五人扶持。剃髪して退翁と称す。天保三年（一八三二）十月十四日、柿木畠の宅で没す。六十九歳。

里水と号して余暇に舞句を翫び、書籍を好み書写の書多く、また諸事小細工をよくしたという。

妻、利寿。小兵衛昌信の三女。父の没した時三歳で、姉と共に叔父武右衛門通顕の養女となった。通顕に男子がなかったので、天明二年、二十三歳の時、町医師高木定順の子・定右衛門良雲を聟としたが、九年めに良雲が三十三歳で没し、次いで上田武兵衛某を聟としたが故あって義絶。寛政五年に作左衛門修陳を聟とした。嫁して三十九年、文政六年（一八二三）夫に先んじて柿木畠の宅で没した。六十四歳。

（注17）鍛冶町——江戸期～昭和四十年の町名。安江鍛冶町ともいう。浅野川下流左岸に位置し、ほぼ南北に通る町。藩政初期、鍛冶職人が集まり住んでいたことからという。昭和四十年一部が此花町、安江町、笠市町に編入し、残りは彦三町一丁目・本町一丁目となる。

（注18）境に詰める——二（二）の（注12）越中境奉行を見よ。

10　九世三代・大作良郷（号翠園）

実は山川長右衛門惟明の五男（五右衛門実直の孫）。寛政二年（一七九〇）犀川下茶木町(注19)の山川氏宅で生まれた。幼名小次郎。享和元年（一八〇一）十二歳で源五左衛門自道に召し出されて一人扶持、銀二枚を賜る。文化元年（一八〇四）十五歳で作左衛門修陳の養子を命ぜられた。同二年、前髪を執る。烏帽子親（注20）は坂井一調（注21）、七十九歳であった。故通顕にあやかり、名を武右衛門と改め、同三年（一八〇六）五人扶持を賜り、給人組格御用人並となる。同七年（一八一〇）江戸御使の御供について江戸に赴く。同十四年（一八一七）一人扶持加増、御近習頭となる。文政四年、源五左衛門自道死去し、翌五年（一八二二）主殿忠順が茨木家を相続、内意により名を大作と改めた。文政十年（一八二七）御用人本役并下行方役本役、足軽支配を兼ねる。天保元年（一八三〇）養父作左衛門修陳致仕。家督を継ぎ、養父の知行六十石を賜る。主人の供をして境に詰めること五度。天保十一年（一八四〇）家老役となる。弘化三年（一八四六）常の字差支えの趣にて、諱常通（つねみち）を良郷（よしさと）と改名。三代藩主利常の名に憚ったのである。（『顧昔集録』附録上による。）源五左衛門自道、主殿忠順、内匠（のち源五左衛門）忠恕の三代五十七年間仕え、安政四年（一八五七）五月十五日、柿木畠の宅にて没した。六十八歳。

ひととなり篤実にして質朴。剣術を関九郎兵衛貢秀に、居合を左守信安に、馬術を田中某に学び、算術を中野庄兵衛に、手跡は初め実家にて船木三右衛門の門人として御家流を学んだが、壮年に及び橘観斎に随って唐様に転じ、また安田龍山の持明院流、高田翰司郎の正水流の楷書を学び、遂に諸流混じて一流の風を為さずという。余暇に翠園と称して歌を詠じ詩を賦し、また互扇と号して連歌、俳諧を翫んだ。書籍を好み群書を渉猟し、『続漸得雑記・三十八巻』『翠園木葉集・二巻』『泰雲公御年譜・八巻』『北冦談・三巻』『続咄随筆・三巻』『越路土産・一巻』など著書多く、書写、校正する書数十部。蔵書家でもあった。（儒医・毛受荘助（めんじゅ）（注22）は実方の甥である。）

妻、伊遊（いゆ）。三好巡作延秋（雪翁）の嫡女。文化二年生。十六歳で嫁して三十八年。良郷没後落飾し、安政六年（一八五九）柿木畠の宅にて没。五十五歳。三男六女を生む。

（注19）茶木町（ちゃのきまち）——江戸期〜昭和四十年の町名。城下町西部にある。廃藩後町続きにあった足軽の組地の法船寺町組を、明治四年改作町（かいさくまち）を編入。昭和四十年中央通町となる。

（注20）烏帽子親（えぼしおや）——武家の男子が元服する際、親に代わって烏帽子をかぶせてやり、幼名を改めて烏帽子名を付ける人。普通、将来を託すべき有力者を仮親に頼む。

（注21）坂井一調——坂井順武、通称又大夫。加賀藩士茨木氏に仕えた。堀麦水に俳諧を学び、白扇・一調・滝山・叶翁などと号した。天明八年（一七八八）六十二歳の時『根無草』を著す。

　茨木左大夫道啓の奥方は小堀牛右衛門定明（左膳）の娘で、道啓死去の時、跡継ぎの鉄次郎はまだ六歳だったので、外祖父の小堀牛右衛門永頼等が後見として世話をした。小堀家の家臣の坂井五大夫はこの母儀の輿入れの際に、請われて茨木家に仕えることになった。坂井一調は五大夫の養子で、はじめ三之丞、のち又大夫と名乗り、茨木家に仕えた。『柿園日記』文化八年十月十六日の条に「風呂中にて発病、落命致さる、行年八十五歳」とある。

（注22）毛受（めんじゅ）荘助——大作の異父兄（次男）は毛受氏の養嗣子となった毛受一徳主善（かつのり）。長（ちょう）家に仕える儒者で、先祖由緒帳によると、その子毛受荘助（はじめ治民）伯亀（のりひさ）は文化五年長甲斐守様儒医とある。文政九年に組外。百二十石。明倫堂助教となり安政四年没、六十七歳。平次の従兄に当たる。その子貢知鶴は明治三年に三十歳、百二十石。菩提寺は照円寺。

（四）森田平次（柿園）の生涯

十世四代・平之佑良見（改名平次）については、少しくわしく略歴を述べることにする。

文政六（一八二三）二月十五日、大作良郷と三好氏伊遊の長男として、柿木畠の居宅で生まれた。幼名鉄吉。

文政九（一八二六）四歳。着袴。

天保二（一八三一）九歳。石浦町の橋健堂に手跡稽古入門。

天保四（一八三三）十一歳。算用稽古を御算用者・瀧川新平方に入門。

天保六（一八三五）十三歳。居合稽古を定番御歩・萩原武左衛門方に入門。

天保八（一八三七）十五歳。十一月十八日、茨木主殿忠順に召し出され、近習として勤仕。花紙代六枚賜る。

天保九（一八三八）十六歳。鎗術稽古を高本庄兵衛（今枝内記の家来）に入門。

天保十（一八三九）十七歳。前髪を執り、四人扶持を賜る。名を平之丞と改める。

天保十四（一八四三）二十一歳。御用人役見習。一人扶持加増、五人扶持。十六歳頃より、礼法を外祖父三好巡作に、居合を小関吉次郎守邦に、鎗術を高本清作に、柔術を柳瀬喜兵衛に、それぞれ学んでおり、免状等を伝受。なお算術は瀧川新平に、漢学は土屋健蔵及び三好駒之助（母方叔父）に学ぶ。

弘化二（一八四五）二十三歳。諱常孝を、常の字差支えに付き、朋友浅野屋佐平（注23）に頼み、良見と改めた。これは万葉集の天武天皇御製「淑人乃良跡吉見而好常言師芳野吉見与良人四来三」（一巻二七）による。（注24）（弟の常次郎もこの時、諱常典を良幸と改めている。）

弘化三（一八四六）二十四歳。名前文字を平之佑と改める。このころ茨木家の旧記取調べ等を命ぜられ、主家より書物等を拝領したりしている。

この年、岡崎全右衛門嫡女（母方従妹）金と婚約したが、嘉永元年（一八四八）金は縁組前に十六歳で病死した。

弘化三年起筆、嘉永元年末に書写し了った万葉集の写本（合十冊）が私の手元にあるが、この頃から万葉事実余情の稿を起し、考証に励んでいたということである。

嘉永四（一八五一）二十九歳。一月、御用人本役并御歩組足軽組支配。十二月、茨木家の系譜撰定を命ぜられ、仕上げて献上。

嘉永六（一八五三）三十一歳。一人扶持加増、六人扶持。この壮年の頃には、居宅の向いに住み、書物奉行でもあった湯浅弥左衛門（注25）をはじめとして、如来寺住職知一上人、（注26）勤王家として名の知られる浅野屋佐平や鍋屋米積、（注27）天野惣左衛門、（注28）小倉屋太右衛門有年、（注29）水野和泉守三春（注30）らと親しく交わっていたという。

安政元（一八五四）三十二歳。四月、能州見物に出て内外残さず巡る。十一月、茨木家の家譜二巻を撰定して献上、序文は儒者千秋順之助。（注31）これを賞せられ、横麻上下地と金二百疋を賜る。この上下地は家紋（片手蔓柏）を染め、婚礼の時に着用した。十一月二十九日、大浦左大夫貞之の娘逸（いつ）と結婚。

安政四（一八五七）三十五歳。五月十五日、父大作良郷没、家督を継ぎ、遺知六十石を賜る。

安政六（一八五九）三十七歳。三月二十五日、長女春（はる）誕生。

文久三（一八六三）四十一歳。十一月四日、長男外與吉（とよきち）（注32）誕生。

元治元（一八六四）四十二歳。八月、御支配向御用方。十一月、源五左衛門忠恕の供をして初めて境に詰め、境にて越年。

慶応元（一八六五）四十三歳。四月、境より交代帰沢の途次、越中放生津古国府辺の名所旧蹟を一覧。この後何回か境に往復している。

明治元（一八六八）四十六歳。四月下旬、惣髪（注33）となる。

十月、境在勤の留守に寺社所出勤の命を受ける。境より帰り、十月十六日より寺社所に出勤。十二月二十六日、御雇料毎年金二十両。

明治二（一八六九）四十七歳。（二月、境関所廃止。茨木源五左衛門忠恕、境関所奉行を免ぜられる。）三月、職制改革により寺社所は廃され、民政寮附属となる。六月より民政寮出勤。十月二十五日、平次と改名。

十一月二十三日、前田家家録編輯係として御雇となる。一六（注34）の他は日勤。月給、年中金百八両。御雇中、士族のお取り扱い。

明治三（一八七〇）四十八歳。正月元日、初めて前田家にて年頭の御礼を申し上げる。

七月、士族に加えられる。十月、給禄証書を頂戴する。給禄高四十五俵三斗九升四合。

十二月、日本紀・万葉集等の御前講を命ぜられ、辞退したが、是非にとの事で、お受けする。

（陪臣であったから、旧藩時代には藩主にお目通りすることはなかったのが、御前に出、お声をかけられたりして、大いに感激したものと思われる。）

明治四（一八七一）四十九歳。（七月、廃藩置県。八月、前田慶寧、藩知事を免ぜられて東京へ立たれ、広坂・金谷御住居は空殿となる。）城内、両殿の蔵書の取調方を平次ら役所一統に命じられた。

明治五（一八七二）五十歳。正月二十三日、金沢県庁にて、年来の三州の事蹟捜索、編集著述の書あるを賞され、旧記類都合二十六箱を拝領する。二月二十九日、御住居の書籍旧記の取り調べがすんだので、役所をやめ、かねて命を受けていた御家録編輯を私宅で取り調べる事とし、蔵書を貸して頂く。

四月十八日、金沢県庁にて等外三等出仕拝命、庶務課社寺係を命じられた。月給七円。（これにより家録編輯を辞退し、蔵書はお返しした。）美川町の県庁に出仕。五月、等外二等。（図1、図2）月給八円。六月、十五等出仕、月給十二円。（図3、図4）十一月、十四等出仕、月給十五円と、異例の昇進。

七月十八日、大属（さかん）草薙尚志と二人、白山麓十八村境界実地

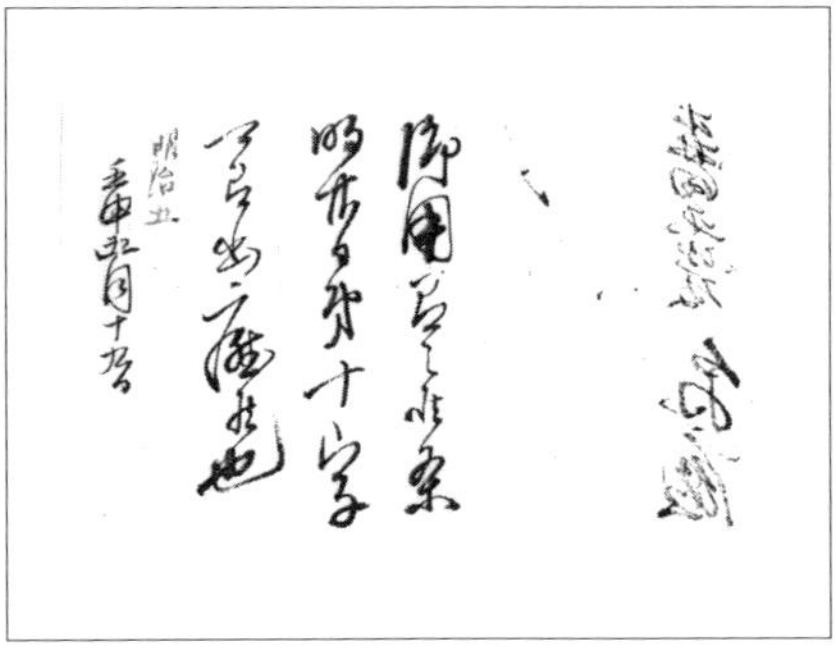

図1

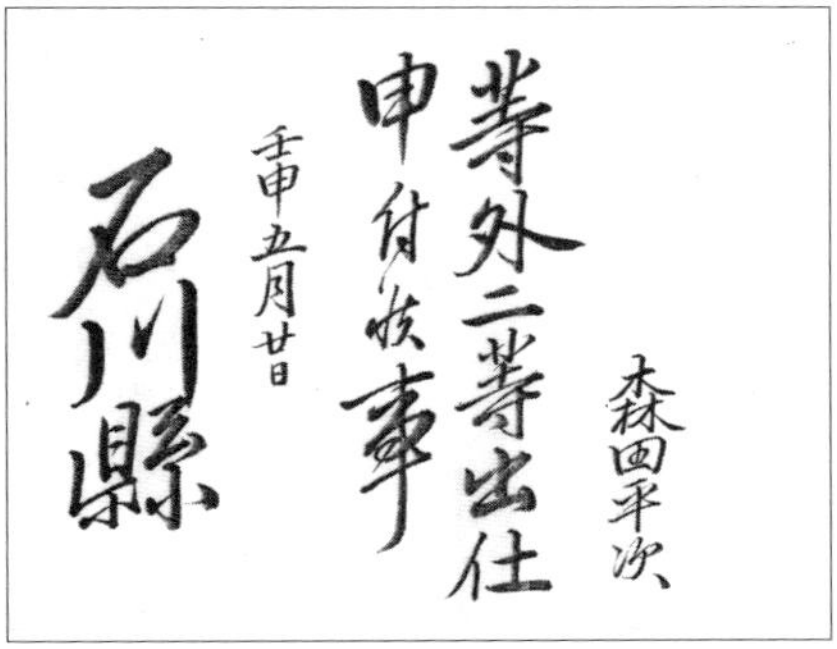

図2

検査（注35）のため出張を命じられ、足羽（あすわ）官員らと共に検査。この時彼は、旧藩時代の明暦元年騒論の留記や、旧記・旧図を持参して、本来加賀国の地であることを証明してみせたので、足羽側は「閉口致し候」と日記に記している。この結果を大蔵省に上申。翌年二月に、白山麓十八村を加賀国能美郡に組み入れ、石川県管轄とするとの太政官よりの達しがあった。（十一月の筈が手違いで遅れたという。）権令内田政風も格別に悦び、平次も浮雲の晴れた心地がしたという。

　この年五月、戸籍法により氏名は一人一名と定められたので、以後は俗名平次を用いることにする。

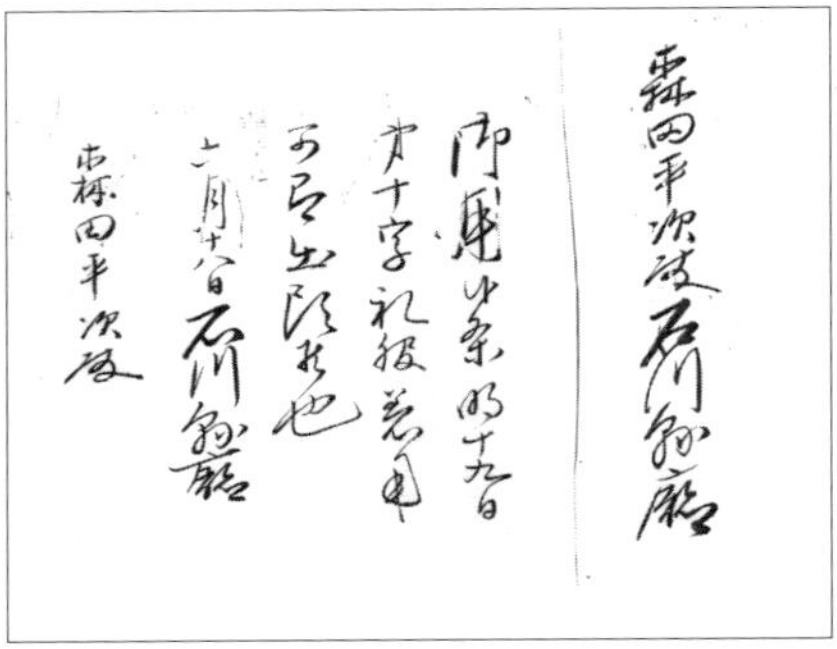

図3

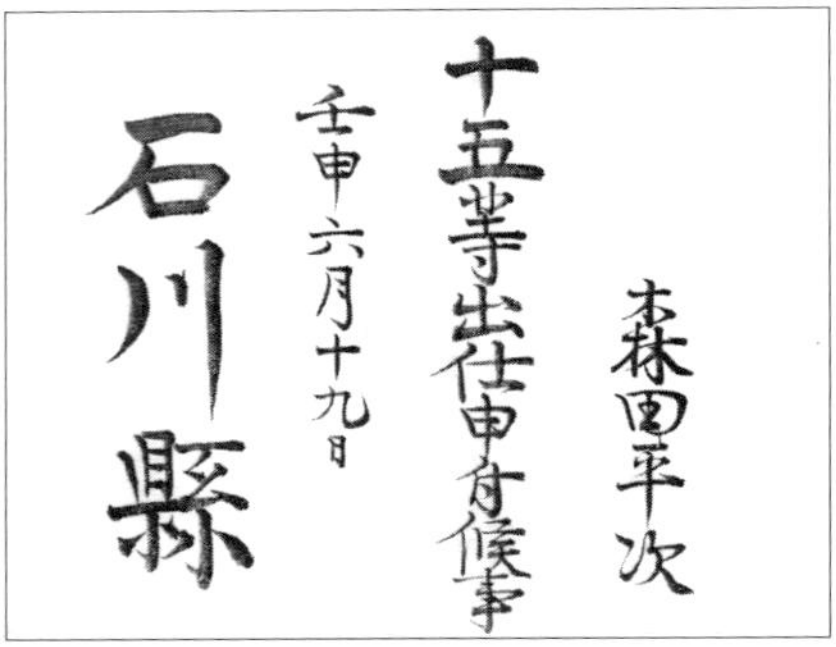

図4

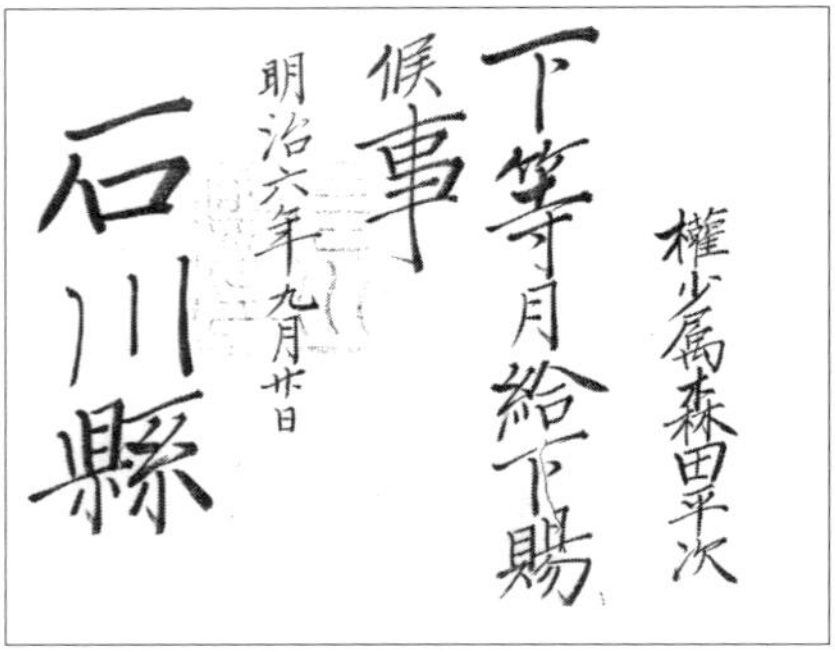

図5

明治六（一八七三）五十一歳。一月、金沢に移庁。八月、下等月給。（図5）九月、上等月給。九月二十日権少属（さかん）昇進。（図6）月給二十円。

明治七（一八七四）五十二歳。三月、順徳天皇御神霊、佐渡より還遷のため、御用係拝命、お迎えする。

七月三日、白山嶺上の仏体下山検査の為、大属三橋久実と二人出張。この時は連日の暴風雨で、しばらく一瀬に滞在し、十三日に漸く仏体仏器悉く下山。この時平次は老体のため、三橋の言に随い、登嶺せず、室堂で下ろした仏体の配裁にたずさわっている。（平次が先にたって廃仏毀釈の暴挙を行ったとする学者がいるが、誤解である。）

明治八（一八七五）五十三歳。七月、教導方御用。教部省官員大属石毛高雅に同道して能州に出張。十月三日、十二等出仕。（図7）月給二十五円。

明治九（一八七六）五十四歳。一月、能登鹿島郡小田中村、親王塚検査のため出張。崇神天皇の皇子大入杵命の墳墓と治定。

三月、職制改革により社寺係廃止、被免。満四年奉職につき御賞美金五十円賜る。ついで第一課御用係拝命。（図8）月給二十円。この時、同僚の戸水信義は被免。石崎謙、服部貞幹ら

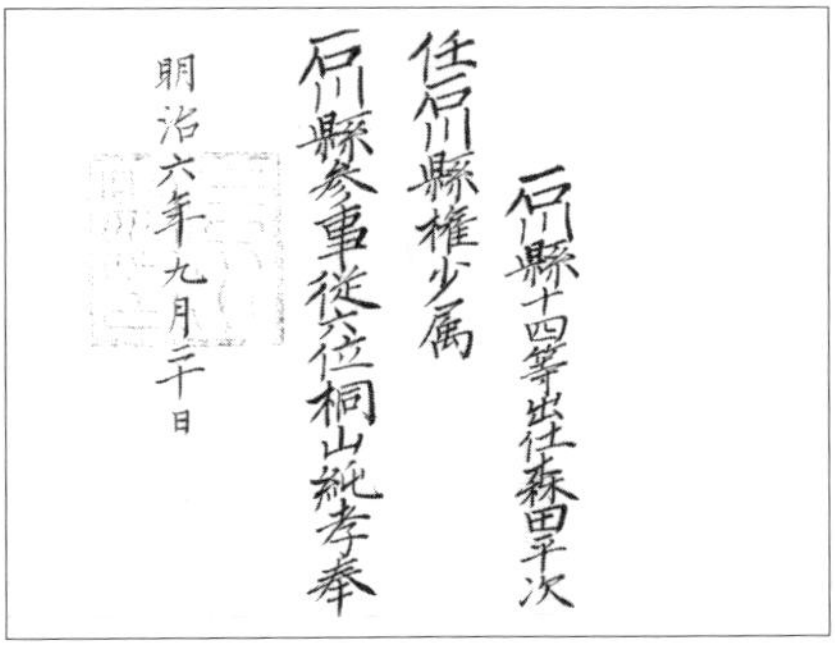
石川縣十四等出仕森田平次
任石川縣権少属
石川縣参事従六位桐山純孝奉
明治六年九月二十日

図6

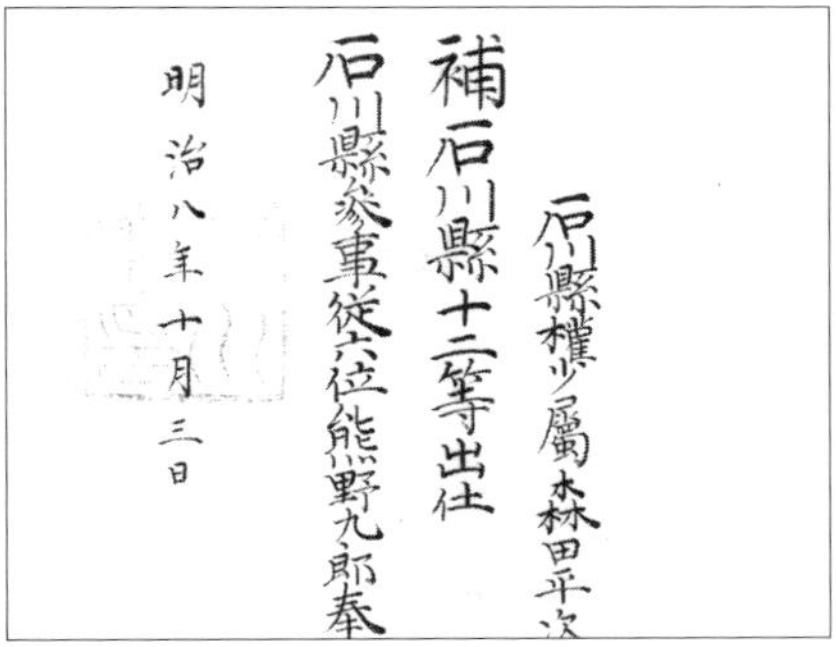
石川縣権少属森田平次
補石川縣十二等出仕
石川縣参事従六位熊野九郎奉
明治八年十月三日

図7

は降等となり、面白からずと引き籠もり、みな辞表を出した。平次も四月十日に辞表提出。慰留されたが押して辞表を出し、(注36)二十一日辞職した。(図9、図10) 以後居宅で著述に専心する。その後、要用会社(注37)々中に加入、株金五百円。少しずつ株金買い入れ、資産をふやしている。蔵書を収める為に土蔵を建てるのが主な目的であった。

九月、居宅の大修理、文化年間以来の作事であった。

この年、長女春、小泉甚助と結婚。

明治十一（一八七八）五十六歳。九月二日、金禄公債証書お下渡し、家禄金高九百三十五円を受け取る。

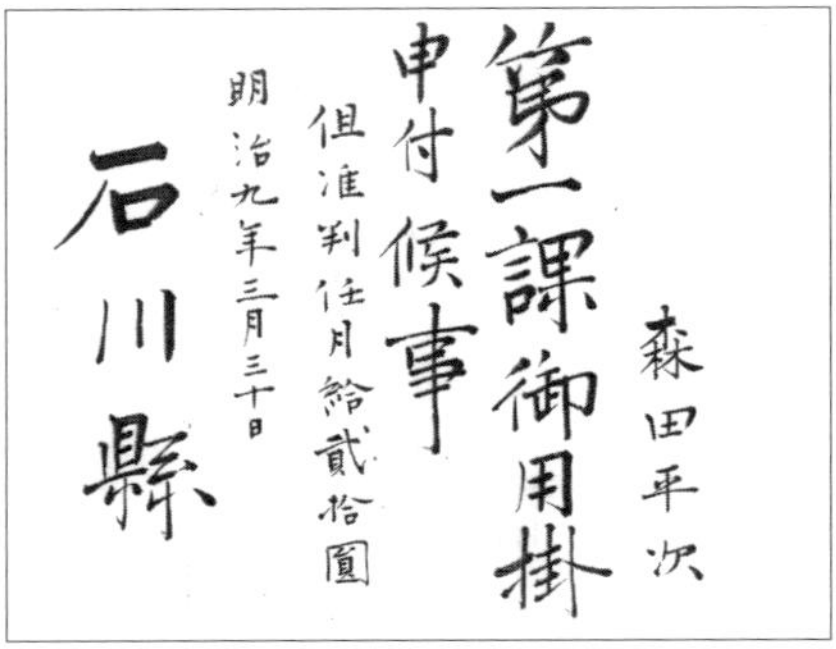
森田平次
第一課御用掛
申付候事
但准判任月給貳拾圓
明治九年三月三十日
石川縣

図8

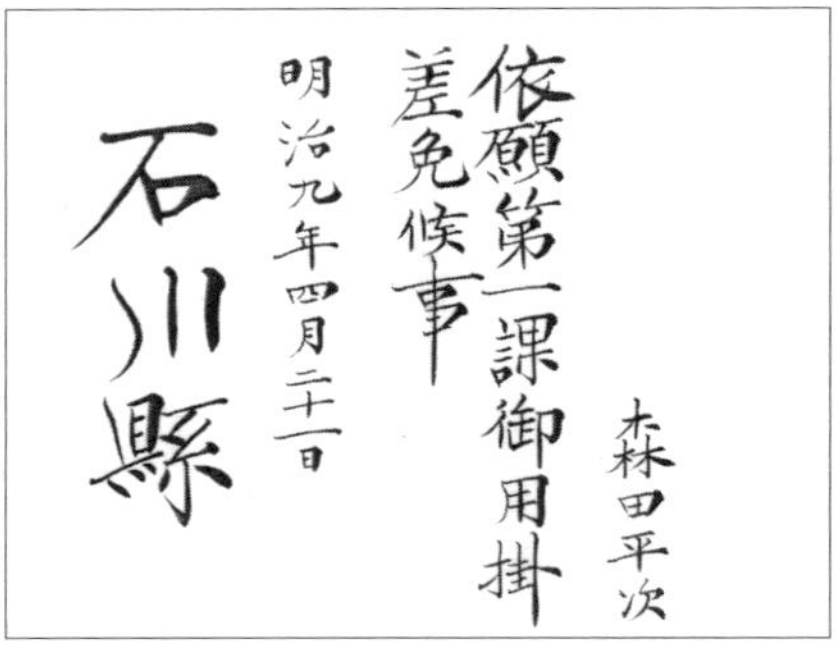
森田平次
依願第一課御用掛
差免候事
明治九年四月二十一日
石川縣

図9

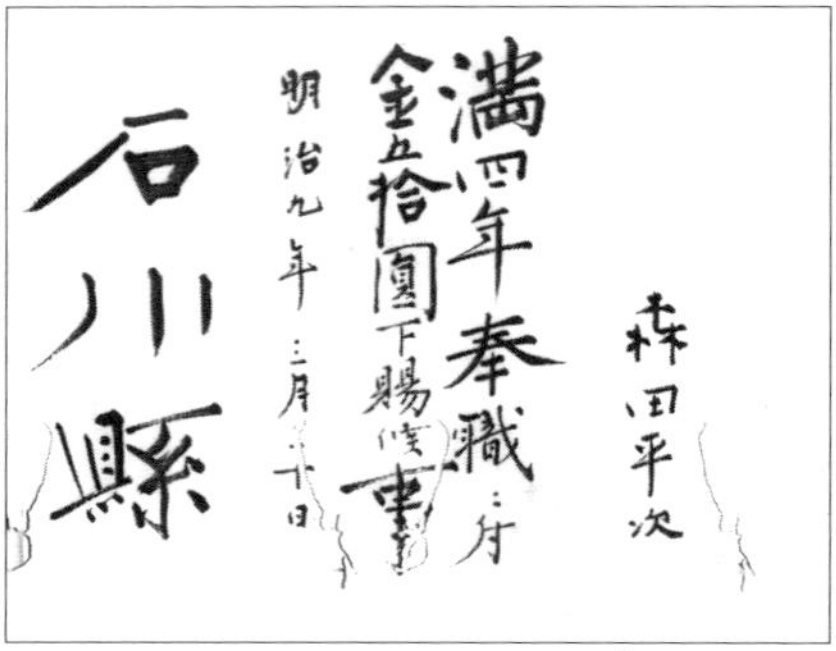
森田平次
満四年奉職ニ付
金五拾圓下賜候事
明治九年三月 十日
石川縣

図10

時々、前田家御用弁方より旧記・諸記録の取り調べを頼まれ、調べてさし上げて、喜ばれている。

明治十二（一八七九）五十七歳。柿木畠ほか八町の戸長に選挙されたが、辞表を出し被免。（図11、図12）

十一月、金禄公債証書は（公債百円につき八十二円でお買い上げのお達しがあったので）祖先以来の家禄としてこの儘所持すべきか、利息年七朱と低利なので、もっと高利の要用会社等に預金して増やした方がよいか、家族で話し合った末、お買い上げを願い、七百六十六円七十銭うけとる。七百六十六円を要用会社に振りこむ。

十一月、小泉春に女子出生。外孫ではあるが初孫である。頼まれて多喜と名付ける。

明治十四（一八八一）五十九歳。十月、内仏をやめ、仏像仏具は悉く取り除き、歴代の肖像のみとした。歴代の墓は寺内にあり、年忌は寺のみで執行の事とする。

明治十五（一八八二）六十歳。三月『加藩国老叙爵考』二冊を前田家に進呈。六月、賞与金五円を頂く。

明治十六（一八八三）六十一歳。父翠園以来の願いであった土蔵建築の夢を実現するため、九月に隣家を買い入れ、取り壊し、地所

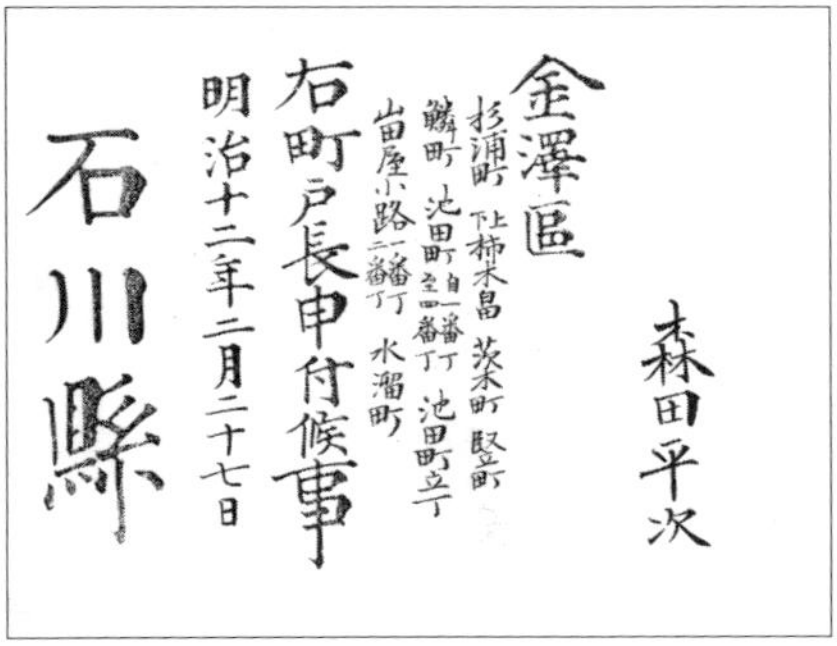

森田平次
金澤區
杉浦町 上柿木畠 茨木町 竪町
鱗町 池田町自一番丁至四番丁 池田町立丁
山田屋小路一番丁 水溜町
右町戸長申付候事
明治十二年二月二十七日
石川縣

図11

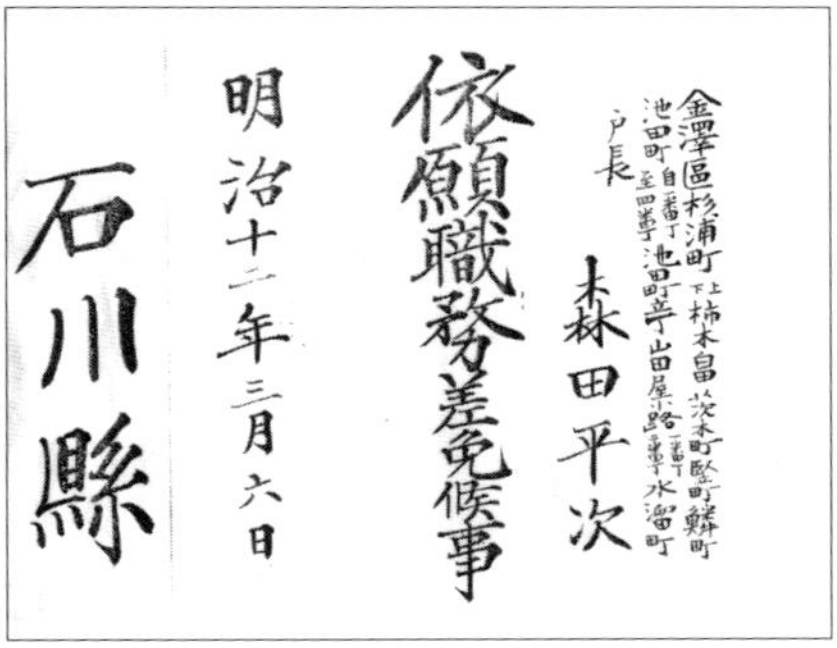

金澤區杉浦町 上柿木畠 茨木町 竪町 鱗町
池田町自一番丁至四番丁 池田町立丁 山田屋小路一番丁 水溜町
戸長 森田平次
依願職務差免候事
明治十二年三月六日
石川縣

図12

を取り込む。

明治十七（一八八四）六十二歳。一月、要用会社等混雑出来し、預入金、諸会社合わせて五千余円の大金を一時に失う。（注38）やむなく土蔵造営も一応中止する。

明治十八（一八八五）六十三歳。父祖以来の願いであった土蔵建築を、今やめれば、今後又いつ建築できるか分からないから、内輪の生活は出来るだけ切りつめ、蔵はなるべく費用を省いて造ることに決心し、一月から取りかかる。十月、成就す。

六月、長男外與吉、県庁収税課雇に採用される。（八月、収税属十七等官、月給八円。能登出張所勤務となる。）

六月、松雲公親筆の奥書ある『春日、加茂両社家日記・三冊』を前田家に献上。十一月、前田家より、前田家で入用の書籍を買い取りたいとの申し入れあり、『金城古定書』その他産物取り調べ関係の書数冊をさし出す。また加越能三州の事蹟について記録編纂を頼まれ、これより取りかかる。

明治十九（一八八六）六十四歳。正月の決意――土蔵建築で出費が甚だしかったので、貯蓄第一、節倹第一を心がけ、また公債を年々買い入れて失った家禄を取り戻し、先祖に申し訳をたて、一家相続の基礎を立てたい。そのため禁酒・禁煙の誓いをたてる。（この後、毎年二百円ずつの割で公債を買い入れている。要用会社での失敗経験から、子孫への遺戒書（注39）には朱書で「貯蓄金は郵便局ニ限ル事、銀行并金満家ニ一切不可預事」と追加している。）

（外與吉はこの後、富山県から千葉県へと出向し、ずっと別居を続けている。平次自身は金沢近辺以外には行くことがなかったが、外與吉が千葉出向の命をうけ相談した時に、今は十里外も百里外も同様、と開けた答えをして、引き留めることはなかった。しかしこれは、先祖代々の墳墓のある土地と家を捨てる事ではなく、家督相続後は必ず我家に帰ってくるものと信じていたからであった。）

明治二十三（一八九〇）六十八歳。外與吉、もと大聖寺藩士中西少平の孫・幾（いく）と結婚するが、翌年幾は外與吉任地の佐原町で病没。

明治二十四（一八九一）六十九歳。夫甚助不埒の趣にて、春を離縁し引き取る。（その後、中西則正と結婚。）

明治二十五（一八九二）七十歳。九月、外與吉、石崎（いっさき）喜一郎の妹・喜久（きく）と結婚。

明治二十七（一八九四）七十二歳。三月三日、孫良雄誕生。

明治二十八（一八九五）七十三歳。五月、前田家より申し付けられ、明治十八年十月から編纂している書物追々出来。『薫墨集・六冊』『温故集録・五十五冊』『加藩国初遺文・二十五冊』『加能越古文叢・五十一冊』『金沢古蹟志・三十四冊』等。『松雲公遺稿古文類纂』は九十七冊まで出来。且、所持の書物を書写させてさし出す。（平次は蔵書を宝とし、一切他出しないことに決めていたので、是非にという時に限り、筆耕者に写させるという処置をとったようだ。）

（前田家から毎月編纂料を賜り、その中から毎年平均二百円宛公債を買い入れ、十一年間で遂に惣金高二千円となった。これは非常な苦心、節倹の結果であると共に、実に前田利嗣卿の恩賜というべきであろう、と感謝している。）

明治三十（一八九七）七十五歳。九月六日、前田家より依頼の『松雲公遺稿古文類纂・全百九十冊』撰しおわり、さし出す。

明治三十一（一八九八）七十六歳。明治十八年から前田家御用の書籍編纂に十三年かかわって来て、この年一月より加能越氏族伝、加能越歌枕名所考、越海辺要考の三部にとりかかるつもりでいた所、ここで見合わせるようにとの書状が来たので、自分も今年からは随意に書見し、余命を気楽に送りたいと思い、御用お断りを申し入れた。

これより東京の外與吉の送金のみにて暮らすこととなる。（十一月、外與吉、専売局鑑定官補任命）

明治三十四（一九〇一）七十九歳。十二月、明治十九年より毎年二百円ずつのつもりで公債を買い入れ、今年で満十五年、都合三千五十円となる。これを家禄として子孫に伝える。（自分の代で祖先以来の家禄を失い、責任を感じていたが、これで本懐をとげた。三千円は旧藩知行三千石取りの公債高也と喜んでおり、旧藩時代の意識のままで生きていることが知られる。）

明治三十五（一九〇二）八十歳。正月、無病壮健、杖も突かず眼鏡も用いず、健康であることを感謝している。

八月、孫良香誕生するが、十一月に早世。

明治三十六（一九〇三）八十一歳。十一月二十九日、安政元年十一月結婚以来五十年、夫婦共壮健、子も息災、孫も成長したのを喜び、小豆飯にて祝い、子孫繁栄を祈願する。

明治三十七（一九〇四）八十二歳。七月十九日、孫美也子誕生。

十二月六日、隠居。家督を外與吉に譲る。（外與吉は煙草専売局事務官補で東京在住、三十八年に大阪に転任。依然として別居だが、手紙・電報等で事あるごとに近況を知らせ、常に両親を案じている。）

明治三十九（一九〇六）八十四歳。十二月、外與吉、大阪より金沢煙草製造所に転勤、二十余年ぶりに一家揃って越年。これより嫁と孫が同居。

明治四十（一九〇七）八十五歳。外與吉は六月までは名古屋収納所兼務、勝山出張主幹で勝山に単身赴任。六月より初めて一家揃って暮らすこととなった。

七月十九日夜、縁先より落ちて腰を打ち、手当てを受ける。それ以来歩行困難となり、床に臥すことが多くなる。

明治四十一（一九〇八）八十六歳。六月二十日、東京前田家より編纂係の近藤磐雄氏が来られ、その求めにより庭前で初めて写真を撮る。

十一月十三日夜、口中右上歯根部より出血、手当てを受けたが、これより病床につき、老衰進み、十二月一日午後三時十五分、何の苦痛もなく遂に死去す。

十二月三日、放生寺に於いて葬儀。法号「柿園斎平次良見居士」。（生前に自撰したもの。）

十二月十一日、かねての遺言により、金三十円と、香典として到来の生菓子手形にて七百個を添え、金沢市小野慈善院に持参、寄贈する。十二月十四日、遺骨を放生寺境内の墓地に埋葬。

妻、逸。大浦左大夫貞之（有賀家の家来）の娘。天保五年（一八三四）広岡山王道の大浦氏の居宅で生まれた。平次没後、落飾。大正四年、石川県庁より大礼養老天盃及び酒肴料を下賜された。大正八年（一九一九）十一月十三日、金沢市桜畠（注40）の外舆吉宅にて没。八十六歳。平次が数多くの書を著し得たのは、勿論彼自身の努力のたまものではあるが、妻逸の内助の功も大であったことは言をまたない。

平次の著書は、他に『白山記巧証・三巻』『白山神社考・六巻』『日本霊異記頭註・三巻』『万葉事実餘情・九巻』『越中万葉遺事・三巻』『同附録・四巻』『国郡沿革考・十三巻』『北海辺要考・五巻』『北徴遺文・十巻』『北越遺文・十五巻』『続々漸得雑記・十五巻』など数十巻あり、未脱稿のものも亦多数のこされた。加賀志徴、能登志徴、越中志徴などがこれである。その上、子孫の為だけに書きのこした日記、家譜、別家系図、同姓森田系譜、柿園舎記談、柿木畑邸宅土蔵新築記等々もある。この厖大な量の著作は、すべて彼一人の筆に成り、他人の助けを借りていない。この為に晩年はほとんど外出する事なく、ひたすら机に向かって著作にうちこみ、眠るのは僅か三、四時間に過ぎなかったという。彼はこれらの著書を、生前ごく親しい友或いは先輩の二三を除いては、見せたり読ませたり一切しなかった。従って、加越能三州の研究が主でもあったし、加賀地方以外ではほとんどその名を知られていない。しかし彼は世間的な名利を一切求めず、むしろそれを極端に嫌い、ひとり黙々として北国の一隅に一生を了えたのである。

　名利を求めず世流におもねらず、奇警人を驚かす、という事は、知人の間で誰知らぬものもない事であったといい、変人と言えば言えるかもしれない。終生ランプを用いず、旧式の行燈（あんどん）を使用していたというし、マッチも用いなかったという。文明開化のシンボルといえる、これら便利なものを使おうとしなかったのは、なじみのない新しいもの、舶来のものに対する無意識な拒否反応だろうか。文明開化の時代に生きながら、彼は畢竟、意識としては旧藩時代から抜け出ることが出来なかったのであろう。明治三十年代に入ってなお、相変らず旧態依然として家譜を書きつぎ、「一家相伝書」として「家相続子々孫々奉戴吾々遺命大切保存可致事勿論候者也　仍遺言如件」と記し、子孫がそのあとを書きついでくれると信じていたに違いない。日記にしても、昔のままに「今般家督譲替ニ付毎朝神拝之諸神并家之祖等江神酒神饌相備　東京中合内仏軽ク心祝致シ候事」（三十七年十二月）というような文章を書き連ね、それまでと変らぬ世の中が、永久に続く事を疑っていないようにみえる。とてもこれが『吾輩は猫である』（三十八年）などと同じ頃のものとは思われない。

　若い頃親しくしていた人々が亡くなった晩年には、懇意にしていたのはごく限られた五、六人に過ぎず、東京では前田家編纂係の人々、金沢では北国新聞の赤羽万次郎氏（注41）くらいで、赤羽氏は北国新聞を年中進呈してくれていたので、他の新聞は読まなかったが、北国新聞だけは愛読していた。従って、金沢の柿園舎にひきこもり、座右の書にのみ囲まれて暮らしていたとはいっても、世の中のことに全く疎かったわけではあるまい。しかしこの時既に八十歳を越した老人であった柿園に向かって、頭を切りかえ、視野を広く、などと注文する方が無理というものであったろう。もともと加賀藩は時代に対する認識が乏しく、政治的視野が狭かった。そのため明治維新の際も他国に立ち後れている。そういう加賀に生をうけ、加賀から外に出たこともなかった彼の、これは宿命と言えるかもしれない。しかし、ともあれ、時代にとり残されていった一人の老人を見る思いで、いま二〇一六年（平成二十八）、デジタル時代まっただ中、あれよあれよという間に変わっていく世の中に、ついてゆくのが精一杯の老人の私に、つい引き合わせて考えこんでしまっている。

（注23）浅野屋佐平——金沢の町人で下堤町に住む。扇子商。諱茂枝・茂身・茂幹。号麻舎。国学者田中躬之（みゆき）（兵庫）に和歌を学び、町役人に撰挙されて横目肝煎兼遁送方なども勤めた。嘉永以来勤王を唱え、尊王派の藩士福岡惣助と親しく交わり禁固刑を受けていた惣助の手紙を長州藩士に届けたことが発覚、永牢の刑に処せられた。慶応元年獄中に没す。五十一歳。明治二年加賀藩は罪を赦免。明治二十四年靖国神社に合祀された。

（注24）良人四来三——「よくみ」の「み」は「見よ」に同じ。古くは動詞の命令形に「よ」をつけない用法があった。なお、平次の写した『万葉集』では「良人四来三（ヨキヒトヨキミ）」としている。（『国歌大観』では「良人四来三（ヨキヒトヨクミツ）」とする。）

（注25）湯浅弥左衛門——湯浅進良の嫡子。諱祇庸（やすつね）。字子恒、号弦斎・温知斎。書物奉行・書写方奉行・南土蔵奉行などを勤めた。藩の旧例典故に精通し、著書に『北藩秘鑑』（二十巻）『前田家正系譜』

『温知斎漫録』などがある。万延元年没、七十五歳。平次宅の向いに住んでいたようである。

（注26）知一上人——小立野如来寺住職。諱学隆。俗姓竹下氏。幼くして得度し卯辰誓願寺で成長、学業抜群なので如来寺の住職に登庸された。博学宏才、詩文・和歌に長じ、和漢の群書を渉覧し、蔵書も多く、書櫃は千字文の一字ずつを筥の番号とするほどだったが没後悉く売却され一巻も残らずと。文久二年（一八六二）没。六十三歳。嘉永三年以来、平次の懇友であった。（数通の書簡を平次は『懇友書簡』に保存）

（注27）鍋屋米積——平次は友人知人の書簡を『懇友書簡』と名付けてまとめて保存、朱で説明を付す。それによると、三浦米積。金沢町人で袋町に住み、藩士の知行米を預かる蔵宿で、裕福であった。国学を田中躬之に学び、和歌は加茂直兄の門人、狂歌は西南宮の門に入り上手であった。米積の名は狂歌による名付けだという。俗称は俵蔵といい、皆米蔵から出た名である。男子十余人あり。明治十年没。七十五歳。

（注28）天野惣左衛門——天野憲章。奥村丹州の家士。田中躬之の門人で、歌人でもあった。明治二十年頃没、七十余歳。

（注29）小倉屋太右衛門——金沢町人で下堤町に居住し、蔵宿で裕福であったが、火災後上堤町に転宅し中買商となった。後に子息の為に破産したという。安政六年十一月十五日、朝まで元気だったが俄（にわか）に風症にて病死、五十余歳だったという。（『柿園日記』六による）人となりは甚だ清直であって町人大名というべきほどであった。和歌を好み国学に志厚く、困難の中にあっても書籍を渉覧し、『柿園日記』によると父良郷も小倉家所蔵の書物を借りて書写しており、平次も遺族から書物を貰い受けている。『懇友書簡』で「実に一奇人と云べし」と称えている。

『柿園日記』嘉永六年（一八五三）三月七日の条に、家の向いの湯浅弥左衛門を初めて招待した時の相客として、朋友の天野惣左衛門、小倉屋太右衛門、浅野屋佐平も招いた、と記している。

（注30）水野和泉守三春――能登国羽咋郡神代（かくみ）村（現・志賀町（しかまち））神代（かくみ）神社の神主。国学の造詣ふかく、神道の布教に努めて能州社家（しゃけ）触頭（ふれがしら）役に任ぜられ、嘉永五年、従五位下和泉守に叙せられた。人となり実直、和歌を好み、博識なる事能登国中で第一であったと『懇友書簡』に記す。『能登国神異例』『葛（くず）の屋（や）集』などの著あり。文久二年没。六十余歳。（『加能郷土辞彙』によると二月廿五日六十三歳で没とある）

（注31）千秋（せんしゅう）順之助――加賀藩士、百五十石。諱は藤範。藤篤、顧堂、有磯などと号した。明倫堂に学び俊才の名高く、一時江戸昌平黌の舎長を務め、弘化二年（一八四五）帰藩し、明倫堂助教。藩主の嫡男慶寧の侍講となる。これより慶寧を中心とする勤王派の中心人物（理論的指導者）となり、禁門の変の時、慶寧は長州擁護の斡旋（あっせん）をとるが実らず退京。謹慎させられ、順之助も小松で捕らえられ、元治元年（一八六四）切腹、五十歳。その子・堅三郎範正は明治三年十三歳、八十石。菩提寺は妙成寺。

（注32）外輿吉――「四十二（しじゅうに）の二つ子」といって、父親が四十二歳の厄年に子供が二歳だとその子は育たないといわれ、生まれた時、一旦お宮さんに捨てにゆき、その子を拾ってくるという風習があった。そこで外に与えるという名前を付けたのである。

（注33）惣髪――男の髪形で、額の月代（さかやき）を剃らず、髪の毛全部を頭頂で束ねて結ったもの。それまでは髷（まげ）を結っていたもので、この髪型は主に儒者、医者、山伏などのものであった。

（注34）一六――江戸時代には毎月一と六のつく日を休日・会合日・縁日などにあて一六日（いちろくび）といっていたが、慶応四年（一八六八）戊辰の年の一月の布令で、毎月一六の日を官吏の公休日と定めた。『明治事物起原』によると、まだ排外思想も盛んで、日曜を耶蘇教の休日とみていた明治初年には、治安上採用が憚（はば）られたが、お雇い外国人の為には日

曜休日を採用せざるを得ず、明治七年に文部省は官立の学校を日曜休日に改めたが、それ以外の学校はまだ一六を休日としていた。明治九年になって、四月一日から日曜と土曜午後を休みと定め、諸官省をはじめ官私立学校も皆これに従い、一六の休日は廃止、日曜がこれに代わった。

（注35）白山麓十八村境界検査――このあたりの詳細は四　明治維新後の森田平次の項を参照されたい。

（注36）辞表を出す――この時の辞表の控えも保管してある。（図9、図10参照）

（注37）要用会社――政府の金禄公債発行に際し、金沢では士族の一時金を目当てとした金融機関が多数設立された。要用社（明治七、西町）をはじめとして誠行社（水溜町）、北雄社（西町）、荀完社（八坂）、融信社（南町）、本立社（本多町）、生用社（上堤町）等々。デフレ時代を迎えると物価は暴落し、土地建物は二束三文となって買い手がつかず、金融会社の保有する抵当物権は債務価格に達しなかったことから資金回転が途絶え、士族に対する利子支払いも出来なくなり、このため士族・町民たちは取り付けに走り、明治十七年一月から倒産する金融会社が激増した。（『わが町の歴史・金沢』による。）要用社も明治十七年の項に記すが、倒産した。

（注38）大金を一時に失う――この関係書類を「政府より頂戴の家禄公債御買上願書許可物等入」と記した袋にまとめ保管してある。袋には後に記したと思われるが、朱で「但自分義一生之失錯也」と記す。

（注39）遺戒書――一冊。日記等と同体裁。家訓、歴世覚書（法名と命日）、家の年中行事等について記したもの。

（注40）桜畠――大正六年、外與吉は桜畠二番丁一四に家を新築し、（柿園舎は人に貸して）移転。土蔵は昭和八年に桜畠に移築した。この地は現・寺町三丁目で、桜畠の地名は残っていない。

（注41）赤羽万次郎――北国新聞創立者。長野県松本市生まれ。教師をしながら十八歳の時松本の自由民

権運動「奨匡社」設立に参加。同時に長野日報編集長を務め、又東京に出て日本最初の日刊新聞・東京横浜毎日新聞に入社。以後栃木新聞、大阪の内外新報、信濃毎日新聞などで自由民権ジャーナリストとして活躍。明治二十一年金沢の改進党系の北陸新聞に対抗し同二十六年、三十一歳で政党色を脱した「北国新聞」を創刊。東京の新進評論家石橋忍月を編集顧問に迎え、三宅雪嶺、藤岡作太郎、泉鏡花、徳田秋声ら県出身の論客作家を起用、北国新聞の基礎を築いた。明治三十一年没、三十六歳。墓は金沢市天徳院にある。

（五）外與吉と蔵書、著書のその後

土蔵に納められた厖大な蔵書と、平次の遺稿とがあとに残されたわけであるが、外與吉は平次没後は広島に転勤となり、蔵を除いて柿木畠の家は人に貸し、毎年休暇をとっては来沢して蔵の中の書物の虫干しを行った。大正五年、退官して金沢に住んでからは、趣味の生活と共に、亡父の遺稿の浄写をしたり、その整理と蔵書の管理に没頭している。蔵書中には、四代・西岸以来の自筆本も多く、又世間には流布していない珍書、珍図などが沢山あり、平次は「家ノ宝財重宝ハ書籍ヲ第一トス」とし、従って他出を禁じ紛失しないよう、くれぐれも気をつけるように遺戒書に書きおいている。外與吉はそれをよく守ったが、時代情勢は変化し、外與吉一人の力でこれを維持することはやはり無理であった。彼の『霞園日記』(注42)によると、大正時代は持ちこたえたものの、昭和初期には、石川県立図書館での展覧会等に蔵書を貸し出し出陳したり、一部を譲渡したりしている。そしてその厖大な蔵書を個人で管理することのむつかしさの為もあって、少しずつ手離すことにしたと思われ、昭和三年には東京の書店に一部を譲渡しており、現在天理図書館にある、国宝の『高山寺本和名類聚抄』は、平次の秘蔵本であったが、この時に売られたものであった。(注43)

昭和二年に白山比咩神社叢書の第一輯として『白山記攷証』が出版され、また昭和四年頃から石川県図書館協会によって、遺著が少しずつ刊行されるようになったが、浄書、校正など外與吉は亡父の為に一生懸命力を尽くしている。

昭和十七年に良雄は老父母を東京によんで同居することにしたが、この時外與吉は家譜などの個人的な森田家関係のものは東京へ運び、あとの本は、一部を県立図書館へ預けていったようである。そして太平洋戦争末期に疎開のため金沢に帰った外與吉は、程なく昭和二十年一月二十五日、八十三歳で亡くなった。戦後の混乱と後始末の混雑との間に、蔵に残っていた本がどうなったか、今はもう知ることができない。

昭和六十二年(一九八七)に、県立図書館に預けてあった本を、あらためて良雄がすべて図書館に寄付した。先祖以来平次まで、大切に集められてきた蔵書の、残り大部分は、彼の愛した加賀国におさまったわけで、「自愛珍書不許他出」の印を押し、蔵本を人に貸し渡すことを家訓として堅く禁じた平次も、加賀国に所を得て人々に利用されるようになったことを、多分地下で喜んでくれているものと思う。

(注42) 霞園日記——外與吉は霞園と号した。その日記は明治四十一年平次没後から昭和十五年まで書きつがれており、全五冊。『柿園日記』と同じく和紙半折に墨書の和綴のもの。

(注43) 和名抄を売る——昭和四年に良雄が洋行することになり喜久が外国行きに使う為にと千五百円

を身体に巻きつけて荻窪まで持ってきてくれたが、多分それは和名抄などを売ったお金だろうと、後に母貴子が話した。良雄の四高、帝大時代の友人・平泉澄氏が間にたってくれたと思われ、外與吉の日記によると昭和三年九月二十一日「荻窪滞在過日評価せしめたる東京市下谷区東黒門町二番地書肆文行堂横尾勇之助に対し古本和名類聚鈔外八点を千五百五拾弐円に譲渡したり」九月二十二日「荻窪に滞在本日又東京市本郷区菊坂町四十八番地書肆井上喜多郎に対し温故遺文外廿一点を弐千四百六拾円に譲渡す。右文行堂分と合計四千拾弐円也」とあり、嫁の貴子が平泉氏と本屋さんの客人にお茶を出した時小耳にはさんだ金額に、その頃千円もあれば家が一軒建ったのだから、何と高い本だろうとびっくりしたそうで、それで和名抄という名は忘れないと言っていた。なお天理図書館善本叢書２（八木書店・昭和四十六年）の解題（渡辺実）によると高山寺（地蔵院）→森田平次→保阪潤治→天理図書館とある。

三　茨木氏と給人の森田家

（一）茨木氏とその家中

二の系譜で述べたように、森田家は元祖森田三郎左衛門良明が、寛文二年（一六六二）に中川氏に従って金沢に移った時から廃藩までずっと加賀藩士の陪臣として金沢で過し、昭和二十年（一九四五）に外與吉が亡くなるまで三百年近く金沢に住んでいた。

七代の通顕が、兄昌信の没後の森田家を継ぎ、それからは茨木氏の譜代の家臣として代々仕え、明治維新を迎えたのである。

金沢市立玉川図書館近世史料館にある『茨木文庫目録』を参考にして述べると、茨木家は藩士中では八家・人持に次ぐ平士の家であり、平士の中でも最上位の知行を有する家であった。屋敷は元禄から宝暦まで仙石町（せんごくまち）辺（注1）にあった。宝暦の大火（注2）により仙石町辺の屋敷が火除地として上ゲ地になった為、文化期に竪町辺（旧本多家下邸があった辺り）に移転した。現在茨木町（注3）と称されている地はもともとは茨木氏が先祖代々住んだことによる地とされている。

森田武右衛門通顕は宝暦七年（一七五七）に茨木左大夫道啓（みちひら）（二千五十石。御馬廻組頭御用番支配・御馬廻組）に召し抱えられ、下行方役（注4）としてずっと篤実に仕えた。

宝暦十二年道啓死去（法名澄源院）、六歳の鉄次郎が相続、知行は三分の一となり奉公人の大半は暇を下されたが、通顕は五人扶持に加増となった。明和八年（一七七一）源五左衛門自道（鉄次郎）本知拝領（二千二百石。御馬廻組・御先筒足軽頭・越中境奉行（注5）・盗賊改奉行）。――家来みな加増され、通顕も新知三十五石。のち五十石となった。寛政七年（一七九五）通顕致仕後森田作左衛門修陳が相続して五十石。境関所に自道の供をして詰めること十度。加増されて六十石となった。

文政四年（一八二一）自道死去（法名寛量院）、主殿忠順が相続（御馬廻組・越中境奉行・御先弓頭・盗賊改奉行・御徒頭・金沢町奉行・御馬廻頭）――修陳は自道、忠順二代に仕え、天保三年（一八三二）没。

安政二年（一八五五）忠順死去（法名寛性院）。源五左衛門忠恕が相続。――天保元年（一八三〇）森田大作良郷が家督を継ぎ六十石。自道、忠順、忠恕の三代に五十七年間仕え、安政四年（一八五七）没。平之佑（のちの平次）が天保八年に十五歳で忠順に召し出され、大作没後家督を継ぎ、遺知六十石。忠恕に従い、やはり何回も境を往復している。そして明治元年（一八六八）境在勤の留守中に寺社所出勤の命を受けるのである。

さて『茨木文庫目録』の明治二年の記事に戻って、茨木家の家中を見てみると、次のように記してある。

給人	山川十郎兵衛	九十石
〃	森田平次	六十石
〃	木村藤左衛門	五十石
〃	坂井権平	六十石

給人　山川金作（山川十郎兵衛せがれ）　五人扶持　外ニ壱斗八升
〃　上田作左衛門（森田故大作せがれ）　四十石
〃　南部三郎　八人扶持　外ニ壱斗八升
〃　久江三郎　〃　〃
〃　下村彦四郎　六人扶持　〃
〃　高柳茂　五人扶持　〃
上田耕作（上田作左衛門せがれ）　壱人扶持　〃　年中給金拾両
給人　大野兵左衛門　弐人扶持　外ニ三斗六升　年中給米弐石盆暮遣高弐拾貫文
譜代足軽小頭　永島喜兵衛　弐人扶持　外ニ三斗六升　年中給米壱石五斗　毎月菜代壱貫
三百文　盆暮拾五貫文
〃　山室清作　壱人半扶持　外ニ五斗七升　年中給米壱石五斗　毎月菜代壱貫
三百文　盆暮五貫文
〃　中村市三郎　壱人半扶持　外右同断
足軽　内島和平　壱人半扶持　外右同断
同（足軽）　永島喜三右衛門（永島喜兵衛養子）　壱人半扶持　外ニ弐斗七升　毎月菜代壱貫三百文
盆暮拾五貫文
同　越村平兵衛　壱人半扶持　外右同断
〃　宮野吉蔵　壱人半扶持　〃
（給人十人、足軽小頭三人、足軽四人、計十七人。）

この他に、奥方や御子達に仕えた老女、乳母、端女（はしため）、小女などの名も『柿園日記』には所々に見え、女衆（注6）も何人か居て「茸狩りに男女上下三十余人も引き連れて」などの記述も見えるし、合わせて三十人を越すほどの人数だったのではなかろうか。その位の人数だとすると、そこに上下の関係は勿論あったにしても、大家族的な雰囲気が保たれていたのではないだろうか。

茨木氏に仕えていた時代の『柿園日記』を見ると、主人を「旦那様」（注7）と記し「被仰付（おおせつけられ）」のように敬意をもってきちんと一字あきに記しているし、夫人は「奥方様」（「御新造様」とした例もある）、お子様方は「鉄次郎様」「与三吉様」「お竹様」「お柳様」等と記し、主従のけじめはきちんと書き分けている。

また同姓の給人たちの名が文化頃からすでに散見し、九歳とか十三歳とかで給人の子息が召し出されていて、（注8）ずっとその子、孫と幼少の頃から代々仕えていたのだということが分かり、譜代の者が多くて全体によい関係がかもし出されていたのだろうと想像される。それにしても現代ならまだ小中学生位の年齢で主家に召し出され、身辺の御用などを勤めるのが普通だったらしいのには驚く。

（注1）仙石町――『角川地名大辞典』によると、「県庁ノ西方ニシテ広坂通ノ西端ヨリ北ニ折レ字紙屋小路入口ニ至リ上松原町ニ続ク……」（皇国地誌）昭和四十一年香林坊一丁目、広坂二丁目、尾山町となり町名は消滅。

（注2）宝暦の大火――宝暦九年（一七五九）の町の大部分が焼けた大火。四月十日午後二時頃泉野寺町の舜昌（しゅんしょう）寺から出火、折からの強風で野田寺町、犀川を越えて十三間町へ、火口が広がって竪町（たてまち）辺がすべて燃え、暮れ頃に本多町辺へ移り城中へ入って一面の火となり、小立野口へものびて宝円寺、馬坂から田井天神まで燃え、出羽町から材木町へ

出て浅野川まで焼けぬけた。城の火は尾張町、新町（しんちょう）、味噌蔵町へ延焼し、小将町、材木町を焼けぬけて浅野川向うの卯辰観音院辺りを焼き大衆免（だいじゅめ）も焼けた。ただ金谷御殿や片町、彦三（ひこそ）は焼け残った。鎮火は翌日だったが、城のほか一万五百軒、米三十八万七千石が失われた。

（注3）茨木町——茨木長好（二五五〇石）が邸を構え子孫代々住んだことによる。「県庁ノ南方、西北柿木畠界ヨリ稍々屈曲シテ東南鱗町ニ達ス。中間横通リ左右ニアリテ油車及ヒ下本多町ニ連ル」（皇国地誌）昭和三十九年一部が本多町三丁目となる。

（注4）下行方役——二（三）8（注14）を見よ。

（注5）越中境奉行——二（二）6（注12）を見よ。

（注6）女衆——寛政九年五月九日「老女村尾義……病死の旨……案内之有り行年八十才……淳操院様の元御乳母にて……」文政六年五月十七日「去年隠居仰付けられ候端女山路義病死いたし候事」等。

（注7）旦那様——文化十四年正月廿八日「旦那様当年六十一歳に……」慶応三年正月十一日「旦那様当八日境表御出立……」他、（二）茨木家の動向を抜き書きした箇所を御覧頂きたい。

（注8）幼少で召し出される——享和元年七月四日「山川長右衛門殿五男小次郎義（のちの大作良郷）今日十二才にて召出され……御近習仰付けらる」文政二年閏四月六日「坂井氏嫡子金五郎御近習に召出さる当年十三才の由」天保十一年六月九日「二男常次郎（のちの上田作左衛門、十三歳）義御用の趣之在り候間布上下（ぬのかみしも）着用罷出づべき旨昨日御内意仰渡さる。之に依り今朝五半時比（ころ）自分義も上下にて同道……御近辺に召出され御充行壱人扶持年中銀四枚……」安政二年三月二日「山川氏子息金作当年十一歳の処今日御近習に召出され近例の通り花紙代銀六枚下さる」文久元年正月十九日「上田作左衛門せがれ永太郎義当年九歳、未だ幼少に候へども御近辺へ召出され壱人扶持銀弐枚下さる」（御幼少の方のお相手として召し出されたようである。）

（二）『柿園日記』に記された主家・茨木氏の人々

主人方茨木家の動向についての部分を少し抜き書きすると、

文政三年（一八二〇）「正月十日　与三吉様御着袴御祝、山川十郎兵衛殿右御用相勤められ之に依り御家臣何（いずれ）も御料理……作左衛門へ銀三両武右衛門へ二朱……」

文政六年「十月廿九日　奥方様御懐妊の処、今朝六半時比（ころ）御安産、御女子様御出生成さる。」「十一月六日　御七夜御祝、御出生様御名お柳様と称奉る。依て御家臣一統御祝下され作左衛門へ御目録銀弐両拝領　被仰付（おおせつけらる）。」

文政七年「八月十一日　お竹様御義先日以来御　滞（とどこおり）……御落命成さる。御年六歳……」

文政八年「三月廿二日　奥方様御懐妊の処今夜四時前安産、御女子様御出生……」「同廿八日御七夜御祝……御名お中様と称し奉る。……四人へ御目六（もくろく）、銀弐両充拝領仰付けらる。」

文政九年「十一月朔日　奥方様御懐妊の処、今未明より御催（もよおし）(注9)にて六半時比（ころ）安産遊ばされ、御女子様御出生成さるる也。」「同七日御七夜……作左衛門等四人御目録銀弐両充下さる。……御名お寿（シウ）様と称し奉る。」「同廿四日　奥方様御産後御滞の処……遂に御落命成さる。御行年廿七、御法名自性院殿と号し奉る。」「（廿八日）御葬式野田山に御納め成され候事。」「（十二月廿五日）御病中以来彼是繁多相勤め骨折り申すべき旨……坂井氏、作左衛門へ御目六金弐百匹充御直に拝領仰付けられ候事。」

文政十一年（一八二八）「七月廿五日……奥村源左衛門殿御養女と御再縁御願候処……今日御引移り始尾能く御婚義……之に依り御家臣一統御目六等拝領仰付けられ、作左衛門へ銀五両、大作へ百疋下さる。」

天保元年（一八三〇）「四月十二日　奥方様御懐妊の処……御難産遂に御出生之無く御落命成させらる。御年廿七歳。」「六月朔日　故奥方様御遺物品々拝領仰付けらる。」

天保四年「七月十六日　左近様御義去る六月比より御滞遊ばされ候処七月始より……種々療養方之有り候へども遂に御本復之無く、今日四半時過御落命成さる。御年十七歳。素商院殿と号し奉る。」「同十九日　御葬式野田山に御納め成され候事。」「九月四日　御四十九日御逮夜、家臣一統……御遺物品々拝領仰付けらる……」

天保六年「十二月十九日　お柳様御義馬廻組高畠采男様と御縁組の義……当月十日に始尾能く御引移り、同日御里披き（注10）も相済候由、悴鉄吉義御給仕方御雇に罷出で、妻義も召され罷出で候処、妻并に悴御目録拝領仰付けられ候由申越す。且境表詰人大作以下三人へも御祝御目録拝領仰付けらる。其上詰人一統御酒料理下され候間、御貸家に於て随意頂戴致し申すべき旨御意の趣……今十九日夕景小豆飯等致させ御酒頂戴いたし候事。」

天保十二年（一八四二）「四月六日　お中様御義野村隼人様と御縁談兼て御取究め弥今日御引移り始尾能く御婚義御整ひ、大作御供仰付けらる。依て自分妻并に悴共御目録拝領仰付けらる。」

明治元年（一八六八）「九月廿六日　嘉久太郎様御袴着、境に於て御祝之有り。御用主付自分へ仰付けらる。朝の内御対面所に於て御上下(かみしも)召させ扇子指(さし)上げ追付(おっつけ)御居間にて御盃事之(これ)有り。夕景与力中并に小頭御帳付其外御出入人夫々(それぞれ)召され、男女詰人一統御目録下さる。自分義も御目六銀三拾目、外に主付相勤め候に付、銀弐拾目御手自(てずから)下さる。翌日夕景詰人一統御料理下さる。」

主人御家族方の動向が記録されているが、一般庶民と同じようにこの時代には夭折される御子様も多かったように見える。そして御安産の度に、御葬式があればまたその度に、御婚儀などの慶びの際も「御酒料理下さる」「金〇〇銀〇〇拝領」などと記してあり、御遺品も拝領するなどし、いろいろと出入りの者達まで拝領したことを記録している。一方また例えば寛政十二年（一八〇〇）六月に通顕の一周忌の法事の際、境詰中だったが、「御香奠金百疋」を「彼地に於て頂戴仰付けらる」。弘化元年（一八四四）に祖父退翁（修陳）の十三回忌をした際には「御香典銀十五両拝領」とあるなど、家臣の家の慶弔の行事にも心を配っていることが知られ、万事に行き届いていることは驚くほどである。

嘉永四年（一八五一）四月廿二日には「御露地（注11）牡丹御家臣一統拝見仰付けられ、御酒下され……一統料理振舞はれ候事。」と見え、季節ごとにお庭の菊を拝見したり皆で茸狩りに行ったり、その度にお吸物お酒を頂戴し、お目録をもって種々拝領し、何かとてもなごやかな主従関係だったように思われて、毎日有難いと感謝して暮らしていたのだろうと想像された。そして一方では主人方もそれなりに気遣いをして、その出費も結構大変だったのではないかと思われたことである。

（注9）御催――「催す(もよおす)」は物事がおころうとするきざしがあること。その名詞形「もよおし」はきざし。お産の前兆を丁寧にいった語。

（注10）里抜き――里帰り。「かえり」という言葉を忌

み嫌って縁起のよい「ひらき」を用いた語。普通、婚礼の三日又は五日後に行われる。

（注11）露地——庭の方言。話し言葉では「ろーじ」と言った。『加賀なまり』「庭園ノ事ヲ一般ニ〔ローチ〕ト云ハ非ナリ茶室ノ庭ニ限テハ〔ロヂ〕ト云其餘ハ〔ニワ〕ト云ヘシ三府ニテ〔ローチ〕ト云フハ家ト家トノ間ニ狭キ路ヲツケ上ニ屋根アル所ヲ云ナリ」

（三）明治元年前後の給人達の日々

次に目録とほぼ重なるちょうどその頃、明治元年の給人達の動向が記されている箇所を幾つか抜き出してみる。（この年平之佑は四十六歳。）

「三月五日　上田作左衛門境詰交代順に付、南部章之進、久江五左衛門同道にて今朝出立、七日到着の由。」

「同十一日　山川金作并に永太郎、鉄太郎境より帰着。九日出立の由。」（永太郎は上田作左衛門の子、鉄太郎は高柳鉄太郎であろう。）

「閏四月六日　下越後浪士一乱（注12）追々騒しく相成るに付、何(いずれ)も急ぎ出立の義、一昨四日昼頃境より申来る。依て自分義も今朝出立、今石動、（注13）滑川（注14）泊りにて八日境到着。」

「五月廿日　自分義名前平佐と相改め度(たき)旨、直に申上げ其通りに致すべき由御意に付、詰人等何(いずれ)もへ普為聴す。且前月下旬今般仰出(おおせいで)られし趣に付、惣髪（注15）に成され、自分等詰人一統惣髪にいたし候事。」（主人ともども惣髪にした事は特筆すべき事であったろう。）

「五月廿四日　下越後浪士戦争……官軍方勝利、殊に当十九日昼頃長岡落城、浪士追々討取られ少々静かに相成る様子……今朝境出立、滑川、高岡泊りにて廿六日帰着。」

「六月　坂井三之丞娘当年二才の処早世の由。」（坂井一調の子孫。一調と同じく三之丞と名乗っている。）

「七月十九日　上田永太郎義耕作と改名す」

「九月三日　山川金作、上田耕作交代の為境へ出立。」

「九月十四日　下村彦四郎同道にて今朝境へ出立。今石動、小杉、[注16]魚津[注17]泊りにて十七日八半時比境到着。」（境と金沢との往来には途中一、二泊して二日又は三日ほどかかっていることが分かる。）

「十月二日　御留守に御代判脇田源左衛門殿より紙面にて呼立に付、坂井三之丞罷（まかり）出で候処、平之佑義御雇御用仰付けられ候段、覚書を以て御用番村井又兵衛殿仰渡さる。当時境相詰め罷在る様子に候間、今夜の内にても飛脚指遣し（さしつかわし）一日も早く罷帰り候様申談ぜらる。依て同役一統示談の上、三日早朝急送の紙面指出し候処、五日暁天八時比（ころ）境へ到来。御目覚めの上御覧に入れ候処、急速出立罷帰り候様御意に付、俄（にわか）に出立用意取掛り、幸高柳鉄太郎交代の時節に候間、同道罷帰り候様御意に付、其段申渡す事。」

「十月六日　朝七時過境出立、滑川、高岡泊りにて八日昼後八半時比帰着いたし候処、母方おば宮原壮左衛門母過日以来大病の処、当六日六十二歳にて病死。今朝葬礼相済み申す由。之に依り直に忌引いたし、其段御頭中村五兵衛殿、御代判脇田源左衛門殿へ坂井三之丞罷出で申達し候由。」（いそぎ金沢に戻ったが、母方叔母が病死しその葬式があったので忌引。しかし十一日には忌中ではあったが、「朝の内罷出で呉れ候様、山川氏申聞けられ、今日罷出づる事。」そして前述したように五月廿日に名前を平佐と改めたが、呼び出しの紙面は平之佑の名宛だったので「面倒に候間、復名仕（つかまつ）りたく」とまたもとの名に戻しその届けを出している。）

「十月十六日　忌明に付、朝五半時初て寺社奉行御用番多賀監物殿へ罷出で式台にて今般御雇御用の御礼申述べ、神祇方役所へ出で同役類役等へ近付に相成る。昼後役所相済み、直に寺社奉行中川式部殿、前田図書殿へ御礼罷出で、夫より中村五兵衛殿、脇田源左衛門殿へ罷出で候事。」

「十一月五日　下筋戦死人初て招魂祭仰付けられ卯辰山に於て当月二日三日祭式仰付けらる。自分義右御用に付出役、同勤三輪、高橋両氏、其外類役関氏、高井氏等夫々出張の処、今日寺社奉行三方列座にて呼立てられ、与力雪山佐大夫誘引、同勤三人罷出で候処、今度招魂祭御用全相勤め候に付、拝領金仰付けられ候旨、御用番前田図書殿演述成され、金弐百疋御目録并に御酒料金百疋自分へ下され候事。」

「十二月廿三日　寺社所役所限の内を以て金壱両下さる御旨、取次与力中より渡さる。」

「同廿六日　御雇料毎歳金弐拾両拝領仰付けられ候旨、仰出され候段、御用番前田図書殿仰渡さる。同席一統御礼申上げ、御請書与力中迄指出す。屋敷へも御礼紙面指出し候事。」（この年末に茨木家の給人である平之佑は、新しい役所に呼び出されるのであるが、茨木家との関係がどうなってゆくのか、日記の記述だけではよく分からない。）

次いで明治二年の所の要所をみると、

「二月十八日　境御関所今度御改革に付廃され、跡御用の為に早々罷越し候様、仰渡さる。之に依り廿日早打にて御出、坂井三之丞壱人供奉致し、廿一日境到着。取払方相済み、廿三日境御出立。廿四日帰着成さるる由。」

「三月廿八日　境奉行免ぜらる。」（明治二年二月に境関所は廃止となり、茨木忠恕は境関所奉行を免ぜられた。）

「四月　今般職制御改革に付、寺社所御指止相成る。之に依り神祇方役所向き民政寮へ移さる。元御算用場へ民政寮を建てられ候事。」

「六月十六日　自分義先頃以来引籠り罷在り、直に相断りたき了簡の処、同勤三輪、高橋両氏毎度参出、是非出勤致し呉れ候様申聞け候に付、今日より出勤。初て民政寮神祇方役所へ出役致し候事。」（平之佑は新制度による新しい仕事はことわろうと思い、家に引きこもっていたのだが、新しく同僚となる人々のすすめを聞き、とにかくやっと頭を切りかえて新しい役所に出勤することにしたのである。）

「十月廿五日　自分義名前平次と改名、夫々相届け候事。」

「同晦日　長町長（ちょう）殿屋敷今般藩庁に相成り、今日諸役所引移られ、依て民政寮も同所に移らるるに付、自分同勤一統藩庁へ罷出で、民政寮相届け候処、当分神祇方役所相定め申さず候間、追て指図之有迄出勤に及ばざる旨申渡され候事。」

「十一月十八日　知事様[注18]二ノ丸より小立野広坂本多邸へ御移り遊ばされ、依て自後御住居と唱へ候様仰渡さる。」「同日自分義御家政向に於て御用之有る筈に付、神祇方御用之無き旨、今日大参事より申渡さる。」

「同廿三日　御雇を以て御家録編輯御用仰付けられ、御用中御家従支配指加へられ候段、御家令広瀬五十八郎[注19]より紙面を渡さる。依て自分義御住居へ罷出で候処、大嶋善之助、杏（きょう）敏次郎[注20]両人御家録編輯方御用頭取仰付けられ、狩谷金作[注21]及び自分両人同勤仰渡さる。一統相揃ひ明日より役所立方等夫々示談を遂げ退出いたし候事。」（茨木家との主従関係は成り行きで自然解消となったのか、以下前田家の御家録編輯御用につくことになったようである。）

（注12）下越後浪士一乱――これは北越戦争のこと。慶応四年（一八六八）の戊辰戦争のうち北越を舞台にした戦いで、反朝廷の奥羽越列藩（会津藩中心）に対し朝廷側が会津討伐のため薩長軍を北陸道にさしむけ、加賀藩に協力して北国筋を鎮圧するよう出兵命令を下し、藩はこれにこたえて出兵した。総兵力七千六百人余。戦死者百六人という。

（注13）今石動（いまいするぎ）――小矢部（おやべ）川西岸に位置する。能登石（せき）動（どう）山伊須流岐比古（いするぎひこ）神社の本地仏の虚空蔵菩薩をこの地に移転、新生の意をもたせて今の字を付けたという（小矢部市史）。江戸期（加賀藩領）～明治二十二年、今石動町。北陸道の交通要衝でもあり宿場町として倶利伽羅峠越えの人馬往来、物資輸送に大きな役割を果した。宿泊休憩施設として加賀藩主は参勤交代、鷹狩の際利用。明治九年石川県、同十六年富山県に所属。同二十二年礪波郡石動町の大字。昭和三十七年小矢部の大字。同四十一年城山町、観音町、中央町、新富町、八和町と西町、泉町、今石動町一丁目の一部となる。現・富山県小矢部市。

（注14）滑川――早月川左岸に位置し北は富山湾に面する。江戸期（加賀藩領）～明治二十二年、滑川町。北陸街道沿いに細長く形成された町で、御旅屋が置かれ、農村の物資流通集配と宿場町として発展。近郊農村の年貢米収納の地として米蔵が置かれ町の有力商人は蔵宿を勤めた。漁業はホタルイカがあり、また享保頃からの売薬業は嘉永六年には三十軒百四十八人の行商人がおり、以来町の主産業となる。明治二十二年の町村制施行に伴い、高月村、領家村、田中村、下小泉村、寺家村を合併し自治体としての滑川町となった。現・富山県滑川市。

（注15）惣髪――二（四）（注33）を見よ。

（注16）小杉――北陸街道の宿駅。寛文二年富山を経由しない街道整備が加賀藩より行われ、その一環として小杉新町が宿駅に指定された。この時、今石動→立野（たての）（現・高岡市）→小杉→下村→東岩瀬→滑川の経路が新たな北陸街道になったものであ

ろう。小杉宿は小杉町戸破(へわり)にあるが、平成十七年十一月一日新湊市、小杉町、大門町、下村、大島町が合体して射水(いみず)市となる。小杉町は消滅。

（注17）魚津――魚津湾に面し地名は魚の集まる所を意味する。新川(にいかわ)郡に属し加賀藩領。北陸街道の宿駅の町として富山、高岡に次ぎ成長。明治四年新川県、同九年石川県、十六年富山県に所属。同二十二年下新川郡魚津町。現・富山県魚津市。

（注18）知事様――加賀藩最後の十四代藩主前田慶寧(よしやす)。明治二年六月版籍奉還で金沢藩知事に就き従三位。同四年廃藩により藩知事を免ぜられ、のち東京に移住した。同七年薨ず、四十五歳。四（一）（注4）も参照。

（注19）広瀬五十八郎――はじめ柴田勝家に仕え、のち前田利家に仕えた広瀬民部（七百石）の世襲の子孫にその名が見える。菩提寺は蓮昌寺。四（一）にも「家扶木村氏広瀬氏」と出ている。

（注20）杏敏次郎――もと富山藩士。杏守右衛門景直の子敏次郎立(りつ)。儒学に通じ、詩文をよくし、富山十三代藩主前田利同(としあつ)の師範となり、のち加賀藩に迎えられ百石。明倫堂教授。明治二年前田家編輯方頭取となる。後、故郷富山に帰り十八年没。六十八歳。菩提寺は立像寺。

（注21）狩谷金作――狩谷鷹友。また高靹、竹靹とも。金作は通称。金吾とも。金沢百々女木(どどめき)町（現・宝町）に住み、田中躬之に国学を学び、当時外国船が通商を求めていたので「駁蘭(ばくらん)長賦」を作りこれに反対。安政五年明倫堂皇学科講師。明治二年前田家録編輯係として平次と同勤。明治五年白山比咩神社の宮司となる。翌年病によって辞す。明治十一年没。五十七歳。『懇友書簡』では明治六年病没と記す）

（四）廃藩後の茨木家と外與吉

廃藩により茨木家と森田家との宝暦七年（一七五七）から百年間ほど続いた主従関係は終りを迎えたのであるが、時代の状勢によって茨木家に召し抱えられることのなかった平次の子外與吉は、生涯を通じて茨木家を主家として、心の中では大切にしていたようである。外與吉の『霞園日記』（平次の死から書きつぎ、昭和十五年までのものが残されている）によると、明治四十五年一月四日の条に「旧主茨木操殿（源五左衛門忠恕、明治になって改名）旧臘より滞り居られたるに療養の甲斐なく旧臘三十日金沢市鱗町（うろこまち）四番地自宅に於て病死の趣案内あり。依て香奠壱円を添て弔詞を贈呈す」とある。（この時外與吉は広島市に赴任中であり金沢には住んでいなかった。）そして同年一月十四日には亡父平次の著述の幾つかを茨木清次郎氏に譲渡することとし、時に石川県立金沢第一中学校（現・泉丘高校）在学中で、両親とはなれて金沢に在った長男良雄に持参させた。「今般同氏来沢を機とし良雄をして同家持参呈上せしむ」（良雄はこの年、中学を卒業して第四高等学校に入学する。）

茨木譜備考	十冊
藩公判印物写	一冊
澄源君年譜	一冊
寛量君年譜	二冊
藻塩草	一冊

落葉の露　二冊

（これらの本は今は近世史料館に収められているようである。）

「二月十日　在東京茨木清次郎氏より……厳父香奠返礼として縮緬服紗一枚を贈らる」

昭和三年「八月十九日　旧主茨木清次郎氏母堂豫て病気之処、今朝一時死去之案内あり。仍て弔問香奠金貳円を霊前に供す」「八月二十一日　今朝八時茨木家母堂葬儀に付、参詣す」

大正五年（一九一六）九月二十一日の条に、野田山墓地に旧主茨木家墓、三好氏（母方祖父）墓所や昔手習いを教わった師匠の墓等に参拝したとあり、その後も毎年お盆の時などに必ず野田山墓地に参っている。

昭和三年（一九二八）「七月十四日　今朝野田山及大乗寺山墓所に親族及先師并旧主茨木家の墓所に参詣す」

昭和四年「七月十五日　野田山に於ける旧主家茨木家及三好祖先親戚并先師山納中浜等の墓に参詣す」

昭和五年「七月十四日　今朝野田山墓地に旧主茨木家親族及先師の墓所に参詣」

その後も昭和十一年七月十三日「恒例により」、昭和十二年七月十五日「例年の通り」と墓参し、昭和十三年七月十五日「盂蘭盆寺詣の為外雄（孫。当時十三歳。私の次兄で平成二十八年現在九十一歳）召連、午前中に放生寺」に「午後はお喜久及外雄と共に野田山墓地に」と、この時は孫や妻も一緒に参詣している。

昭和十四年（一九三九）「七月十五日　外與吉例年の通り野田山及大乗寺山墓地に行き先師旧主茨木家及親族の墓に花束を供へ親しく礼拝せり」

日記はこれまでだが、残された記述をたどってみると、祖父外與吉が、先祖の仕えた主家をいつまでも大切に思い墓参を欠かさずにいた誠実さを知ると同時に、旧主家として茨木家もよい主人方だったのだろうと思われ、心暖かな思いをもってこの項を締めくくることが出来たのを嬉しく思う。

四　明治維新後の森田平次

（一）森田平次の美川生活とその前後

旧幕時代の平次については、二　森田家の系譜の（四）森田平次の生涯に簡単に記したが、明治に入ってからは茨木氏の家来としてではなく、県から寺社所出勤の命をうけ、県官として仕事をすることとなる。（三　茨木氏と給人の森田家参照）その後のことについては、主として『柿園日記』（明治維新前後は巻六、七に記されている）によって述べることとする。

1　寺社所勤めから県官拝命まで

さきにも述べたように『柿園日記』では、明治維新という大きな変革について明治元年正月の項に、「正月　京都向旧臘十二月将軍職辞表聞召（きこしめ）され、王政復古大政御変革仰出され徳川前将軍大坂表へ退去の処、当春三日大軍勢を卒し上京、伏見鳥羽に於て官軍に向ひ既に兵端を発し合戦に相成る由、追々注進之有るに付、当国よりも人数を指出す。大浦氏（注1）も主家の供にて当月八日出立、城戸（きど）氏（注2）も主家村井殿の供にて九日に出立之有る処、追々情実相決り候に付、大聖寺より追付（おっつけ）引取りに相成り……」という程度にしか書かれていない。そしてこれも妻の実家の兄・大浦氏、城戸氏らが出立したから書いたことなのかも知れないのである。

そして明治元年十月には、平次は主人茨木忠恕の供をして越中境関所に在勤していたが、その留守中に寺社所出勤の命を受け、(注3) 境から帰って寺社所に出勤しはじめた。

明治二年三月、職制改革により、寺社所が廃止となり、民政寮附属となったので、六月からは民政寮に出勤する。同年十一月、前田家家録編輯係として御雇となり、初めて役所が立てられ、そこに出勤。明治三、四年と、ずっとそこで仕事をしている。

同四年には、廃藩置県で、藩知事だった前田慶寧(従三位公(注4))が東京に移住したあと、空殿となった広坂、金谷両殿、及び城内の和漢書籍や旧記類の取調べを命ぜられ、同五年に右の蔵書整理がすんだので役所をやめ、自宅で私的に御家録編輯の仕事をすることにしたのだが、四月に県官を拝命して、美川の県庁に出仕することになるのである。

このあたりの日記は、今までと全く違った新しい体験のせいか、わりに詳しく書かれており、県庁が美川町へ移った個所などは、初めての事ゆえ、役所中がとまどっている様子が行間に読みとれるなど興味深い。たまたまこの期間は、親戚縁者の慶弔記事もないので、以下これを紹介する。

明治五年　壬申　平次　五十　春　十四

お逸　三十九　外與吉　十

一　正月廿三日　県庁より御用之有り候間、出庁致すべき旨、出庁の上は庁掌迄案内に及ぶべき由、書状私宅迄到来の処、広坂御住居(注5)へ出居り候旨留守に申入れ候処、則ち御住居迄持来る。其の段同勤及び家令席へ申入れ罷出で候処、庁掌岡田酤一郎（注6）誘引にて参事席へ罷出で候処、七等出仕藤氏（弁一）（注7）左の書付之を渡さる。

森田平次

年来三州の事蹟を捜索編輯し著述の書も之有る由　心懸けの至り　依て後来の考據にも相成るべく候間　今般旧記類若干巻之を与へ候也

壬申正月　金沢県庁

右書付相渡され候に付き、拝読の上御礼申述べ、則ち岡田氏右旧記類之有る処へ誘引致さる。見事なる書物箱都合弐拾六箱（内廿箱桐六箱杉也）此の分残らず賜り候間、追付人足を以て御宅迄持たせ上ぐべき旨申聞けらる。誠に存寄らざる有難き次第の旨一礼申述べ、自分義直に御住居へ出で其の段家令席へ相達し候処、御覧に入るべく候間、書付写し指出すべき旨、御家扶木村九左衛門（注8）申聞けらる。則ち写致し指出す。

役所相済み私宅へ罷帰り候処、留守中に県庁より残らず人足数人にて持たせ指越し候由、則ち庶務係よりの目録到来す。

一　二月四日　県庁より御渡しの旧記の内、取落し候書類都合廿六冊、庶務係より紙面を以て指越され、同十九日にも石動山縁起壱冊指越さるる也。

（一月二十三日には、年来三州の事蹟を捜索編輯し、著者もあるのを賞せられて、県庁から旧記類二十六箱を拝領。見事な書物箱で、人足数人が私宅に運びこんだが、思いがけぬ有難い次第と感激し、これらを「子々孫々へ申残し家あらん限り大切に仕、保存致させ申すべし」とし、いかなる貴人より頼んで来るとも、一切他へ出してはならないとも書いている。『子孫心得方遺戒書』）

一　同十九日　県庁より書状到来、三州産物兼て聞及びの品之有り候て、早々取調べ廿二日迄相届くべき旨申来る。則ち取調べ指出し候。右は今年官より諸県の産物書出し候様御達し相成るに付ての由、庶務係に申居り候。

一（明治五年二月）同廿九日　御住居向御蔵書旧記等取調べ方荒増(あらまし)相済み候に付、役所今日切に相仕舞ひたく、尤も兼て仰付けられ候編集御用の義は、考證の書籍類御貸渡し相成り候て、私宅に於て寄々(よりより)取調べ申すべき旨、家令席迄兼て申入れ起き候処、其旨東京表へ伺ひ相成り、則ち申立ての御蔵書若干巻御渡し相成るに付、弥(いよいよ)今日切りに役所相仕舞ひ候事。但し右は追々時勢変遷御家禄も相定り候に付、御家政掛の人員減少、其余の人々は御家政掛り指(さし)免ぜられ候故、御家録編輯方もとても成功成され候義致し難しとの事、さりながら外(ほか)人々とも違ひ編輯係は今更月給の有無に拘り指止め候義甚だ不本意、冥迦(みようが)の為私宅に於て編輯致したき由、家令席の人々へ申入置き候処、其旨従三位様(注9)へ伺ひ相成り候処、奇特の至と思しめされ、成るべくだけ自分に取調べ之(これ)有る度、草稿入用の紙筆墨等は入用次第書出し、代料にて下さるべき旨、家扶木村氏、広瀬氏(注10)より談じ之有り、其の心得にて寄々(よりより)取調べ申すべき旨御請け申上げ候事。

（又月末には蔵書・旧記類の取り調べもあらまし済み、役所は止めたが、御家政掛の人も減り、御家録編輯も成り難く、しかし今更月給の有無に拘って仕事を止めるのは不本意なので、冥加の為に私宅でやりたいと申し入れておいた処、奇特の至りであるとて諒承された。）

一　三月十一日　自分義明治元年十月以来五ヶ年中、日勤に相勤め候処、今度御住居御用一先づ相済み、追々時勢変遷、勤務も之無き故、些少の露地に候へども悉く畑に開き野菜物にても弁じたく、依て邸内の五葉松甚だ古木に候へども伐り申さずては畑の障りに相成り、此外縁側并に奥二畳敷の小間取毀ち、少々にても屋根減じ候様致したく、此頃外々の人々追々邸宅を毀ち或は畑を開き道具を売払ふ事のみなれば、自分も其心得致し、兎角（とかく）活計の道を立て経済を第一とする、是専要の事と心付き、則ち今十一日杣（そま）壱人日用（ひよう）（注11）壱人雇入れ　松木を伐らせ、縁側等取毀ち方は日々自身致し候事。

（勤めをやめ浪々の身となって暇もできたので、わずかの庭だが畑にして家計の足しにしようと考えたのである。節約の為に縁側は自分で壊し出したのであろう。この時期「元武士」達は生活に難渋し、大変だったのである。）

一　四月十八日　私宅取毀ち作事方荒増（あらまし）相済み、今日晴天に付、額谷（ぬかだに）辺（注12）へ蕨（わらび）取りに罷越し候処、留守中県庁より御用之有り出庁致すべき旨紙面到来候へども、遠方へ罷越し他行の旨、留守より申述べ、御書状預り置き候処、重て返書取りに来り候へども未だ罷帰らざる旨申遣し候処、重て庶務課係り岡田酤一郎より紙面を以て、他行中に付、名代相勤め候旨にて、等外三等出仕仰付けられ庶務課

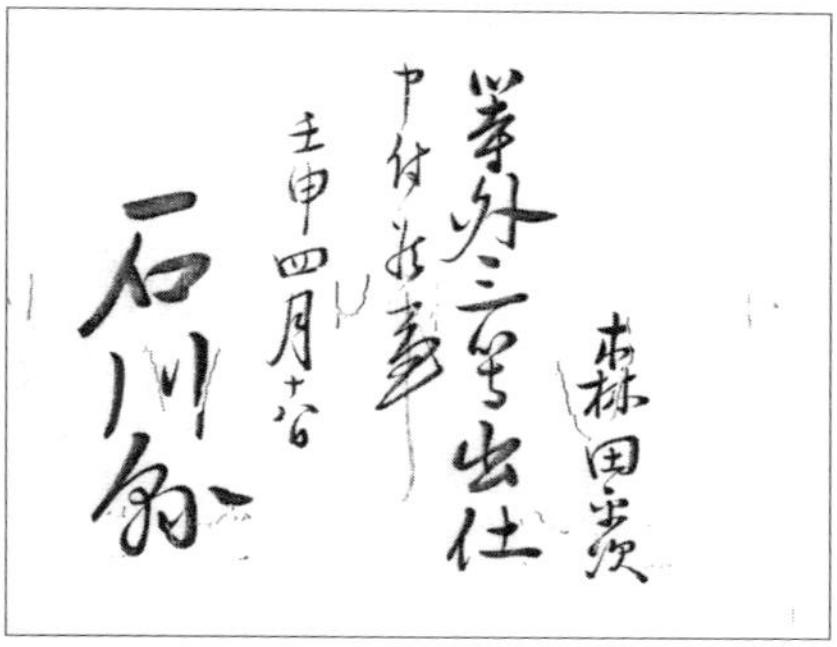
図1

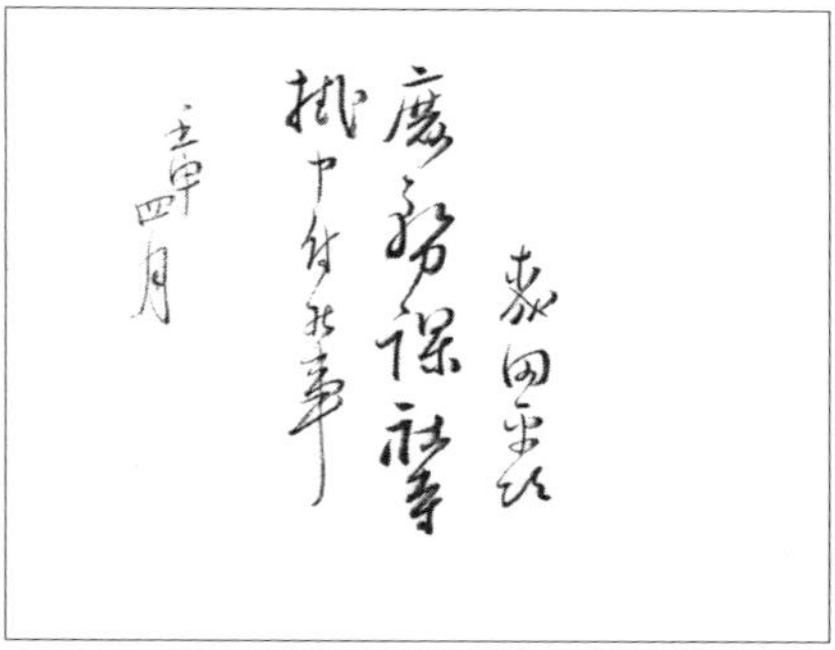
図2

社寺係命ぜらるとの御題紙二通、（図1、図2）且拝命の上は明後廿日美川町（みかわまち）（注13）へ移庁に付、明十九日早朝罷出づべき旨申越され候。紙面指越され候へども未だ帰宅以前に付、請取り置き候旨、漸く晩景罷帰り、夫々披見、打驚き、誠に存じ掛けなき次第、最早晩景の事故（ゆえ）、其儘罷在り候事。

（家の取りこわしが一段落ついたので、気晴らしに出かけた留守中、出仕の命が届いた。遅く帰宅してこれを知り驚く。後年、外與吉は、幼少の頃父の案内で石川郡額谷石切谷にゼンマイ折りに行ったものだと追想しており、よく蕨とりなどに行ったらしい。『霞園日記』大正八年四月二十四日）

一　同十九日　朝五時過出庁候処、明日移庁に付、諸課官員夫々出庁の様子、則ち庶務課へ罷出で候処、藤沢三九郎（注14）も昨日拝命の由にて罷出で之有り。様子相尋ね候処、是も昨日遠方に行歩に罷出で在合はさず、罷帰り候処、自分同様名代にて等外二等庶務課社寺係の旨申来り、今朝出庁の由申聞けられ候。依て両人申合せ庶務課の人々へ引き合ひ（注15）承合ひ候処、権少属（ごんのしょうさかん）高木有制（ありのり）（注16）社寺係の上役にて、等外は藤沢氏と自分と両人のみ也と。則ち高木氏へ面談致し段々承合ひ候処、明日美川町へ移庁に付、今日諸課諸係夫々入用の留記等取調べの為相認め申す筈、就ては社寺方入用の留記類取調べ申すべき旨指図に候へども、藤沢氏も自分も是迄の事承知致さず、如何なる留記類取調べ申すべきかの旨相尋ね候へども、高木氏も不案内の由甚だ不審に付、外人々へ様子相尋ね候処、高木氏も是迄聴訟係にて今度庶務課へ転じ、殊に社寺係と申す事、此度初て建てられ候事故（ゆえ）、県庁に相成り候ての留記は一切之無き由、依て高木氏へ相尋ね候ても埒明（らちあ）け申さざるに付、藤沢氏と申談じ、旧藩の寺社方留記共取集め相認め、庶務課社寺係の札付け、小遣所へ指出す。庁内の混雑中々申すべき様も之無き事。

一　藤沢氏と申合せ、両人共昨日出庁致さず、兼て手当も之無く候間、相成る義に候て、明日一日当地に滞在、明後廿一日に美川町へ罷越し候義に御取計ひ之有りたき由、高木氏へ内談に及び候処、明後日は一六の休日にて廿二日より庁始に候間、其の通りに致し然るべく、宜しく取計ひ(とりはから)置き候旨申聞け候。扨(さて)藤沢氏と一集に退庁。自分義は直に杏敏次郎(注17)方へ参り右の次第申入れ、兼て御住居より編輯御用に請取置き候書籍返上方等の義示談に及び、昼後御住居へ罷出、今度拝命の都合に付、御渡しの御書物返上方申述べ候処、都合次第留守へ請取人指向け候間、目録相添へ其儘指置き候様寺尾氏申聞けらる。　且区会所へ罷出、拝命の届書相違し、明後廿一日美川町へ罷越し候段相届け候事。

（翌十九日出庁してみると、明日美川移庁とのことで、しかも庶務課の人々もみな不案内な者ばかり、とりあえず旧藩時代の留記等をまとめた。庁内の混乱のさま、何とも言いようがない。同役となる藤沢氏と言い合わせ明後二十一日に美川へ行くこととし、預かっていた書物の返上手続き、また美川に赴くことなどを区会所に届け出た。）

（注1）大浦氏――大浦甫一右衛門貞集、また此面とも。妻・逸の兄であり、且亡妹・和喜の夫。有賀家の家来。明治三年、大浦を改め、本苗の斎川とする。明治十二年没。五十七歳。

（注2）城戸氏――城戸(きど)次六郎、のち次右衛門と改名。逸の兄で、甫一右衛門の弟。村井家の家来、城戸覚兵衛の養子となる。明治四年没、四十二歳。

（注3）寺社所出勤の命――「加賀藩御雇被命一件書札入」とした袋にこの時の書状が保管してある。

（注4）従三位公(じゅさんみ)――明治四年七月十五日、前田慶寧は藩知事を免ぜられ、それからは従三位様と呼ぶこととなった。日記ではそれまでは知事様と記している（三（三）（注18）参照）。慶寧は同年八月に東京に移住。十一日に金沢を去る際のことも日記には委しく記している。

（注5）広坂御住居――明治二年六月、慶寧は版籍奉

還。金沢藩知事となり十一月十八日城を去って小立野広坂の本多邸に移った。そこで以後ここを御住居と称することとなる。十一月二十三日平次は呼出しを受けて家録編集の御用を仰せ付けられ、二十四日からここに役所がおかれ、『家譜』によると狩谷金吾らと共に働くこととなる。

（注6）岡田酟一郎――明治三年加賀藩士には岡田次郎助保立の子酟一郎（通称次郎助）保之（七人扶持）四十五歳。その子外喜雄（七人扶持）がいた。菩提寺は浄安寺。

（注7）藤氏――平次あての書簡を集めた『在庁遺文』によると、父祖以来の金沢士族。本苗杉村氏。はじめ弁一と称し後寛正と称す。明治四年内田氏赴任の際七等出仕として迎えられた。これは県令の顧問である。辞職後能美郡長となり杉村氏に復す。

（注8）木村九左衛門――『家譜』では『家令木村九左衛門』としてあるが二月二十九日の条にも家扶とある。家扶とはもとは律令制で親王家や一位の家の職員で、家令の下でこれを補佐した者をいった。この頃は皇族や華族の家で、家令の下で実務会計にたずさわった。当時前田家では三（三）（注19）にも出ていた広瀬五十八郎と共に、使用人の上にいてその監督に当たっていたのであろう。

（注9）従三位様――従三位公に同じ。前田慶寧。

（注10）広瀬氏――広瀬五十八郎。三（三）（注19）を見よ。

（注11）杣　日用――杣は山から木材にするための木を切ったり運び出したりする人。きこり。日用は日雇いを業とする者。日用座の支配下にあり日用札の交付を受けて働いた。

（注12）額谷――倉ヶ岳の北西麓にあり、この頃は石川郡額谷村。明治初年には柿などの果実類のほか瓦を金沢町に売り出していた。昭和二十九年金沢市の町名、額谷町。同四十三年一部が光が丘となり、四十八年町名額谷となる。

（注13）美川町――手取川河口にある。明治二年石川郡本吉（もとよし）町と能美郡湊（みなと）村が合併して成立。本吉町を北郷、湊村を南郷と称したが、同四年に分離して北

郷のみを美川町（みかわまち）とした。五年四月石川県々庁が金沢町から美川町に移されたが、六年一月県庁は金沢へ復帰した。明治二十二年より石川郡の自治体名。平成十七年二月一日、市町村大合併の際に新設の白山市に合併され、町名は消滅。

（注14）藤沢三九郎――明治三年に加賀藩士藤沢助丞顕忠の子三九郎令儀（百五十石）、五十五歳。子に定吉慎儀（九十石）がいた。菩提寺は極楽寺。この時平次と共に庶務課社寺係を命ぜられたが日ならずして辞職した。

（注15）引き合ひ――ここは、紹介する。引き合わせる。の意。

（注16）高木有制――加賀藩士人持組大野木将人の家士。通称守衛。勤王の志を抱いて国事を議し元治元年投獄される。明治元年大赦で出獄。同五年四月権少属。高木と藤沢、平次の三名が庶務課社寺係を命ぜられたが日ならずして辞職。のち白山比咩神社祠官となり権大講義に任ぜられた。同七年没。五十三歳。

（注17）杏敏次郎――三（三）の（注20）を見よ。

2　県庁の美川への移庁

一（明治五年四月）同廿一日　朝六半時過両掛持たせ出宅。藤沢三九郎方へ誘に罷越し同道にて出立致し、藤沢氏には野町端迄送り人之有り候へども自分義は見送り人も之無し。町端茶店にて藤沢氏より酒振舞はれ、松任（注18）にて昼食認め、夫より本吉美川町へ罷越す。同所御用宿兼て取設け之有る田中伊兵衛方へ到着す。同所に庶務課係権大属堀鉄太郎、（注19）権少属高木有制、十五等出仕二木（ふたぎ）義実（注20）并に等外藤沢氏と自分と都合五人同宿也。堀氏等判任官三人は座敷に居り　藤沢氏并に自分両人は等外故座敷の次脇の間に居所を設く。判任官と等外との厳格なる、実に驚くに堪たり。藤沢氏は藩庁の時、庁掌を勤められ候故、今度等外二等拝命の由、旧藩の時寺社所の与力にて、自分義神祇方の御雇にて寺社所へ出勤候頃、則ち寺社取次の与力五人の一人也。故に今度も社寺係命ぜらる。是社寺の事に委しき故也。自分壮年以来の知音計らず同役となる、不思議と云ふべし。

（四月二十一日、藤沢氏と誘い合わせ美川へ。平次には見送り人がいなかったのは、旧藩時代何度も境在勤があり家族は留守になれていたからかもしれない。美川の御用宿では上役の人達と同宿。上下関係の決まりのきびしさを知り驚く。）

一　同廿二日　庁始。　同宿堀氏等と一集に初て出庁。　県庁は南町の町端にて旧藩の町奉行役所の由、甚だ手狭にて其の浅間（あさま）なる、実に意外の建物也。参事内田殿、（注21）権（ごん）参事桐山殿、（注22）七等出仕藤殿三人の席に引継ぎ、庶務課係り典事（てんじ）熊野氏（注23）以下大小属（さかん）の面々連座也。　其次に判任等外の人々座列す。　自余出納課、租税課、聴訟課の面々各連座也。開庁の式と云ふ事もなく、参事内田殿よりの振舞の由にて、昼後参事席（上局と云ふ）へ鯣（するめ）とはべんとを高盛に致し、尤も鯣もはべんも切らず其儘にて、其並に瓶に酒を入れ杓を立て指置き、内田殿より挨拶致され、上局の面々以下諸課の判任、等外各自分々々の茶碗を持参し、瓶の酒を杓にて汲取り、台に飾り之有る鯣一枚とはべん一本とを取請け、内田殿と向ひ礼をなして自分々々の席へ返り、火鉢にて鯣を焼き、はべんを板ながら持食ひける体、上局下局も同様にて、実に質朴なる事言語に堪へたり。

（四月二十二日庁始。旧藩の町奉行役所だったという狭く粗末な建物が県庁で、とりたてて開庁式を行うという事もなく、ただ内田参事の挨拶のあと、一人一人が自分の茶碗に瓶から酒を汲みとり、大盛りにしてあるするめとはべんを一つずつとり、参事に礼をして各々の席にもどり、それを食べるという質朴なものだった。加賀方言「はべん」は東京でいう蒲鉾である。それを板付きのまま持ち食うとかの、平次さえも驚いた質朴なやり方は、内田政風の出身地・薩摩の風習によるものなのだろうか。）

（注18）松任（まっとう）──日本海に面し手取川扇状地の扇央部に位置する。江戸期〜明治二十二年の町名。石川郡のうち。明治二十二年から石川県の自治体名。昭和四十五年市制施行。松任市となる。早場米の産地。金沢市に隣接しベッドタウン化が進む。平成十七年二月一日新設の白山市に合体、松任市は消滅。（江戸中期の女流俳人千代女は松任の生まれである。）

（注19）堀鉄太郎──加賀藩士堀定八の子鉄太郎儀一（八十石）、安政六年に十七歳である。菩提寺は鶴林寺。

（注20）二木（ふたぎ）義実──明治三年加賀藩士二木作右衛門の子惣三郎義真（十一俵）、十八歳。真と実と字は違うが、書き違いか思い違いか、同一人であろうと思う。菩提寺は徳善寺。『美川町史・下』には、「堀大属、二木襄平、森田平次、以上明正屋六三郎方」に止宿とある。

（注21）参事内田殿──四（三）（附）「内田政風について」を参照されたい。なお「参事」は明治四年に各府県に設置された職員で、知事または令（長官）に次ぐ官名。同十年に廃止された。

（注22）権参事桐山殿──桐山純孝。美濃国（岐阜県）大垣士族。前職は大垣県権参事。明治四年金沢県権参事。五年石川県参事。八年権令。十二年依願退職。『在庁遺文』によると、のち大坂に住み、三十一年没。享年六十有余とある。権令の「権」は副の意。最上位の次の地位が権である。

（注23）典事熊野氏──『在庁遺文』によると、はじめ知時と称す。後、九郎と改称。長門国の人、旧藩毛利家の士。郷士とも。明治五年石川県典事。庶務課長となり、のち権参事となる。「典事」は明治四年に県に置かれた職員、同六年廃止。

3　美川での生活

一（明治五年四月）同廿三日　藤沢氏と申談じ、社寺係の事務取掛り、上役高木氏へ申入れ諸事取捌き方等段々引合ひ候へども、甚だ覚束なき由にて弥々指図も之無く、此如くにては此末如何相成るべき哉と藤沢氏は甚だ込り入り申さるる由、迚も此通りにては相勤め難し、辞職するより外之無しと竊かに申居られ候処、高木氏は今廿三日不快の由にて出庁之無く、弥事務留滞致し候。

一　同廿五日　高木氏廿三日より出庁相見合せ在宿の処、今日より養生の為金沢へ出、直に辞職願書付指出し、則ち免ぜられ候事。

一　同廿八日　藤沢氏此間より是も不快の由にて出庁相見合せ在宿之有り、自分壱人出庁致し候事故、早速出庁之有る様申入れ候へども、実はとても勤兼ね候間、何分宜しく相頼むとの事也。種々申入れ候処、承知之無く、遂に今日辞職願書付指出され即日免ぜられ候。是より自分壱人にて社寺係の事務相勤め、殊に移庁前よりの願書伺書等数十通留滞致し居り、今度初て社寺係を置かれ候事故、先例の帳簿も之無く、権大属堀氏と相談を遂げ漸く取計ひ、日々の事務相弁じ、一日立ち立ち致し候事。

（辞職者が相次ぎたった一人になったのに、初めての係なので先例も無く、毎日苦労しながら仕事をしている様子。）

一　同廿九日　当月廿日移庁より御用宿に各止宿致し居り候処、宿払ひの義一日弐拾銭払ひにて、茶代等も相応に指遣はすべき旨、上局より談ぜらる。依て各止宿替へ致し相対払ひに致し然るべしと、各宿替へ致し候に付、自分止宿の宿も相替へ然るべしと、権大属堀氏金沢区役所出張詰め田辺氏へ相頼み、県庁の隣家を借上げ、其隣家なる煮売店にて食事申付け然るべしと田辺氏申さるるに付、今日宿替へ致し、堀氏、二木氏并に、自分三人同所へ移転す。

一　同晦日　権大属堀鉄太郎庁済より金沢へ出、明日は一六の休日に候間、二日の早朝罷帰るべき由申聞けられ金沢へ出られ候事。

一　五月二日　堀氏今早朝罷帰り候旨約束の処、其義之無く、最早出庁時節と相成るに付、是非無く(注24)出庁の上所労見合せ紙面取計ひ指出し候処、金沢より書簡指越し、病気に付、出庁相見合せたき旨申越し、日ならず辞表指出し免ぜられ候事。

但し庶務課記録係岡田酤一郎を始め両三人追々辞職免職にて追々人少に相成り、移庁より相勤め候人々は僅三四人のみ也。

一　同五日　是迄県庁の隣家貸(ママ)上げ止宿致し候へども、追々辞職にて二木氏と自分両人に相成るに付、宿替へ致し、各勝手に宜しく候間、一人宛別宿に居り申すべしと、自分義は湊屋へ止宿す。

（県庁の隣家を借り上げ、堀、二木両氏と三人で移転。その隣の煮売屋で食事を頼むこととする。五月に入り権大属・堀氏も金沢に行ったまま戻らず、そのまま辞職。その後も次々と辞職して、はじめからいる人は三四人となる。宿も一人ずつ勝手にすることとし、自分は湊屋に住むこととした。）

一　社寺係高木有制、藤沢三九郎両人共辞職。自分壱人に相成り候に付、増人の義庶務課典事熊野氏迄申入れ候処、見込みの人見立て早速申立つべき旨、七等出仕藤殿申され候へども、私より見立て申上げ候義は甚だ六かしく相成る義に候て、然るべき仁を御懸け下さりたき旨、参事席へ申入れ置き候処、其翌日藤殿金沢へ出られ、金沢にて聞合はされ候哉、一両日目に旧藩寺社所祠堂銀才許荒木彦平(注25)を月給五円の雇にて社寺係に相成し罷越し候事。

一　同月　宮井貞彦(注26)十五（四か）等出仕拝命、庶務課貫族(注27)戸籍係に成る。三好氏金沢に居残り候処、庁内人少なに付、罷越し、是も貫族戸籍係にて、則ち自分と同宿致したき旨にて湊屋に同宿す。

一　同廿日（五月）　自分義此間一両日風邪にて引籠り居り候処、今日呼出し紙面到来に付、押して出庁候処、等外二等出仕拝命月給八円之を賜ふ。

一　六月朔日　三好氏と同宿の処、何かと不弁に付、南町米田文庵と申す医師方へ転宿。是より自分壱人米田氏に止宿す。米田氏は元水嶋に居住の処、近年当所へ別宅致され、老人の流行医也。

（社寺係はとうとう自分一人になってしまったので、増人を申し入れておいたところ、荒木彦平、ついで宮井貞彦らが加わる。金沢から三好氏も来てくれて、三好氏は望んで湊屋に同宿したが、何かと不便なので、自分は南町の米田文庵という医師の家に宿替えした。）

一　同十九日（六月）　自分義十五等出仕拝命（注28）月給十二円之を賜ふ。自分義当年四月十八日初て等外三等拝命、翌月廿日二等に昇進、今亦十五等拝命、凡そ三十日毎に昇進と申す義、庁内に其例之（これ）無き由人々申居り候。

（周囲の辞職や彼自身の転宿などと忙しい一か月ばかりのあと、白山麓境界検査に関わることになるのである。）

（注24）是非無く――「無是出庁之上」とあるが文面から「非」の脱文と思って訂正した。

（注25）荒木彦平――『家譜』に社事係十五等出仕荒木彦平。明治九年三月被免とある。

（注26）宮井貞彦――明治三年に加賀藩士宮井柳之助正道の子、敬太郎貞彦（十七人扶持）三十四歳。明治五年権中属。庶務課戸籍係。のち富山県に出仕、その後辞職。菩提寺は妙法寺。

（注27）貫族――正しくは貫属。「貫」は戸籍の意。『日本国語大辞典』によると1戸籍のある土地。本籍地。2地方自治体の管轄に属すること。

（注28）十五等出仕拝命――明治四年に官等を十五等に

分け、一等官〜三等官を勅任官。四等官〜七等官を奏任官。八等官以下を判任官とした。等外○等出仕とあるのは十五等以下ということである。平次は明治五年四月等外三等、五月等外二等と昇進し、六月には等外から十五等拝命と、昇進を重ねたのだからその早さは評判になったことだろう。

（二）美川開庁は二月ではなく四月であった

4　美川移庁は二月とする従来の説

前章（一）で平次の美川開庁前後の様子を述べたが、これは「石川郷土史学会々誌・21号（昭和六十三・一九八八年）」掲載の論文をもととしたものである。この論文で私は、明治五年四月の『柿園日記』を引用し、平次が詳しく記した四月二十二日の美川開庁の様子をそのまま紹介した。ところが当時、美川移庁は、公式記録では明治五年二月なのに、日記に四月となっているのはおかしい、と問題になったそうなのである。しかしそういう雑音は東京に住んでいる私の耳には全く届かなかったので、長いこと私はそれが問題とされたことを知らなかった。平成十六年（二〇〇四）六月の郷土史学会の研究発表会で、香村幸作氏が『柿園日記』について話されると知り、出席して、その時はじめてその事を知った次第である。なるほど石川県の歴史の本を見ると、みな美川移庁は明治五年二月と書いてある。（注29）配られた香村氏の資料にある石川県史、美川町政史も同様である。

この前後、平次の身辺は公私とも大きく転換し、初めて経験する事態に対処して、彼は子孫の為、後々の為に詳しく書きとめておこうと考えたのだろう、多分毎日その日の出来事を整理しメモし、日記はそれをもとに記述したものと思う。例えば開庁の際、各自が鯣とはべんを頂いて祝うという珍しい様子など、参列していた者しか知らない事で、その有様が日録形式のかたい文章ながら、生き生きと描かれているのは、平次自身がこの得難い場面に立ちあい、新しい世界に踏み出してゆこうという意欲を感じたせいではなかろうか。従って二ヶ月も日を間違って記すという事は考えられない。彼の残した他の資料でも「明治五年四月新置県の際　計らずも吾石川県庁へ呼び出され県官の末席へ加へられ」(『在庁遺文』序)、「五年二月金沢県を改めて石川県と称し、石川郡美川町旧本吉村に県庁を定め四月廿二日開庁す」(『八重の塩風』序(注30))とすべて四月に開庁と記している。香村氏が傍証となる資料がほしいと言われていたので、帰宅後当時の留記類も保存してあるのではないかと調べてみた。細かいものまですべて私が貰ったわけではないから、実家に残されたものもある。ただ父母も亡くなっているので、もしあったとしてもそれらは多分廃棄されているに違いない、心配しながら探してみたら、日記の記述を裏づける書面が私の所にあったのである。

(注29) 石川県の歴史の本——例えば『石川県の歴史』(高沢裕一ほか・山川出版社・二〇〇〇)「五年二月、金沢県大参事内田政風は、県庁を旧城下の金沢から日本海岸の美川に移してしまう。」(二五六頁)

(注30)『八重の塩風』——縦十八センチ横二十八センチの紙に内田政風からの手紙をはって一冊としたもの。四(三)の附「内田政風について」参照。

5　四月開庁を裏づける証拠書類

平次は節目々の大切な書類は、一つ一つ書類の裏を使った粗末な手製の紙袋にまとめ、それを「先例留記類」と記したやや大きな木箱に入れて保管、辞令の類も別の箱にまとめてすべてきちんと整理保管していた。その中に「明治五年春金沢県庁より呼出方書札」とした袋があり、そこに四月十八日他行中に名代として書状を受けた岡田酤一郎の手紙も入っていた。まさに日記に書いてある通り。はっきり四月と記してある。

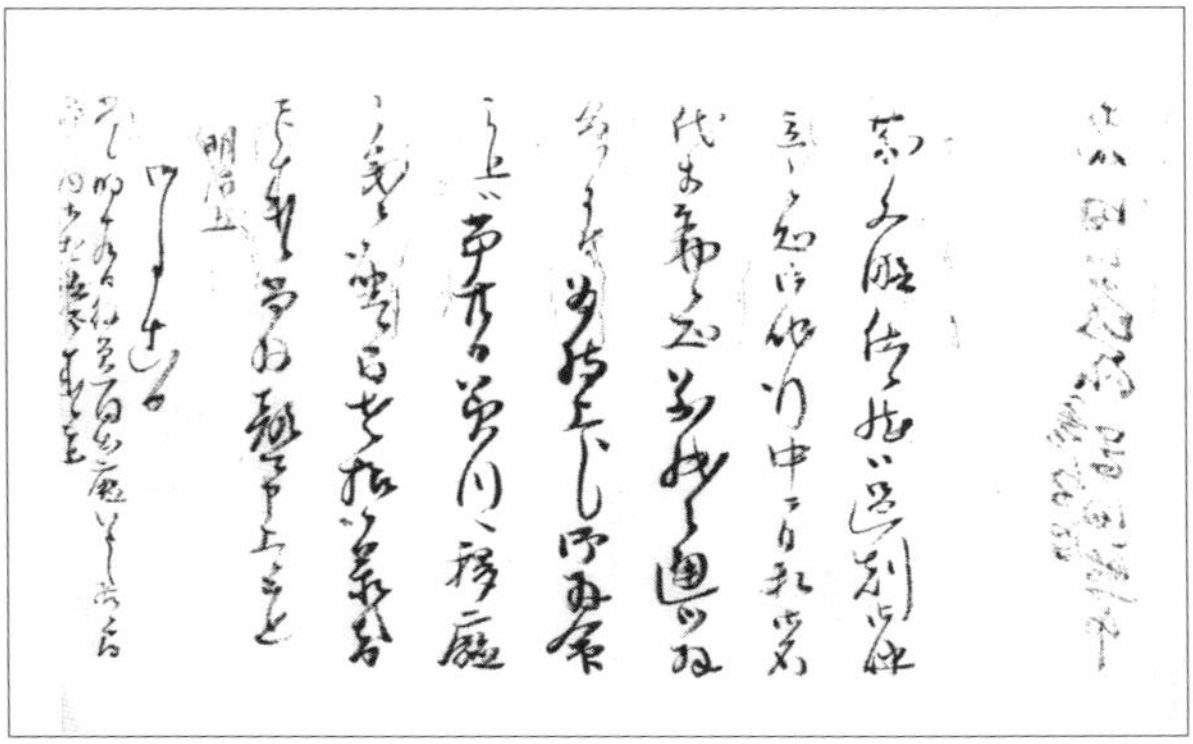
図３

森田平次様　庶務係岡田酤一郎
前文略仕候　然ハ過刻御使立候処御他行中ニ付　私御名代相勤
候処　別紙之通御拝命に付　為持上申候　御拝命之上ハ当廿日
美川へ移庁之義ニ御座候間　左様御承知可被来候　尚拝顔可申
上候　已上
四月十八日
尚明十九日役員一同出庁いたし居候間　朝の内御出庁可被来候
已上

（「明治五」とある朱字は平次の付けた付箋である。図3）

ちなみに従来二月二十二日開庁とされている日のあたりは、県庁からの命で、旧記類の取調べにあたっていた。そのあたりの日記は前章1、寺社所勤めから県官拝命までの所に引用した箇所を御覧頂きたい。少し重複はするが、簡単にこの頃のことを述べると、二月十九日には、三州の産物について調べ、二十二日までに届けるようにと県庁から言ってきた（注31）ので、二十二日まではその仕事をしていたと思われる。

森田平次殿　県庁
別帋之通　官辺より御達ニ付　三州産物兼て聞及之品の可召之
候間　相調（ととのえ）　当廿二日迄ニ可相届候也
二月十九日　（「帋」は「紙」の異体字。「明治五」は付箋。図４）

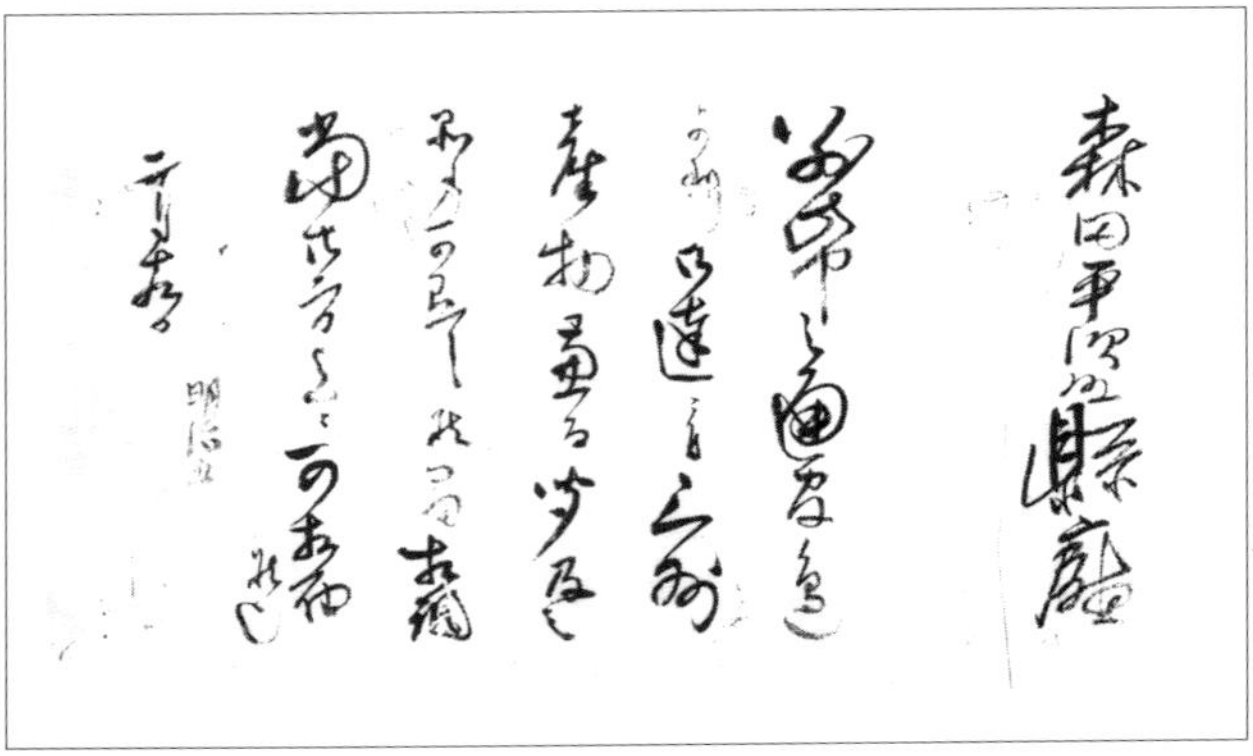
図４

二月二十九日には広坂御住居の蔵書取調べも大体済んだので役所勤めは終ったが、御家録編集の仕事の続きは私宅で本をお借りしてやりたいと申し入れ、それは奇特であるとお許しが出た。その後三月頃には自宅で仕事をしながら、一方世間で皆がやっているように庭を畑とし野菜でも作って家計の足しにしようと、人を雇い、自分も手伝って縁側を壊したりしはじめた。四月に入りそれが一段落したので、十八日に久しぶりにわらび採りに出掛けた留守に、県庁から明後四月二十日美川移庁につき、明日出庁するようにと書状（前掲）が来たのである。四月十八日付の等外三等出仕の辞令は、留守だったので庶務係の岡田氏が名代として受けとり、それを手紙と共に届けたもので、どちらもはっきり四月十八日付であり、しかも「廿日美川へ移庁」とも記している。これは「四月開庁」の厳然たる証拠といえよう。

以上の点から、結論として私は、明治五年二月の初めには美川移庁が決められ、太政官から許可が下りてはいたが、産物調査にしても又その他事務的なもろもろの事が片づかなかったりして、決めて即座に移庁するというように簡単にはゆかず、実際に移庁し開庁したのは四月二十二日だったということではないかと思う。

（なお昭和四十六年石川県立図書館発行の『石川県史料』では「同四月二十日石川県庁ヲ石川郡美川町ニ移シ出張所ヲ江沼郡大聖寺ニ置ク」（第一巻二頁）となっている。）（傍点筆者）

（注31）三州の産物について調べる――明治四年三月には、太政官から地理戸籍について取り調べるよう諸県に通達が出され、同五年四月には全国の地図作製のため山河海岸の形状、風土記等を指し出すよう、陸軍省から通達がある等（『新聞集成明治編年史』による）この時期には政府が国内の状況把握のため種々の通達を出したようである。

（三）白山と白山麓十八か村

（一）で森田平次の美川生活とその前後について紹介したが、これは（二）でも述べたように「石川郷土史学会々誌」（21号）発表のものをもととしている。このあと美川在住の学会々員・北野銀一氏から、日記中にみえる田中伊兵衛は昔ながらの旧家として「薬田中」の名称で現存しているし、その近くに湊谷（屋）や米田家（現在は別人が住んでいるが）も残っているとの御手紙を頂いた。東京に住む私は、古い家が次々と壊されるのを見ていたので、これは全く思いもかけなかったことで、驚き且つ感動した。（それから又三十年ほどたった現在、どうなっているだろうか。）またフラーシェムよし子氏（同会員）からも、この時期の資料は乏しくて、発表された日記は当時の貴重な資料と思うとのお言葉を頂き、御教示、御批評に感謝したことである。さて続いては明治五年後半から六年にかけての日記を紹介する。

6　白山麓十八か村（注32）境界検査

明治五年六月（平次五十歳）

一　同月　白山麓十八ヶ村の義に付、牛首村（注33）惣代山岸十郎右衛門（注34）等より足羽県（注35）へ申立ての次第之有り、同県より大蔵省へ伺出で候に付、同省より足羽石川両県へ実地検査致し地理の模様申出づべき旨、御達し相成るに付、両県より官員派出打合せの上実地検査の義、足羽県より申来るに付、当県租税課係の人々へ白山麓十八ヶ村の来由尋ね之有り候へども、詳委存知の者之無き由にて、参事内田殿より自分へ尋ねられ候故、天正以来の事委曲申述べ候処、今度は是非租税課係の官員と同行致し、往古よりの実に立帰り候様致したき旨申され候に付、此始末の記録は旧藩の蔵書中に之有り、則ち金沢元住居所に之有る由申し候処、何れ右記録請取来る様に取計ひ然るべしとの事故、則ち県庁よりの書面持参、広坂御住居へ罷出、請取来り候事。

一　同廿七日　足羽県より過日書面到来、来月朔日彼県より権典事本多真事、（注36）大属近藤懋、史生両名（注37）出発、三日瀬戸村（注38）へ罷越す積りに候間、御県に於ても同日同所へ官員御指出し相成る様申越す。当県より大属草薙(くさなぎ)尚志、(注39)十五等出仕森田平次両人指出す旨回答之有(これあ)り。然る処彼(かの)県に県用指添　差支(さしつかえ)の筋之有り、延期致したき旨申越し候事。

一　七月十二日　足羽県より彼官員来る十八日彼地出発。廿日瀬戸村へ着致させ候間、御県官員も右日限に御差出之(これ)有る様致したき旨申越す。承知の段今日回答之有り。心得方草薙氏及び自分へ上局より申談ぜられ候事。

一　同十八日　今度白山麓派出に付、草薙氏等両人へ改て左の通り申渡さる。

森田平次

白山麓十八ヶ村境界実地検査の為出張申付け候条、足羽県官員諸事申合すべく候事。

壬申七月十八日（図5）

右参事内田殿相渡され、尚更此上は精誠宜しき様実地検査致され候義は勿論に候へども、足羽県より起りたる事件に候間、当県は客分に候、主客の処心得違ひ之無き様、両人へ申渡され候。

一　同十九日　朝五ッ両人美川町の旅宿より出立、山中測量の為め租税課御雇長田(おさだ)順二召連れ、鶴(つる)来(ぎ)村(注40)にて昼飯認(したた)め、本社なる白山神社へ拝参、各宛花献備し、其の夜釜清水村(注41)鈴

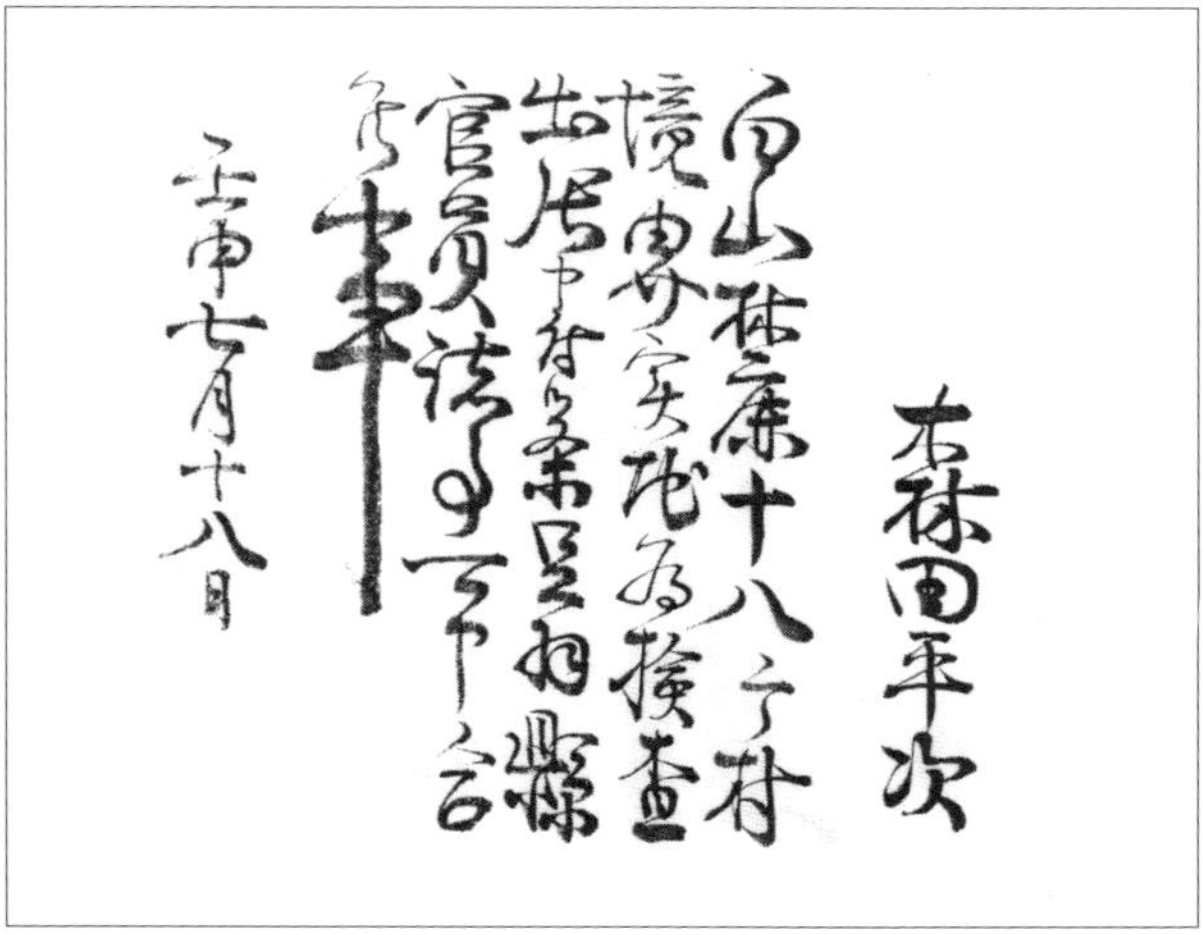

図5

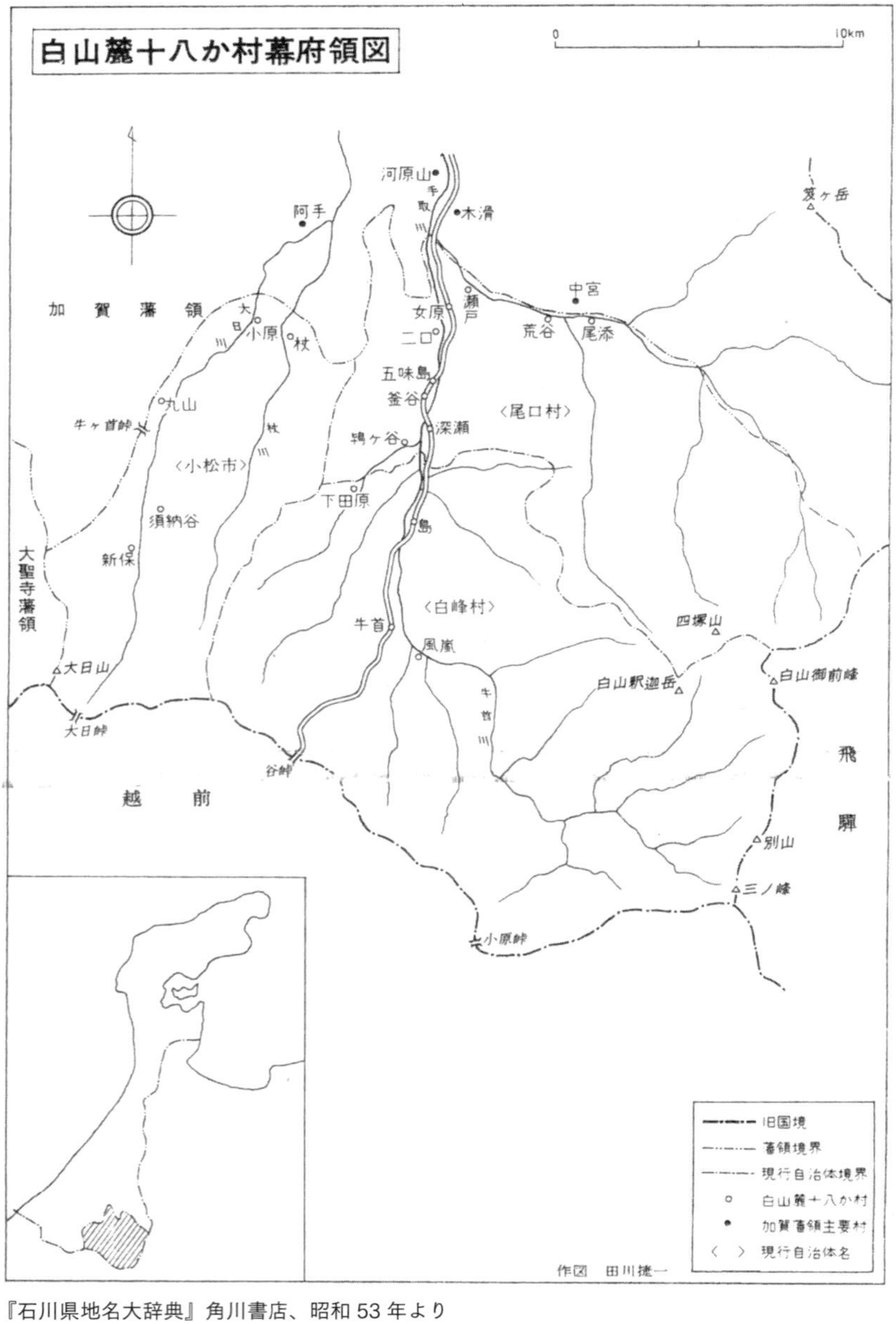

『石川県地名大辞典』角川書店、昭和 53 年より

木啓作方に止宿。

一　同廿日　釜清水出立、四半時瀬戸村到着の処、同日夕景足羽県の官員も到着之有り、明朝応接致したき旨牛首村十郎右衛門を以て申越す。瀬戸村は十八ヶ村の内にて入口也。釜清水より三里と云ふ。

一　同廿一日　朝足羽官員より案内之有るに付、牛首十郎右衛門同道にて罷出。応接所は瀬戸村道場（注42）の由にて同所へ罷越す処、足羽官員及戸長等夫々相詰め居り、段々十八ヶ村の次第足羽官員申聞け之有り候へども、其主意甚だ実事と齟齬す。彼官員及牛首の者共申立ては、元来越前国内にて大野郡（注43）の地也。今日と相成り白山麓と称し、郡名を称さざるは不都合に候間、尾添（注44）荒谷（注45）の両村は元加賀国石川郡の地なるに依て、此両村は石川県の管下とし、其余十六ヶ村は越前国大野郡へ属し足羽県の管下と相成り候へば、復古の主意相立ち一段然るべし。就ては尾添、荒谷両村の経界を検査せよとの県命なる由申立て也。自分申入れには、是は存外の事、今度大蔵省より御達しは、両県打合せ実地検査致し地理の模様申出づべしとの義、左候へば十八ヶ村の地、足羽県の管下へ属すべき歟、石川県の管下へ属すべき歟は官の御僉義次第、何れへ属する方人民に於て弁不弁の処を実地に付て検査し、其地理の模様を上申するのみと相心得候様にとの県命也。又十八ヶ村の内十六村は越前国大野郡の地と申す事、慥に証跡之無き義は既に牛首の惣代戸長等よりの願書にも記載之有り。尤も元来加賀国の地なる事は、金沢旧藩の時、明暦元年騒論の留記及其頃の旧図にも巨細に記載して判然也。尚御一覧之有り然るべしと、長田順次（二一か）に持たせ来る旧記旧図を相見せ候処、閉口致し候。此上は御県は御県の命令次第当県は当県の命令通り、十八ヶ村の経界、土地の弁不弁を検査致すべしと申入れ候処、彼の官員も其通り相心得候旨申聞。昼後瀬戸村出立、足羽官員同道、中宮村（注46）を経、尾添村に至り、山崎儀右衛門方に止宿す。

一　同廿二日　朝尾添村出立、同村の経界等見分し、再び中宮村、瀬戸村を経、深瀬村(注47)に至り昼食す。尤も足羽官員并に牛首戸長等同道にて嶋村(注48)を経、牛首村へ到着、松原伝八方に止宿。足羽官員は十郎右衛門方に止宿也。

一　同廿三日　朝より昼まで足羽官員の旅宿に於て再び土地検査の事評論に及ぶと雖も、当県の見込は過日瀬戸にて申入れ通り、何れ十八ヶ村の地理を検査し、人民に於て弁不弁を能々見立て上申する主意也と申すきり也。足羽官員は尾添、荒谷の両村のみの経界を検査し、十六村は越前国大野郡へ属せられ然るべき旨、上申する図り也と。然れば外村々検査に及ばずと申しきり其の夜牛首に滞留す。

一　同廿四日　朝牛首村出立、足羽官員同道、昼比一瀬村(注49)に到着し、直に温泉場に至り足羽官員と一集に入湯す。旅宿は佐々木平右衛門方に止宿。足羽官員は一瀬より帰県す。

一　同廿五日　白山登嶺せんと廿四日宵四時比一瀬の旅宿を出立、人足両人を雇ひ、松明を照し登山。朝日漸く出る頃室堂に至り、直に御前に至る。草薙氏は長田順次同道にて大穴持嶽に至ると雖も、自分は寒風甚しきに恐れ、御前より一人室堂へ帰る。草薙氏等は追付室堂へ帰る。五半時分朝食認め夫より下山、昼後一瀬の温泉に帰着、入湯し八時比一瀬の旅館へ来る。

一　同廿六日　朝一瀬出立、再び牛首村に至り昼食し、夫より谷峠(注50)を越え国境の経界を見分し、越前国大野郡谷村(注51)に至り同村小左衛門方に止宿し、谷村は谷峠の麓にて谷峠は牛馬通行自由也。

一　同廿七日　朝谷村出立、龍谷(注52)横倉(注53)等の村を経、皆大野郡の村落也。横倉村にて昼飯認め大日峠(注54)の嶮坂に至る。峠の麓まで新保村(注55)の役人迎へに来る。此日雨甚しく峠の絶頂に至る道路甚だ難義至極、尤も牛馬の通行成り難し。絶頂に新保より茶菓子持参迎へに来居、大雨にて火も消え中々休足し難し。漸く嶮坂を越え新保村に到着す。同村太右衛門方に止宿す。当村を里俗加賀新保と云ふ。是加賀国の地たる遺称也。越前地にも新保村之有る故称すと云ふ。

一　同廿八日　朝新保村出立、丸山村（注56）に至り同村壬生(いくるみ)庄右衛門（注57）方にて休足す。庄右衛門は旧家にて此谷の有福家の由、居宅の見事なる事金沢にも之無き程也。夫より能美郡尾小屋(おごや)村（注58）に至り昼食す。尤も其間の村々見分し、金平(かなひら)村（注59）に至り又右衛門方に止宿す。

一　同廿九日　朝金平村の礦山等一覧し、坪内氏を尋ね暫時休足し、昼比小松（注60）到着。昼飯認め、美川町へ帰着し、直に桐山権参事の寓所へ参出、検査の始末演述に及ぶ。内田参事殿は過日新川(にいかわ)県（注61）の参事と申合せ、東京へ出らる由、初て承る。夫より各帰宿す。

今度の御用は実に珍しき事にて十八ヶ村の麓なる邑氏、旧藩の時幕府の役人順廻之有る通りに相心得、一里程宛に休足所を致し、村落之無き地は路辺に仮屋をしつらへ、西瓜に砂糖を掛け振舞ひ、或は酒肴を調(ととの)へ置出す地も之有り。各所にて金百疋（注62）程宛茶代を遣す。甚だ其馳走方行届き、如何の事と問ひけるに、足羽県よりの申付け也と云ふ。

この時の行程を分かりやすく示すと次の通りである。（当時の地名は、すでに消滅した村もあり、或いは合併して市に編入しているのもあるので、およその場所が分かるように現在の地名を（　）に入れて示した。）

明治五年（一八七二）七月

十九日　朝五（御前八時頃）大属草薙尚志、十五等森田平次、租税課雇長田順二の三名。

美川（→白山市）……出立。

←

鶴来村（→鶴来町→白山市）……昼食。
←
釜清水村（→鳥越村→白山市）……鈴木啓作方に止宿。

二十日　釜清水村……出立。
←
瀬戸村（→尾口村→白山市）……四半（午前十一時）到着。夕方足羽官員も到着。

二十一日　瀬戸村の道場で足羽官員（牛首山岸十郎右衛門同道）と会う。
←
瀬戸村……昼後足羽官員と共に出立。
←
中宮村（→吉野谷村→白山市）を経。
←
尾添村（→尾口村→白山市）……山崎儀右衛門方に止宿。
←
二十二日　尾添村……朝出立。
←　同村の経界等を見分す。
中宮村　足羽官員、牛首戸長同道。
←
瀬戸村

←深瀬村（→尾口村→白山市）……昼食。

←嶋村（→小松市）

←牛首村（→白峰村→白山市）……松原伝八方に止宿。足羽官員は十郎右衛門方に止宿。

二十三日　牛首に滞留。朝～昼まで足羽官員の旅宿で土地検査について話し合い。

二十四日　牛首村……朝、出立。

←一瀬村（→白峰村→白山市）……昼頃、到着。足羽官員と共に温泉に入湯。佐々木平右衛門方に止宿。足羽官員はここより帰県す。

二十五日　宵四時（午後十時頃）白山登嶺の為一瀬の旅宿を出立。人足を雇い松明を照らし登山。朝日が出る頃室堂に至り、御前峰に至る。草薙氏と長田順二は大穴持嶽（大汝峰）まで行ったが、平次は寒風が甚しいので一人室堂にもどる。五半（御前九時）頃朝食。下山。昼後一瀬温泉に帰着、入湯し、八時（午後五時）頃、一瀬の旅宿へ。

二十六日　一瀬村……朝、出立。

←牛首村……昼食。

←谷峠……国境の経界を見分す。

←越前国大野郡谷村（↓北谷村↓勝山市）……小左衛門方に止宿。


二十七日　谷村……朝、出立。

←龍谷村（↓野向村↓勝山市）

←横倉村（↓野向村↓勝山市）……昼食。

←大日峠……雨甚しく降る。嶮坂難義至極、峠の麓まで新保村の役人が迎えにくる。大雨で火も消え休足し難し。やっとのことで到着。

←新保村（↓新丸村↓小松市）……太右衛門方に止宿。


二十八日　新保村……朝、出立。

←丸山村（↓新丸村↓小松市）……壬生庄右衛門方で休足。

←尾小屋村（↓西尾村↓小松市）……昼食。

←金平村（↓金野村↓小松市）……又右衛門方に止宿。
二十九日　朝、金平村の礦山を一覧。坪内氏を尋ねて休足。
←小松……昼頃到着。昼食。
←美川町……帰着。桐山権参事宅へ参出、報告。各帰宿。

なお、二十五日白山に登った際（日記には記していないが）雷鳥の羽を拾って、後で内田参事にその羽を添えて歌を贈ったらしい。『八重の塩風』に朱字で次のように記す。返歌に添えた内田からの手紙を引き「…名に聞えつる頼鳥ちふ（という）（注63）鳥の羽をさへとり添、つと（苞、みやげ）にとて送り給へる。世に得がたきめづらかなるものから、そのみ志しのかたじけなきをうれしみ、拙をわすれうめきあげたるは薩摩の鄙人、内田政風。あはれしる君なかりせばしら山にすむちふとりの羽をば得まじを、右詠草、先づ下書にて賜り、追て清書して更に賜ひし頃、下書は荒木彦平ひたすらに懇望しけるに依て送りぬ」

今は白山に雷鳥はいないというが、鎌倉時代には「白山の松の木陰にかくろへてやすらにすめるらいの鳥哉」（後鳥羽院）の歌が見えるし、明治初年にもまだ生息していたのであろう。江戸時代にはその羽が雷除けや魔除けとされていたそうである。

（注32）白山麓十八か村境界検査――江戸時代に石川・福井の県域の白山の山麓に散在した十八か村を称したもの。大日川沿いを西谷と通称し新保・須納谷・丸山・杖・小原（小松市）、牛首川沿いの東谷は風嵐・牛首・島・下田原（白峰村）・鴇ケ谷・深瀬・釜谷・五味島・二口・女原（尾口村）、尾添川沿いの尾添谷にある尾添・荒谷・瀬戸の十八か村をいう。白山山頂の社殿修営と白山杣取権をめぐって、加賀白山寺支配下の尾添・荒谷両村と越前平泉寺支配下の牛首・風嵐両村の争いは天文十二年（一五四三）からあり、明暦元年（一六五五）に再燃。この時は加賀藩対越前藩との問題にまで進展する事態を憂慮し、幕府は天領とし、山岸十郎右衛門を任命し治世した。しかし杣取権の争いは繰り返された。明治二年、十八か村は福井藩に預けられ、同三年本保県に所属するが、翌四年大野郡所属の十六か村は福井県、能美郡所属の二か村は金沢県となった。しかし白山の帰属論争がおこり、結局同五年、白山と十八か村すべてが石川県能美郡所属に決定した。

（注33）牛首村――江戸期～明治九年の村名。白山麓十八か村のうち。延宝～幕末まで山岸十郎右衛門が大庄屋を勤めた。焼畑農業と養蚕が盛んで特産物に牛首紬がある。鎮守は八坂社、寺院は真宗大谷派林西寺・青柳山行勧寺・永却山真成寺のほか二道場があり、いずれも真宗寺院。古来仏事が盛んで郷土芸能にかんこ踊りがある。明治五年能美郡に所属。同九年牛首と風嵐村・旧白山権現領を合併して白峰村となる。平成十七年（二〇〇五）二月一日新設の白山市に合体。白峰村は消滅。

（注34）山岸十郎右衛門――牛首村に白山麓十八か村の大庄屋を勤めた山岸家があり、代々十郎右衛門を称した。

（注35）足羽県――明治三年十二月本保県が置かれ、翌年七月廃藩置県により藩を継承した県が置かれ藩知事はその官を免じられて東京に移住した。同年十一月敦賀県と福井県が設置されたあと、明治四年十二月「人目一新」のために福井県が足羽県と

改称された。福井藩を連想させる県名を避け、郡名をもって新県名としたのである。明治六年敦賀県へ足羽県を合併することが布達され、足羽県庁は敦賀支庁となった。明治九年政府は府県の大廃合を行い、敦賀県は廃され、嶺北七郡は石川県に、若狭一国と越前敦賀郡は滋賀県に合併されて福井県はいったん消滅してしまう。明治十四年に石川県から越前を分離、福井県が置かれ、初代県令に石黒修が任ぜられた。

（注36）本多真事――『石川県史』は真幸とするが、平次は『家譜』『日記』ともに真事と記す。『明治維新神仏分離史料』も本多真事とする。（一巻八三二頁）

（注37）史生両名――「史生」（ししょう、しせい）は諸官司に置かれた下級の事務官。『家譜』によると五十嵐直爾、富田知剛の二名。『明治維新神仏分離史料』では五十嵐直甫、高田知周となっている。

（注38）瀬戸村――尾添川左岸の段丘上にある集落で、かつての尾添往来の入口にあたる。江戸期～明治二十二年の村名。白山麓十八か村のうち。鎮守は瀬戸社、真宗大谷派道場の北道場・西道場があった。延宝以来主として山岸十郎右衛門が支配。明治五年能美郡に所属。明治二十二年より尾口（おくち）村の大字となる。平成十七年二月一日新設の白山市に合体。尾口村は消滅。

（注39）草薙尚志――明治三年に加賀藩士草薙市之丞の子良平尚賢（百八十石）三十歳がいた。同一人か。菩提寺は普明院。『在庁遺文』に「金沢士族、明治新置県の際権大属。のち中属、又九等出仕。租税課地租改正の専務長なり。数年をへて辞職」と記す。

（注40）鶴来村――手取川右岸の扇状地扇頂部と東に続く山麓に位置する。江戸期～明治十四年の村名。石川郡のうち。加賀藩領で鶴来街道の宿駅が置かれていた。伝統産業として酒造とタバコ栽培があり、鶴来酒は加賀菊酒ともいわれ前田家の御用酒となっていた。明治五年石川県に所属。明治十四年より鶴来町。平成十七年二月一日、新設の白山

市に合体。

（注41）釜清水村——手取川中流左岸の段丘上に位置する。江戸期～明治二十二年の村名。能美郡のうち。加賀藩領。明治初年岡野村を合併したと思われる。同五年石川県に所属。鎮守は白山社。明治二十二年吉原村の大字となる。明治四十年からは鳥越村の大字。明治二十五年から二十六年にかけ別宮・釜清水間の難所であった鳥越坂の下に長さ一七五メートルの釜清水隧道が掘削された。大正十五年には金名鉄道（のちの北鉄釜名線）が開通。鳥越村は平成十七年二月一日、新設の白山市に合体。村は消滅。

（注42）道場——道場は広く仏道修行の場をいう。真宗では各地の道場を基盤にして教団を形成し、道場の増加が教団の発展となった。瀬戸村には北道場、西道場があった。

（注43）大野郡——越前国・福井県に属する。北は加賀国、西は坂井郡・足羽郡・今立郡、南と東は美濃国にそれぞれ接していた。昭和二十九年、大野市。平成十七年村々編入して大野市になり大野郡は消滅。

（注44）尾添——白山の北西、尾添（おぞう）川の左岸段丘上と目附谷（めつこだに）から南西端に広がる山地斜面に位置する。江戸期～明治二十二年の村名。白山麓十八か村のうち。明暦に再燃した白山杣取権をめぐる争論に敗れて寛文八年から幕府領。鎮守は加宝宮。明治七年神仏分離のために白山から下ろされた下山仏を収蔵して白山社と称した。真宗大谷派の五道場があった。延宝元年以来主として山岸十郎右衛門が支配。明治五年能美郡に所属。同二十二年尾口村の大字。大正九年尾添温泉、昭和二十九年新岩間温泉、同五十年一里野温泉と一里野スキー場が開かれ、ホテル・旅館が増加。同五十二年岐阜県と結ぶ白山スーパー林道が当地を起点に開通。平成十七年二月一日新設の白山市に合体。尾口村は消滅。

（注45）荒谷——白山の北西、尾添川左岸の山地斜面に位置する。江戸期～明治十六年の村名。白山麓

十八か村のうち。慶長五年加賀藩領、寛文八年幕府領。延宝元年以来主として山岸十郎右衛門が支配。鎮守の荒谷社、真宗大谷派荒谷道場があった。古来焼畑農業、養蚕、製炭を生業とした。明治五年に能美郡所属。同十六年同一郡内に同名村（粟津郡荒谷村）があったので東荒谷村と改称。荒谷の地名は消滅。明治二十二年尾口村の大字。平成十七年二月一日新設の白山市に合体。

（注46）中宮村――尾添川の深い河谷の段丘上に位置する。江戸期〜明治二十二年の村名。石川郡のうち。加賀藩領。鎮守は笥笠中宮神社で、白山信仰の霊場であった。真宗大谷派の二道場があり、家道場として二道場がある。明治五年石川県に所属。同二十二年吉野谷（よしのだに）村の大字となる。昭和三十七年中宮温泉に国民宿舎黒百合荘開設。同四十二年蛇谷（じゃだに）スーパー林道工事着工。同四十八年白山自然保護センター完成。昭和四十年頃から過疎化が進む。平成十七年二月一日新設の白山市に合体。吉野谷村は消滅。

（注47）深瀬村――「ふかぜ」ともいう。手取川上流（牛首川）右岸の河岸段丘上にあり、大辻山の山腹急斜面に面し、可耕地はほとんどない。江戸期〜明治二十二年の村名。白山麓十八か村のうち。鎮守は深瀬社。真宗大谷派深瀬道場があった。延宝以降主として山岸十郎右衛門が支配。江戸中期頃から檜笠の生産が家内手工業として栄え、またこの頃から「でくまわし」（人形浄瑠璃芝居・国重要無形民俗文化財）が行われていた。耕地はほとんど無く十余戸が焼畑農業と養蚕に従事した。明治五年能美郡に所属。同二十二年尾口村の大字となる。昭和九年の手取川大洪水で七十七戸中三十八戸流出、死者十二名。この水害を契機に転出者が増加。同五十年手取川多目的ダム建設に伴う水没のため代替地に数戸を残し、鶴来町・金沢市方面に転出。鶴来町七原（しちはら）町地内に深瀬町を新設した。平成十七年二月一日、尾口村は新設の白山市に合体、消滅した。

（注48）嶋村――木場（きば）潟西南沿岸に位置する。江戸期〜

明治二十二年の村名。能美郡のうち。明治五年石川県に所属。明治二十二年～昭和十五年、はじめ木津村の大字名、明治四十年からは粟津村の大字。昭和十五年、小松市の町名となる。

（注49）一瀬（いちのせ）村――ここに記す一瀬村や温泉場は現在はない。この辺り旧白山権現領は河内（かわち）とよばれ、一の瀬・赤岩・三つ谷の三部落から成っていた。昭和九年七月十一日の手取川の大洪水と山津波の土石流のために村は全戸流失、田畑もろとも約八十メートル地底に埋めつくされ絶滅したからである。一の瀬温泉（河内温泉とも呼ばれた）の泉源は河床下に埋没した。明治九年、牛首・風嵐・河内が合併して一帯は能美郡白峰村となる。昭和二十四年からは石川郡に所属。平成十七年二月一日白峰村は新設の白山市に合体。白峰村は消滅。

（注50）谷峠――福井県境を越える谷峠は標高九一四メートル。昭和十六年から二十四年にかけ谷隧道（ずいどう）が作られたが破損甚しく、昭和四十四年から四十六年にかけ新しく隧道を完成（谷トンネル）国道一五七号が通過。白峰村（現白山市）から福井県勝山市に至る。県境はトンネルのほぼ中間。

（注51）谷村――江戸期～明治二十二年の村名。明治二十二年北谷村の大字となる。昭和二十九年から福井県勝山市の大字。山村豪雪地帯なので過疎化が進んでいる。

（注52）龍谷（りゅうだに）――「りゅうたに」ともいう。高尾岳南西麓、九頭竜（くずりゅう）川支流滝波川右岸の段丘にある。江戸期～明治二十二年の村名。大野郡（福井県）のうち。明治二十二年野向（のむき）村の大字となる。昭和二十九年から野向町を冠称。勝山市の大字。

（注53）横倉――大日山南麓、野津又川流域の山間に位置する。江戸期～明治二十二年の村名。大野郡のうち。田地が少なく、焼畑や加賀国へ山越えして炭焼きで生計を営む者も多く、加賀新保村との往来も盛んであった。明治二十二年野向村の大字となる。昭和二十九年から野向町を冠称。勝山市の大字。

（注54）大日峠――石川県境尾根の兜山東の鞍部にある

峠。標高約九三〇メートル。勝山市野向町横倉と石川県小松市新保との間に道が越える。現在は自動車は通行不能で越える人も稀だという。

（注55）新保村——大日川上流山間部に位置する。江戸期〜明治二十二年の村名。白山麓十八か村のうち。「島の助五郎、尾添で弥四郎、五ヶで新保の太右衛門さま」と謡われた草分けの春木家は太右衛門を称し十八か村中の富農であった。明治五年能美郡に所属。明治二十二年新丸村の大字となる。昭和三十一年小松市の町名となる。昭和三十八年一月の豪雪後過疎化が進む。同四十二年山中大日山県立自然公園に指定された。「同村太右衛門方」とあるのは春木家である。

（注56）丸山村——大日川上流山間部に位置する。江戸期〜明治二十二年の村名。白山麓十八か村のうち。近村との土地争いが度々あった。明和六年には一村全焼という大火にも遭う。神社は谷郷社。猿田彦命を祀るが、もとは壬生（いくるみ）家伝来の薬王尊として信じられていた。明治五年石川県に所属。明治二十二年新丸村の大字となる。昭和三十一年小松市の町名、丸山町となる。

（注57）壬生（いくるみ）庄右衛門——壬生家は白山麓丸山村で代々庄屋を務め、庄右衛門を襲名した。草壁皇子の子孫という。同姓の家が村内に多かったが過疎化が激しく、庄右衛門家の直系は絶えた。

（注58）尾小屋村——梯（かけはし）川に合流する郷谷（ごうたに）川上流山間部川沿いに位置する。江戸期〜明治二十二年の村名。能美郡のうち。明治五年石川県に所属。天和二年、宝暦、天明と試掘された銅山も、明治十一年に豊富な鉱脈が発見され、同十四年から尾小屋鉱山が開かれた。鉱山開発により人口が増加。明治二十二年西尾村の大字となる。村の経済の中心地となり、大正八年には物資、製品の輸送を目的とした尾小屋鉄道が開通。第一次世界大戦後は不景気やストライキで衰退。昭和三十七年鉱山は閉山、同四十五年頃からカドミウム汚染が問題化する。同五十二年尾小屋鉄道は廃線となった。大正十二年にはスキー場が開設され、昭和二十六年に

尾小屋高原スキー場と命名された。同三十一年小松市の町名となる。現在尾小屋町には尾小屋鉱山資料館、尾小屋マインロード（全長六百メートルのトンネルに当時の採掘の様子等を人形によって再現など）がある。

（注59）金平村――梯川の支流郷谷川の流域に位置する。東西は山地。南北に流れるわずかな谷底平野に集落や耕地がある。江戸期～明治二十二年の村名。能美郡のうち。金平金山は藩政期に十村役石黒源次により採掘が行われ、最盛期の天明元年頃は藩財政を潤し、鉱山町として繁栄した。金山は慶応三年以降村請となり、明治六年からは村民が随意に採掘したが全盛期は過ぎ明治十六年には廃坑となっている。明治五年石川県に所属。明治二十二年金野（かねの）村の大字。昭和三十一年小松市の町名となる。金山・銅山は昭和四十六年閉山。同五十二年に尾小屋鉄道も廃線となり金平駅も閉鎖された。昭和四十六年にはカドミウム汚染が判明。土地改良事業が実施されている。

（注60）小松――梯川流域、小松江沼平野とその東部山間部に位置し、西は日本海に面する。江戸期～明治二十二年の町名。能美郡のうち。明治五年石川県に所属。昭和十五年、小松町・安宅町・牧村、板津村・白江村・苗代村・御幸村・粟津村の二町六村が合併し小松市となる。三十七の大字は同市の町名に継続された。その後も村々が編入されて現在に至る。県内第二の都市。加賀三代藩主前田利常が小松城に隠居し城下町として発展。梯川河口の安宅は北前船の拠点の港町としてにぎわった地である。

（注61）新川県（にいかわ）――明治四年の廃藩置県以後、越中国の大部分を占めていた県。はじめは富山県と称し、同九年に金沢（石川）県に合併。同十六年に越中国全域が金沢県から分離し、現在の富山県が成立した。

（注62）疋――銭を数える単位。十文（もん）の称。銭一貫文が百疋にあたる。中世、近世を通じて儀礼的な場合や贈答の際に用いた。明治に入り明治四年、新貨

条件により、一両が一円、一分が二十五銭となった。そこで百疋は二十五銭（一疋は二厘五毛）に置き換えられることになり、旧式の儀礼を踏襲する場合には昭和初期まで一部にこの単位が用いられた。（『日本国語大辞典』による）

（注63）頼鳥ちふ――頼鳥は雷鳥。これは同音の漢字を当てただけと思う。連語「といふ」の変化「てふ（ちょう）」の形は中古の和歌に多く用いられている。縮約した形の「とふ、ちふ」も上代にはある。ここは或いは古い形というよりも薩摩のなまった言い方が出たのかもしれない。

7　境界検査のその後

この件のその後については、明治六年二月二十七日の日記に次のように記す。

一　同廿七日　白山麓実地検査土地の都合去年九月大蔵省へ上申相成り、足羽県よりも見込みの次第伺ひ相成る由に候へども其後数ヶ月相立つ処、今以て何等の御沙汰之無し、然る処左の通り御達し相成る。

石川県

白山社并に麓附牛首村始め外十七ヶ村加賀国能美郡へ組入れ　其県管轄仰付けられ候事

壬申十一月十七日　太政官

右御達書、壬申十一月十七日御渡し之有るべき処、太政官の手落ちにて遅延相成り候義之有り、不都合に候へども元の日附にて御渡し相成る旨……今日東京より申来り、令参事席に於ても如何の御沙汰相成るべき哉と日々相待ち居られ候由、然るに右様御達し相成り、権令公にも格別悦ばれ候体にて、取敢へず自分呼立てられ、今日此如き御達書到来、誠に当県の面眉実に御取調べ方行届き候故と格別の恩言、自分に於ても大悦此上無く、取敢へず左の腰折れを給仕に持たせ呈上す。

白山の御沙汰おそかりしかば人しらず腰も折しつるに今度云々のよし官命の下りしかば誠に浮雲の晴れたりし心ちして、腰折れのあざけりをもわすれつゝうめきあげたるたはごと

明らけき御世とて雲も晴つらむくまなく見ゆる加賀の白山

右の愚詠甚だ賞翫、何とぞ唐紙等に清書して賜りたき旨申さる。追付(おつつけ)令公より返報の歌詞を賜りける。

（要約すると、明治五年七月二十九日には境界検査を了え報告もすませた。県からは太政官に九月には上申したのに、その後何の沙汰もなく、参事席でも日々通知の来るのを待ち続けていたのだが、明治六年二月二十七日になって、やっと白山社と麓の十八か村とを加賀国能美郡に組み入れ、石川県の管轄にするとのお達しがあった。五年十一月十七日付のものが、太政官側の手落ちでおくれた由。内田権令も格別に悦び、とりあえず平次を呼び知らせてくれた。平次も大層嬉しく、その喜びを歌に詠んでお見せした。）

『八重の塩風』に、この時の手紙が収められていて、こまごまと悦びを記したあとに「動なき加賀の白山雲晴れてむかしに帰る玉の白山　あなふしぎかも」と内田の返歌が見られる。

『石川県大百科事典』の白山麓十八か村の解説の最後に、若林喜三郎氏により「郷土史家森田柿園の綿密な実地調査の結果、判定を有利にすることができ、明治五年（一八七二）石川県編入となったのである」と記されている。又『白山の埋み火』（四六頁）にも「河内が石川県に編入されたことによって、白山は加賀の白山で通るようになったと言って過言ではない。」と記しているように、このことは石川県における平次の功績の一つと数えられると思う。

内田政風翁逝く　南洲甲東の先輩として又直言極諫の士として薩摩隼人に畏重せられたる島津家前家令内田政風翁は先年辞職後兎角病氣勝にて鹿兒島の舊廬に療養中なりしが醫藥其効を奏せす一昨日遂に溘然遠逝せり翁初名は仲之助、後政風と改む夙に文武二道を以て藩に知らる平常好て靖献遺言を讀む嘉永年間幕府政を失し外舶荐りに至り國内騷然たり翁勤王家の巨擘として藩主齊彬公に振用せられ專ら財政の事を掌る當時薩藩財政漸く紊れ國費殆んと支へす翁拮据經營計入制出の法を設けて遂に舊に復するを得たり東征の役薩藩の軍費に欠乏を生せざりしは全く翁の力なり維新後徴されて辨官となり廢藩置縣の際石川縣令に轉す是時に當り縣下の人心頗る暴に流れ動もすれは縣官に抵抗せんとするの虞れあり翁任に赴くや毅然動かす一夜暴徒來襲の説あり翁即ち門を開きて戸を放ち家人を退けて獨り玄關に閑臥す暴徒辟易して來らす是より縣民大に翁の風を慕ひ頓に人望を得るに至れりといふ明治六年の冬征韓論破裂し南洲等挂冠歸國するや翁直に上京して痛く甲東等と論する所ありしも容れられす翁亦其職を辞す翌年嶋津公の家令となり爾來同家の財政上に力を效す殆んと十年島津公其恪勤を悦ひ往々將に頼る所あらんとせしに偶々某伯等暗に同家々政に容喙し私に翁を中傷す翁慨然として曰く嗚呼我事止むと直に其職を辞して故山に歸る爾後憂鬱病をなし終に以て起たず享年七十有一男政彥海軍主理となりて現に佐世保にあり

図6

（附）内田政風について

内田政風は石川県の初代県令である。平次が内田からの手紙をまとめて『八重の塩風』と名付けた一冊（未刊）があるが、その初めに平次は内田の出自経歴を元祖・奈良朝の藤原武智麿から委しく記し、そのあとに朝野新聞（明治二十六年十月二十二日、図6）の訃報を切り抜いて貼っている。家系の所は略して要所を引くと、鹿児島藩嶋津家の臣、内田仲蔵政為の二男で、文化十二年生。幼名仲之助。維新後、明治二年参政を命ぜられて公儀人となり三年少弁に任ぜられ従五位。四年八月十五日金沢県大参事。十一月二十日金沢県参事。翌五年二月金沢県を改めて石川県と称し石川郡美川町旧本吉村に県庁を定め四月二十二日開庁。同年八月二十七日石川県権令に任ぜられる。翌六年一月金沢へ移庁。同年十二月二十二日石川県令に昇進。八年三月三十一日依願免官。九年三月嶋津久光に随行して郷里に帰り、七月嶋津忠義の家令を命ぜられて東京へ出、在勤。十七年四月辞職し、後東京第十五国立華族銀行世話役に従事すること数年。老齢に及び本郷鹿児島の私邸に帰り、明治二十六

年（一八九三）十月二十日病を以て没す。七十九歳。「人となり実直にして勇気あり又文事に志厚く武にして文を兼ねたりといふべし」。内田の手紙は、余りの達筆に読むのが大変なのだが、彼は平次から『白山史』『三州宝貨録』等の県に関する書も借りて読んでいるし、他にも『仏足石碑銘』『懐風藻』『神皇正統記』『土佐日記』『陸奥話記』『奥州後三年記』『玉の小櫛』『好古日録』『犬追物之図』その他いろいろ借

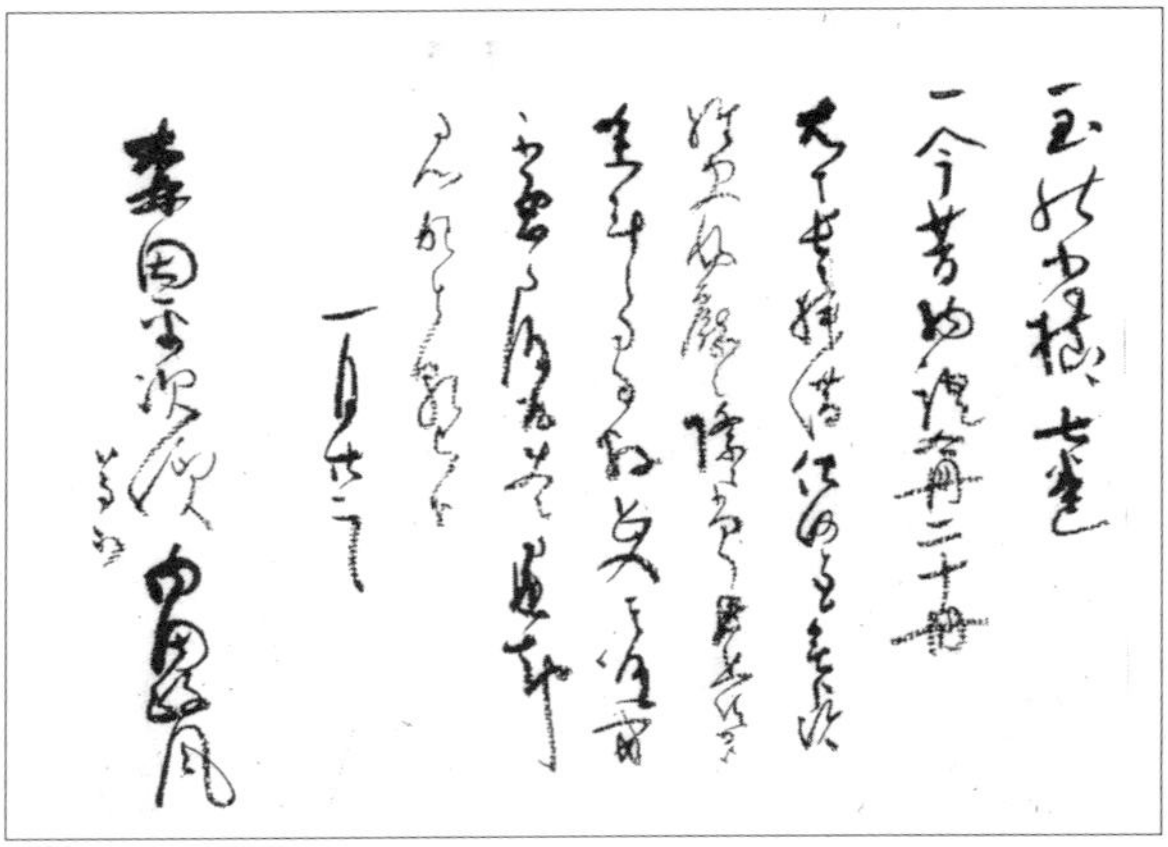

図７

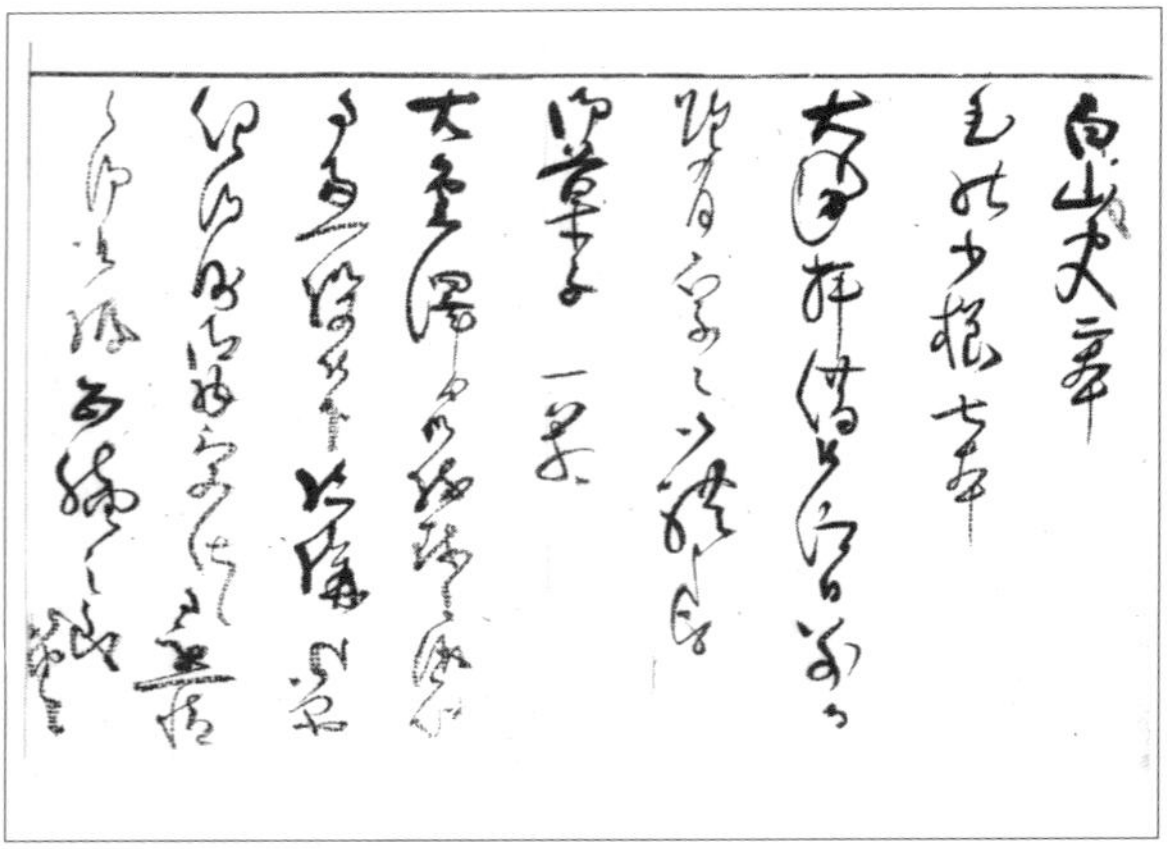

図８

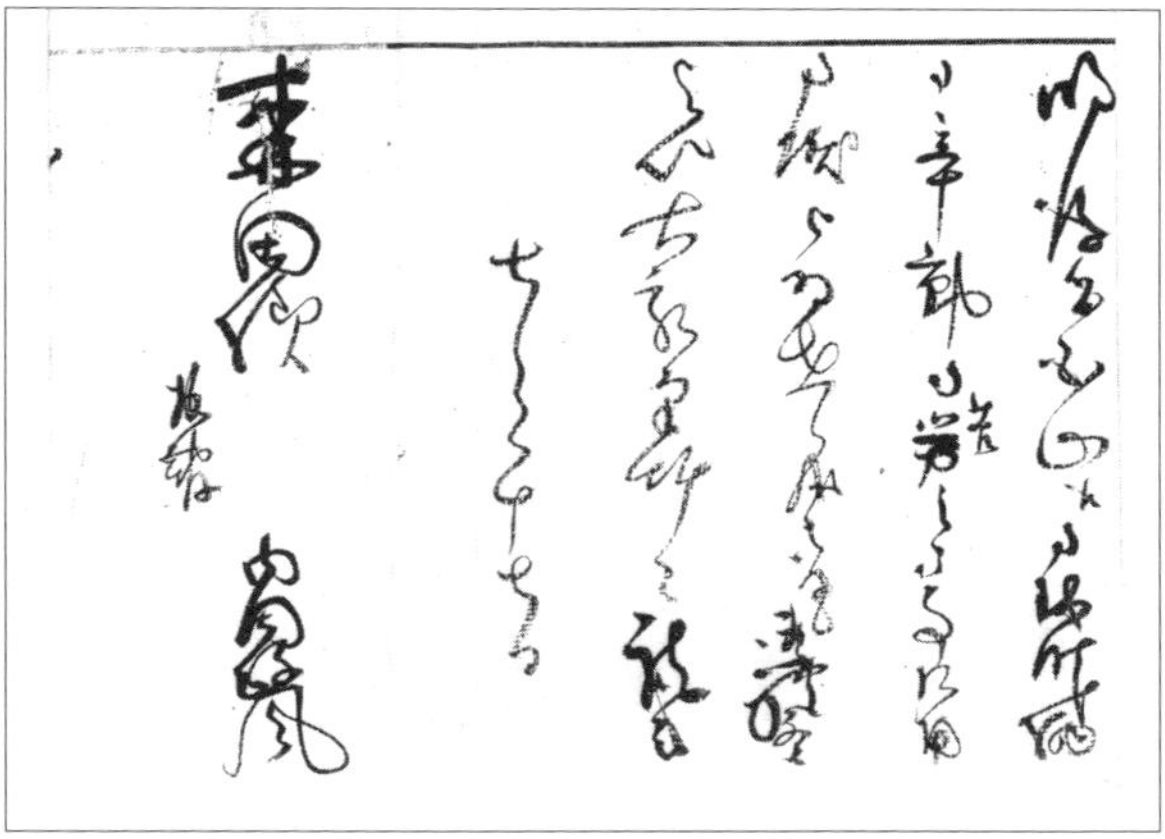

図9

りていたようで、その都度礼状を寄せており文事に志厚く実直であったことを窺わせる。平次は蔵書を大切にし、他人に貸すなと後年書きのこしているが、この頃内田に貸していたのは内田を信頼していたからこそなのだろうと思う。（図7〜図9）そして序の終りに「吾石川県奉職中廃藩置県創業の際、実儀を以て衆庶を示し実意を以て教諭せられしゆへに因循頑愚の士族といへども其の実意廉直に服従するのみならず県治の政迹今に諸人追慕せり。性挿花を好み詠歌をなして心の慰とはなしぬ」として一二の例をあげている。

埋火
埋火のもとにて聞けばみぞれふるまつの嵐の寒き夜半（よわ）かな

歳暮
もえいでぬ柳の糸をくりよせてまだきにかへる年の暮かな

述懐
筑紫がたいくその浪路隔つとも心しゆかば関なかりけり

内田からは辞職後も（明治十二年、二十年など）東京から長い手紙が届いている。

『石川県大百科事典』では内田の項は、彼が県令として在任中三年二か月間に、地租改正公布、小学校教則の編成指示、兼六園の開放、勧業博物館創設、教員養成のための集成学校の創設、金沢博覧会の開催などに尽力したが「薩摩藩出身だけに百万石加賀藩の威力を低下させることを目標にしていた。」（奥谷陽一氏）と記してある。私はこのような決めつけた言い方に、違和感というか、むしろ敵意のようなものさえ感じられて、ちょっと情ない思いがした。もう少し広い目で素直にその尽力とその成果とを認めてもよいのでは、と思ったことである。この解説では初めに「生没年不詳」と簡単に切り棄ててもいるが、少し調べれば当時の新聞に訃報も出ていたのだし、分かるはずなのである。はじめから狭い心で彼に対しているように取れるのが私は悲しい。多分当時も、中には旧藩時代の意識にこりかたまった人々がまだ居て、そういう偏った目で見る人々に囲まれているのを感じ、本当の所は分からないが、もしかしたらそれで在任わずかで身を引いたのではなかろうか。

『八重の塩風』中の朱の付箋に次のように記した文がある。「内田県令断髪の作歌　初め摘髪（注64）にて赴任の処、明治五年の秋七尾廃県の事件にて新川県令と同じ出京ありしが、上申の件々彼是踟躕（ちちゅう）（注65）するは県令の因循頭なる故也と諸官省にて笑はれける故に東京出発の朝思ひ切りたり　是も県下人民加賀四郡四十余万人の為と思ふ故也と一笑せらる」断髪して帰国したのに驚いて記したもの。東京の役人達から事がなかなか決まらないのは県令の因循頭のせいだと笑われ、そこで県民の為に思い切って髪を切ったのだという。このしばらく後にはあの「ちょんまげ頭を叩いてみれば因循姑息の音がする」というおっぺけぺえ節がはやるのである。この頃内田は既にちょん髷は切り、平次と同じような惣髪、まとめて束ねしばっていた。それでも東京の人から因循だと笑われたのであろう。こういう逸話は内田が本心から加賀の人々の為を思っていた事を示すものではないだろうか。

私は、平次が上司である内田のよい所を認めて尊敬し、命ぜられた仕事を大切にして一生懸命に働いた素直な気持ちを、そのまま伝えておく。そして金沢の人々には内田政風という人物についても、色めがねをはずして素直に向きあって見たらどうだろう、と言いたい。

（注64）摘髪（てきはつ）――この語は辞書にはのせていないが摘はつまむの意なので、髷でなく、髪をつまみまとめて束ねていたのであろう。つまり惣髪をさすと思う。それを内田はこの時断髪にしたのであろう。平次も明治元年に主人茨木忠恕ともども惣髪にしていた。庁内の人の頭髪が当時どうであったのかよく分からないが、惣髪が多かったのかもしれない。この記述は当時の風俗を示すものとして注目される。明治天皇は明治六年三月二十日「聖上御断髪遊ばされ候由」（『明治ニュース事典』新聞雑誌「天皇も断髪」）とある。

（注65）踟躕――ためらうこと。ちゅうちょすること。

（四）花山法皇の御陵取調べから越年まで

このあと親戚関係の記事に続き、九月に内田参事の権令昇進、七尾県廃県、能登四郡は石川県へ、越中射水郡は新川県につけられた事、宮井貞彦と共に教道事務を兼務することになった事等の記事が続き、十一月となる。

8　花山法皇の御陵取調べ

（明治五年）

一　十一月二日　加賀国四郡の郷村社取調べ方伺ひ相成り候処、伺ひ通り御指令之有るに付、初めて祠官祠掌命ぜられ、今日夫々拝命凡そ百人ばかり出庁、権令殿より辞令書渡さる。其最中に左の一首を書調へ給仕に持たせ自分方へ遣はさる。取敢へず返歌を書きて給仕へ渡す。

はふり子の群れて入来る人見れば神代ながらの姿なりける

即答

ちはやぶる神代ながらの人なれば神もさこそはをかしとや見む

一　同十一日　諸国に之有る御陵墳取調べ方に付、藩庁の時加越能三州の分届け相成り居り候処、花山法皇（注66）の御陵取調べ、土人の伝説等詳細に申出づべき旨、教部省より御達しに付、今日にとも出立致し、江沼郡那谷（注67）辺の旧蹟等取調べ申すべき旨上局より談ぜらる。依て今日夕景美川町旅宿出立し小松に止宿す。尤も彼の地区長戸長罷出で候様相達し置き候事。

一　同十二日　朝小松町出立、江沼郡動橋（いぶりはし）（注68）へ罷越し候処、副区長一人出迎へ、戸長も追々罷出、先づ那谷へ罷越し、那谷辺の旧蹟取調べ、那谷寺に宿所相定め之有るに付、同寺へ参着。邑人の故老呼寄せ伝説の趣書留め候。此日副区長と共に同寺に止宿、食事は村方より指越す。

一　同十三日　勅使村（注69）へ罷越し同村に之有る法皇山（注70）と称し候岡山を一覧す。邑民の故老を呼寄せ伝説の趣を聞くに、是則ち御陵也と。其の外伝聞の次第委曲書取る。夫より菩提村（注71）へ参り同村の御陵山を一覧す。当村の伝説にては天皇の御陵は則ち此の地にて、勅使村の法皇山は皇居の遺蹟也と村老共云へり。但し両所とも御陵の証蹟名判然に付、区長と共に那谷寺へ引取り其夜同寺に止宿す。住職は即ち今他行中也と。

一　同十四日　朝那谷を立出、区長に命じ能美郡今江（注72）の御幸塚（注73）等を捜索し、戻りに粟津（注74）の温泉を一覧し、夕景小松に至り同所に止宿す。旅宿に於て捜索の次第を一冊に書調へ、勅使菩提の略図を書写す。

一　同十五日　早朝小松を出、美川町の寓所へ帰着し、服を改め出庁して、彼小松旅宿にて書認めたる捜索書等を権令公へ呈上す。

（出張の際も、夜は旅宿で調べた事をまとめて記し、まじめに仕事にとりくむ様子がうかがえる。）

この辺り一帯には平安時代の花山法皇の伝説があり、それに由来する地名も多く、当時の住民は皆それを信じていた。日本に近代科学がとり入れられたのは明治十年代に入ってからのことで、考古学という学問も、発掘調査という事も無かった時代なのである（注75）。大正十一年（一九二二）に法皇山に横穴古墳群が発見され、昭和に入って遺蹟の発掘調査が行われた結果、これらの遺蹟の年代は花山法皇より古く、六世紀後半から七世紀にわたり造り続けられたもので、法皇山の墓の副葬品の、直刀・刀子・鉄鏃・耳飾りの金銀の環・須恵器などのうち、須恵器には七世紀後半の土器もあるということである。凝灰岩でできた標高三〇メートルほどの通称法皇山及び隣接するオオカミ谷にある法皇山横穴墓群には、約二五〇基の墓が存在し、規模や構造は造成の時期により多様で、横穴群研究の上でも極めて重要である。この横穴群の分布圏は越の国の一部で、この地域の豪族江淳氏（江沼氏）の領域であった。従ってこれらは江淳氏の氏人の墓だったのだろうという。江沼氏はのちに江沼郡の長官・副長官を出す家柄となる。

昭和四年（一九二九）に国の史蹟に指定され、現在は自由に見学できるとのことである。

（注66）花山法皇――第六十五代天皇。冷泉天皇の第一皇子。母は藤原伊尹の娘懐子。諱は師貞。永観二年（九八四）即位したが、女御藤原忯子の死に心をいため、外孫の皇太子（一条天皇）を即位させようとする藤原兼家の陰謀に乗ぜられて退位、出家して東山の花山寺に入る。在位一年十か月。出家ののち入覚と号し、播磨国の書写山に赴いて性空に結縁し、ついで叡山に登って廻心戒を受けさらに熊野に入るなど仏道修行に励んだ。風流者としてもきこえ、和歌をはじめ絵画・工芸などに非凡の才能を示した。「拾遺和歌集」の撰者ともいわれ、勅撰和歌集にはじめて連歌を収録した。家集に「花山院御集」があったが今伝わらない。

（注67）那谷――柴山潟に注ぐ動橋川支流那谷川流域に位置する。江戸時代は大聖寺藩領の那谷二十二か村に含まれた。名刹那谷寺の門前町として知られる。昭和三十年に小松市に編入、小松市の町名となる。那谷寺は高野山真言宗別格本山、自生山と号し十一面千手観音を本尊とする。本堂・三重塔・護摩堂・鐘楼など重要文化財。

（注68）動橋――動橋川下流に位置し、江沼郡のうち。江戸期～明治二十二年の村名。大聖寺藩領。北国街道の宿場で、明治五年石川県に所属。昭和二十二年動橋町。同二十九年分校村を合併。昭和三十三年加賀市の町名となる。（「動る」とはゆり動かす意の方言。）

（注69）勅使村――動橋川右岸に位置する。地名の由来は一条天皇の勅使が花山法皇の那谷の寓居を訪ねる時に逗留したとも、勅旨田（勅旨により開墾耕作された田）の名残ともいわれる。江戸期～明治二十二年の村名。大聖寺藩領。明治五年石川県に所属。明治二十二年栄谷・山本・松山ほかの十一か村が合併、旧村名の十一大字を編成。昭和三十年山代町に合併、十一大字は同町大字に継承。同

三十三年加賀市の町名となる。

（注70）法皇山――勅使村にある高さ三十メートルほどの小丘の通称。大正十一年に横穴古墳群が発見されたが、この当時は花山法皇の御陵だという伝説が村人に信じられていて、このように名付けられていた。

（注71）菩提（ぼだい）村――那谷川上流に位置する。地名の由来は、花山法皇の遺言により当所が菩提所とされたことによるとも、当所に菩提所があったためともいわれる。江戸期～明治二十二年の村名。江沼郡のうち。大聖寺藩領。明治二十二年那谷村の大字となる。昭和三十年小松市の町名となる。

（注72）今江――木場（きば）潟の北西部に位置する。北陸道に沿って開けた集落。江戸期～明治二十二年の村名。加賀藩領。隣の串茶屋村は大聖寺藩領だったことから、当村に荷物改番所があった。明治五年石川県に所属。明治二十二年～四十年の能美郡の自治体名。同四十年末佐美（すえさび）・串両村と合併し御幸（みゆき）村成立、村名は大字に継承。昭和十五年小松市の町名となる。

（注73）御幸塚――能美郡のうち。日本海外浦に注ぐ梯（かけはし）川の支流前川が木場潟から流れ出たところに位置し、現・小松市今江町のうちに比定される。花山法皇の行宮（あんぐう）という前方後円墳（御幸塚古墳）に由来する。

（注74）粟津の温泉――養老二年白山を開山した泰澄が白山大権現の霊夢により発見したという伝説の北陸最古の温泉。花山法皇も入湯したという。木場潟南方に位置する。粟津村は加賀藩領。明治五年石川県に所属。昭和十五年小松市の町名となる。

（注75）考古学・発掘調査――京都帝大に日本初の考古学講座が開設されたのは大正五年頃であるらしい。

9　改暦・昇進・越年

一　同月（五年十一月）権参事桐山公当月十日参事に昇進致され候由申来る。又改暦の義御達し相成り、

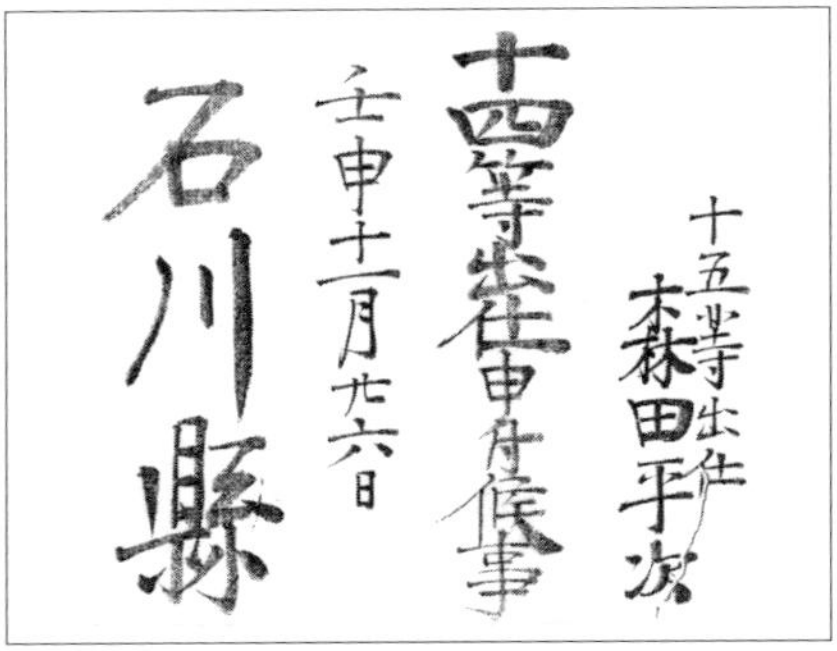
十五等出仕 森田平次
十四等出仕申付候事
壬申十二月廿六日
石川縣

図10

来る十二月四日（ママ）を以て明治六年一月一日に相立て候旨、則ち夫々布達に相成る。誠に存掛けなき事故、諸人実とせざる由。

（明治五年十一月『新聞雑誌』や内田権令から加賀・能登各区戸長への通達（『石川県史・四』）など、いずれも十二月三日を明治六年一月一日と定めるとしている。平次の勘違いかと思われるが、原文のままとする（注76））

一　同廿六日　自分義出庁罷在り候処、礼服着用罷出候様、書状給仕持参す。同課の人々多く同様の由、則ち取敢へず寓所へ帰り服を改め出庁候処、同課の人両三輩免職相成る由普為聴す。追付自分義呼立てられ罷出候処、十四等出仕に昇進命ぜられ月給十五円賜る。誠に意外の事也。一年の内に等外三等より十四等に昇進は庁内にても珍しき由諸人申居り候由、区長等も噂致し居り候由、人々申し聞ける也。（図10）

一　十二月三日（ママ）　当年の大晦日に付、大祓御用として二日昼後美川町出立、国弊社白山比咩神社へ参向、鶴来旅宿へ到着、其の由白山神官へ相達する処、追付罷越し、明日大祓の都合打合せ、区長戸長も罷越し委曲都合方申入れ、始めての事故不都合之無き様申入れ候事。

（十二月三日が大晦日なので、白山比咩神社の大祓の式に出るため、二日に鶴来に行き打合わせをした。）

一　同三日　大祓の式相済み旅宿に於て区長戸長へ酒振舞ひ、追付鶴来出立、兼て令公よりの指図も之有るに付、直に金沢へ出、私宅へ参着。留守に之有る記録取調べ方に取掛り、越年いたし候。今度大祓御用に付、鶴来の旅宿にての愚詠、追て権令公へ呈す。

いつとても振りすてがたきものなるをおもひもよらでくるる年哉

明治六年　癸酉　　平次　五十一　春　十五
　　　　　　　　　お逸　四十　　外與吉　十一

一　一月一日　旧暦十二月四日也（ママ）　俄かの事故（ゆえ）、何方も春の規式も調へざる由、自分義計（はか）らず私宅にて新年の規式に逢へり。歳旦の愚詠

あら玉の年は来にけり鶯の因循（注77）せしかいまだ来鳴かず

一　同三日　美川町へ立帰り礼服着用、権令公参事公へ罷出、年祝申述べ、直に典事熊野氏、大属三橋氏其の外同課中へ罷越し、権令公へ歳暮歳旦の愚詠指上げ、権令公の詠歌二首之を賜ふ。年暮埋火の二首也。何（いずれ）も秀逸。

もえいでぬ柳の糸をくりよせてまだきに帰る年の暮哉

埋火のもとにて聞けばみぞれふる松の嵐のさむき夜半哉

一　同十五日　白山比咩神社新嘗祭（注78）に付、奉弊使藤公参向致さる。依て自分并に等外荒木彦平派出命ぜらる。初ての事故（ゆえ）、神官等覚束（おぼつか）なく夫々指図に及び、区長等へも心得方相達し置く。十四日昼後美川町出立、同日夕鶴来到着、旅宿に止宿、追付（おっつけ）神官区長戸長罷出、翌十五日早朝社頭へ出、御祭式相済み、神官鶴来旅宿迄直会物（なおらい）（注79）持参、追付鶴来出立。明日一六休暇に付、藤公及自分共金沢へ罷越す。社頭にての愚詠、帰着の日権令公へ呈上す。此の時白山宮司狩谷鷹友、（注80）権宮司高木有制也。

皇神（すめがみ）のあひうづなひ（注81）て豊（とよ）としの新嘗祭つかへまつらむ

此外両三首例の腰折れにて歌とや云はん狂歌とや云はん。

（一月十五日は白山比咩神社の新嘗祭で、奉幣使は藤公。平次と等外荒木彦平が派出を命ぜられ、十四日に美川を出て鶴来に行き、祭式をすませ、翌日は一六の休暇なので金沢に帰った。この時の白山宮司は狩谷鷹友、権宮司は高木有制で、平次のよく知っている人達であった。社頭での歌を帰ってから権令公に呈上した。）

（注76）改暦（原文のまま）——明治五年十一月の改暦証書により以後太陰暦を廃し太陽暦を用いることとなる。「一……来る十二月三日を以て明治六年一月一日とさだめられ候事。……一　一ヶ年三百六十五日十二ヶ月に分け四年ごとに一日の閏を置き候事。」（明治五年十一月新聞雑誌『明治ニュース事典』）「……来る十二月三日を以て明治六年一月一日と被レ定候間、此旨相心得四民一般無二遺漏一至急可レ為レ致二休認一候也　壬申十一月二十日　石川県権令　内田政風」（『石川県史』四）

（注77）因循——原文「因楯」を訂正。

（注78）新嘗祭——新嘗祭は一月ではないと思うが文字は嘗によく似た字なので一応「新嘗祭」としておく。この日は旧暦だと十二月十九日だから旧暦で行ったものかと思う。

（注79）直会物——神事のあと、神前に捧げた神酒、神饌（しんせん）をおろして皆で飲食する宴会行事。またそのおろした供え物。

（注80）狩谷鷹友——通称金作。三（三）の注21を見よ。

（注81）うづなふ——良しとして大切に思うこと。

（五）金沢移庁に伴い美川町を去る

一（明治六年一月）同廿二日　今度金沢移庁の義、兼て伺相成り居り候処、昨日御指令相成り此頃の時節に候間、何時雪中に相成るも計り難し、此頃快晴に付、俄に今日移庁。権令公参事公始め諸課諸官員悉く金沢へ引越さる。其混雑申すべき様も之無し。明廿三日は孝明天皇の御祭日、兼て諸官員遥拝の式達し相成り居り候処、俄に移庁に付、自分義遥拝式担当の事に候間、代拝相勤め申すべき旨、令公より申談ぜられ、依て自分壱人美川町旅宿に居残る。

一　同廿三日　早朝美川町日吉社に於て遥拝式の代拝相勤め、兼て同社神官及区長戸長へ心得方達し之有る事故、神官区長等自分旅宿迄案内に来り候に付、礼服着用、草履取召連れ罷越し相勤む。夫より旅宿米田氏へ立帰り、服を改め出立す。米田氏に寓居するは去年六月以来既に八ヶ月罷在り、殊に家内一統格別懇意に致さるるに付、家族一統下女迄夫々送り物致し、昼後金沢私宅へ着す。今廿三日は金沢県庁に於て開庁式之有り、酒肴賜り候由。

（日記には記してないが、『八重の塩風』に移庁即吟として「浜千鳥美川の浦をふりすてて金の沢に移るなりけり」の歌を記している。それに対する政風の返歌「浜千鳥金の沢に帰るともおのがあさり（注82）の道捨るなよ」）

こうして平次の美川生活は終る。彼の別の記録『子孫心得方遺戒書』に酒呑論と題し「米田文庵老曰」と文庵の意見を引き「酒はアヘンとひとしく其の毒甚し……（たまに少量ずつ呑むのなら心気を養う良薬と言えるが）毒薬の長といふべし」と結論しているものがあるが、米田氏とは親しくいろいろ話しあい、医学的なことなど教えられることも多かったのであろう。彼にとって、短い期間ではあったが、美川と米田家での生活とは、思い出深いものだったろうと思われる。

（注82）あさり――「漁り（あさ）」だと思う。魚や貝をとることを。えさを探すこと。また、探し求めるの意。「川」の縁語で「漁り」といい、いろいろと調べ学ぶことを忘れるなといましめたものと思う。

（六）白峰と森田平次

10　はじめに

昭和六十一年（一九八六）八月十六日、石川県石川郡白峰村（現・白山市桑島）で、ライン博士生誕一五〇年祭が催された。

明治七年（一八七四）七月、日本の工芸を調査するためプロシヤ政府から派遣された（注83）ヨハネス・ユストゥス・ライン（Johannes Justus Rein 一八三五～一九一八）は、白山登嶺の帰路、手取川沿いの山道を下る途中、牛首村（のち白峰村）のはずれのガレ場で十数個の化石を拾った。彼はそれを故国に持ち帰り、友人のガイラー博士（H. Th. Geyler）に送った所、博士によってそれがジュラ紀（約一億四千万年前）の植物化石であると判明したのである。このガレ場のあたりが、のちに「桑島の化石壁」とよばれ、日本の地質学発祥の地といわれている。桑島では昭和五十八年（一九八三）から、ライン博士を記念してライン祭を行っており、昭和六十一年は博士の生誕百五十年に当たるというので、特に博士の曾孫ユルゲン・シュヴァルム博士を招待した。

ラインが白山に登っていることは、彼がまとめた『日本・旅行と調査』の第三章「地質学上の状況」の中で、白山の地質と、手取川上流での化石の発見のことを述べていることから知られる（山崎安治『新稿日本登山史』（一九八六・白水社）による）が、たまたま白山仏体下山の任務のため一ノ瀬に滞在し、彼らと同宿した森田平次が、『白山仏体下山日記』に彼らの登嶺を記録していることによって、ラインが七月十一日に白山に登った事実と日時が特定されるのである。この時、通訳を介して平次はラインと互いに国事を語り合ったということで、当時終始ラインと行を共にしていた通訳は、後に日本銀行監事となった三田（さんだ）信（ただし）である。（山崎直方「ライン先生とライン文庫」地理学評論五九巻四号――ライン一五〇年祭記念号より――）そこで白峰村では、この三人の子孫を百十二年ぶりに再会させたいと考えて、探したのだそうである。

私は、金沢工業大学の藤島秀隆氏から、曾祖父森田柿園の、子孫の目から見た伝記を書くことをお勧め頂き、長いことしまいこまれていた柿園の日記等を、少しずつ読んでいた所であったが、ちょうど仏体下山のあたり、独逸人に会うくだりを読み、外国や外国人の事など、考えたこともなかったのではないかと想像していた平次が、ドイツ人と話をしたと知ってびっくりした。その直後に、このライン祭の話を兄から聞き、しかもその日が、二人の会った七月七日であったという偶然に、曾祖父が天から見守り導いてくれているような、不思議な気さえしたのであった。三田氏の御子孫は、とうとう探し出せなかったそうで、残念であったが、平次の曾孫である長兄・森田良美（当時、東京水産大学名誉教授＝現・東京海洋大学）がお招き頂き、私もよい機会と思い、出席させて頂いた。こうして、不思議な御縁でシュヴァルム博士にもお目にかかり、又、曾祖父らの歩いた白山にも登って、昔をしのぶことができたのは、この年の大きな嬉しい収穫であった。この折、白峰村の役場の方々、ライン博士顕彰会の皆々様に大層お世話になり、殊に桑島の里の山口一男氏には、白山にも一緒に登って頂き、一方ならぬお世話になった。ここで又、改めて厚く御礼申し上げる次第である。

（注83）調査派遣されたライン――『新聞集成明治編年史』『明治ニュース事典』等によると（明7・5・16日、東京日日）内務省達書内第二十一号「今般独逸国公使館附属ライン氏儀、日本内地諸工業実地取調べの儀、本国政府より命令を受くる旨、同国公使より申立て、外務省に於て内地旅行差許し候、就ては東京より東海道通り、大坂、兵庫、京都より美濃、越前、加賀、越後、新潟、それより帰京の積りを以て通行致し候条、場所一覧の儀本人より申立て候はば、工業上秘密の儀は格別、その余は故障なく相見させ、かつ道筋差支えなく相通し、時宜により邏卒を以て相当保護を加へ候やう致すべく、この旨相達し候事。明治七年五月十三日」

11　ドイツ人ラインと森田平次

さて、発表されている『白山仏体下山日記』は、仏体下山を主にして書かれており、ドイツ人に会った所も簡単に「県官と同宿」「酒饌を進め旅宿の労を慰め通弁官を以て互に国事を談話す、実に寓居の一奇事なり」「独逸人登山す、午前一時登嶺午後三時無難に下山、通弁宮等随行す」という程度にしか書かれていない。所が、そこが『柿園日記』にはもっと詳しく書かれていて興味深いので、次にそのドイツ人関係の所を紹介しよう。（図11～図15）

（明治七年七月）

一　同日（七日）夕景独逸人白山登嶺を志し通弁一人召連れ取締一人指添ひ一ヶ瀬へ到着す。小松区

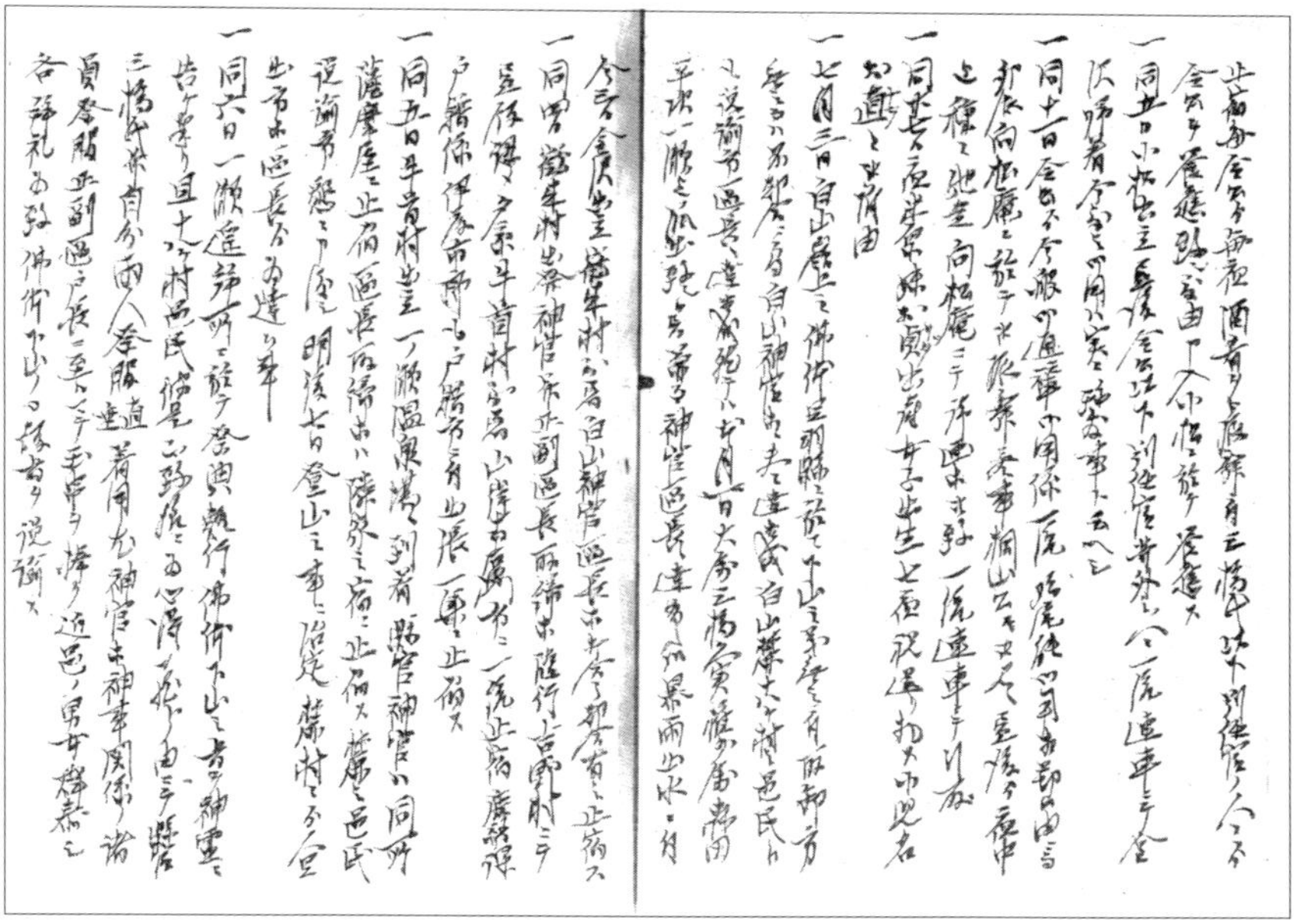

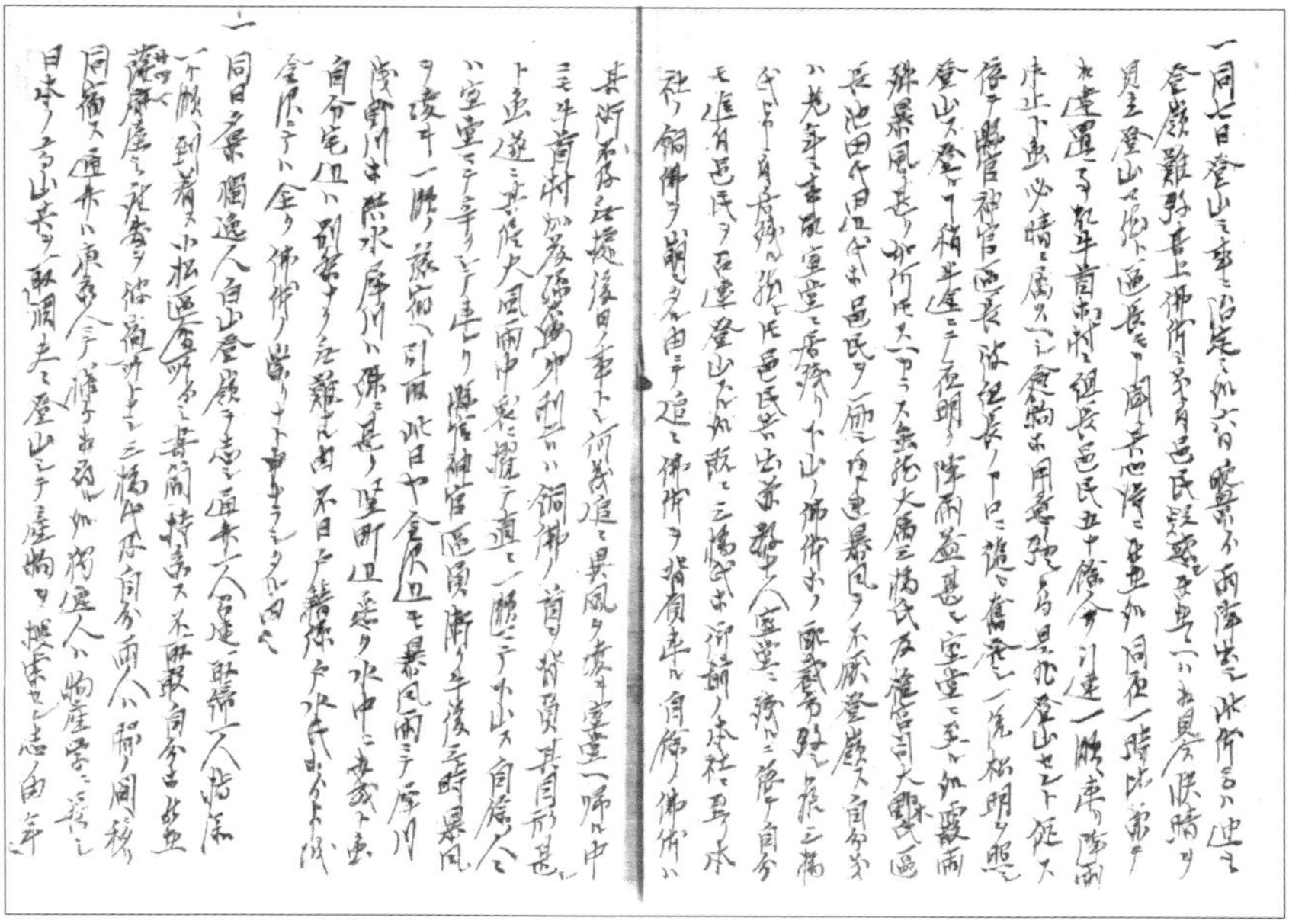

上　図11、下　図12

申し上げ候以白之

一、同八日浮雨止名、温泉場ニ宿泊ス
一、同日、雨不止、川沿ひ二下り、尾張屋ヘ至リ、商法人名を
  酒徳ノ産を鮮り吹く、通木に至リ、国事ノ旅宿ニ入リ、実家
  国ノ志野ヲ絞ヲ同大、高雄ニ至、歓然相得、殊ノ外深
  商意三八連ノ古道ヲ通リ、同大津難ヲ出、且置地ニ温泉ヲ寄
  留リ去リ真ノ品其憲党ニ至時ノ運行リ
一、同十日、朝雨下山、時ノ長建ニ帰リ、家願ヲ長ク喜気
  談、子山ヲ加ヘ、同居ノ人、志野ヲ外元葉ノ人連行、午後三時頃再ニト
  下山途ヲ帰ル

一、同日、朝雨ヘ後雨モ午前八時ノ出立、登山ト号、甚ダ
  山ヘ病突ヘ、朝ノ行登山ヲ出、兄弟ノ弟ニ登リ、赤志ヲ承ヌ
  不食困難ナガラ、登リ寄地方年ニ西隅

一、同三日、晴レ、商主リ登リ去引ニ、同二山ヘ、仏ノ仏行ヲ
  連習仲山、揚ヘ人下リ、一脱退温泉ヲ承ヌ、又方同人堂ハ
  川嶽モ揚グト上山登リテニ同リ

一、同ヘ日、同院、其他武家ヲ托ス、又社ヘ立寄リ、一脱ヘ
  今夕ニ運ヲ以、別興院其他武家ヲ托ニ行下山ノ仏ニ参リ、
  吾、本寺ニ話、佳院武家ニ話リニ入リ、清院ヲ承ヌ、承
  登験ヘヘ、御別院武家社ニ承ヌ、下山ハ渡、一脱温泉場ニ
  立寄リ、(民)、同堂ヲ承ヌ、

一、同田、一瀬連拝ヲ佐座ヲ、数ヲ連本原管神社ニ参り、
  迎村早朝ヲ一時、原本原管神社ニ参リ、今日ノ仏行ハ中山

一、同連ヲ今井白山へ上り、仏仏下山ト月、甚々神侵ヲ
  博部ヲ三社、御神書ノ末、御神武ヲ、御神武ノ、神管、実家ニ、
  宿倉ヲ得、結拝神社ヲ申、一山ニ神管、実家、同月、
  鈴木餘ヲ連結・甲仁、及別仁、有白山神管、連車ヲ同人、
  其他、若院信徒多数、中三、仏ヲ、御別神管ノ長歴ヲ
  殿ニ進、村中ニ江戸、付ヘ上山ト者、同日入伍、付席ニ
  原付、仁商モ

一、同十五、武界ヲ門三陽ニ入、新舟、不停ノ真歌明リ
  午連ノ野ヲ子坂ノ足モ、牧々ノ有、甚々屋房都中正属
  銅山ニ至吉事ニ、弘光参上、我党ヲ再ニ人、御堂出ヲ酒ヲ

一、同十五、軽膝ヲ、一脱温泉場ニ至、甚々屋房都中正属
  甚ノ八疲レヲ、峠ヲ見ヲ、不停ヲ金沢ニ至、(一世市ヲ峠ニ至)

一、同十六、神実並有村ヲ、服前ノ産室ニ
  一脱連拝ヲ、一脱社登場ノ
  一、同ヲ五、神実並有村ヲ、服前ノ産室ニ
  一脱連拝ヲ、一脱社登場ノ運神ヲ頃ロ、正ヲ歴ヲ歳

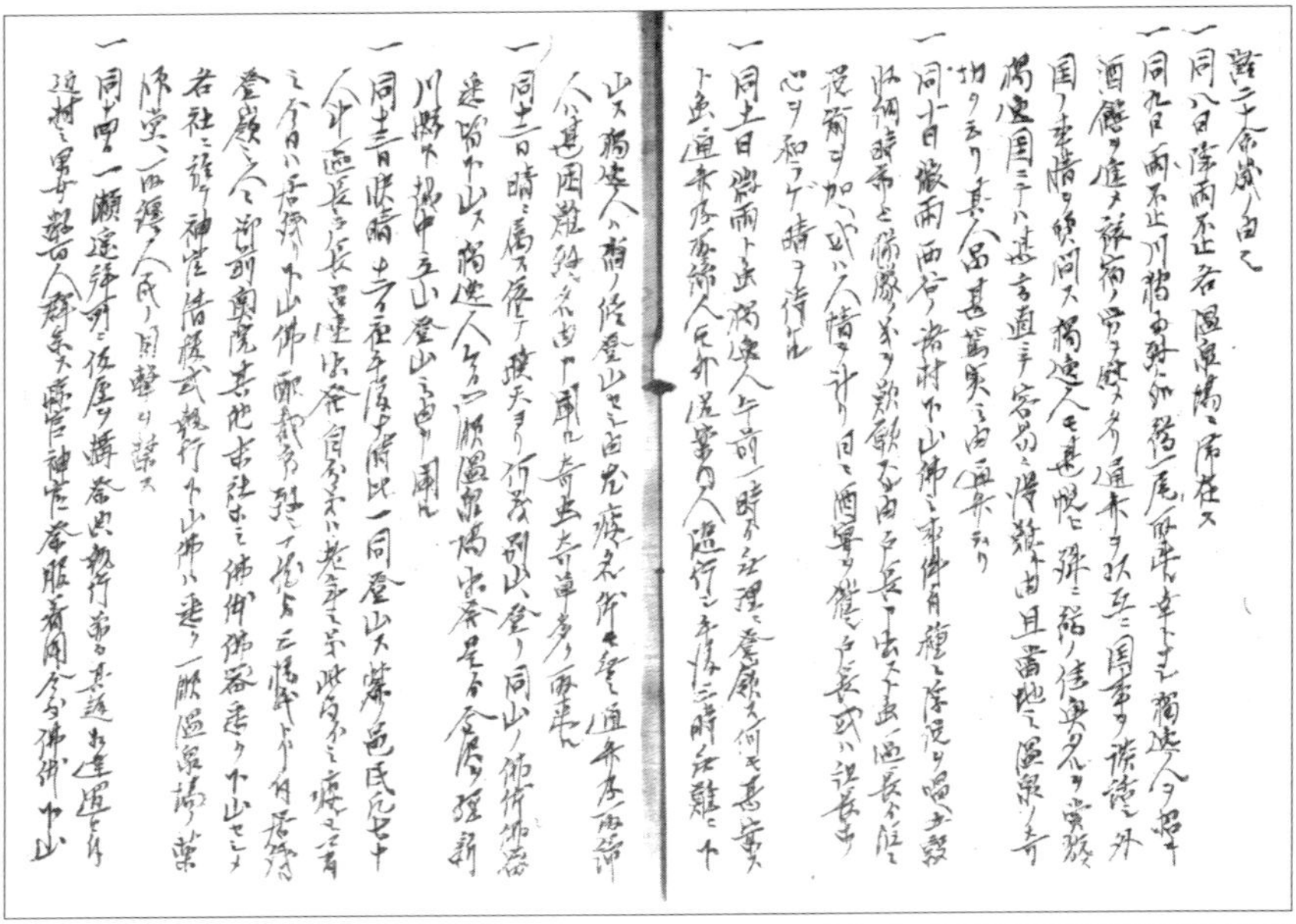

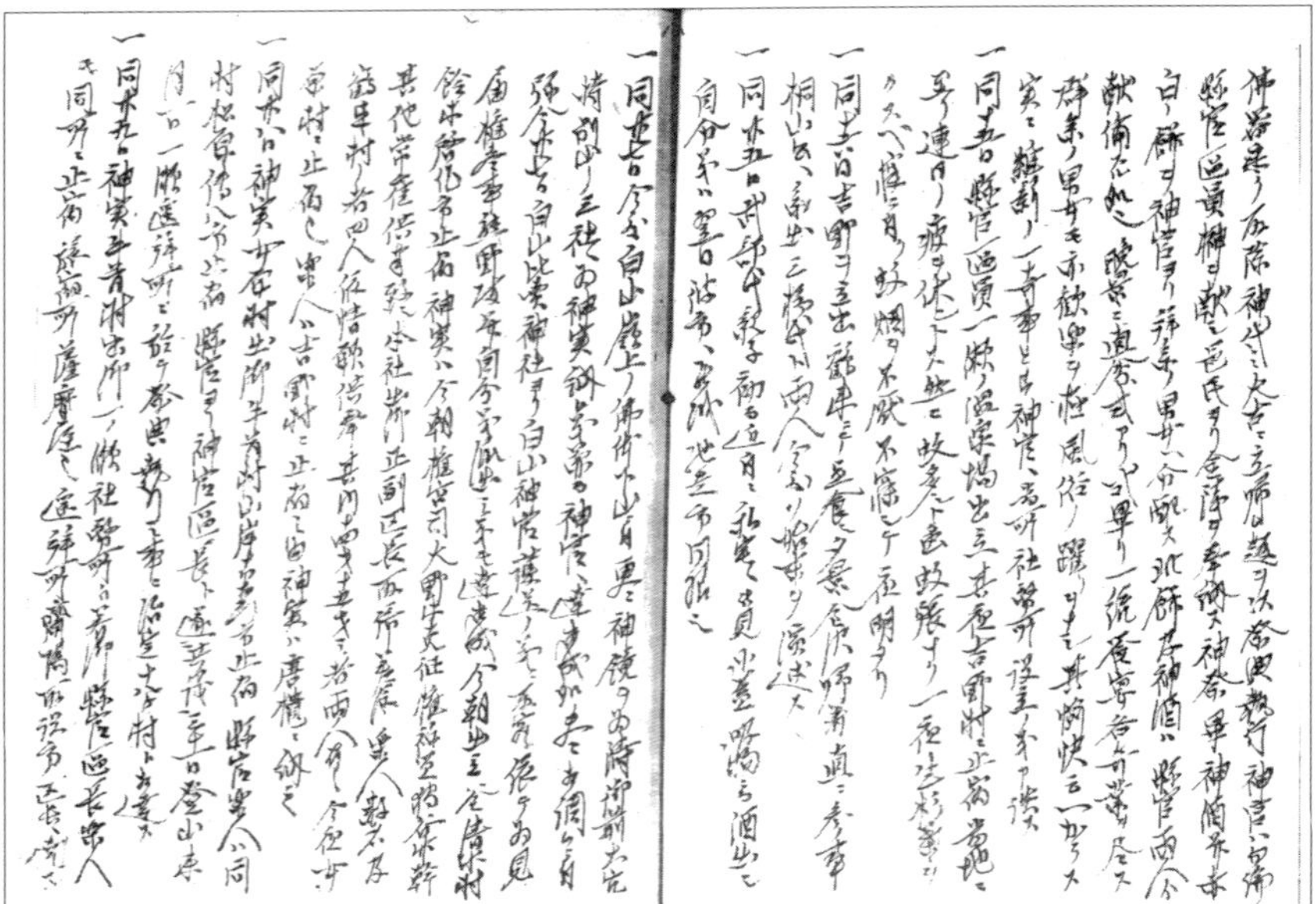

会所よりの書簡持参す。取敢ず自分等罷在る薩摩(サツマ)屋の座敷を彼宿所となし、三橋氏(注84)及自分両人は脇の間へ移り同宿す。通弁は東京人にて様子相尋る処、独逸人は物産学に長じ日本の高山共を取調べ夫々登山して産物を捜索せん志の由、年齢二十余歳の由也。

一　同八日　降雨止まず、各温泉場に滞在す。

一　同九日　雨止まず。川狩致させ候処鱒一尾取来る、幸となし、独逸人を招き酒饌を進め旅宿の労を慰めたり。通弁を以て互に国事を談話し外国の事情を質問す。独逸人も甚だ悦び殊に鱒の佳魚たるを賞翫す。独逸国にては甚だ高直にて容易に得難き由、且当地の温泉の奇功を云へり。其人品甚だ篤実の由通弁云へり。

一　同十日　微雨、西谷の諸村……（略）

一　同十一日　微雨と雖も独逸人午前一時より無理に登嶺す。何(いずれ)も甚だ案ずと雖も通弁及取締人其外道案内人随行し午後三時無難に下山す。独逸人は沓の儘登山せし由、尤も疲たる体も之無く、通弁及取締人は甚だ困難致したる由申聞ける。奇虫奇草多く取来る。

一　同十二日　晴に属す。（略）独逸人今日一瀬温泉場出発、是より金沢を経、新川県下越中立山登山の由申聞ける。

ここで少し注釈を加えると、この時、明治政府の神仏分離政策による、県からの命令をうけて、白山の仏体下山のために大属三橋久実と権少属森田平次の二人が、五日に一ノ瀬温泉場に到着、白山神官と共に薩摩屋に止宿していた。県官二人は座敷に泊り、同行した区長・取締らは隣家の宿に止宿した。薩摩屋は、明治初年頃には第一の宿屋だったのであろう。この後の神実遷座式の時には、神鏡と共に熊野権参事もこ

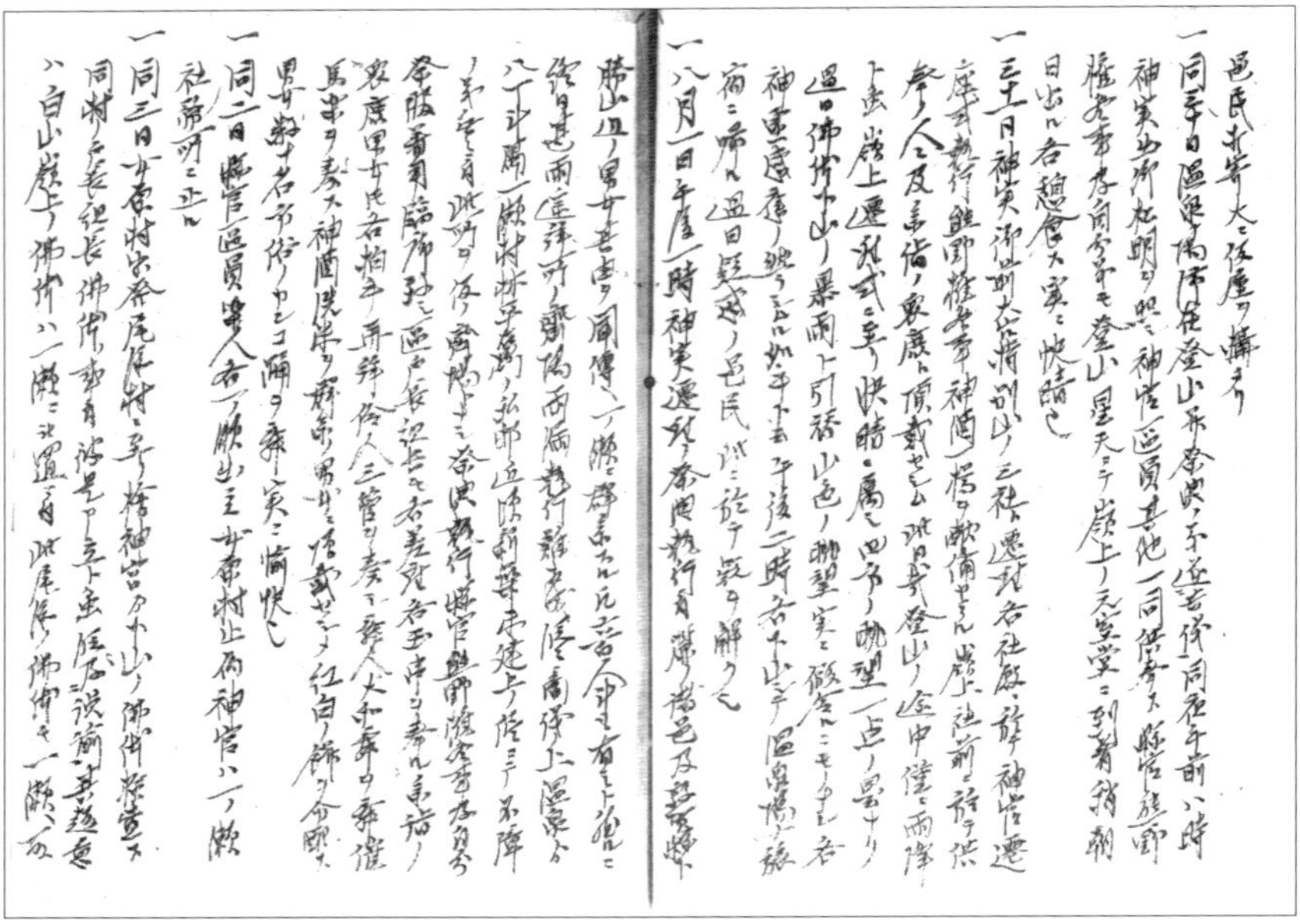

図15

こに泊っている。外国から来た大切な客人も、やはり薩摩屋に泊めるのが至当だったのだろう。そこで平次らは敬意を表して、第一の部屋である座敷を譲り、自分達は脇の間に移ったのである。

なお、加藤政則『白山の埋み火』（一九八六・川上御前社跡保存会）によると、一の瀬温泉は白山温泉と名付けられて、明治初年には勝山市から専門の旅館業者が進出し、旅館業を始めた。「さつま屋旅館、山田屋旅館である。（さつま屋は、のちに、赤岩住人加藤小右衛門に引き継ぎ、白山館と名付けた。）」（六二頁）とある。隣家の宿とあるのは山田屋のことであろう。同書三三〇頁の、昭和九年の水害時の記録に、山田屋の屋根の片方が白山館の家屋に引っかかったのを見たのが、この温泉場の最後の有様だったとあり、隣りあっていたことが知られる。さつま屋は、大正頃の記録には見当たらないということから、白峰では、平次の記述を疑問視する人達もあったと聞いたが、名前も変わって、大正期には、さつま屋がなくなっていたのだから、村の記録に名がなかったわけである。（注85）

通弁に尋ねると、独逸人は物産学に長じた人物だとの事であった。「物産」という語は、今日では土地の産物おみやげ品という意味合いが強いが、この時代までは、動植物や鉱物などについて研究する学問をさしたのである。後の博物学に当たる語かと思う。『蘭学事始』や『北越雪譜』などにも例の見られる語である。

次に「年齢二十余歳の由」とあるが、ラインはこの時、数え年四十歳であったから、聞き違いか思い違いであろう。曾孫のシュヴァルム博士によると、当時の旅券によるラインの人相書では、身長五フォート二インチ（およそ一六〇センチ）だということで、外国人としては背が低い方だし、若く見えたのかもしれない。

八日も九日も雨は降り続き、出かけることが出来ず、雨の中手取川に釣りに行ったのであろう。川狩とあるから投網でとったのかもしれない。鱒は、今ならまずニジマスを考えるが、調べてみるとニジマスは北米原産で明治十年以降に輸入されたそうだから、この頃はまだいなかったはず。ヒメマスも当時は北海道にしかいなかったし、それらしいのは、桜の咲く頃、海から川へさかのぼってくるというサクラマスで、マスの中では一番おいしいのだそうだ。（なお、これは平成十四、五年頃のNHKテレビ「自然大自然」で得た知識だが、サクラマスとヤマメは同じだそうで、稚魚の時争って、そのまま川に残ったヤマメは小さいヤマメとして生き、負けたヤマメは海へ出て、大きくなってサクラマスとなって帰ってくる、ということであった。）降りこめられて退屈しているドイツ人に、マスを肴にして酒をもてなし、通弁を介して互いに国事を話し合ったのである。後年、俗交を避け、柿木畠の家に籠りきってひたすら著述にのみ専心していたという平次の姿からは、ドイツ人と話し合う様など一寸想像もできないのだが、これが本当の話なのだから何とも愉快である。

十日も雨。十一日、雨は降っていたが、とうとうドイツ人は無理に登嶺をきめ、午前一時、通弁・取締の他に道案内人を連れ、みんなの気遣う中を出発。午後三時無事に下山してきて一同をほっとさせた。ドイツ人は「沓の儘登山」とあるが、この当時日本人は多分、股引・半纏・わらじ・脚絆に金剛杖というようないでたちで登ったと思われる。大正初期になってようやく外国の登山用品を、ぼちぼち着用するようになったらしいから、ドイツ人の登山靴姿は珍しかったであろう。装備がしっかりしているから、疲れ方も違ったのだろうか。雨の中ながら、珍しい虫や草を沢山採集してきたとみえる。

十二日、やっと晴れたので、仏体下山のため待機していた一行は、この日別山に向かった。ドイツ人はこの日一瀬温泉場を出発、金沢を経て新川県越中立山登山とのこと。この途中、ガレ場で化石を拾ったのであろう。

雨の中を白山に登ったライン達のことだから、もちろん立山にも登ったに違いないと思ったのだが、実際には登らず、高山・富山・高田と進み、浅間山に登ったという（久保信一『J・Jラインと白山』石川郷土史学会々誌・一一号）。高瀬重雄『古代山岳信仰の史的考察』（一九六九・角川書店）によると、英国公使パークスと通訳官アーネスト・サトウが、これより四年後の一八七八年（明治十一）七月に立山に登っており、多分これが欧米人による立山登山の最初であろうという（四六三頁）。もしラインらがこの時登っていれば、立山に登った最初の欧米人ということになるわけだったのに、ちょっと残念な気もする。

ともあれ、平次が日記に書きとめていてくれた事には、一応それなりの意味は見出せる（みいだ）のだ、と私は嬉しく思う。

（注84）三橋氏――『在庁遺文』の説明によると、三橋は名は久実、愛媛県士族、初め大蔵省出仕、明治新置県の際に七尾県典事、七尾県廃県後石川県大属、庶務課長、のち権参事、七等出仕。数年を経て射水郡長。後年内務省に転じ東京で没した。享年三十余歳。両親家族も金沢に移住し彦三町の自宅に居住していたという。これより逆算すると、この頃は多分二十代、若いエリートだったのである。

（注85）さつま屋は大正期にはなくなっていたいきさつ――その時代に、その場にあって、実際に体験した人物の記述なのに、ずっと後の様態を昔からのものと信じこんで昔の記述を間違っていると言いつのる人達がいるらしいが、ちょっと信じられない思いがする。

12 白山仏体下山の顛末

次に、この時の白山仏体下山の顛末については、どうしても触れなくてはならない。

下出積与『石川県の歴史』（一九七〇・山川出版社）によると、真宗の強力地盤である石川県では、門徒農民の信仰があまりにも強かった為、県は廃仏行動になかなか出られなかったが、神社を中心とする神仏分離の実行は、門徒農民と直接かかわりがないと見極め、徹底的に行われた。「この采配をふるったのが、平田神道の理論を奉ずる森田平次であった」とし、白山の仏体下山の総指揮官が森田平次であったことは「必然的に山頂の神仏分離は単なる仏体下山にとどまらず、廃仏毀釈の暴挙を惹起した。……全国から奉納された多くの石仏……これらはその場でほとんど破壊されたのである。……当時の暴挙がいかにヒステリックなものであったかに思いいたるであろう」（二〇八頁）と記している。私はこの記述を読んで「ヒステリック」という言葉に非常な違和感を覚えた。日記の中から浮かび上がってくる平次は、決してそんなヒステリックな人間とは思われないからである。清廉質朴が彼の理想であって、彼自身、生真面目で質朴、要領よく立ち廻ることなど出来ず、コツコツと丹念に仕事をするタイプであった。とても興奮してヒステリックに行動するような人間ではなかったと思う。その性格は、その血を引いている私の父にも兄にも、何よりも私に受けつがれているので、私には痛いほどよく分かるのである。そこで私は、本当の事を知りたいと思い、明治期の神仏分離・排仏毀釈に関する本を幾つか読んでみたのである。

これについては『明治維新神仏分離史料』(注86)を見ると、各地の状況がくわしく分かるのであるが、簡単にまとめると、明治政府の神仏分離の政策は、神と天皇を結び付け、天皇崇拝を核とした神道の国教化をねらったものであって、明治維新後十年ほどの間、廃仏毀釈運動は民衆をまきこんで全国を風靡したという。壊されたり捨てられた仏像仏器は数知らず、売り払われて海外に流出したものもある。中でも仏教の本山である京都や奈良では徹底的にやられたらしい。学校の便所の踏石に、地蔵石が用いられたというひどい例もあったというし、京都四条の鉄橋などは、古い由緒ある銅製の仏器類を鋳鎔したものだという。薩摩・佐渡・松本・富山・土佐など、全国の至る所でこの運動は積極的にすすめられた。立山でも仏教建築物は破壊され、一切の仏体はとり払われ、各地に四散し、決定的な大打撃を受けている。木曾御岳も富士山も同様であった。白山だけではないのである。

私は何も、全国どこでもそうであったと言って、曾祖父の関係したことを弁解しようとしているのではない。たしかに仏体下山に関しては、県官として住民を説得し、指揮もとったであろう。しかし日記の記述を見ると、どうしても、先にたってヒステリックに仏体を破壊したなどとは思われない。この時の県からの通達などを、『明治維新神仏分離史料』(第三巻)によって見ると、六月二十五日に県令内田政風から、加賀国二区、廿二区区長あてに、白山領上三社は神霊鎮座の神地であるのに仏体を安置し、鰐口・梵鐘などが置かれ不都合なので「七月上旬、官員并神官出張、右仏躰仏器ヲ取除、神宝ヲ相納筈ニ候、就テハ牛首、尾添、其外十六ヶ村ノ氏子従来ノ神恩ヲ奉戴シ、仏躰下山ノ節、互ニ運輸ノ勢子可致、尤仏躰安置ノヶ所ハ、下山ノ上決定ノ筈ニ候条、此旨相心得予テ懇ニ説諭致、各村惣代連印請書取立、本月廿五日限可差出云々」とある（八四〇頁）。平次は真面目な人間だったから、この通達通りに「県命を奉」じて（『白山記攷證』）登山し、仏体仏器の下山を指揮し、薬師堂に安置するように裁配したのだと思う。大体、この時の仏体下山のために派遣された県官は、大属三橋久実と権少属森田平次とで、平次は年齢こそ三橋の親ほどであったと思われるが、三橋より階級は下であった。（注87）この時代、階級の上下は大層きびしいものであったから、下役の平次が上役の三橋をさしおいて勝手なことは出来なかった筈である。彼はこの時五十二歳、人生五十年といわれた頃の五十二歳だから、もう老人であった。

この前後の日記を読むと、彼は上役の三橋から、老体なのだから登山せずに、下でおろした仏体の裁配をするようにと何度も言われて、あとから登って行くが、その時は既に先に行った連中が、仏像をくずして下ろしてきていたのである。このあたりの所を引用すると次の通りである。

一　同七日　登山の事に治定の処、六日晩景より雨降出し、此体にては迚も登嶺致難く、其上仏体の義に付、邑民疑惑し罷在り候へば相見合せ、快晴を見立て登山然るべしと区長共申聞け、其心得に罷在る処、同夜一時比兼て相達置き候事故、牛首等村々組長、邑民五十余人を引連れ一瀬へ来り、降雨未だ止ずと雖も必ず晴に属すべし。食物等用意致し候間、是非登山せんと促す。依て県官神官区長、彼組長の申口に随ひ奮発し一統松明を照し登山す。登る事稍半途にて夜明く。降雨益甚し。室堂に至る処霰雨殊に暴風甚しく如何ともすべからず。然りと雖も大属三橋氏及権宮司大野木氏、区長池田氏、田辺氏等邑民を励し、あられ暴風を厭はず登嶺す。自分義は老年の事故室堂に居残り下山の仏体等の配裁方致し候様三橋氏申さるるに付、居残る。然れども邑民共出兼ね数十人室堂に残るに依て自分も追付邑民を召連れ登山する処、既に三橋氏等御前の本社に至り本社の銅仏を崩したる由にて追々仏体を背負来る。自余の仏体は其術及ばず。拠無く後日の事とし何も追々暴風を凌ぎ室堂へ帰る。中にも牛首村加藤孫右衛門弟利吉は銅仏の首を背負ひ其目形甚しと雖も遂に其儘大風雨中裏に擢て直に一瀬まで下山す。自余の人々は室堂まで辛くして来れり。県官神官区員漸く午後三時暴風を凌ぎ一瀬の旅宿へ引取る。此日や金沢辺も暴風雨にて犀川浅野川等洪水、犀川は殊に甚しく竪町辺悉く水中に相成ると雖も、自分宅辺は別条なく無難なる由、不日戸籍係戸水氏等より申越さる。金沢にては全く仏体の祟りなど申しちらしたる由也。

（このあとに2に引用した独逸人と会った十二日までの記事が続く。）

一　同十三日　快晴。十二日夜午後十時比一同登山す。麓の邑氏凡七十人ばかり区長戸長召連れ出発、自分義は老年の義、此間よりの疲れも之有るべく、今日は居残り下山仏配裁方致し然るべき旨、三橋氏申さるるに付、居残る。登嶺の人々、御前奥院其他末社等の仏体仏器悉く下山せしめ、各社に於て神官清秡式執行、下山仏は悉く一瀬温泉場の薬師堂へ取纏め人民の目撃を禁ず。

大体、重い仏像を頂上に上げるに際し、分解して運び、頂上で組み立てたりしたのではないだろうか。下ろす時は逆にそれを崩して分けて下ろしたのであろう。とにかく、ただめちゃくちゃに壊してしまったら、かえって下ろすことが出来ないのではないか。運びやすいように壊したのではないだろうか。ただ、そういうつもりだったのに、うっかり壊してしまったり、或いはその中に興奮して壊しまわった者がいただろうことは想像される。『白山記攷證』によると、平次は下山仏像を一つ一つあらため、背銘を確かめて書き写し、邑民に由来を聞いたりしている。めちゃくちゃに壊してしまったら、銘文など読めず、書き写せない筈だろうと思う。それから、現在壊されたものが各地に残されているということだが、明治二年には本地堂が林中村（注88）に売られ、仏教臭をとどめるものはすべて惜しげもなく破却されたというし、同四年には平泉寺が寺を廃して神社となり、仏像等を廃棄したという記録もあり、又五年十月には、県庁から路傍の石仏取払方通達があったというし、この時の仏体下山以前に既に壊されていたものが相当あったのだと思う。明治二年には平次は寺社所や御家録編集の御雇で不安定な身分であったし、五年には美川の県庁にいて、それに直接かかわっていないことは確かである。なお聞く所によると、民間の迷信として、罪ある者が仏の顔を壊すことにより仏にその罪を代わって貰い、自分の罪を免れるということがあったそうで、そういう俗信で後世壊されたものもあるのではないか、という説も私は耳にしている。

いずれにしても、十三日にすべて仏体下山は終り、十四日は仮屋を構えて祭典を執行。「仏体下山、仏器悉く取除き神代の大古に立帰り候趣を以て祭典執行、神官は勿論県官区員榊を献じ、邑民より金銭を奉納す。神祭畢（おわ）り神酒并に赤白の餅を神官より拝参の男女へ分配す。此餅及神酒は県官両人より献備する処也。晩景に直会（なおらい）式あり。式畢り一統饗宴各奇業を尽す。群参の男女も亦歓楽を極め風俗の躍りをなし其愉快云ふべからず。実に維新の一奇事とす」とあり、十五日に一ノ瀬を出立して、その夜は吉野村（注89）に止宿。所が蚊が多いのに蚊帳がなく、生杉薬をくすべる始末で、連日の疲れを休めようにもとても眠るどころではなかったそうだ。十六日夕景、金沢に帰り「直に参事桐山公へ参出、三橋氏と両人今度の始末を演述」している。

その後、神鏡を神実として御前・大穴持・別山の三社に納めることとなり、熊野権参事と平次が見届けのため出張、二十九日には又、薩摩屋に泊っている。三十日夜から松明を照らし、神官区員一同神実に供奉して星空の下を登山。三十一日に三社の社殿で遷座式を執行、「此日哉登山の途中僅に雨降ると雖も、嶺上遷座式に至り快晴に属し四方の眺望一点の曇なく、過日仏体下山の暴雨と引替へ山色の眺望実に仮令るにものなし。各神霊感応の然らしむる処乎と云ふ。午後二時各下山して温泉場の旅宿に帰る。過日疑惑の邑民此に於て疑を解く也」とある。

なお内田県令から教部省(注90)への届けは『神仏分離史料』（三巻）によると、七月十九日付で「戊辰以来公布ノ次第モ有之トイヘトモ、千有余年ノ弊害特ニ麓ナル十八ヶ村ノ幽谷ノ頑民、神仏ノ区分モ了解不致、動モスレハ彼是浮説ヲ唱ヘ、不穏俗情モ有之候次第ニ付、無拠猶予罷在処、今度御達ノ都合ヲ以テ、機会ヲ得、……祭典執行麓ノ邑民男女数百名群参、御趣旨ヲ奉戴シ、歓楽ヲ究候……」とあり、その後下山仏処分の届けは、県令代理参事桐山純孝から、仏体は「麓十八ヶ村ノ邑民歎願ノ次第モ有之他所ヘ移シ候テハ、人情ニモ関係致候ニ付、十八ヶ村ヘ下渡シ、右村落ノ内牛首村林西寺ト申真言宗寺院ヘ為指預、同寺本堂ヘ安置為致、且仏具ハ区会所ヘ下附、下山入費償却ノ為、売却致申候」と宍戸教部大輔宛に出されている。

八月一日の遷座式には「麓の諸邑及敦賀県下勝山辺の男女其由を聞伝へ一ノ瀬に群参する凡六百人ばかり」もあり「参詣の衆庶男女ども各拍手再拝、伶人三管を奏し舞人大和舞を舞ひ催馬楽を奏す。神酒洗米を群参の男女に頂戴せしめ紅白の餅を分配す。男女数十名方俗のカンコ踊(注91)を舞ふ、実に愉快也」ということで、村民は十四日の祭典の時と同じように、この時も亦かんこ踊までして喜んでいる。彼らが迎合したのかどうかは知らないが、時世の成り行きとはこういう事なのではないだろうか。平次はこの時、確かに大きな関わりを持ち、それなりの責任を負うてはいるが、平次一人にその責めを着せるのはやはりひどいと思う。平次は下役ながら著書などもあり、知名度は高かったから、三橋氏らを始めとする県の上層部や白山神官らの分まで、さらに言えば明治政府の責任までも、すべて一人でかぶらせられてしまったと言えるのではなかろうか。

四日に金沢に帰着後、平次は熊野権参事から、今回の事は当県に於ての奇事であり、この始末を面白く記載して新聞に出したいと思うので、早々草案を調えるように、と言われて、とりあえず文案を作ってさし出した。それが東京貌刺屈（ブラック）社の「日新真事誌（にっしんしんじし）」（注92）に載ったという。これでも分かるように、この時彼は、上から誉められこそすれ、非難されたりはしていないのである。生来真面目な彼は、県の命令を忠実に守り遂行したのみなのである。

昭和三十六年（一九六一）十二月に朝日新聞に連載された「白山」の、十二月十七日付の記事では、仏体下山の有様を「白岳一洗景況書」をもとにして描写しているが、そこには『柿園日記』の描写とほとんど同じ状況が述べられている。猛烈なヒョウをまじえた暴風の中、赤岩の利吉という力自慢の人が、百五十キロ余（約四十貫余）の本社の仏体をかついで下りた事、この時の暴風雨で山麓の河川があふれ、金沢でも白山の仏体下山のたたりだといった話がまことしやかに語られた事、ようやく晴れた十二日になって、神官や七十数人の村民がタイマツを照らして登頂、仏体下山をすませ、八月一日の祝いの祭典で集まった六百人の村人に紅白のモチや神酒が配られ、村人が大喜びをした事等々。そして牛首・風嵐など、土地の人達は、長い間白山の支配権をめぐって争ってはきたが、それは白山信仰から来たものではなく、あくまで生活権の争いだっただけに、あっさりと神道一本になった白山を認めたのだとしめくくっている。ここで引いている「白岳一洗景況書」とはどんなものか、朝日新聞金沢支局に（一九八七年に）問い合わせてみたが、相当前の事なので調べようが無いらしく、分からなかった。ただ前述した内田県令から教部省への届けの最後に、「…追テ処分方御届可申、此段景況書ヲ以テ御届申候、以上」とあるのがこれだと思われる。そうだとすると、これは平次の記録をもとにしたものだろうから、描写の似ていることもうなずける。しかし又、正式に政府に提出した報告書であるから、虚偽の事実を書くわけはないと思う。従って私は、やはりこれが真相ではないかと思う。

所で、この翌年の『白山』(一九六二・北国新聞社)では、やはり下出氏が、この件については執筆されたものとみえ、『石川県の歴史』とほとんど同じ記述で、ヒステリックな暴挙であったと書かれているが、昭和六十一年(一九八六)に北国新聞に連載された「手取川」の、九月二十一日付の記事でも「明治維新直後の神仏分離令で吹き荒れた狂言的とすら言える廃仏毀釈運動」で「白山の仏像を徹底的に破壊したのは石川県の命を受けた歴史学者である」という記述がみえる。これは、山口一男氏が同社編集部に問い合わせて下さった所、『白山』の下出説をそのまま引用したものだそうであった。又、山口氏が、下出氏門下の浅香年木氏から伺ったところによると、下出説ではその根拠の一つとして、地元で、平次が能登から人夫を率いてきて、白山の仏体を破壊したという言い伝えがある、という事を挙げているそうである。けれども平次の記録の何処を探しても、能登から人夫を連れてきたなどという記述は見付からない。仏体下山に立ち合う事を命ぜられた平次は、それを名誉な事として受けとめ、(後世の目から見れば非難、批判されるべき事ではあったろうが)やましい事をするという気持ちは毛頭なかったと思う。その点、彼には確かに逃れられない責任はあると言える。しかし、当時の事をあれだけ詳しく書いているのだから、もしそういう手段をとっていたなら、堂々とその事を日記に書いた筈であるのに、そんな記述はどこにもないのである。

地元の言い伝えとは一体何だろう? それは一種のデマではないだろうか。神仏混淆に何の不自然さも感じずに長いこと暮らしてきた山村の人々が、いきなりお上から神仏分離という、よくわけの分からないお達しをうけ、情報不足も手伝って、何となく動揺し不安を感じている時に、例えばそれに反対する立場の誰かが、ある情報を意図的に流したとすれば、それが実は根拠も何もない作り話であったとしても、気持ちの落着いている普段なら、とても信じられそうにないような事であっても、不安と緊張とで一杯の村人達は容易にそれを信じてしまうであろう。そして出所不明の、根も葉もない噂に過ぎないそれらの話は、陰湿なデマとなって、歪曲され、或いは針少棒大に、ヒソヒソと口から口へと、村人の間にささやかれていったのであろう。その矢面に立たされたのが森田平次なのだと思う。

そして私は、そのデマを事実として平次一人を非難する下出説の影響力のものすごさに、全く恐ろしささえ感じてしまう。『石川県の歴史』(一九七〇)、『白山』などの記述が事実として人々に受けとめられてしまっているのではないか、と思うと(私情をさしはさむまいと心してはいるものの)情ない思いで一杯である。無責任な世間の噂話とも思える流言を根拠の一つとして「ヒステリック」などという書き方で平次に非難を集中させる下出説に対し、私は今『日記』とその周辺の記録以外に、傍証となるような資料を持ちあわせていない。それが本当に残念である。何か他に、平次の記述を裏づけてくれるような資料がないものか、どなたか御教示頂ければ幸である。

(附記)

なおこの問題については、「石川郷土史学会々誌」二十号(昭和六十二年)に、本論考のもとになる論文を発表したのだが、それまで下出氏以外に問題とする事が余り無かったのか、ヒステリックなどと表現する下出説のみが目立ち、これについては大体がそれを引用するので、何か、まるで森田悪者説が定説となりつつあるような状態に思われた。しかし前記論文発表後、これを読まれた方々が冷静に判断された結果だと思うが、その後はこれに対する認識が改められつつあるように思われる。平成十年（一九九八）五月二十日読売新聞（石川よみうり）「白山ものがたり19」では、青山健一氏が、森田は白山山頂と白山麓を石川県に帰属させたが、「その業績は余り知られていないばかりか「神仏分離の過激な実行者」との間違ったイメージまで広がっている」と、私の論文を引いて論じられるなど、それまでの負の認識を見直して下さっていて、誠にありがたく思う。

（なお新版の『石川県の歴史』（二〇〇〇・山川出版社）では仏体下山問題は取り上げられていない。）

（注86）明治維新神仏分離史料――三巻、続二巻。村上専精・辻善之助・鷲尾順敬編。大正十五～昭和三（一九二六～一九二八）東方書院発行。昭和四十五年に名著出版から覆刻された（五巻）。

（注87）階級は下――四（一）2美川移庁の所で述べたような階級の上下による役割りを平次はきちんと守っていたはずである。

（注88）林中村（はやしなか）――手取川扇状地の扇央部に位置する。明治二十二年～昭和二十九年の自治体名。菅波・乙丸・坊丸・田地（たち）・今西・木津（こうづ）・上二口（かみふたくち）・平松・剣崎（けんざき）の九か村が合併して成立。旧村名を継承した九大字を編成。昭和二十九年松任（まっとう）町に合併。平成十七年二月一日松任市は消滅、新設白山市となる。

（注89）吉野村――手取川右岸段丘上にあり江戸期～明治二十二年の村名。加賀国石川郡のうち。加賀藩領。明治二十二年吉野谷（よしのだに）村の大字となる。平成十七年二月一日吉野谷村は新設の白山市に合体、吉野谷村は消滅。

（注90）教部省――明治五年三月神祇省の廃止とともに設置された。神道、仏教の教義や社寺、陵墓に関する事務を管理した官庁。同十年一月に廃されて内務省に移された。

（注91）カンコ踊――毎年七月十八日、旧白峰村一円で行われる盆踊り。養老元年泰澄が白山での修行を終えて下山した時、源吾という者が歓喜のあまり踊をおどって歓待したことに由来するという。「かんこ」は羯鼓（かんこ）という太鼓をたたいて踊るからとか、野良仕事につけるカンコを腰に下げて踊るからとも、神迎踊りの意とも諸説ある。座敷踊り、庭踊り、変装踊りなどあり、唄手・かんこ打ち・踊手が輪になり、又は方陣となってくりひろげられる。歌詞は「お山の焼けの煙とあらば、のの（祖父）が手を引け、んなぼ（幼児）をおぶせ（背負う）そしておんじ（山かげ）の裏山へ」など、方言色豊かである。昭和三十五年県の無形文化財指定。

（注92）日新真事誌――東京貌刺屈（ブラック）社（英人ブラック）が明治五年三月十七日創刊。隔日刊、まもなく日刊となる。両面刷り四ページの大型新聞。明治八年十二月五日、二六七号の広告に「……止むを得ざる事故ありて、本号を限り当分休業せり。しかれども他日またまさに改革する所ありてなお新紙を刊行すべし、こいねがわくは期に臨み一層の愛顧を垂れたまわんことを。……」とあり廃刊。

五　県官辞任後の森田平次

一系譜の（四）に記したが、平次は明治九年（一八七六）五十四歳で辞職し、その後は自宅で著述に専念した。それから死去までの約三十年間の概略は系譜にゆずるので、それをご覧頂きたい。

（一）息子との別居生活と隠居

1　息子との長い別居生活

平次の長男外與吉は、明治十八年（一八八五）に県庁収税課に勤めることとなり、能登・七尾・富山出張所へと、ずっと家を出て、時々帰省するという生活だったが、明治二十二年（一八八九）千葉県に出向することとなった。そこで、両親の許（もと）を遠く離れることになるが、どうしたものかと相談したところ、平次（六十七歳）は「遠路にて甚だ隔り候へども即今にては十里外も百里外も同様に候間、了簡次第に致すべし」と開けた答をしている。そしてこの後ずっと外與吉とは別居し、夫婦二人の生活が明治四十年まで続くのである。しかし平次は戸主なので、外與吉の結婚、転居など、すべて平次によって金沢市役所に届けが出される。一方外與吉も細かい事まですべて平次に書き送り、平次はそれを一々『柿園日記』に書き留めて、別居はしていても、堅く結ばれた一つの家族であることがよく分かるのである。『遺戒書』に平次は次のように記す。「他県奉職の事、親懸りの内はともかく家督相続の上は辞職して必ず我家へ帰り、我家に居ていかやうともなすべし。世人を見るに他県奉職のために先祖以来伝来の道具類を悉く売払ひ、中には相伝の家蔵をも売却する人多分なり。実に歎息に堪えず……殊に先祖代々の墳墓を祭らず無縁墓となすは全く其の家断絶するも同様なり。先祖代々の聖霊へ対し不孝至極大悪人といふべし。故に相続人は必ず他県奉職を禁止するなり」今は別居していても、家督を譲ったあとは息子一家が帰ってくるのが当然と信じ、外與吉も勿論そのつもりだったのである。但し次三男以下は「他県奉職にても何にても致させ、別家創立を第一とすべし」とあり、平次の意識の根本は、藩政時代と変わらぬ「家」を大切にする心である。こういう人達が当時はまだ多かったろうとは思うが、高所に立って新しい時代、変わりゆく未来を見ようとする視点が欠けているのは、彼の年齢からいって止むを得ないことかもしれない。

2　外與吉に家督を譲る

明治三十七年（一九〇四）十二月六日、平次（八十二歳）は東京の外與吉（四十二歳）と申し合わせ、家督を譲り、金沢市役所に隠居届を出した。時に外與吉は煙草専売局事務官補であったが、この後大阪煙草収納所兼務を命ぜられて大阪に赴き、東京富士見小学校を卒業（当時は小学校は四年で卒業だった）した孫・良雄（十二歳）は大阪の東平野町高等小学校に入学した。

外與吉は、その人柄を見こんで絶えず引き立ててくれていた上司の浜口雄幸（注1）のはからいにより、三十九年（一九〇六）十二月、金沢煙草製造所勤務・名古屋煙草収納所兼務・勝山出張所主幹となり、四十年に家族は金沢で平次らと同居、外與吉は福井県勝山に単身赴任する。

そしてこの年、良雄は金沢第一中学校（現・泉丘高校）に入学。同年五月、外與吉は金沢煙草製造所長心得となり、はれて一家みな平次と住むことになった。この後、外與吉は居宅の畳替えや修理もし、五月には電燈も引いた。長い間、女中さんと老夫婦だけの生活で、毎年の煤払いも行き届かなかっただろうから、暮れには一家みんなで各部屋を念入りに大掃除をした。天井の煤が殊にひどかったという。こうして柿木畠の家にも、遅まきながらも少しずつ開化の風が通ってゆくようになったことだろう。

外與吉は転任や出張で全国各地を歩いているし、その後の生き方を見ると、新しいものに興味を持ち、いろいろ挑戦するという風があり、多分父のやり方を尊重しながらも徐々に暮らし向きを当世風に変えていったであろうと思う。

（注1）浜口雄幸――大蔵官僚から政界に入り、立憲民政党の初代總裁として昭和四年（一九二九）首相に就任。財政緊縮・金解禁を断行。ロンドン海軍軍縮条約を実現させたが、同五年、東京駅で右翼青年に狙撃され、その傷のため翌年死去した。（一八七〇～一九三一）平次死去の際に頂いたお悔み状を、良雄は大切に保管していた。

（二）孫から見たおじいさんの日常

3　七歳の孫との三週間

明治二十七年（一八九四）三月、平次七十二歳の時に生まれた嫡孫の良雄が、平次没後の明治四十二年（一九〇九）二月に『忍ぶの露』と名づけて祖父の追想録を編んでいる。

良雄は千葉県松戸に赴任していた外舆吉夫婦に連れられて生後五ヵ月の時に金沢に来たきりで、その後木更津、佐原から東京へと転勤した父と共に各地に移り住み、明治三十三年（一九〇〇）東京の幼稚園を卒業した七歳（満六歳）の時、物心ついて初めて金沢に来た。平次は七十八歳。逸（六十七歳）が病気で、その看病かたがた喜久（三十二歳）が孫を連れて帰省したのであった。『忍ぶの露』によると、金沢に着いたのはもう日暮れ時で、それから人力車に乗り上柿木畠に着いたのは家々が燈火を点じる頃。車がとまり母に抱き下ろされ、見ると家の横には土蔵があり、玄関から誰か迎えに出て来てその人に手をひかれ、おづおづと家に入ると内はうす暗く、今まで見た事もない行燈（あんどん）（注2）というものがあった。天井が高く何となく恐ろしげだったが、思い切って走って奥に行こうとすると、そこへ背が少し曲がり妙な着物を着たお爺さんが足を引きずって出てきたので、これが祖父だと思い、まず「おじいさん参りました」と一礼すると、恐ろしそうな顔に笑みを浮かべた。すぐ奥に走り入るとものすごく暗くて「さながらおばけ屋敷にでも入」ったような気がしたが、その部屋には「お婆さんが火燵にあたりつゝ莞爾として」良雄を見ていた。「その顔は甚だ失礼ながら幼心に上野の動物園にて見たる猩々（しょうじょう）（注3）に似て見えぬ。」おじぎをすると「あー

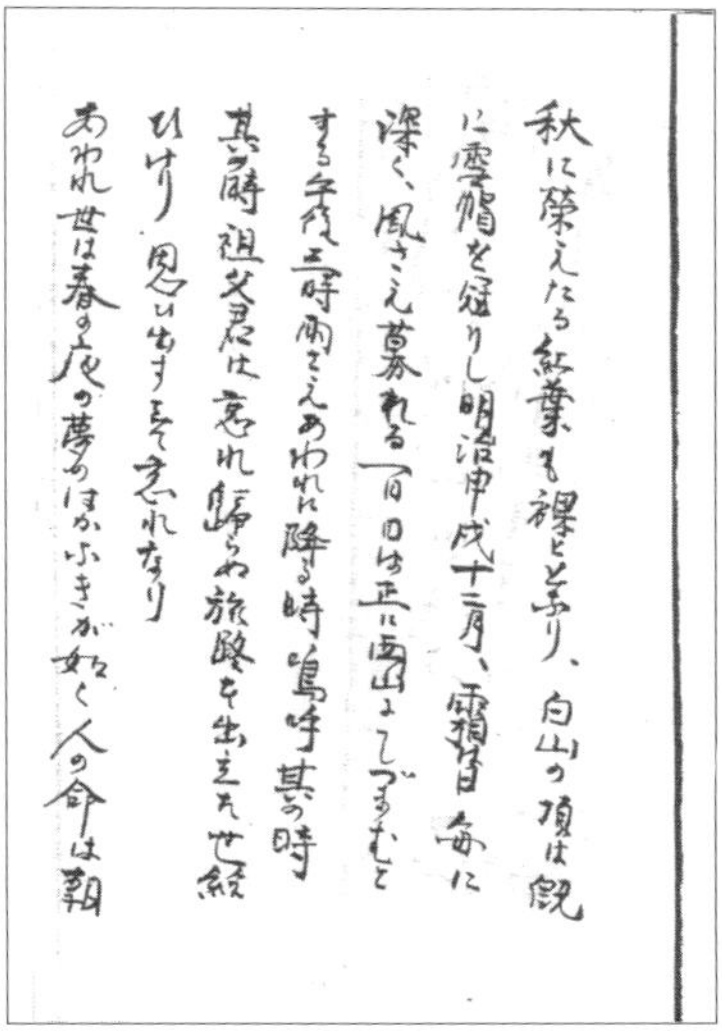
秋に栄えたる紅葉も褪となり、白山の頂は既
に雪帽を冠りし明治甲戌十二月、霜は日毎に
深く、風さえ募れる一日日は正に西山にしづまむと
する午後三時雨さえあわれに降る時嗚呼其の時
其の時祖父君は忘れ帰らぬ旅路を出立ち世を経
ひけり　思い出すさえ悲れなり
あわれ世は春の夜の夢のはかなきが如く人の命は朝

『忍ぶの露』本文

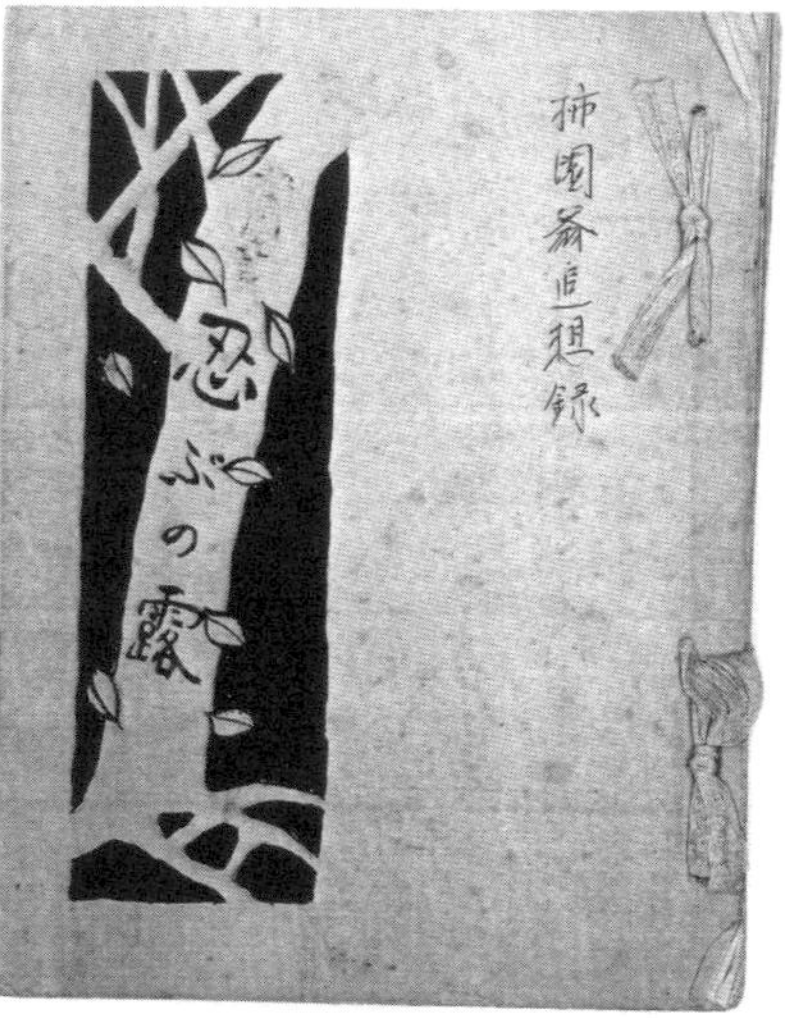

『忍ぶの露』表紙　明治42年2月

ら、大きい成ったのー」と言われ、何となくおばあさんの方がおじいさんより柔和な人だと思われた。そのうち平次は喜久に向かい、何故石崎氏（実家）に先に行かなかったのか「すぐ是より行かっさしゃい」と叱られ、良雄は何となく悲しくなってワーッと「出来るだけ大声で」泣いた。余り泣くので平次は可哀そうに思ったのか、松任のあんころを出してきたのでその部屋で皆して食べ、良雄は泣きじゃくりながらもおいしいなと思った。しかしそれから又すぐ石崎氏へ行かっしゃいと言われ、又雨の降る中を母に手をひかれて「母ちゃんこわいおじいさんだね」と言いながら出かけたのだった。それからは祖母の安眠の妨げにならぬよう石崎方（高岡町）に居て、母は毎日毎日柿木畠に行ったが、良雄はあまり怖くて行かなかったらしい。しかし大きなづだ袋（注4）をさげたおじいさんに手をひかれて八百物を買いに（あとから考えると多分南町あたりに）行った事や、公園に連れていってもらった事は覚えている。休暇も終り、明日は楽しい我家に帰れると別れを告

げにゆくと、平次は「よう勉強さっしゃい」と言い、逸はおじいさんに内緒でお金をくれて「下駄でも買うてもらえ」と言った。そこで「そのお金を外套（がいとう）のかくし（注5）に入れ走り歩けば、お金がガチャ〳〵と云ひしかばおばあさんあはてゝ止めて曰く、おじゞに聞えるといかんさかいそう走るまっしゃんな」

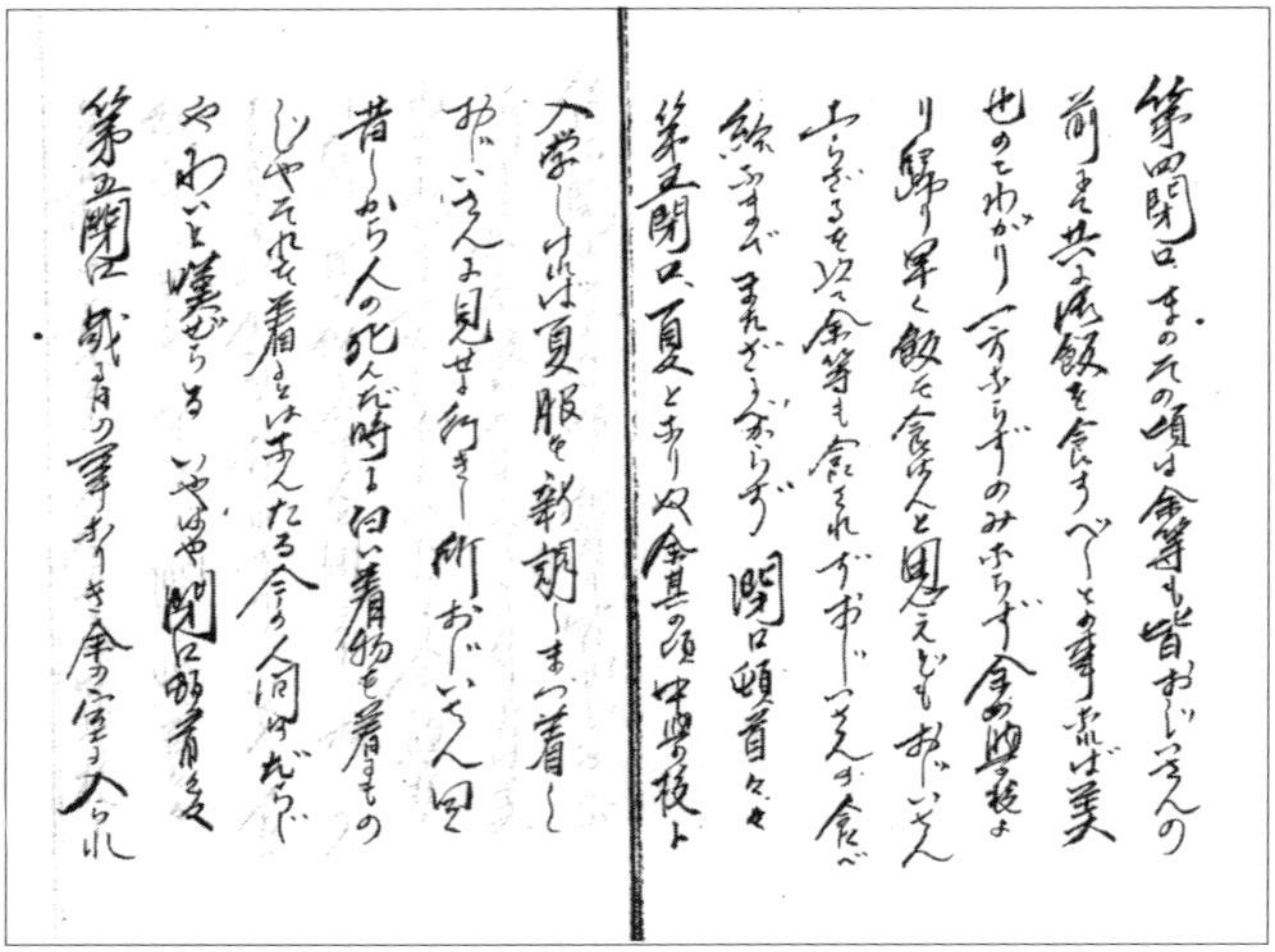
第四閑口。さて其の頃は余等も皆おじいさんの
前にて共に晩飯を食すべしとの事なれば美
世のこわがり一方ならずのみならず余の学校よ
り帰り早く飯を食はんと思へどもおじいさん
ならざるを以て余等も食されずおじいさん食べ
給はすまで待たざるべからず　閑口頓首々々
第五閑口。夏とあり以余其の頃中学校に
入学しければ夏服を新調し先づ着し
おじいさんに見せに行きし所おじいさん曰
昔しから人の死んだ時に白い着物を着するもの
じや其れを着るとはあんたる今の人間はだらし
やないと嘆ぜらる　いやはや閑口頓首々々
第五閑口　我等の事なりき余の室に入られ

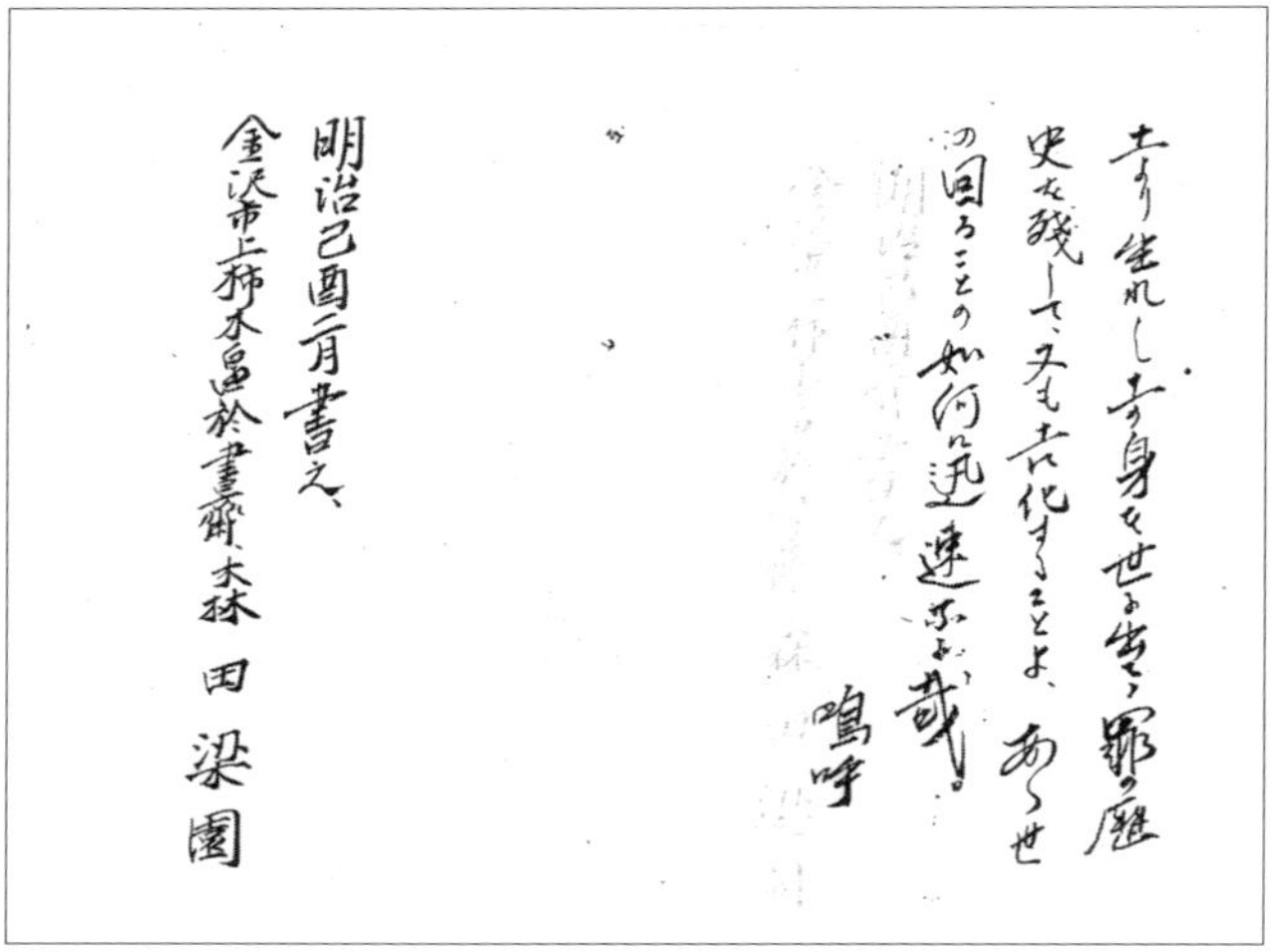
十有り生れし其の身を世に出して罪の歴
史を残して又も古化することよ。あゝせ
の因ることの如何に迅速なるかな哉。
嗚呼
明治己酉二月書之、
金沢市上柿木畠於書齋　木林　田　梁園

『忍ぶの露』本文

さて東京に帰り小学生となった良雄は、書いた絵・習字等を祖父に送り度々ほめてもらい、又祖父からも北国新聞の新年の附録の双六などをわざ〳〵送ってくれたりして、その時はいいおじいさんだと思ったりもした。ある時は前田家の何かの行事に平次にもお料理を賜ったのを、幾らか小包として東京へ送ってくれ、かたくなった赤飯を食べた事もあった。

東京での核家族の生活から、旧藩時代の生活のまま暮らしている老夫婦の家に急に飛びこんだのだから、幼い良雄はさぞ驚いた事だろう。家の内が暗かったのは旧式の行燈を使っていたからで、平次は終生洋燈即ちランプを用いず、洋燧つまりマッチも用いなかったという。『遺戒書』に「今人々ランプを用ひ行燈を廃し石油を専ら用ふといへども、近比の火災は多分出火の原因は石油也。又石油にて火痛にかゝり没命する人多し。故に心ある人は是を用ひず。予も今以て種油のみ用ひ行燈を用ふる事旧の如し。子孫永くランプ石油を禁ずべし」と言い「固陋因循といふ者は至愚といふべし」とも記している。ちなみに明治三十三年は、金沢出身の泉鏡花が『高野聖』を発表した年であるが、文明開化の時代を経て明治も後半に入ったこの時期に、この便利なものを使おうとしなかったのは、なじみのない新しいもの、舶来のものに対する無意識な拒否反応もあるのだろうか。この時代は佐田介石(注6)のような著名人を初めとしてこんな人が日本中にまだ結構いたようである。女中さんがよく代わったらしいのも、こんな旧弊な生活に嫌けがさしたせいかもしれない。ただ一方で、すでに文久元年(一八六一)に娘春(三歳)に「近年より流行の植疱瘡(うえぼうそう)(注7)」を、また外與吉も元治元年(一八六四)に荒町の医師小西陽元に頼んで植えつけて貰うとか(『柿園日記』六)、明治七年(一八七四)に白山で同宿したドイツ人ラインと通弁を介してなごやかに話をする(『日記』七)など、むやみに何でも拒否していたのではないようで、ランプ・石油についてはそれなりの理由づけをしているように、彼なりの哲学があったのか、或いは老年になって気難しく、頭がかたくなったせいなのでもあろうか。（この頃は、小学生も筆で墨書していたようであるし、文章も文語体で書いていたようである。）

（注2）行燈——唐宋音でアンドンとよむ（唐宋音とは中国の中世音に拠るもので鈴(りん)、瓶(びん)の類）。江戸時代にはアンドウということが多かったが、明治以降アンドンというのが一般的となる。木や竹のわくに紙を貼り中に油皿を入れて火をともす昔の照明具。もとはさげて歩いた持ち運びが出来る灯火の意で、のちには持ち歩くのは提灯(ちょうちん)となり、もっぱら室内に置いた。行燈の明るさは、障子紙が新しい状態で、灯芯一本でせいぜい六十ワット電球の五十分の一。紙がすすけて芯が短くなるともっと暗くなった。

（注3）猩々——オランウータンのこと。『博物図教授法』（明治九—十、安倍為任）「猩々(シャウジャウ)は蘇門答剌(スモタラ)及び羅波に産す。大きさ人の如し。此の獣は言語する機力なきものなり」（『日本国語大辞典』による。）

（注4）づ(ず)だ袋——頭陀袋。「ずだ」とは仏道修行のために定められた十二の生活規律。その為に各地を行脚(あんぎゃ)して修行する僧が、経巻・布施(ふせ)物を入れて首にかける袋を頭陀袋といった。だぶだぶして何でもつめこめるような布製の袋。

（注5）外套のかくし——「外套」はオーヴァーコート（overcoat）。「かくし」はポケット（pocket）。「外套」の語は江戸時代に衣服の上に重ねて着るものとして『先哲叢談』（伊藤仁斎・文化十三）「其所レ著外套」、『江戸繁昌記』（天保三〜七）「外套（注意・ハヲリ）の殊に長きは」の例がある。明治に入ると『あひびき』（二葉亭四迷訳・明治二十一）「茶の短い外套をはをり」のようにオーバーコート、マント等の訳語として用いるようになった。昭和の大戦中は外国語が禁じられたこともあり「外套」が用いられていたが、戦後昭和二十年代以降は

もっぱら「オーヴァー」といわれるようになった。

「かくし」の古い例は歌舞伎『夢結蝶鳥追』（黙阿弥・安政三）「金を腹掛の隠しへ入れる」で、明治二十〜四十年代には『浮雲』（二葉亭四迷）「左の手を隠袋へ差入れ」、『多情多恨』（尾崎紅葉）「窄袴の衣兜に両手を入れて」、『煤煙』（森田草平）「外套の衣嚢に両手を突込んだまま」等が見える。一方明治三年『西国立志編』（中村正直訳）「何故に梨子を取りて夾袋（注・カクシ）に蔵ざりしや」「その衣袋中にただ一箇の奇尼あるのみ」があり、ポケットの語も明治二十〜四十年代に『内地雑居未来之夢』（坪内逍遥）、「急ぎポッケットを掻探りて」、『毒薬を飲む女』（岩野泡鳴）「苦笑しながらポケトから取り出したのをしほに」等があって、明治末頃には「かくし」「ポケット」両方が使われていたようであり、だんだんとポケットが優位になっていったのであろう。ちなみに外来語排斥が叫ばれた第二次大戦中も（老人の中には「かくし」をまだ使っていた人もいたが）ポケットと言っていたような記憶がある。

（注6）佐田介石——明治前期の保守主義思想家、僧侶。文政元年（一八一八）肥後国八代郡（現熊本県八代市）に浄立寺住職広瀬慈博の子として生まれ、のち正泉寺佐田氏の養子となる。のち本願寺の学林で修業。文明開化の風潮に反対し舶来品を退け国産品愛用運動を各地に行った。キリスト教に反対し、ランプ亡国論、鉄道亡国論を唱え、牛乳は大害ありとし、太陽暦を非難した。明治十五年没、六十五歳。『明治事物起原』によると、明治五年一月神田旅籠町でランプの火から火事がおこり、ランプの取扱いに注意するよう布令が出ているが、介石は「世直しいろは歌」に「らんぷにて三度も五度も家を焼き又もこりずに石油たく人」「燭台や行燈すてゝランプにて我家焼て野宿する人」などと詠んでいる。

（注7）植疱瘡——種痘の俗称。『図説日本庶民生活史』によると種痘は佐賀藩医・楢林宗建が蘭医モーニッケにより嘉永二年（一八四九）に成功したの

が最初で、その後各藩で普及していったという。藩主の積極的支援にもかかわらず、一般庶民は人身御供のつもりで泣く泣く受けさせたものだという。『吾輩は猫である』（夏目漱石）「是でも実は種ゑ疱瘡をしたのである。」

4　その七年後、二人の孫たちと

その後東京で小学校生活を送っていた良雄は、外與吉の大阪転任に伴い大阪に転校。その夏休みには家族みなで又金沢に行った。「おじいさんもおばあさんも共にお達者なりき。」そして明治四十年（一九〇七）より、外與吉が金沢に転任したので平次と同居することとなる。『忍ぶの露』に書かれた色々の事は、その後の一年間の見聞・経験であろう。

良雄は十四歳。幼稚園卒業の年に来沢してから七年たっている。三十七年（一九〇四）七月に生まれた妹の美也子は四歳。美也子は大阪へ行く前の半月ほど金沢に居たが、まだ満二歳だったから祖父母とは初対面といってよい位だったろう。かつて満六歳の良雄でさえ怖いと思ったお爺さんは、それから七年たって、もっとずっと老いさらぼえ、又偏屈にもなっていただろうから、満三歳の幼女から見るとさぞ怖い存在であったろう。良雄の描写によると「祖父には暗き影のつき纏ひてありしようなり、顔は割合大きく頭も又大にして其の頃は全体頭髪は頭の両の方に少しありしのみ、背は少しくまがりて弓をなし給ひ、目は常にたゞれありしが物を見給ふ折には眼鏡など不用なりき」

『忍ぶの露』によると、ある時喜久が台所で用事をしていると、美也子がワーッワーッとひどく泣き出したので行ってみると、平次が怖がって逃げようとする美也子を無理に火燵に入れようとしていたのだった。この時は喜久があやまって連れ戻してきたが、こんな事があってから美也子は平次を見ると「こわい〳〵

〱」というので喜久も大閉口したようだ。長い間の別居生活で、我が孫ながら、幼児とどう向き合ったらいいのか分からなかったのではなかろうか。

良雄はおじいさんと同居してから色々閉口した事を「閉口頓首〱」と数えあげている。まず第一は、やはり家の中が暗かったこと。外與吉が勝山に転任したあと、母子三人が平次らと同居していたが、何分ずっと修繕もしていない家なので甚しく暗く、それなのに夜もランプは禁止。外與吉の帰宅した時だけランプの使用を許されるのだが、父が勝山へ行ってしまうと又ランプを禁止され、行燈にたよるという始末で、不平たらだらだったらしい。「為に余は細き字等も見るに困難なりき」。良雄が早くから近視になったのはこれが遠因であったろう。（その為徴兵検査も丙種だったので、軍隊生活をせずに済んだのは結果的には幸いしたと言えるかもしれないが。）

又その頃は皆、おじいさんの平次も一緒に食事をすることに決められていたので、美也子のこわがりようは一方ならず、その上良雄は学校から帰って早く食事をしたいと思っても「おじいさんの食べ給ふまでまたざるべからず。閉口頓首々々」。夏になり、中学の夏服を新調した良雄が、まず平次に見せにゆくと「おじいさん曰く、昔しから人の死んだ時に白い着物を着るものじゃ、それを着るとはなんたる今の人間はだらじゃわいと嘆ぜらる。いやはや閉口頓首々々」（ちなみにこの当時は、一般に喪服は黒ではなく白であった）。正月に父母とお買初(かいぞ)めに行き、夜の明け方に帰って来ると大戸に鍵がかけられて開かず、やっと祖母に頼んで中に入ると、平次は殊の外の立腹で「勝手次第に家をあけて」と叱られ、又庭の手水鉢の水をうっかり引っくり返してしまって「わしの家のものを勝手次第な奴(やつ)ちゃ」とおこられ、年齢のせいかすぐ腹を立てる。逸について蔵に入り、一寸窓をあけて外を眺めていたら、良雄!! 良雄!! と呼ぶので何事かと驚いて行ってみると「蔵の窓なんぞ開ける奴はもっての外の奴ちゃわい、これからそういうことすることならんぞ」と殊の外の御立腹。山からスミレをとってきて庭に植えた所、どうしてもちぎれと言って、逸に命じて折角とってきたスミレを皆ちぎりとってしまったとか、子供の考えと嚙み合わない為に、お互いに腹を立てたりびっくりしたり、色々とくい違いもあった事だろう。その上気が短くなり、思い立ったらその時すぐやらないと気に入らず、十一月頃に、国旗の竿がないのですぐ買いに行け、どうしても今買いに行けと言われて仕方なく母と共に買いに行ったり、寒さきびしい十二月の夜十一時頃になって、もう床についてから、山川（のち江戸村[注8]に移された竪町の山川屋）に酒を買いに行けとの命令に、仕方なく外套をかぶり徳利をさげて買いに行った事もあり、閉口頓首〱。（閉店時間の決まっている今と違って、昔は夜中でも店の戸を叩けば売ってくれたのだろう。）とっくに禁酒していた筈だからこれはお神酒（みき）の用か、それともやはり晩酌のためか、謎である！　憲法の本や地史の書を貰ってお礼にいった良雄に「おまいだれじゃいの」と問うなど、時に孫の顔を見忘れたり、ぼけはじめてもいたのだろうか。

（注8）江戸村——湯涌（ゆわく）温泉にある文化財施設。（株）百万石文化園の経営。昭和四十二年、江戸時代のいろいろな歴史的資料を収集管理し広く一般に公開して文化の向上に寄与することを目的として開村。広さ十六万平方メートルの敷地に本陣、大町家、加賀藩御料紙の紙漉（すき）農家など重要文化財三棟のほか往時をしのばせる県・市の文化財など多くの建造物が並ぶ。町家の前には城下町時代の金沢の道が、本陣の前には旧北陸道がそれぞれ復元されている。各家々にはその家に伝わる生活の道具も併せて展示する。（金沢市・金沢湯涌江戸村）

＊老いても変わらぬ学問探求の心

隠居後も年の割には元気だった平次も、同居の喜びと安心感から気がゆるんだのか、少しずつ老耄に近づき、日常の素顔はやはり普通の老人で、老人特有の物忘れ、ぼけの徴候も見えるし、根気も衰えてきたのか『日記』の記録も簡略になってくる。しかし天職だけは忘れられないとみえ、毎年夏に行う厖大な量の書籍の虫干しに、この頃は外與吉や良雄が主になってやるのだが、この時だけは元気に手伝い、又書見もしたりしている。ある時良雄が能州漫遊記を作ろうと思い、気多(けた)神社の故事につき平次に尋ねると「人は他人から聞いて何になる。自分自ら調べ見て始めてよろしきなり、汝如きものが我家に居るかと思へばかなしい事の至りなり」と叱られた。その当座は、そんなに叱らなくても孫なのだから教えてくれればいいのに、いやなおじいさんだと思ったが、後になって実におじいさんの言葉の通りだった、自分が誤っていたと悟り、「以後この言を心に銘じて忘れまじ」「何故余はおじいさんより教を受けざりしか、今ははやおじいさん逝いて非(あら)ず、嗚呼(ああ)哀れなる哉」と後悔している。孫に対してもこんな調子だから、よその人にとってはとても好々爺とは程遠い、気むずかしくつきあいにくい老人だったであろう。しかし老いてなお、研究の姿勢だけは変わらなかったようである。

＊思いやりの心

なお、良雄の見たところでは、平次は一方であわれみの心深く、竹という女中さんが歯が痛くて難渋しているのを耳にして、幾らかの銭を与えて歯医者に行かせたり、又別の女中さんが着物を余り持たず、寒くなってもうすい着物を着ているのを見て、自ら反物を買い与えたりするというような事も随分あったらしい。また明治四十一年の『日記』に「十月平次前妻春光院妙智大姉没せしより六十一年目に当れるゆへ、今彼(かの)早世を追慕して、供養のため我家に召仕ふ下婢たけへ大嶋紬壱反に裏綿相そへ指遣(さしつかわ)し、おきんの在世

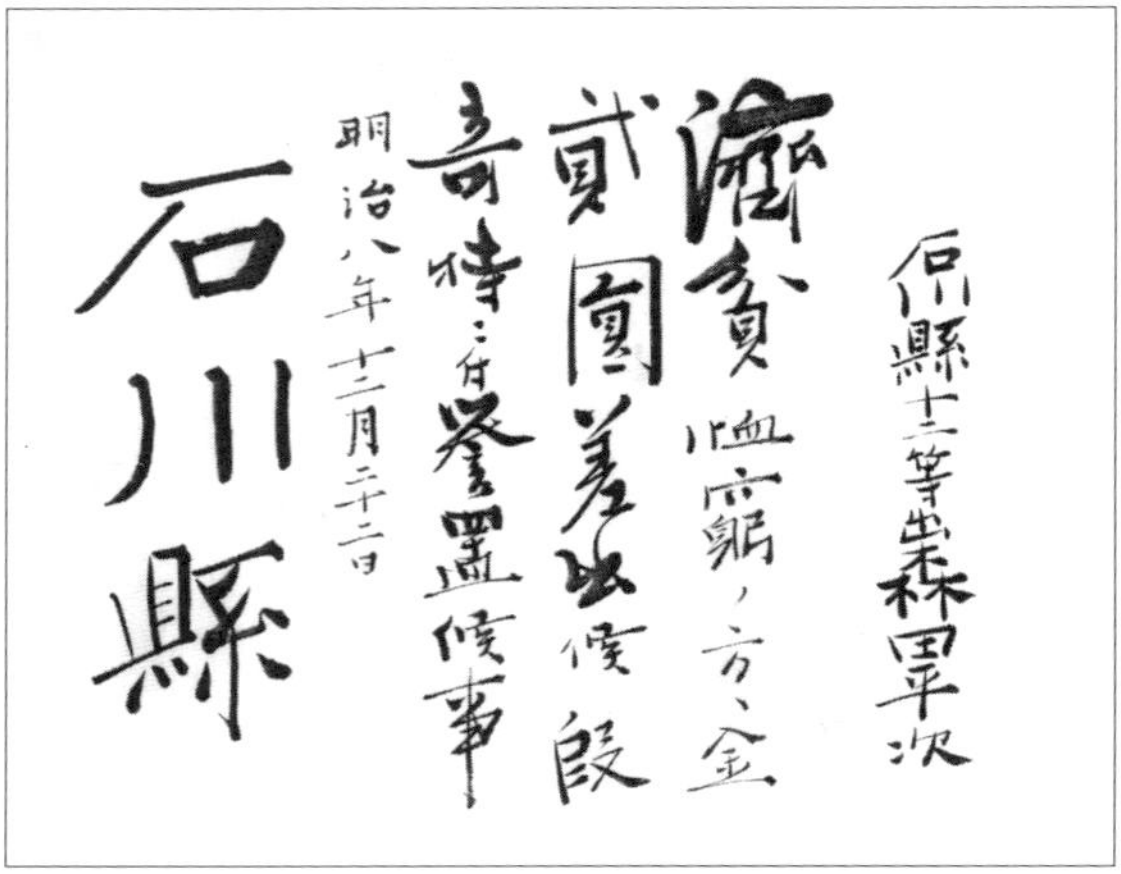
石川縣十二等出仕森田平次
濟貧恤窮ノ方ヘ金
貳圓差出候段
奇特ニ付褒置候事
明治八年十二月二十二日
石川縣

図1

を追慕し落涙するのみ」と記すが、これは前出の竹女であろうか。藩政時代には主人が家来に裃一具賜るというような事があったが、何かあると反物を買い与えたりもしたのだろうか。

いろいろの文書のつめこまれた箱の中に「済貧恤窮の方へ」寄付をして、県から頂いた礼状が入っていた。生活費はできるだけ無駄を省き、つましく暮しながらも、貧しい人々に思いを寄せていたことが知られる。（図1）

また、生前からの遺言で、死後三十円を金沢市の小野慈善院に寄贈するように言っていたので、「到来の生菓子手形にて七百個」をそえて持参し、寄贈したそうである。今の金額で幾らになるのか知らないが、こういう心をもっていた先祖であるのを私は嬉しく思う。

（三）最後の二年間

5　簡略に記された日記

八十二歳で隠居後も、年の割に元気であった平次も、前述したようにだんだん日記も簡略になってくる。毎年元旦には夫婦で和歌か俳句をよみ、まずそれを記すのだが、明治三十九年は

歳旦発句　いつよりも声いさましき初がらす　柿園

おさまれる御世おだやかに今朝の春　逸子

と記しているのだが、明治四十年には歳旦の句はなく、次の十一日分だけを記している。

一　二月十日　近火　広坂通四軒焼失　外に半焼三軒の由

一　三月十一日　外與吉義左の通り位階昇進（辞令の写し、略）

一　三月三十一日　金沢時鐘相止む

一　四月一日　孫宮子（美也子）初雛に付き春外大勢相招き候事。

一　同日　孫良雄第一中学校へ入学す。

一　同十四日より夜廻り初まる。手間料一ヶ月四銭也。

一　五月五日　居宅電燈の義、電燈掛りへ申し入れ置き候処、横山殿より電燈を平次宅へ引く。電燈係りの書面写し左の通り。

記

一　金七拾五銭　壱個据附工料代

一　金貮拾四銭　コード延長代　但し四尺　〆（しめ）九拾九銭也。

一　金八拾壱銭　但し八燭光一個壱ヶ月分……

四十年四月廿日　金沢電気株式会社　電工　新仙太郎
一　同十一日午後三時過ぎ甚しき雷鳴、片町電気柱へ雷落つる。其の音甚しく人々打驚く。按ずるに嘉永四年宮内橋高伊藤氏土塀側なる松の木へ落つる実に吾家へ落ちたる如し。今思ひ出づる故に載せ置く也。
一　同十七日　外與吉来る。廿日帰る。
一　七月五日　隣家後藤の後家病死す。六日葬礼、六十余歳の由。
一　十月廿五日　朝外與吉義　販売所所長蓮池氏と一集越中魚津富山へ出張す。同廿八日帰宅す。

明治四十一年の日記はほとんど書かれていない。

平次　八十六　　外與吉　四十六　　良雄　十五
お逸　七十五　　お喜久　四十　　　宮子　五

と、例年のように家族の年齢を書きとめ、いつのものか歳旦の歌であるかもしれないが

老の寝覚　宵の間は怨みかこちしかねの音を待ちわびてきく老のあかつき

と少しかすれた文字ながら心境を歌にしており、これを見る限りでは、どうしてぼけているとは言えないようである。そのあと十月に飛び、おそらく絶筆と思われるのだが、若い頃、外祖母の媒で妻と定めた従妹、まだ縁組をしないうちに、嘉永元年正月三日に十六歳で病死したきんを、ふと思い出したのであろう、前にも引用したが、「十月平次前妻春光院妙智大姉没せしより六十一年目に当れるゆへ、今彼早世を追慕して、供養のため我家に召仕ふ下婢たけへ大嶋紬壱反に裏綿相そへ指遣し、おきんの在世を追慕し落涙するのみ」と記して終っている。このあとは、外與吉が明治四十年からの日々を追加して詳しく記しており、

最後は四十一年十一月三十日までの病状を記述して終えている。そしてこのあと、四十一年十二月一日から『霞園日記』として外與吉が書き継ぎ、同日の平次の死までを詳しく記している。そこで、（余計なことかもしれないが）以下外與吉の記す所によって最後の病状を記す。（病院で最後を迎えることの多い現代との違いがうかがえるかと思う。）

6　死去まで

明治四十年の夏七月十九日、夜中に用便に起きた時、少しねぼけていたせいでもあろうか、奥の八畳間からどう方向を間違えたか縁側に出、折節ひどく暑い日だったので雨戸を開けはなしておいたものだから、縁側の下駄ぬぎ石の上に転げ落ち、ひどく腰を打ってしまった。朝になってから、主治医としていつも診てもらっている石崎喜一郎（喜久の兄、高岡町に住んでいた）に来診を乞い、手当てを受けたのだが、それ以

森田平次（明治 41 年 6 月 20 日撮影）

森田逸（明治 41 年 6 月 20 日撮影）

来一層歩行が困難となり、以後室外に出ることなく、床に臥していることが多くなった。そうなるとだんだんと記憶も衰えてくるようだし、時にはやや常識を逸した言行も見られるようになり（今で言えば少々ぼけてきたということであろうか）三度の食事はまあまあとっているし、風邪などひくこともないものの、気分がさっぱりしないようで、妻・逸を事毎に叱りつけたりするのだった。外與吉の記録によると、この頃は雇い入れた女中さんがすぐ暇をとり、次々と入れ代っていて、若い女中さんには、気むずかしい老人がいる家庭は、昔もやはり居づらく我慢しにくかったのであろう。

こんな状態になったことを知って、とにかく柿園の写真を残しておこうという事になったのだろうと思うが、四十一年六月二十日、少し雨の降った日、東京の前田侯爵家から編纂係の近藤磐雄氏が来訪し、柿園夫妻の写真をとりたいというので、外與吉がその旨二人に伝え、庭前に下りた二人を近藤氏の持ってきた写真機で撮影してもらった。これが後に『加越能時報』の巻頭に載った柿園の唯一の写真である。金沢は春が遅いから、ちょうどつつじが満開だったのだろう。庭のつつじも奇麗に写っている。後日それを一葉ずつ送って下さったので、外與吉は大切にアルバムに貼って保存した。

この約五ヶ月後、十一月十三日の夜、突然、口中右の上歯根部から多量の出血があったのを、翌十四日の朝になって逸が気づき、とりあえず石崎喜一郎の診察を受け、止血薬とうがい薬によって応急の手当をしてもらった。昼には粥を少し食べ、気分もよくなったのだが、夕方にまた出血、夜来の出血は一合以上もあったかと思われ、貧血の為に疲労も甚だしかった。その後熱が出たり呼吸が苦しくなったりして、看病につとめたが食慾はなく、おも湯と熟し柿など少々食べたくらいであった。外與吉は少しでも滋養分をとってもらおうと、本人には知らせずに鶏肉スープをおも湯にまぜたり、普段は嫌って飲まなかった牛乳を水薬にまぜて少しずつ飲ませたり工夫している。その後容態に激変はないものの、苦痛の為に夜もあまり眠れず、だんだん衰弱が加わったので、二十一日、石崎氏と相談の上、金沢病院内科医長・医学士山崎幹氏の来診を乞うたところ、老齢でもあるし、とても本復の見込みはないとの事で、親孝行な外與吉はじめ、一同今更ながら落胆したのであった。二十四日に石崎氏がお見舞によこした鯛を煮付けて出したところ、ほんの少し食べ、それと共に白葡萄酒を少し飲んだのを最後としてそれ以後はおも湯すらうけつけず、時々水を少し飲み下すのみ。声がつぶれて言葉も聞きとりにくくなり、二十五日以降は遂に誰彼の見分けもつかなくなったようで、だんだん危険な兆候を呈してきたので三十日の夜からは寸時の油断もなく、逸と、娘の中西春とがかわるがわる枕頭につめて看護しているうち、昏睡状態のまま十二月一日午後三時十五分、何の苦痛もなく静かに息をひきとった。享年八十六。家族の気持ちを反映するようにこのところ時々雨の降るうっとうしい日が続いていたが、この日は雨もやみ、曇った一日であった。三日の葬儀の日も降らずにいてくれたのは、遺族にとっても会葬者にとっても有難いことであった。

法名は「柿園斎平次良見居士」平次自身が生前に自撰したものである。

7　葬儀と墓地のその後

この時、良雄は十五歳、金沢第一中学校（現・泉丘高校）の二年生であった。良雄は晩年「葬式は大したものだった」と回想していた。柿木畠の自宅から中橋の放生寺（ほうしょうじ）まで盛大な行列が続いたそうである。新聞・雑誌は訃報をのせて、みな痛惜の辞を述べた。十二月三日付北陸新聞は「国学の泰斗として名声嘖々たる金沢人、森田平次翁……翁は実に我地方随一の碩学たり、今や病を持って逝く悲夫（かなしいかな）」と記した。

外與吉の記録によると、常々葬儀の際は造花・放鳥（注9）等を堅くお断りし、せいぜい手軽にしてほしいと言っていたので、そのような心づもりをしたのだが、こういう時の例で遺族の志とは関わりなく、十七基の造花、七十個の生菓子の盛篭が飾られ、遠く或いは近くからの弔問客が門前にあふれ、会葬者は約二百三十人に上ったという。十二月十一日には前田侯爵家からも家従九里一太郎氏が来られて霊前に香典として金子弐千疋を賜った。なお平次は非常の時の費用として郵便貯金通帳一冊（元利百八十余円になっていた）を生前用意しており、逸がこれを葬儀費用にとさし出した。『遺戒』を身を以て示しているのである。

私は小学生の頃、夏休みにはいつも金沢に行き、父母と共に放生寺にお参りに行ったが、寺の門前に、ここに森田柿園の墓があると書かれた黒ずんだ木の立札が立っていた。現在、その後の金沢駅の高架工事の為に放生寺は場所をずらして建てかえられ、その立札は無くなった。裏手の墓地も新しくなり、広い区劃に沢山あった先祖代々の墓石は整理され、わずかに平次の父・大作（翠園）や平次夫妻ら数基を残し、それに良雄が昭和三十五年に建てた墓石があるのみとなり、祖父母（外與吉夫妻）も父母もそこで眠り、私は毎年その前で手を合わせていた。が、時移り、父のあとを継いだ長兄が、亡くなる前年の平成二十年に永代供養の手続きをしたので、今は放生寺の合同墓地のちょうど真中に、墓石の柱のみが集められて立っている。私は今はそこに参って手を合わせている。

（二〇一六年十一月に行ったところ、合同墓地は中央の森田の柱のみ残されてあとはなくなっていた。）

（二〇一七年六月右にほぼ同じ。）

（注9）放鳥――葬式や放生会の際に死者の供養の為に鳥を放つこと。勝海舟の三男・梅太郎と結婚したクララ・ホイットニーの日記は、開国まもない日本の姿がよく描かれ、東京・横浜あたりの当時の風俗を知る上で貴重な記録であるが、明治十一年二月の松平家の法要の条に「葬儀の時には日本の習慣に従ってすずめを放ったということである。日本ではすずめか鯉を放つことになっている」

(『クララの明治日記』上)とある。「墓のほうへ進んで行く葬式の行列の中に鳥籠が加わっていることがある。この鳥籠は埋葬の済むまでは手を触れずにおかれるが、それが終ると蓋をあけて鳥を飛び立たせてやるのである。」(『薩摩国見聞記　一英国婦人の見た明治の日本』エセル・ハワード・島津久大訳)の例も。

六　森田平次の人物像

（一）森田平次と森黄龍

この論稿は「石川郷土史学会々誌」（41号、平成二十年十二月）所載のものをもととしたものである。

森田平次（柿園）がその生涯に収集、書写、著述した彪大な書籍、絵図の類は、森田家に伝来した蔵書と共に、そのほとんどが石川県立図書館に寄贈され、森田文庫として収蔵されている。これらは整理されて平成六年に目録が作られ、大層利用しやすくなった。これを整理し、まとめるに当たって、担当の方々はさぞ苦労されたことと思う。私も何度か利用させて頂いて、その恩恵に預かっており、まことに有難く感謝している。

ところでこの目録の解説によると、天保十二年に初めて「紀良見」の署名が、天保十四年以降は「森田良見」「紀良見」の署名が見え、天保十四、十五年には「森田良見」と署名しながら「常孝之印」（柿園の初名）という落款を押したものがある。とし「また天保一〇年には漢文の手習い書に「森黄竜」という署名のある二書があり、その一方に「常孝」「之印」という落款を用いていることから、柿園が最初このような号も用いていたとも推定される」（一三八頁）と記されており、目録の表3、森田家歴代の呼称一覧中に、良見の号として「黄竜、柿園」（一三六頁）、また表4の年譜には「天保一〇……森田文庫に黄竜の号見える」（一四一頁）とも書かれている。

実は私は、この点が気になる、というか、納得しがたいのである。本当にこの「黄龍」と署名した人物は柿園その人なのだろうか。私が疑問に思う点の根拠は幾つかあるが、

①『柿園日記』をはじめとする柿園関係のものを読んでみても、黄龍と号したと言う事実がどこにも見当たらないこと。

②森田と記さず、森とのみ記していること。

③柿園の周りに森氏が居ること。

④良見手写とするものに、明らかに他筆と思われるものがあり、跋文だけは良見筆のものがあること。

⑤黄龍と署名したものは唐詩選、千字文二点のみであり、この二点の資料が漢書であること。

⑥筆跡を見比べてみると、はっきり柿園のものと言えるものは比べるべき天保十年のものが無く、天保十二年以降のものになるが、一見して筆跡が異なるように感じられること。（通称が時代によって変わっていくので、以下本人を示すに「柿園」の号を用いる。）

まず①について。日記には実名、通称等に関することは記録しているが、号については特に記していないので、実際の作品によって見るより他はないのだが、文書にある署名については、森田文庫のものによって見ると、天保～安政頃までは、森田良見（良美、与志美、与志見としたもの少々あり）・森田平丞良見・森田平之佑良見・柿園良見・柿園森田良見・柿園舎良見・柿園舎森田良見・紀良見・柿園紀良見・柿園舎紀良見等のように書かれ、慶応～明治のものになると、柿園舎主人・柿園舎主人紀良見・森田平次・柿園森田平次・柿園舎主人森田平次。晩年（明治末年）になるに従い、七十六叟柿園舎主人・八十翁柿園舎主人・八十二齢柿園老人などと変わる。森黄龍としたものは前述の二点のみなのである。

柿園が紀氏を名乗っているのは、家譜に「家伝云　姓ハ紀氏　孝元天皇之御後武内宿弥ノ命之苗裔　従四位下宮内少輔紀維実朝臣之後胤也」とあるのによる。細かいことは一の系譜に記したので略すが、その子孫が越前国の吉田郡森田郷に住み、森田氏を称するようになったという。柿園はこれを信じ、この家と家名を心から大切に思い、その心をこめて紀良見、森田良見と署名したのだと思う。

②について。この事から、黄龍の署名が森田でなく、森であることが問題として浮上してくると思う。「森田」という家名を誇りにしていた柿園が森と略すことがあっただろうか、と思うからである。森田を森と書くようなことはよくあることで、家蔵の『顧昔集録・貞』（未刊）に、親戚知人からの書状等を引き写しているが、宛名を森大作様←毛受荘助、森平佑様←大浦左大夫のように森〇〇様としたものは見える。ただごく近い兄弟や身内からのは、姓を書かず、大作様、鉄吉殿とするか、ちゃんと森田大作様、森田平之丞殿のように書いているものが多いようである。『譬喩尽』に「書状の上書に先の名字二字ならば上の一字ばかり書こと至つて礼なり、惣て先の姓名を大に　我姓名は小に認む礼なり」とあり、自身の署名でなく、宛名の場合は、相手に対する礼儀として、森田を森と書くことがあったということである。柿園署名の書簡が残っていないので断定は出来ないが、彼はきちんと森田と署名したのではなかろうか。

③について。実は柿園の周囲に森氏が居たことは確かなので、私は黄龍はその中の誰かではないかと思う。『顧昔集録』の附録下に縁のある家々の系図を記しているが、その中に森氏がある。この森氏は小立野与力町に住んでいた料理人森儀右衛門成之（文久二没、七十七歳）とその子牛之助成章（慶応三没、四十五歳）で柿園の妹信は嘉永六年（一八五三）成章に嫁している。成章は柿園と同年輩だし、『翠園この葉集』（家蔵・未刊）には父子の漢詩も多く載っているので、この成章ではないかと思ったが、号は守静とあり、又森氏とは縁戚関係以前はお互いに知らない間柄だったようなので、別人かと思われる。ただ他に、この

森氏なのか別の森氏なのか何とも言えないが『柿園舎乃記』（家蔵・未刊）に、宇野氏所蔵の寛延頃金沢図の模写や、森氏所蔵の宝暦八年頃の金沢図の模写を載せている。又、森田文庫目録によると駿州富士山之真図は、奥書に「此原図一旧家之所蔵称珍図也、故依頼森氏謄写為蔵図、森田良見」（二一八頁）とあり、森氏に手写を依頼している。とにかく森氏に本を見せて貰ったり写させて貰ったり、頼んで写して貰ったりしているのである。

④について。大体柿園はほとんどのものは自分で写しているが、中に幾つか他人に書写して貰ったものがあるように思う。文庫目録に良見手写としてあるものの中に、明らかに柿園とは別筆だろうと思われるにもかかわらず、奥書は彼の自筆で「……書写之畢……天保十四年十二月上旬謄写之」と記しているものがある。（『観樹公言行録』図C参照。）これを天保十年の黄龍の筆蹟（図A）と比べて、四年あとだが、同一人の筆といえるだろうか。又他の柿園筆と比べても、もう少し年たけた人の手のように私には思われる。依頼した他筆のものも、自分の目で確かめて、きちんと跋に年月を記し、自分の蔵書として保管したのではないだろうか。私の想像だが、黄龍の書も、頼んで写して貰ったか、又は写したものを譲り受けて自分の印を押して、自分の蔵書に加えたかしたのではないだろうか。またもう少し想像をたくましくするなら、森成章（守静）は十七歳頃に黄龍と号していたのかもしれない。その昔の写本を請い受けたのかもしれない。

⑤について。黄龍筆のものは唐詩選、千字文という漢文の写し二点のみである。

柿園の父良郷（翠園）は、漢詩をはじめ和歌、連句、俳句等を好み、『翠園この葉集』（上下）には合わせて、二百ちかい七言絶句が記されている。良郷は山川長右衛門惟明の五男で、兄に（夭折を除く）毛受一徳（儒者、文化十三没、四十七歳）、山川十郎兵衛惟允（号犀浦、天保十四没、六十八歳）、石黒重助惟貞（号

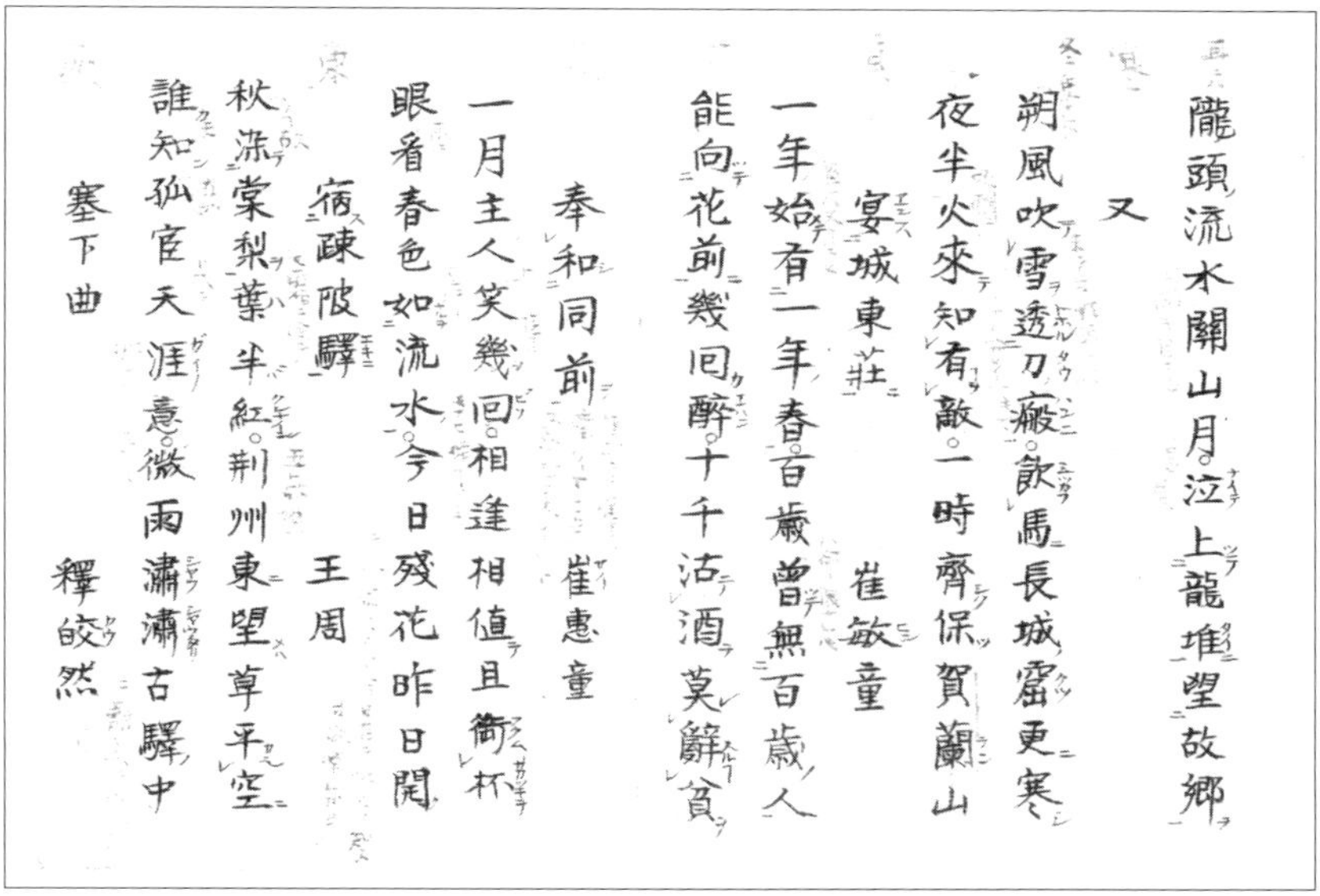

隴頭流水關山月　泣上龍堆望故郷
又
朔風吹雪透刀瘢　飲馬長城窟更寒
夜半火來知有敵　一時齊保賀蘭山
宴城東莊　崔敏童
一年始有一年春　百歳曾無百歳人
能向花前幾回醉　十千沽酒莫辭貧
奉和同前　崔惠童
一月主人笑幾回　相逢相値且銜杯
眼看春色如流水　今日殘花昨日開
宿疎陂驛　王周
秋染棠梨葉半紅　荊州東望草平空
誰知孤宦天涯意　微雨瀟瀟古驛中
塞下曲　釋皎然

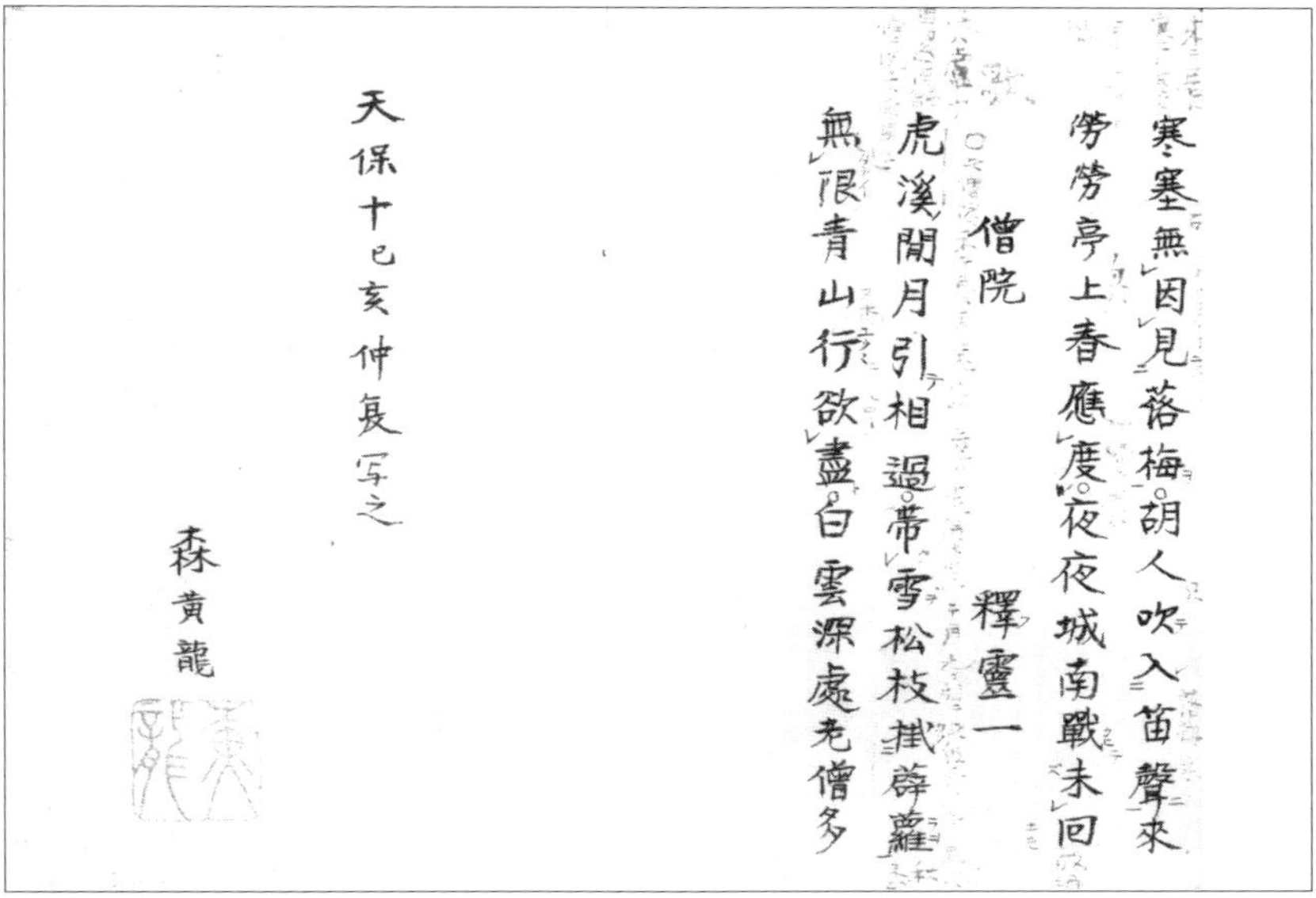

寒塞無因見落梅　胡人吹入笛聲來
勞勞亭上春應度　夜夜城南戰未回
僧院　釋靈一
虎溪閒月引相過　帶雪松枝掛薜蘿
無限青山行欲盡　白雲深處老僧多
天保十己亥仲夏写之
森黄龍

図Ａ　黄龍筆『唐詩選』天保 10 年（1839）＝森田文庫

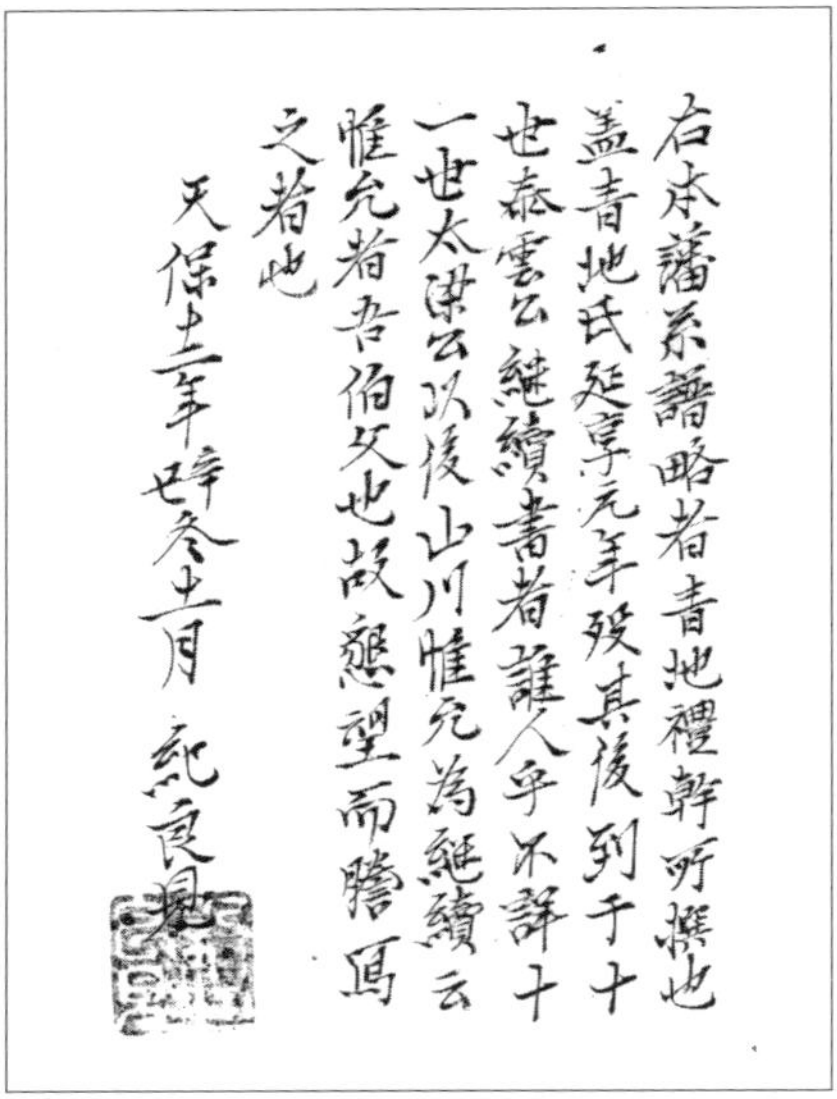

右本藩系譜略者青地禮幹所撰也
蓋青地氏延享元年歿其後到于十
世泰雲公継續書者誰人乎不詳十
一世太淵公以後山川惟允為継續云
惟允者吾伯父也故懇望而謄寫
之者也
天保十二年辛丑冬十一月

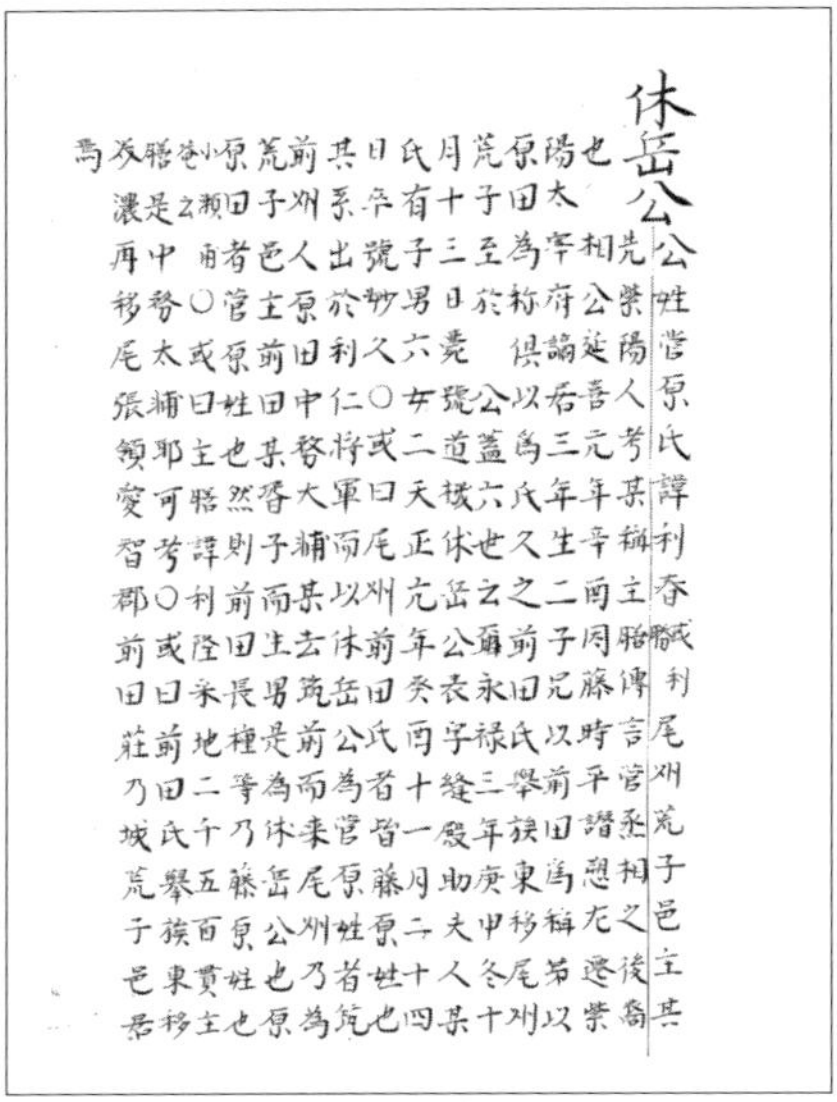

図 B 『本藩系譜略』天保 12 年（1841）
（奥書は柿園後年の筆跡に近い。後から書いたのではなかろうか）＝森田文庫

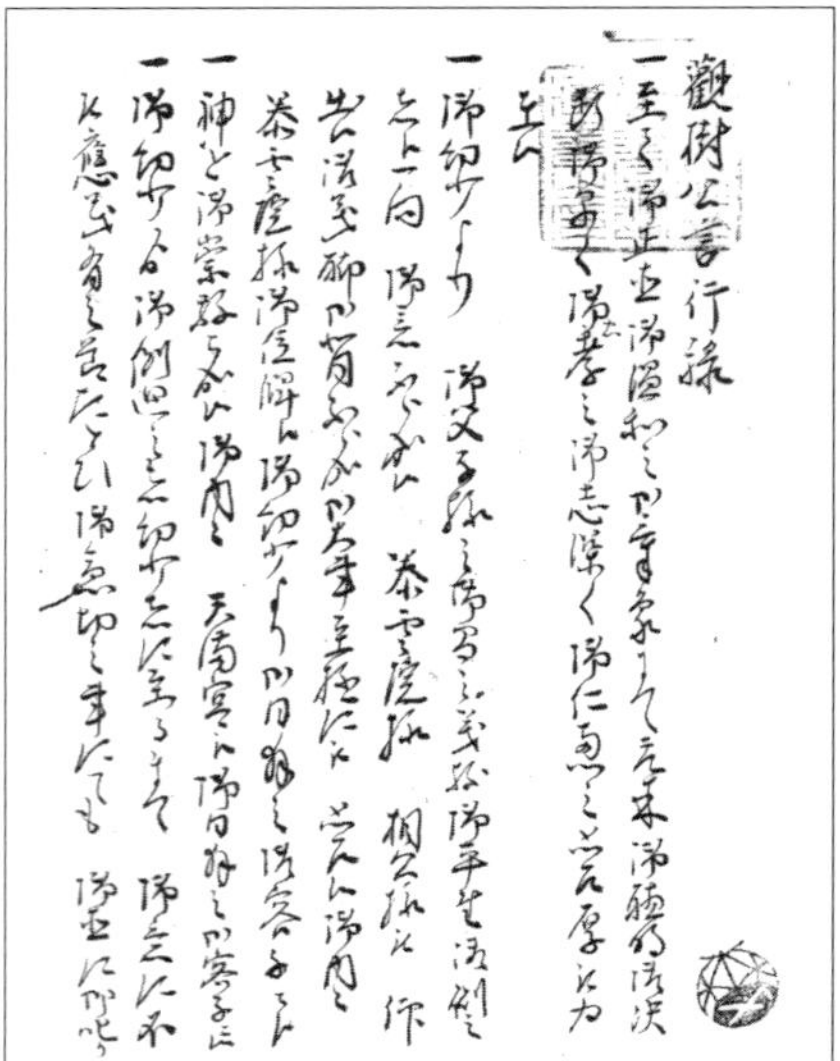

図 C 『観樹公言行録』天保 14 年（1843）
＝森田文庫

夢楽、安政元没、六十八歳）、弟に大平小市右衛門英郷（号酔月、嘉永五没、五十八歳）がいる。そしてこの実方の兄弟達とよく集まって詩歌の宴を行っていて、その時々の兄弟の詩や歌も載せてあるが、とにかく事ある毎に詩を作っていたようである。

見魚津浦辰気楼

応接潮平倚二釣磯一、辰楼万頃避二炎輝一、松岩山影垂綸趣、荻渚波心魚自ラ肥リ

遊春日山

登臨山下酒旗風、花満欺レ霞造化工、春色悩レ人与レ無レ限、城楼夕照暮雲中

そしてこの中に柿園の弟の上田作左衛門良幸の詩は二つばかり見えるが、柿園の詩は一つもなく、父翠園の詩にはさまれて和歌が記されていたり、万葉ばりの長歌と反歌を漢字のみの万葉仮名で記すなど、全く異質である。

同（嘉永二）年九月十五日　以レ当二遠祖二百五十年之忌祭一聊思議

長歌并短歌　紀良見

物部之八十氏人乃（モノノフノヤソウヂビトノ）、数多尓（カヅサハニ）、有中尓毛（アルカナカニモ）、倭文手纏（シヅタマキ）、雖賎（イヤシカレドモ）、吾家乃（ワカイヘノ）、遠祖波（トホツミオヤハ）、三雪零（ミユキフル）、越国之（コシノクヌチノ）、九頭（クヅ）龍河（レガハ）、森田里尓（モリタノサトニ）、住居乍（スミキツヽ）、家名尓毛（イヘノナニモ）、負持而（オヒモチテ）、存生其世（イマセルソノヨ）、如五月蝿（サバヘナス）、甚左夜芸流（イタクサヤギル）、……（中略）……親族兄弟（ウカラハラカラ）、打集（ウチツドヒ）、相語而（アヒカタラヒテ）、哭泣鶴鴨（ネナキツルカモ）、

反歌

語継（カタリツギ）、言継来乍（イヒツギキツヽ）、親乃祖父（オヤノオヤ）、祖父乃御祖能古思由（オヤノミオヤノイニシヘオモホユ）

さてこの下巻に翠園は

喜男良見志古学

真秀超レ倫第一州、盡成レ仁古道将レ儔、競二精研一是倫明レ眼、努力半生志盡酬、（以下其二、其三は略す）

の詩を載せ、柿園が古学を学ぼうとしていることを喜んでいる。（この後に弟の上田良幸が刀術奥義免許を受けたのを賀す一首を記しているが、弟は兄と異なり武に親しみ、後年明治になってからは軍人の道を歩むのである。）

柿園の関心はだんだんと古学の方に傾き、国学を学ぶ水野三春や浅野屋佐平らと親しく交わるようになる。（常孝と名乗っていた彼は、常の字は三代利常の字なのに遠慮して良見と改めたが、これは浅野屋佐平に頼み、万葉集の天武天皇の「淑人乃良跡吉見而好常言師芳野吉見与良人四来三」によったのである。）

なお目録の解説に「森田文庫の内容は、大半が歴史書や随筆を中心とした和書で構成され、漢籍が非常に少いのが特徴である。」（一三四頁）と書かれているのは、こういう柿園の関心のありようを示しているものと思われる。

⑥について。鉄吉（柿園）は天保二年に九歳で手跡稽古をはじめ、書道を学んでいるのだから、天保十年に唐詩選や千字文を手写したということは勿論あり得ることであるが、すでに彼の目は古学の方に向かっていたのではなかろうか。天保八年（十五歳）に召し出され、勤めの傍ら、その以前から稽古してい

た剣術、居合をはじめ算用や礼法の稽古にはげみ、その一方で万葉集全二十巻の書写ももくろんでいた。これは弘化三年（一八四六）二月から嘉永元年十二月に書写しおわるまで約三年かかっているが、その前に万葉拾穂抄（北村季吟）、万葉集略解（橘千蔭）や仙覚、真淵等の諸本や流布本を比較校合して（跋文による）自分なりによい本文を目指し、書写までの準備に何年かかかったものと思われる。このように励む様を主人茨木忠順に認められ、茨木家の旧記取り調べを命じられ、弘化元年には『真澄鏡』という書物二冊を拝領している。

目録によると天保十年黄龍筆の次は、天保十二年『本藩系譜略』が二年あとの書写。そのあとは天保十四年『高岡山瑞竜閣記』等である。今この黄龍筆と書写年代の近いものを比べてみようと思う。参考の為に後年書かれたもの（きちんと書いたもの、日常の筆記体と思われるなど）も掲げる。

並べてみて直感的に別人の筆と思われたのだが、どうだろうか。私は筆勢が違うように感じた。柿園の筆蹟は横に引いた線、縦に下して止め、はねる線の力の入れ方が線の太さでわかるのだが、Aは筆記具が異なるのかと思うほど、横も縦も字の太さが同じである。それと、幾つか共通の字が見付かるが、その特徴の違いを見てほしい。一番はっきりしている違いは、道遷遠遢（図D、E）の、辶（しんにゅう）である。柿園の辶は、私などが普通に手書きする時と同じ点が一つの形だが、図Aの透逢過は旧字体のような点二つの形である。その他　有　望　流　雪　等にも書きくせが出ているように思う。二年や三年で身についた書きくせが変わるものだろうか。

素人の直感によるものだが、幾つかの自宅にある柿園の筆蹟を見なれた目からの疑問を述べたもので、あくまでも推測であるが、黄龍を柿園の別号だと断定することは出来ない。別筆、つまり別人ではないかというのが、今の私の結論である。

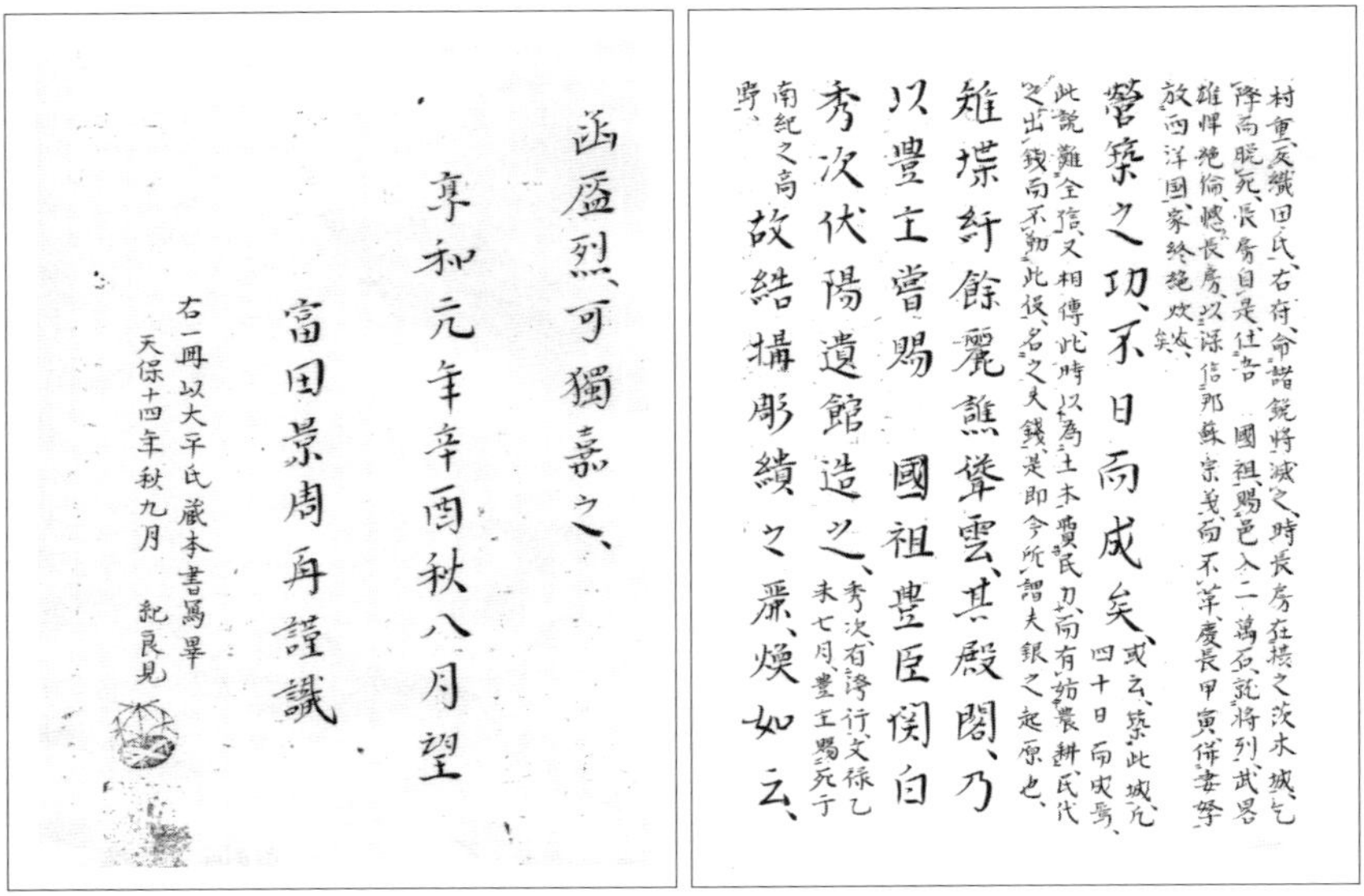

函盈烈、可獨嘉之、
享和元年辛酉秋八月望
富田景周再謹識
右一冊以大平氏蔵本書寫畢
天保十四年秋九月　紀良見

村重反織田氏、右府命諸鋭将滅之、時長房在摂之茨木城、乞
降而脱死、長房自是仕吾　國祖、賜邑八二万石、就将列武器
雖捍絶倫、然長房以深信邪蘇宗義而不革、慶長甲寅、併妻孥
放西洋国家終絶炊矣、
營築之功、不日而成矣、或云、築此城凡四十日而成焉、
此説難全信、又相傳此時以為土木費民力、而有妨農耕、氏代
之出銭而不勤此役、名之夫銭、是即今所謂夫銀之起原也、
雉堞紆餘、麗譙聳雲、其殿閣、乃
以豊太閤賜　國祖豊臣関白
秀次伏陽遺館造之、秀次有淫行文禄乙未七月、豊太閤賜死于
南紀之高野、故結構彫繢之粟、煥如云、

図 D 『高岡山瑞竜閣記』天保 14 年（1843）＝森田文庫

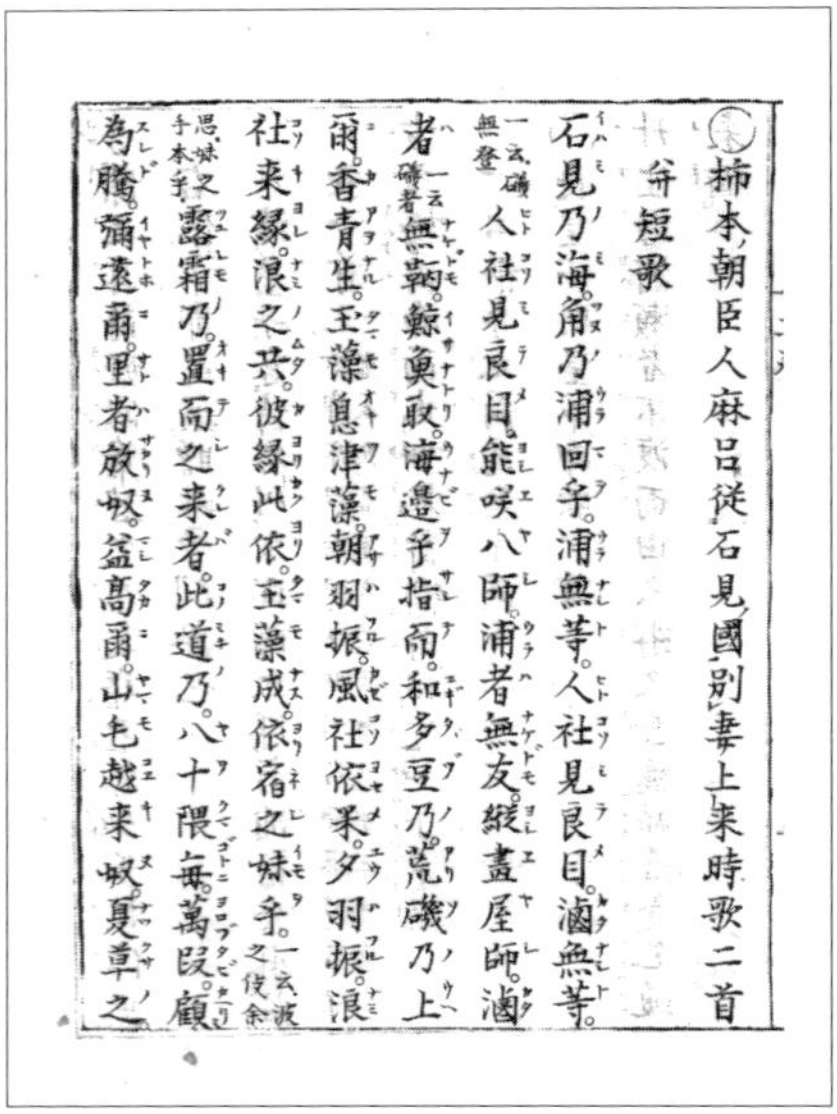

柿本朝臣人麻呂従石見國別妻上来時歌二首
并短歌
石見乃海角乃浦回乎浦無等人社見良目滷無等
一云礒無登 人社見良目能咲八師浦者無友縦畫屋師滷
者 一云礒者 無鞆鯨魚取海邊乎指而和多豆乃荒礒乃上
尓香青生玉藻息津藻朝羽振風社依米夕羽振浪
社来縁浪之共彼縁此依玉藻成依宿之妹乎 一云波
思妹之手本乎 露霜乃置而之来者此道乃八十隈毎萬段顧
為騰弥遠尓里者放奴益高尓山毛越来奴夏草之

図 E 『万葉集』弘化 3 年（1846）～（これは改まって特に丁寧に書いた字の見本）＝家蔵

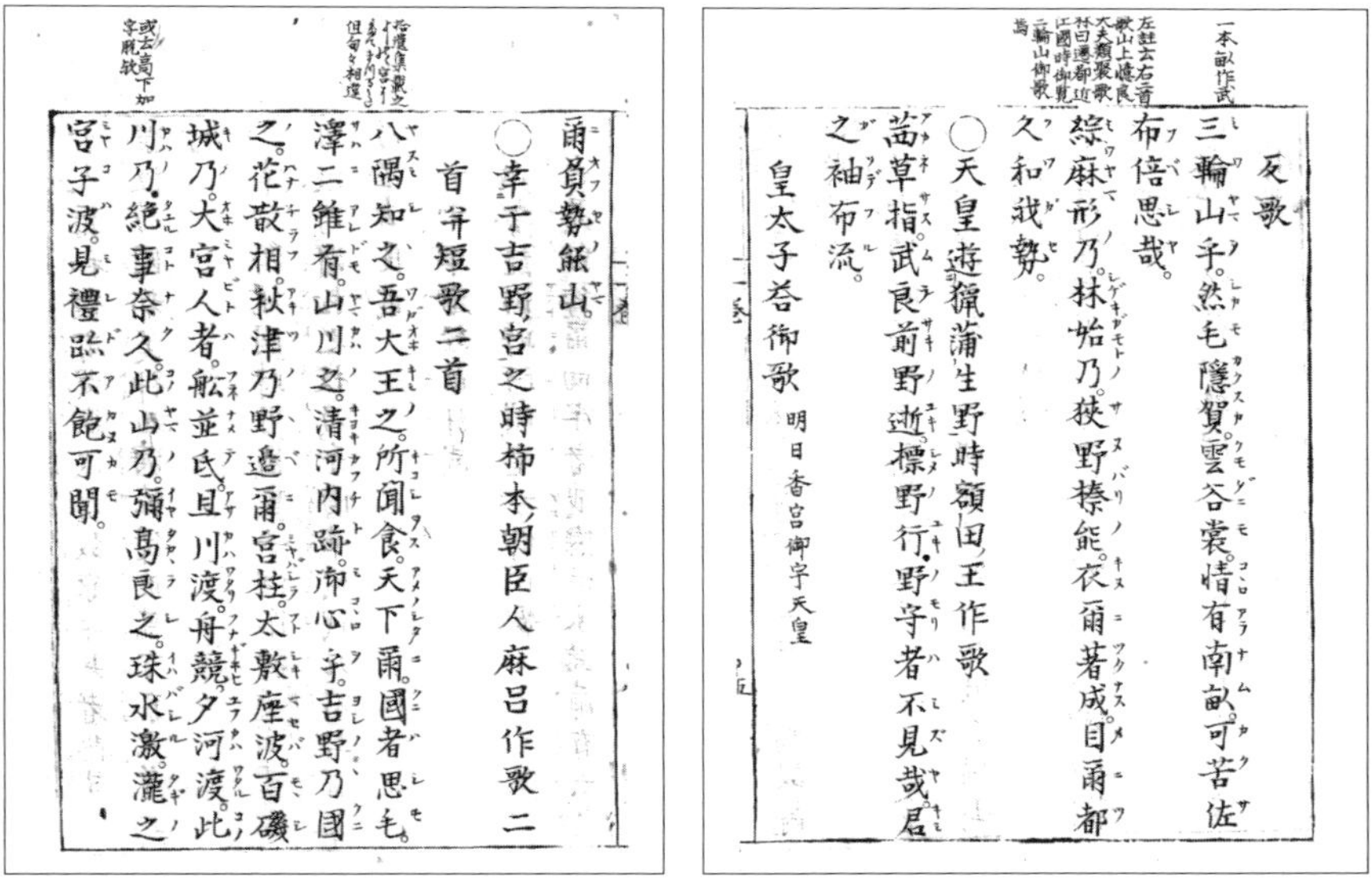
反歌
三輪山乎。然毛隠賀。雲谷裳情有南畝。可苦佐
布倍思哉。
綜麻形乃林始乃狭野榛能。衣爾著成目爾都
久和我勢。
○天皇遊獦蒲生野時額田王作歌
茜草指武良前野逝標野行野守者不見哉君
之袖布流。
皇太子答御歌　明日香宮御宇天皇

爾負勢能山
○幸于吉野宮之時柿本朝臣人麻呂作歌二
首并短歌二首
八隅知之吾大王之所聞食天下爾國者思毛
澤二雖有山川之清河内跡御心乎吉野乃國
之花散相秋津乃野邊爾宮柱太敷座波百礒
城乃大宮人者船並氏旦川渡舟競夕河渡此
川乃絶事奈久此山乃彌高良之珠水激瀧之
宮子波見禮跡不飽可聞

図Ｆ　『万葉集』部分＝家蔵

文政六癸未年二月十五日生柿木畠之宅幼名鉄吉母同上同九年
十一月十九日着袴　主殿忠順君御代天保八年十一月十八日被召出
賜花紙代銀六枚御近習勤仕但當時依越中境御引越住節
朔望出勤于時十五歳同年十二月八日御留主中隔日相詰御用
所可見習之旨被命之同十年正月十九日執前髪賜四人扶持
改右平之丞御近習役如故于時十七歳同十四年三月十七日為
御用人役見習一人扶持御加増賜五人扶持弘化三年正月廿九日
名前文字改平之佑嘉永三年五月七日忠順君御轉役町奉行
同九日被命御用方立代役但本役山川十郎兵衛允右同様可ニ
相勤之旨被命之同年十一月廿一日依御願御役並御免除同
四年正月七日被命御用人本役并御安足軽支配同六年二月
十九日依被心衆御馬廻頭御用通達役被命之同年三月二日依
御家譜撰方筆之功一人扶持御加増六人扶持賜之安政元年四

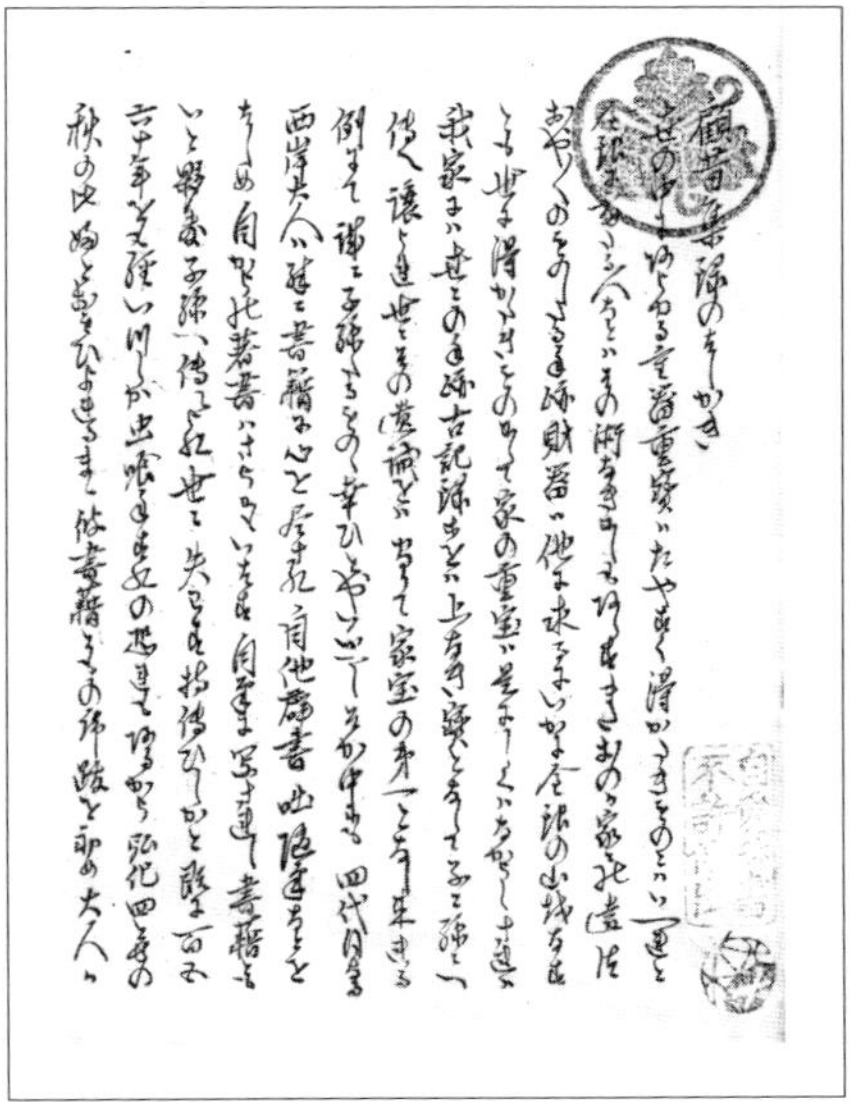

図Ｈ　『改正森田家譜・下』（明治 30 年頃まで書いており後を長男外與吉が書き継いでいる）＝家蔵

図Ｇ　『顧昔集録・元』安政６年（1859）＝家蔵

（なお今年平成二十年（二〇〇八）十二月一日は、柿園が明治四十一年（一九〇八）十二月一日に八十六歳で亡くなって、ちょうど百年目である。この論考を柿園はどう評価してくれるだろうか。）

二〇〇八・八・二五

（二）平次の日常

1　ひたすら机に向かっていた平次と忠孝饅頭

第二次大戦の頃まで、金沢に「忠孝饅頭」というお饅頭があったのを覚えている方がまだおられるだろうか。小さい白いお饅頭で「忠孝」と文字が焼きつけてあった。

これはむかし香林坊の角にあった饅頭屋さん（亡母もその店の名は覚えていなかったが、故平石英雄氏が地蔵餅々店ではなかったか、と言われた。）で作り出したもので、いつ頃のことであったか、売り出すにあたり何かよい名をつけてほしいと、その頃もうかなりの有名人になっていた森田平次に頼みにきたのである。平次は快くそれをひきうけ、考えた末「忠孝饅頭」と名付けてあげた。店の前に名付けの由来を書き出して売り出したところが、それがよく売れたので、その店では大層喜んで、平次が生きている間は、盆であったか暮れであったか、一年に一回、かならず饅頭を一箱ずつ届けてくれたそうで、その後も喜久が店に買いに行くと、ずいぶん愛想よくしてくれたとの事である。この店は戦後しばらくはあったそうだが、昭和六十一年の夏、母と香林坊辺りを訪ね歩いてみたところ昔の面影は全然なく、どうなったのやら分からなかった。「忠孝」などという言葉は第二次大戦後捨て去られてしまった語だから、それにつれてこの饅頭が消えてしまったのも無理ないことであろう。

平次の生活や人柄について巷間に伝えられているのは、俗交を避け、ひたすら著述にはげみ、というような面ばかりだが、こういう一面もあったのである。しかし大体は研究の仕上げの為に寸暇を惜しんで机に向かっていたようで、晩年を一緒に暮らした孫の良雄は、いつも机に向かっていた後姿が強く印象に残っていたようだ。妻の逸は来客を取り次いだり用があったりすると、部屋の唐紙（からかみ）(注1)を開けて手をつき、平次の背中に「申し申し」と声をかける。すると平次は初めて筆をおき話を聞いたという。心から平次の為に尽くし、内助の功大であった逸がいたからこそ、余世を著述にのみ打ちこめたのだと思う。貞淑な明治の女であった（と私には思われる）嫁の喜久でさえ「私はとてもああはできない」と言っていたそうである。

（注1）唐紙――唐紙障子の略。『加賀なまり』「カラカミ　襖　今障子唐紙ナト云フ唐紙ハ〔フスマ〕ナリ　東京ニテ〔カラカミ〕ト云フハフスマノ上ニ張ル紙ニテ此方ニカラカミ紙ト云フモノナリ」

2　巷間に伝えられる逸話から

『加越能時報』二一一号（明治四十一年十二月）所載の平次の逸話を一、二紹介すると、謡曲にくわしい古い友人が「山姥」の中の「あげろの山」(注2)は越中のどの辺にあるのか疑問に思い、質問の手紙を出したが一向に返事がなかった。その後某氏は平次に会って再びその事を訊ねた所、平次は、謡曲のような仮作物について事実の考証に時間を費やすなどというのは時間の無駄、甚だ無益の事だと答えたという。何とも愛想のない態度だが、実は平次は慶応元年（一八六五）三月十九日に友人ら(注3)と越後の上路山の旧蹟を探し尋ねているのである。越中・越後の境の境川（注4）から一里（約四キロ）ほど上った太平村（注5）でも、そこから荒沢村（注6）を経て又一里ほどの上路村でも、肝煎も村人らも知らず、やっともう足が弱って案内が出来ぬという老人・源左衛門から道を聞き、太平村の五右衛門を案内者としてそこから二里ばかりの上路山の絶頂に到ったが、雪が三四尺——一メートルを越すほど積もって、その難儀、言語に絶するものであった。「旧跡と申す処は山の絶頂に凡そ五間（約九メートル）四方ばかりの大石之有り、石の上雑木生茂り、文殊の石像之有り、右大石の下に山姥住居り候と申す穴之有り、穴の内何も見物いたし候」「戻りに上迄路村源左衛門方にて食事いたし、太平村辺より提灯燈し夜六時過御貸屋へ罷帰る。道程境より太平村迄一里、太平より上路村へ一里、上路村より旧跡迄二里ばかりと云。」（『柿園日記』六）つまり往復三十二キロも歩いたわけで、ずいぶん印象深かった一日だと思われるのだが、とぼけたのか或いは忘れてしまったのか、老い先短い事を思って一刻も惜しんだのか。とにかく某氏はその時どんな顔をされたものやら。全く申し訳ない。私が代わって謝りたいような気がする。また、平次について学んだ博学の某氏が、平次七十六歳の秋、訪ねてきて、来年には喜の字の賀宴を挙げる年齢となり、壮者も及ばぬ程元気なのを祝って「誠に恭悦に存じます」と祝詞を述べたところ、彼は意外にも顔色を変え「喜の字と七十七とがどうして同じなのか、あなたのような和漢の書を深く読んでいる学者から、そのような言葉を聞くのは以ての外」と怒ったので、某氏は答える言葉もなく唖然として辞したという。心ではそう思っても一応は社交辞令として謝辞など述べるのが普通であろうに、そんなことはお構いなし。ゴシップ記事として多少割り引いてみたとしても、世間からは少々変人扱いされていたのではなかろうか。とにかく奇警人を驚かすということは知人の間でだれ知らぬ者もない事であったらしい。名利を求めず、世流におもねらず、あくまでも自分流に生き——そして生きている間に調べた事をまとめておかなくては、と必死だったのだろうか。しかしこれも天性まじめだったが為ではなかろうか、と私には思われる。きまじめすぎて融通がきかず、先を見通して臨機応変に動く要領のよさもない。前述の『忍ぶの露』に平次没後良雄は、平次と親しかった人々から「祖父君の如く立派なる文学者と成らばよからんといふ人あり、あんなにむつかしき人となるなといふ者もありき」と記す。その業績はたしかに相当なものだったのであろうが、世渡りも下手で、著述に熱中するあまり、老年になって世間とのつきあいもなおざりになり、いろいろ誤解もされたのであろう。誤解されたり裏切られたり、世の中でもまれた結果つちかわれた生き方だったのであろうか。

（注2）あげろの山――新潟県の南端、青海町（現・糸魚川市）の南にある山。古来難所として知られる。山越しに青海山に出る道を上路越といった。西側の海辺に親不知がある。謡曲・山姥「弥陀来迎の直路なれば上路の山とやらんに参り候ふべし」とある山姥の伝説地・上路は江戸期からの村。明治期は西頸城郡上路村。昭和二十九年青海町に合併してその大字名。上路は青海町の西部。加賀藩の越中境関所のあった現・富山県朝日町と接する。農業地域で、中央を上路川が西流し流域に集落が点在。棚田を除いては大部分が山林で過疎化が進む。平成十七年三月十九日青海町は糸魚川市・能生町と合体して糸魚川市となる。

国土地理院の地形図にも記されている「山姥の洞」は親不知から直線距離にして四キロほど南の山中にあり現在は道案内の表示も整っていてふもとの集落では「山姥さん」と呼んで山の神としてあがめ、年間二、三十人ほどの登山者（ほとんど謡曲の愛好者とか）のため道の整備をしているという。巾五メートル以上ある岩の下は深くえぐれ、巾約二メートル、高さ約四メートル、奥行き約四メートルほどの広さの穴があいていて人一人暮らすには十分の広さだという。洞穴の上から屋根のように覆いかぶさる踊り岩の上から眺めると上路の集落から日本海まで見渡せるそうだ。満月の夜、踊り岩の上で真赤な装束をつけた山姥が舞う姿が上路の集落から見えたという。（平成七年八月三十一日『日本経済新聞』）

（注3）友人ら――この年平次四十三歳。前年暮れから境関所在勤中で、御貸家の対面所で年始の礼を申し上げ、境詰めの家来一同、正月の雑煮を頂戴した。山姥の旧跡のことは知っていたが、行った者はなく、境に居る内に行ってみようと与力の東方喜太夫の誘いで、西田千之丞、岡崎義右衛門、廣川良蔵、伊藤周蔵と平次は足軽市之進を連れ、計七人で出掛けたのである。

（注4）境川――新潟県と富山県の境にある。途中上路川が合流して日本海に注ぐ。

（注5）太平村――江戸期～明治二十二年の村名。頸城郡のうち。地内で石油を産し弘化・嘉永年間には新田開発が進んだ。明治二十二年松平村の大字となる。明治三十四年松平村は松代村となりその大字。昭和二十九年からは松代町の大字。平成十七年四月一日松代町は十日町市、川西町、中里村、松之山町と合体して十日町市となる。

（注6）荒沢村――明治二十二年に青海村、田海村、歌外波村、市振村、上路村、須沢村、今井村が成立。富山県境・境川の右岸にある市振村は家屋が密集していて火災被害が多く、大正三年（一九一四）、八年と全村焼失に近い災害に見舞われ、同十二年枝村の風波はなだれで一家六名死亡、ほか三軒も市振、外波に移転して廃村となり、昭和三十六年には枝村の荒沢も残った最後の二軒が移転して廃村となった、という。ここで荒沢村といっているのは、この市振村の枝村の荒沢であろう。なお前にあげた村々は明治二十九、三十六年と、その後合併して青海村（昭和二年青海町）、今井村となり、現・糸魚川市。

3 交友関係

二（四）の平次の生涯の嘉永六年の条に、壮年の頃の知人友人として名を挙げたので少し重複するが、平之丞、平之佑と名乗っていた若い頃は、浅野屋佐平、小倉有年、鍋屋米積、狩谷鷹友らと親しく交わり、ある時は文学を講じある時は国事を談じ、暁に到るを覚えずといふほどであったといふ。さういふ友人達からの手紙を一冊とした『懇友書簡』には、如来寺知一上人、水野三春の手紙などが数多く綴じこまれ、交流の深さが知られる。書簡には他にも多くの人達からのものがあるが、大体は書物が好きで、多くの書を調べ集めたりし、国学を学び、或いは俳諧を好み、といった人達が多いようである。宮方宿祢、(注7)中橋三鈴（津幡屋佐吉）(注8)など。また神官も多く、石川郡大野湊神社神官・河崎沙、(注9)能登鳳至郡六所明神神官・神杉八束（俗称大和）、(注10)鳳至郡白山社神官・四柳（よつやなぎ）長門、(注11)越中新川郡宮崎明神神官・九里東太由（東大夫）(注12)や、維新後郷社の祠官となった青山永保（彦右衛門）、(注13)越中射水郡御田神社祠官・平井正武、(注14)白山比咩神社宮司、後能州輪島重蔵宮神官・荒地春樹(注15)など。他に「竹馬の朋友也」「予と同齢也」と記す下田守備。(注16)南無庵文器（小嶋文左衛門為宣）(注17)は「嗚呼懇友の随一となす乎。老後の親友と謂ふべき哉」と特記する。かう記した明治二十六年（一八九三）には平次は七十一歳、若い時からの友人は、例えば中橋三鈴は明治二年没、青山永保は同十四年没。河崎沙、四柳長門らは三十余歳で没と、だんだんと居なくなり、昔とすっかり変った世の中に残された老年の平次はどんな思いだったのだろうか。晩年に懇意にしていたのはごく限られた五六人に過ぎず、二　系譜（四）平次の生涯の項にも記したが、東京の前田家編輯係の人々と、金沢では北国新聞の赤羽万次郎くらいだったそうで、赤羽氏は北国新聞を年中進呈してくれており、赤羽氏の没後も氏の遺言で柿園存命中は贈呈されたので、北国新聞だけはずっと読んでいた。

友人とは別だが、親戚縁者との関係は、「家」を大事にしていた当時としては普通の事かもしれないが、とても大切にしていた。日記に弟の上田家をはじめ、妹達の嫁ぎ先の人々など縁者達の、誕生・縁組・昇進・病気・死去等々について細かく記している。

明治十六年（平次六十一歳）九月廿三日　小泉甚助（娘春の夫、のち離婚）母義七回忌茶湯、酒弐升遣す。

（同年）十一月七日　森（妹信の嫁ぎ先）亥之吉祖母義去九月廿八日病死の由花代拾銭遣す。

明治二十一年（平次六十六歳）一月廿八日　斎川（逸の実家、大浦氏は明治三年斎川と改めた）貞次今度能州七尾へ詰替命ぜられ今日出立。

明治二十四年（平次六十九歳）十一月十二日　上田貢義当七日陸軍炮兵中尉に昇進の段申越。等々。

（注7）宮方宿称――金沢町医。「皇学の志厚く、群書捜索して著述多しといへど草稿にて遂に没す」草稿は多く残したが出版されぬままであったらしい。七十余歳で没す。

（注8）中橋三鈴――「雑書を好み俳諧をなす」代々片町に住み蔵宿を業とした。裕福だったが遊事を好み散財し明治二年四十六歳で没。

（注9）河崎沙――河崎氏は代々大野湊神社の神官で従五位下相模守を拝任。維新の際位記を返上した。実は藩士伊藤氏の子だが河崎氏の嗣子となった。三十余歳で没す。

（注10）神杉八束――「人となり実直にして敬神の本位を失はず、水野三春の遺志を継ぎ神職の本義を墨守す」と評している。

（注11）四柳長門――「皇学に志厚く、人才ありと云へども三十余歳ばかりにて狂気し天命を遂げず没せり」と記す。

（注12）九里東太由――祖先以来東大夫と称し神官だったが、村役人となって神主の名義を失った。平次が境詰めの頃から懇友となり、後寺社所在勤の頃

神官に推挙し神官にもどった。

（注13）青山永保――本多家の臣、七十石。田中兵庫の門人。維新後小学校の教員、のち郷社の祠官。明治十四年没、六十六歳。平次の「実方従弟の継族也」とあるので、遠い親戚になるのだろう。

（注14）平井正武――従五位下陸奥守に叙せられる。「皇学に志厚く真淵、本居両大人の著書を渉覧し神代以来の故事を考察し越中にて神官中の一人なりと云ふ。人となり甚だ篤実にして殊に信義を守り約を違へるなど聊かなき人也。但し五十歳未満にして没す。可惜矣」

（注15）荒地春樹――大聖寺の士族。「近頃苗字を愛発の古字に改たり、皇学に志厚く……人となり怜悧にして勉強すと云へども人望を得ずと云」

（注16）下田守備――幼名和三郎、後、和平、実名初め守直、後守備と改めた。平次と同齢で、幼年より儒学を学び十七八歳で門人を集め教授し、平次も入門して四書五経を学んだという。廃藩後士族に列せられ、小学校の教員となった。明治二十年頃没。

（注17）南無庵文器――加賀藩料理人、俳諧を好み北枝の門流。彦三（ひこそ）一番丁に住んでいた。明治二十六年没、七十七歳。

4　蔵書を非常に大切にしたこと

平次は子孫の心得の一として「蔵本を人に貸し渡す事」を堅く禁じている。（『子孫心得方遺戒書』――明治三十年頃から書きつぎ、筆をおいたのは三十八年と思われる。）森田家は代々蔵書家として知られていたが、彼はそれを誇りとし、壮年の頃から自分も一心に珍しい本を集め、書写して更に蔵書をふやし「家の宝財重宝は書籍を第一とす」と言って大切にしてきた。明治五年（一八七二）には三州の事蹟について調査研究し多くの著述のある事を賞されて、金沢県庁から旧記類二十六箱を拝領し、旧藩主慶寧卿からも古書を拝領している。彼はこれを「我家の面目、祖先への孝行、吾身に於て一生の僥倖是にしくものなし」（『遺戒書』以下同）と感激し、これらを子々孫々に申し残し「家あらん限り大切に保存致させ申すべし」と請書に記した。そして子孫心得として、いかなる貴人より頼んでくるとも一切他へ出してはならない、更には人に見せてはいけない、とまで言っている。実はこれにはわけがあり『歴代伝言記』（注18）としてまとめたものに、次のような経験を記している。四代盛昌筆の『漸得雑記』二十六冊は家の重宝であったが、この中「八ノ巻一冊は……父の手跡也」とあり、そのわけは、文化年中高木勢之進が借りゆき、ある時居ねぶりをして爐の火で前の方をこがし「殊の外云わけにて返されたり」。是非なくそこだけ除き表紙をつけかえ、目録を補ったのである。「先代より伝来する書物は容易にかすまじく、一冊紛失しても成りがたき物也、よく〳〵人を吟味し遣（つかわ）すべし」「若し懇望に依て貸遣すとも廿日或は三十日を限とし、……返さずは是より入用の旨にて催促すべし……写したしとおもふ書物は急速に写し揚るもの也。半年も一年も捨置きては迚（とて）も写されぬ也。夫故長く留置くものは先づは返済する事を忘れ捨置き、いつしか紛失の場合へ至るもの也」「かり主の見るのみなれば仮令（たとい）半年一年立ても紛失する事なし、其者より又他へかし渡す故にいつしか紛失する也……故に予は都（すべ）て書物は他へ出す事をば禁ぜり。」

一方、借りた本を大切にした友人の話も記しているので紹介しておこう。嘉永六年の春頃、友人の横山遠江守の家中桜井彦左衛門に富田景周（とだかげちか）の『越登賀三州志』一冊を貸した。彼は親友で格別懇意にしていたので貸したのである。その四月十七日昼八半時頃、同家中から出火。「折節風烈しく暫時の内に鈴見橋まで焼抜け、数十軒焼失せり。桜井氏則ち類焼也。此日調練にて彦左衛門殿にも出居られたるが火事とある故、調練装束のままにて欠付（かけつ）かれたれど早（はや）居宅類焼せし程にて、留守の者取出したる品とては書物箱と僅（わずか）小袖簞司二つ引出すのみ也。」「其日平之佑当番故、早速見舞として父行給ひしが焼跡に彦左衛門殿居られ父の御顔を見るとひとしく、御かり申したる御書物は無難に取出したり、先づ此義は御心易かれと申す。」「か程の急火に殊に御留主なるに書物箱は不思議に取出されたる哉と父の申されたれば、是は又と得がたき物故常々家内の者へ申付け置きたりとの咄也。」との事であった。平之佑は翌日、染付の客茶碗十を有り合わせの箱に入れ、差し当たりの用にとお見舞に行ったということである。

もとに戻って、明治十八年（一八八五）六十三歳の時、東京前田家から蔵書を借用したいと申し入れてきた時には、自分の著述に入用だし、一切他出しないことにしているので、是非にという時には私方にて筆耕者に申し付けて写させることにしたいと答え、結局この後は写させているが、これはけちで言っているのではなく、この時一方では、松雲公親筆の奥書のある『春日社家日記』二冊、『加茂社家日記抄』一冊は前田家に献上している。彼の言い分は、此の頃段々世の風儀が悪くなって、来る人間は大抵本を借りようとか話を聞こうなどというのだが、本を貸せば失くしたり返さなかったりするし、話をすれば間違った事などを新聞雑誌に載せたりするし、迷惑な事ばかりで少しもいい事がない。そんな者の相手に貴重な時間を費やすよりは、少しでも自分の研究を続けた方がずっと世の為になると思うということで、その為、めったに人に会おうとしなかったので、門前払いをくった者は彼のことを悪く言う、それで又彼はますます俗人を遠ざける、という結果になったようである。（蔵書のその後については、二　系譜の（五）外舆吉と蔵書、著書のその後の項を御覧頂きたい。）

（注18）歴代伝言記――はじめ父大作が森田家に養子に入ってから、先祖以来の事蹟・家風等のいろいろを養父母からもれなく聞き伝え、それを又平次らにも夜話などに毎度語っていた。これを子々孫々まで永く伝えたいと書き始めた所で大作が死去したので、平次がそのあとを書きついで一冊とした

もの。安政四年七月二十五日、父の百ヵ日より筆をとり、追々思い出した事を朱筆で書きこみ、明治三十年七月にまとめおえている。

5　まめな手すさびと物を大切にする心

いつも机に向かっていたとはいっても、色々と手仕事をするのも好きだったようで、毎朝起きるとすぐ床の間のえびす様を拝み、日常は大層まめで、竹の釘を何百本も自ら作り、いつ入用になっても役に立つようにしていた。そして一枚の紙も粗末にせず、ほぐ(反故)紙を見ればすぐかんじんより(注19)を作っておき、それは大層丈夫で、家人も重宝していた。今、私の手元に残されている著書類も、きちんと表紙をつけ、綴じてすべて自分で製本し帙(ちつ)を作り、著書に押してある家紋印、蔵書印なども木を彫って自作したものである。細い竹の一節に穴をあけ、中に鉛を流しこんで作った文鎮も残っている。手製の杖は「明治二十四年十月五日手製、六十九歳柿園老人」と彫ってあり、日記によると自身は明治三十七年一月より杖をつきはじめたというから、時々腰痛を訴えた妻の為かもしれない。時々はこうした手すさびをしたりして楽しんだのであろう。

紙を無駄にしないのは徹底していて、私の手元にある『能登志徴』『加賀志徴』の原稿を見ると、襟を正したくなるほど表裏にびっしりと朱が入り付箋がついている。また当時の種々の書類等はきちんと一件一件袋に分けて入れて保管してあるが、その袋は何か書かれた紙の裏を用いて作った十九センチ×九センチ位の大きさの袋で、口を裏に折り曲げ例のこよりで封じたもの。その一つ一つに「明治元年十月　加賀藩御雇被命一件書札入　平次」「明治九年四月　石川県官辞職一件書札入　平次」「明治十二年二月　竪町等九町之戸長被命書札入　平次」……「明治三十六年四月　外與吉香川徳嶋大分三県出張一件」「明治卅

七年二月　征露軍事費支辨国庫債券応募方一件」「明治三十九年五月十五日　翠園様五十回忌一件於放生寺」のように記され、それらが何十袋入っているのか、三十×四十×十三センチほどの大きい木箱にびっしりと詰めこんである。とにかく一枚の紙をも無駄にはしなかったのだと、現代の世相と比べ、そのきびしいほどの落差を痛切に感じる。

それから蔵書の整理等もきちんとされていたと思う。本には、分類の基準は未だ明らかでないが、四角・矩形・菱形などの付箋を種々の色で作り、それを組み合わせて貼っているし、それらを収納する蔵の中は、本ばかりではく、什器類も含めて、お盆に至るまですべて番号がつけてあり、暗い中でも何処に何が置いてあるか分かるようにきちんと整理されていたそうである。

（注19）かんじんより——観世縒（かんぜより）のなまり。和紙を細長く切り指先でより合わせたこより（紙縒）。またそれを二本より合わせたもの。

6　健康への配慮

人生五十年の世の中ではあったが、平次は明治三十六年（一九〇三）に夫婦とも壮健で金婚を迎え、翌三十七年、八十二歳で家督を息子に譲って隠居し、四十一年（一九〇八）八十六歳の長寿を全うする。毎年元旦には日記に、息災で一家健やかに新年を迎えた喜びを歌や句にして書き留めているが、健康にはずいぶん留意していたようである。明治二十八年（一八九五）（平次七十三歳、逸六十二歳）子孫に示す詞として日記にも書き、又生後十ヵ月の良雄に、成人の上は朝夕読ませるようにと別紙に認めた書付けがある。（これは日記と共に押し入れ深く蔵われたままだったので、朝夕読んだとは思えないのだが）「長寿壮健を思はば必ず衛生を専要とすべし　衛生は必ず飲酒過食を慎しむべし　老後安穏を思はば必ず蓄財を専要となすべし　貯蓄は必ず堪忍質素を慎み守るべし　衛生も貯蓄も常に忘るなよ老いて悔むはおろかなるべし」健康、経済、身の分限を思い、分相応に暮らす事は平次の父・大作の教えでもあり、これは今日でも十分通じると思う。

（イ）煙草・酒の禁止

『子孫心得方遺戒書』には「一、男女共烟草を呑む事　一、大酒并に晩酌の事」を堅く禁止すべき事の条に加え、くり返し述べており、これは自戒を含めての「平生心得べき事」だったのであろう。彼自身若い頃は煙草を好んだそうだが、やがてその有害なるを悟り喫煙・飲酒をやめた。ただ、決意はしてもすぐに完全に止められたのではなさそうで、明治十九年（一八八六、六十四歳）正月の決意として（経済的な事情もあって）酒・煙草禁止をかかげながら（『柿園日記』七）一方『遺戒書』には六十二歳で晩酌を禁止し六十六歳で煙草を禁止したと記し、決意しながらもつい止められずに飲んでしまう、いかにも人間的な面がうかがわれる。皮肉なことに「せがれ外與吉」は大蔵省専売局に職を奉じ煙草製造専売事業に永年尽力しているし、良雄は煙草をやめる位なら死んだ方がマシだと言って子孫の心得をとうの昔に忘れ去り、最後に入院するまで煙草を手離さず、家中ヤニで茶色くなって掃除の甲斐もないと九十歳近い妻を歎かせていた。

酒については、美川の県庁に出仕していた時（明治五年、五十歳）懇意にしていた医師米田文庵が、大酒の害を病気と関連づけて説くのに共感したこともあって、自分なりに大酒をつつしむ事が健康の為であり、それに、酔ったが為に言うべからざる事を口走りなどして親族知己等との交わりがこわれる事もあるなどの点を考え合わせて、その禁止をうたったものであろう。

（ロ）暴食のいましめと粗食のすすめ

健康上ではもう一点、暴食をいましめ粗食をすすめている。これは分相応に暮らすのが第一とすることから自然に導かれた結果でもある。「大酒暴食なすべからず、身を害するのもとひなり。粗食節倹第一なり、身の分限をおもふべし。」（『歴代伝言記』）を忠実に守って、自分でも「質素倹約を守り大酒美食を禁じ奢侈をつつしみ」と記している平次らの食卓は、献立などを日記に書きのこすことなどなかったから分からないし、ごく質素なものだったろうと想像されるのみだが、『加越能時報・二一一号』（明治四十一年十二月）に（これは平次のごく親しい某氏からの伝聞だと書いてあるが）、主食は毎日粥をつくってこれを二食とし、お菜は淡泊な野菜類を主とし、肉は食べず、ただ魚の刺身少量を食べるくらいだったと記してある。老年に入ってからは、息子は他の地に奉職して別居、召し使う女中さん一人くらいで、老人夫婦の二人暮らしであったから、あっさりした菜食を主とする献立が多くなるのも自然であったろう。当時は現代とは異なり一般庶民がそれほどぜいたくな食生活であったとは思われないが、それと比べても質素なものだったのであろう。孫の良雄らと暮らした八十五・六歳の頃は、食べ物の好みも片よってきたのか、ある時は「常に黒作り（注20）を膳に上せ、しかもそろ〳〵と食し」程なくこれもいやになると「なすびのごまあげ」（ごまあえか？）を食事毎に食べるのが続くというような状態だったらしい。また柿・桃・蜜柑等の時節にはそればかり食べ、しかも柿も蜜柑も腐敗に近いほどぐちゃぐちゃになったものばかりを食べた。（『忍ぶの露』）歯が悪くなっていたのだろうか。

柿木畠に住んで柿園と号したほどだから、庭には柿の木があり、柿は好きだったようで、良雄は「庭の柿をうまそうに食べていた」と思い出を語り、嫁の喜久は、私の母（良雄の妻・貴子）に、庭の渋柿を米櫃に入れて渋を抜き、甘くなった時分に出し、それにおちらし（麦こがし）をかけて、こたつに入っておいしそうに食べていた、と語ったそうである。

（注20）黒作り――イカの塩辛の一種。腹筒部の肉と墨袋をまぜて作る。富山県の特産。『饅頭屋本節用集』「黒作クロツクリ」

7　経済についての考え

次に経済については、所帯をつづまやかにして経済を大切に心得、質素倹約を第一として奢侈を禁じ、「厚く金銭を貯へば非常を恐れず」とも記す。（『遺戒書』）一般に士族は、金銭に関することを口にするのははしたないとする者が多かったが、平次は父の代からの夢である蔵書を納める為の土蔵建築を目標に、要用会社（注21）に預金して資産を増やすつもりでいたのに、その要用会社が明治十七年（一八八四）につぶれてしまい、先祖以来の家禄分まで失ってしまった。彼はその責任を痛感し、又こつこつと倹約しながら金を貯め、もとの資産を取り戻し先祖への申し訳を立てるので、「蓄財を専要となすべし」というのは多分実感であろう。『遺戒書』に追加として朱で「一、貯蓄金は郵便局に限る事　一、銀行并に金満家に一切預くべからざる事」と書き足しているのを見ると、余りの率直さに、申し訳ないがつい笑ってしまう。

もう一つ、たとい親族縁者とか朋友懇意の人々であっても金銀米穀等を貸借するな、それは勝手不如意の基となり、不経済の第一である。また金銭貸借等の請人（保証人）に立つな、どんなに頼んできても断然断ること。これらの為にもし互いに不義理な事が起こったりすると不通断絶の基となる、という。これも現代にも通じる尤もな戒めである。(一家親族、朋友知己等と争ったりすることなく協調して仲よく暮らしてゆきたいという気持ちが底にあると思う。『日記』に親族の動静まで細かく書きとめているのもそのあらわれであろう。)

この他内輪の経済として、所得の三分の一は非常用に貯蓄せよとか、買い上げの代金は当座払いとし、掛けにしてはならぬ、飯米薪炭などは下直の時期に買い入れよとか、細かい注意もしている。これは非常の場合や飢饉対策としても大事な事として、それまでの人生で体験してきたことから実感として導き出された戒めなのだろう。そして我家の分限を忘れず、つづまやかに暮らすのが子孫繁昌の基いであると信じ、自身も実行したのである。(今、思い返すと、良雄は分相応に暮らしてはいたが、こと蓄財に関しては全く無頓着であった。)

6の項でも引用したが、父大作良郷から相続人の心得方として箇条書きにしたものを示され、平次もまたこれを子孫に伝えてゆこうと思って記したその全文は次の通りである。

第一　大酒暴食なすべからず　身を害するのもとひなり
第二　たまさかに二三献こそ薬なり　是も毎夕呑むはよからず
第三　粗食節倹第一なり　身の分限をおもふべし
第四　人の金銀を借るべからず　不経済の第一なり
第五　我が金銀を貸すべからず　勝手不如意の基ひ也
第六　買がかりはなすべからず　皆現金に払ふべし
第七　何事もつづまやかにぞ暮らすべし　末繁昌の基ひなり
かき残す言の葉草を我家の掟となして世々に伝へよ　良郷(『歴代伝言記』)

（注21）要用会社――二（四）の（注37）を見よ。

8　毎日健やかに机に向かえる事を感謝して

おかげで八十歳すぎて隠居するまで、これだけの事を書くのだから頭もそれほどぼけてはいなかったと思われるし、高齢の割りには達者であった。良雄が「足を引きずって」と書いているように、その頃ローマチス症（注22）で歩行は少し困難だったが、時々は柿木畠から兼六園あたりまで歩いてゆくこともあった。あとは庭に出て草とりなどする程度、大抵一日中暗い一室に坐して左右の書と筆硯とを唯一の伴侶として倦むことなく、一日に眠りにつくのは僅か三四時間に過ぎなかったというのに、しかも終生、洋燈（ランプ）を用いず、旧式の行燈を使用していたというのだから、眼も悪くなったのではないか、また運動不足だったのではないかと気にはなるが、視力は至ってよく「無病壮健、杖も突かず眼鏡も用ゐず、壮年と異ならず」（『日記』八、三十五年元旦　八十歳）という。眼ばかりでなく歯もこの頃は非常によかったらしい。『加越能時報』によると「今の人間は吉利支丹の燈を用ゐ、又吉利支丹の肉食をするから、歯が早く落ちて近眼になるのだ」と言っていたそうである。ただし自筆のものにはそういう記述は見当たらない。世間からは、そんなことを言いそうな人だと思われていたのだろう。

運動不足という点については、昔の人はどこに行くにも歩いて行くのが普通だったから、若い頃から歩きに歩いて足腰を鍛えており、基礎体力がしっかりしていたのではなかろうか。（最近、私の住む街でよく見かけるのだが、若い人達が駅まで歩いて十分位なのに、バス停でバスを待っている情景。待っている間に歩けばいいのに、と私はそれを横目に歩いているのだが……）平次は金沢から越中の境まで、もちろん歩いて何回も往復しているし、白山麓にも調査で、とにかくいつも歩いていた。山歩きの長い私の友人が、平次の亡くなる半年前の写真を見て、その足袋の形に注目し、今ではこんなしっかりした足の人はいないと評していた。

（注22）ローマチス症――リウマチに同じ。（ドイツ Rheumatismus から）『綿』（須井一・一九三二）「父が劇的なロイマチスで病臥してゐたから」（『日本国語大辞典』による）

七　歴代の暮らしむきと言い伝えられた逸話

森田平次の『歴代伝言記』。反故紙をすき返したような薄墨の粗末な紙、びっしり墨で記した行間に朱の書きこみが細かくあって、一瞬読むのがためらわれるような冊子である。序文によると、歴代の祖先が家風を乱さぬよう、世々篤実に質朴を守って暮らしてきた事。実子なく養子が家督を継いだ事もあるが、みな養父母よりの伝言を洩れず聞き伝え、それを手本として夜話などにも毎度語り、子孫もよくよく耳に留めておくようにと言われて育ったが、咄（はなし）というものは追々間違う事も出てくるものなので、書き記しておいてほしいと父に頼んだところ、座右の紙に六ヶ条ほど書いたばかりで亡くなってしまった。そこで仕方なくそれを事の初めとして、安政四年七月二十五日、父の百ヵ日に筆をとり初め、常々聞いた事を思い出すままに書きついだものだという。朱筆は追々読み返し、思い出しては書き足したとある。

平次の家は曾祖父森田通顕の時から茨木家に仕えた陪臣で、通顕は五人扶持の微禄ながら、兄の死後、その妻と幼い子供達をひきとり、老父母と合わせて家族八人を養わねばならず、貧困たとえようもなく苦しい生活であった。代々貯えてきた道具類も次々と三度（注1）に売り払い、四代・盛昌以来ずっと住んでいた嶋田町の家も是非なく売って、二度ほど転宅の末、柿木畠の畑番人の古家に住みつく事になった。（これに関しては九「『柿園舎記談』について」に記述）

文政六年（一八二三）に平次が生まれた時は祖父母も在世していた。祖母は三歳で実父に死別し、七歳、

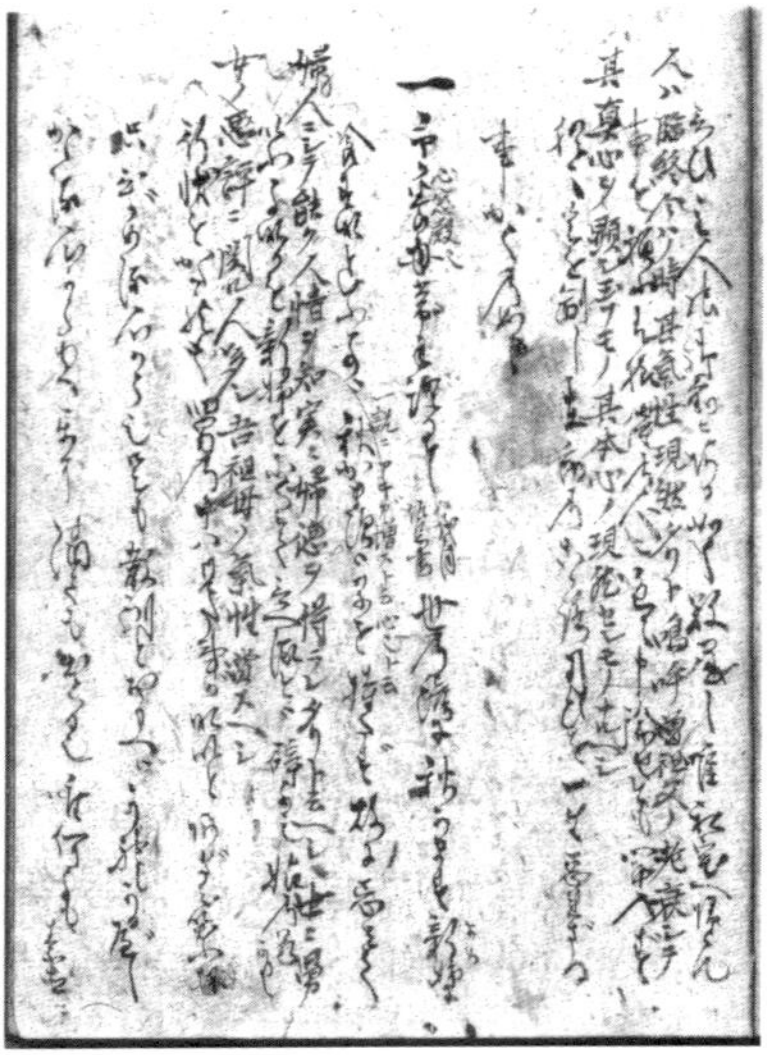

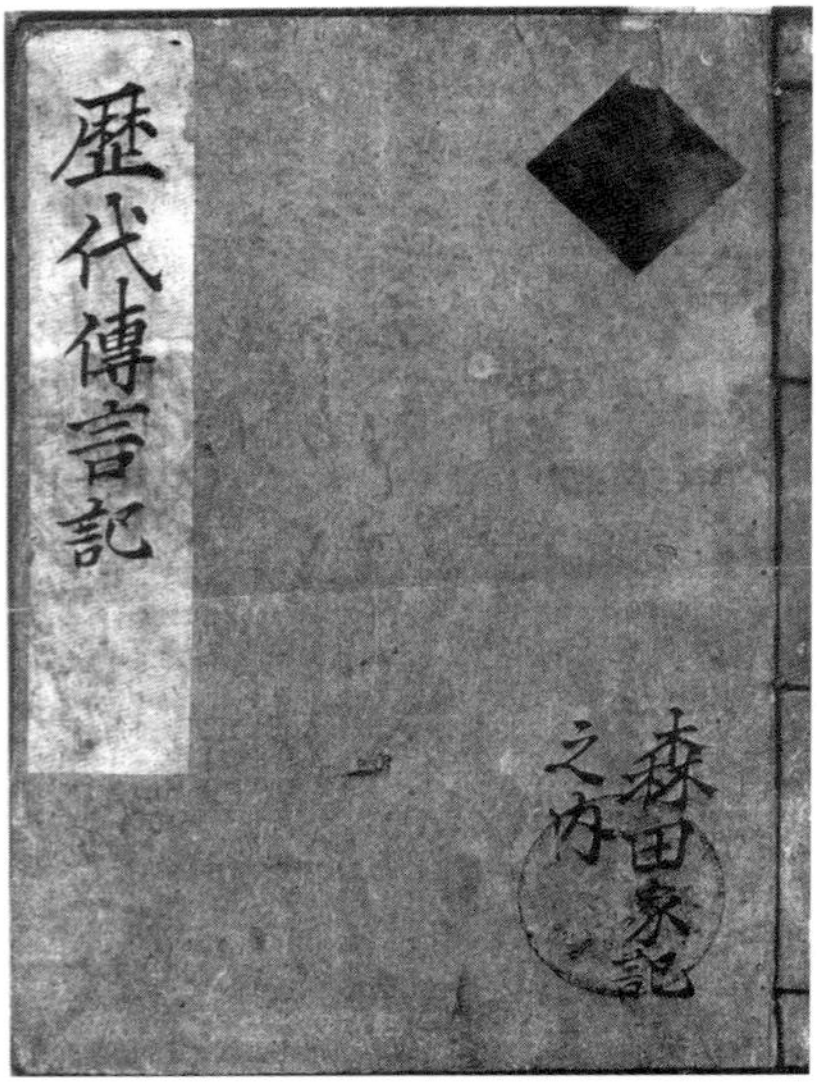

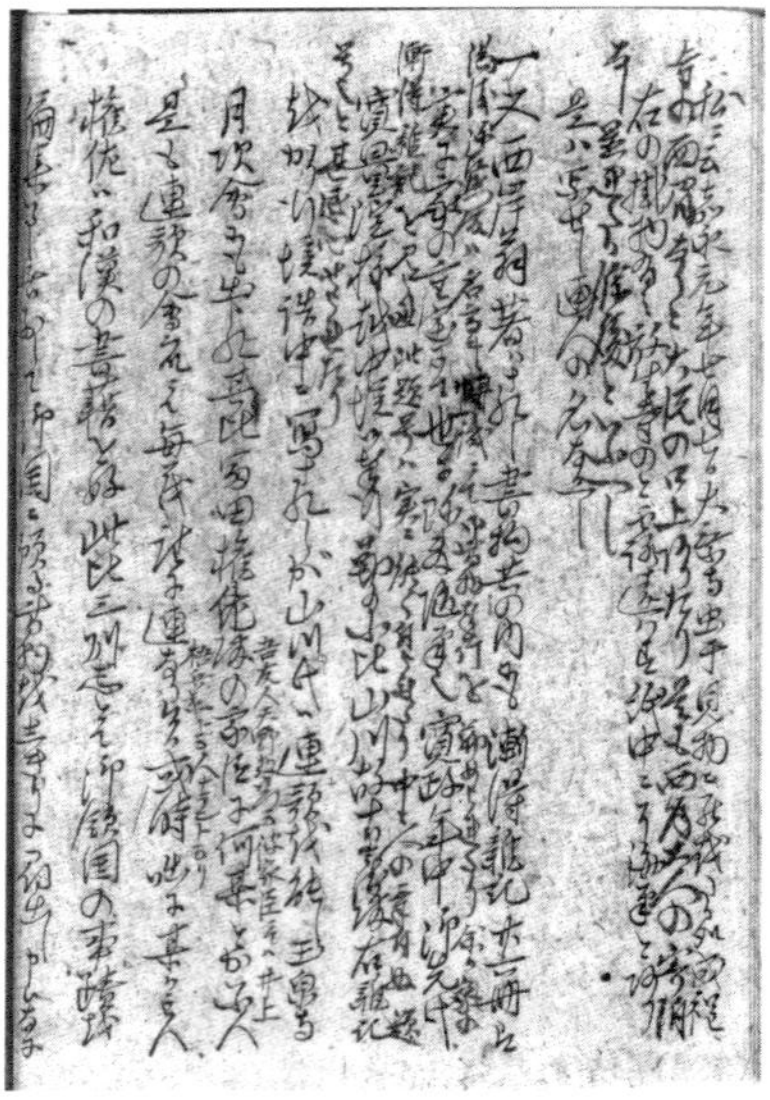

右上：『歴代伝言記』表紙
上：良郷筆の本文　右：平次筆の本文

五歳の姉と共に叔父通顕の養女となったので、幼いながら当時の貧しい生活を覚えており、親達から聞いた事なども常々話していたらしく、それによって宝暦頃からの生活も伺い知ることが出来るので、以下主としてこの『伝言記』から知られる昔の様子や逸話等を拾ってみよう。話の端ばしに珍しい言葉も散見するので、その語り口を生かして引用する。

(注1) 三度——江戸・大坂間を毎月定期的に三度往復した町飛脚「三度飛脚」から。用事を伝えたり物を届けたり種々の用事を手軽にひきうける便利屋。

(一) 食あれこれ

武士とは言え小禄の陪臣の家がとにかく二百年近く連綿と続き、記録好きの子孫のおかげで何彼と知ることが出来るのだが、一口にいうと、家の存続と子孫の繁栄を願って、身の分限を守り質朴節倹を旨として誠実に暮らしたおかげと言えそうである。四代の西岸は器用だったらしく、ずっと持ち伝えている内仏の厨子とか仏器等の細工物もすべて自作し、背中のかやき(かゆい)時一人でかく為のキヤキ(注2)で作った孫の手は平次の代にも押し入れに掛けてあった。画もよくしたので、床飾りの掛物は自分の画を自身で表装したものを用い、祖先の質朴の余風を忘れぬよう、子孫もその麁相(そそう)な表装のものを大切にした。平常の生活もつづまやかにし、例えば正月の口祝に一門を招いての祝宴で用いたエビのひげを塩漬けにして貯えおき、折毎の菜にこれを刻み、汁のあしらいに用いたという。これはずっとこの家の習わしとなり、折々汁に浮かして食べたが、家族大勢ゆえ中々皆に行き渡らず、もっと食べたそうな子供達に通顕は自分の椀の分を分けるのが常であった。その頃子供達四人はこれが世になき品のように思われ、このお汁を腹一杯食べたいと互いに言いあったものだと祖母は折々語っては笑っていたとか。後年平次の妻がためしにこれを作ってみたのを味見した所、結構おいしくて、茶人は賞翫するのではないかと思ったほどだそうだ。このように祖母五六歳頃は三度の食事もはかばかしく食べられず、子供達が何のわきまえもなく膳の前でまだ足らぬと泣き出しなどすると、その祖父である定運（通顕の父）は自分の椀をさし出して「わしはもう是でよい、この椀の分をおりさにやってくれ」と言って自分は食べずに孫娘に与えた。ついでに言うと祖母の名は利寿（りす）というが、呼びよいままに皆「おりさ」と呼んだ。その姉は玉というがこれも呼びよいので「おたの」と呼び、上の姉を皆「姉さま」と呼んだ。

　こういう生活だったから、通顕は晩年になっても栄耀がましい事は更になく、例えばもし他処から鴨を貰ったりしても、毛の生えた物は我等の分際では頂くわけには行かぬ、我々ふぜいが料理するものでもない、是は薪を添えてなりとも他処へ差し上げるがよいと、早速進物にしたという。このように平常の暮らしは勿論、年頭の口祝い、春秋の祭礼などでも質素至極であったが、親類縁者の親しい事は格別であったとか。

　西岸は酒好きであったが貰い酒を呑むだけで、わざわざ買うことはなかったという。通顕もこの伝言ゆえにやはり貰い酒だけを呑んだ。夕方になると有り合う茶碗に酒を少々つぎ、梅干し一つか香の物かを肴として縁端に出、月をめでたり露地（庭）の草花を眺めたりしながら一杯の酒を楽しみ、あゝかようにお酒まで下さるとは有難い事だ、是も主君よりのたまものだと独り言しながら呑んだという。年とってから極寒の冬に泊番に当たると、お台所詰めの足軽に、今夜は余り寒いのでお料理酒を少々頂戴したいと頼み、例の通り少々の茶碗酒を呑んでいたと、その頃お台所詰めだった知人の話。その養子である退翁（平次の祖父）は外見は能くする人だったが内輪は質素に暮らし、酒好きではあったが肴は一品、鮪のとれる頃は鮪の刺身だけ、鰯のとれる時は酢醤油で煮た鰯だけ、というふうであった。魚に限らず、大根の人参汁又は豆腐のふわ煮など、とにかく一品で、塩辛のような物を肴とする事はなく、毎晩茶の間で銚子二つ宛呑んでいた。鰯のあしらいにササジン（注3）を好み、また山椒の葉を多く入れたのが好きだったという。祖父は元来が上戸だったので老年になっても毎夕必ず呑んだが、器には贅沢せず、平次の代までずっと家にある大かん鍋（注4）に朱の熊谷（くまがい）（注5）の盃を用い、これ以外の酒器では酒の味が出ないと言っていた。また鮎釣りが好きで、平次五六歳の頃いつも才川橋の上下に鮎釣りに連れて行って貰ったが、下男に釣棹と薬鑵を持たせ釣った鮎を薬鑵に入れて、戻りに橋場の魚屋で鮪とか新しい鯖など買い上げ、イコ（注6）に入れて帰りそれを肴にしたりした。しかし大酒家だったせいか中風となり、手もふるい言語も不自由になり六十九歳で亡くなった。父翠園も毎夕酒を呑んだが、夕飯の粗菜を肴に小さいキビショ（注7）にほんの少しだけで、冬は燗酒、夏は冷酒、盃に五ツ六ツ引っかけ、あとは香の物で湯漬けを食べるのみであった。

祖父母は実子がいなかったので、平次が生まれると殊更かわいがり、祖母は「この子は孫じゃない、アイシャ（注8）の子だ」と人々に言い、三度の食事はいつも茶の間で祖父の傍に膳を据え、祖父が粥が嫌いなので平次も粥が嫌いになったほど。また祖父はいつも座敷次の間の四畳半に居て、干菓子を沢山買いおき、朝夕菓子や搗栗（かちぐり）を与え、平次は自分の好きな菓子だけ貰った。当時隣家に住んでいた石黒氏（父の実方の兄）の少し年上の従兄と毎日一緒に遊んでいたが、従兄は落雁を貰った。母方の三好の祖父が干菓子を毎日与えるのはよくない、せめて煎餅にして下されと言った所、その後は松風煎餅になった。よく来客に出す茶菓子をその家の子供が欲しがるのを見るが、甚だ行儀悪く見苦しいもので、祖父はそんな事のないようにと考えてのことだったらしい。

祖母は殊の外筍が好きで、いつもざれ言に「アイシャが死んだらば筍の形の石塔を築いてほしい」と言っていた。それで没後、筍の季節には霊供（りょうご）に筍を供え、芝茸（しばたけ）（注9）の大きいのも好んだというので大きい芝茸も供えた。

父は十五歳でこの祖父母の所に養子に来たが、いつも実に有難い養父母だったと感謝していた。養父母は早起きして拭き掃除をするのだが、若い者は眠たいものだからと目覚めるまでは静かに掃除をし、起き出す頃には大体すませていた。泊番の時の弁当の菜などは、実家では家族が多かったので粗末なものだったが、いつも好物を聞いて、夏ならば鮑（あわび）の煮付け、精進の時は油揚げの焼いたもの、冬はいり鱈などと好きなものを詰めてくれた。

ついでに変わった話を拾ってみると、父が実家にいた幼少の頃、手跡を習っていた師匠の船木三右衛門という人はなぜか鼠が好物で、大きな鼠を手とらまい（手づかみ）にし、料理して股（もも）を色よく焼いて、梅毒のうつらぬ薬だと言って弟子達にも食べさせ、父も食べたという。この話をする時、父はいつも船木氏は猫の生まれかわりだと言うのだった。

当時も人々は山菜とりによく出かけ、祖父は毎度春はゼンマイ、ワラビ等を、秋は茸とりに遠い山へ行き、殊に茸とりは至って巧者で、松茸場などもよく知っていて沢山とってきた。大抵は独りで行ったが、近所の知人と連れ立って行くこともあり、皆それぞれに達者な人達で、山中でもしはぐれても各々思い思いに戻る事に言い合わせて出かけていた。これに反し父は余りそういう事は好まず、同道する事はなかった。山菜とりばかりではなく、海老（えび）すき（注10）、鮎釣り等も好まず、子孫に至るまで鳥殺生などはしないようにと言っていた。平次が幼い頃、白いチャボ鶏を貰ってきたが、産んだ卵を祖父も父も食べぬので、青草屋(注11)にもってゆきモミと代えてきた事があった。

平次は山へもよく行き、若い頃、昔拝領したという古刀・兼音(注12)をさして二万堂川(注13)の辺へハリノキ茸(注14)をとりに行き、沢山とったので荷ってゆこうとその辺に生えているニガ竹(注15)をこの刀で切った所、三四本も一度に切れる位、おそろしくよく切れる刀で驚いたという。平次の子外與吉もこういう事は好きで、日記に、昔父平次の案内で石川郡額谷(ぬかだに)石切谷(注16)にゼンマイ折りに行った事があり、大正八年に友人とそこへ行ってみたとか、平沢山(注17)にワラビとりに行ったとか記している。(私の子供の頃、外與吉はよく犀川に鮎釣りに行った。私も富士山麓の山中湖のワカサギ釣りの供をした事があり、釣りはしないが、山菜つみ等は大好きである。)

家来達と違って大身の茨木家の主君らが茸狩り等に行く時は、奥向きの者まで男女上下三十余人も引き連れて行くので、料理はすべて伝馬町(注18)の吉本屋に命じ、酒肴は勿論膳部まですべて山へ持ってゆき、大乗寺山(注19)の芝草の上に毛氈を敷いて、黒塗りの膳部に焼物、汁、煮物等、祝儀の座敷のようだったという。

遠い山へ茸とりに行って遭遇した珍しい話がある。祖父の若い頃一人で茸とりに行き、谷あいで一心に茸を探していると笠の上から物凄い息を吹きかける者があって仰向くと、馬の首くらいの大きい頭が笠の上に見え、びっくりして思わず大声を出すと、彼も驚いて向うの谷へ飛んで行ったが、それは大きい鹿だった。その頃藩が放していた鹿で、人によくなついており、人を慕ってついて来たのであったが、一生に是ほど驚いた事はなかったと毎度話していた。またやはり深山へ一人で行った時、左右の木から大きい蛇が渡っていて、よく見ると二筋の蛇で、互いに尾を枝にまとい、頭を左右から出し、一方の少し大きい蛇が片方を頭から呑みこんでいるのだった。気丈な祖父はこれを見て呑みこまれた蛇の尾を手掴みにして引っ張ったが、呑み込んだ蛇は引かれまいと一層木の枝に尾をまとい付け、その力は物凄く、呑みこんだ口の辺りが裂け、手に持った蛇は抜けたが半死半生で白く垂れ、一方はそのまま枝に留まっていた。蛇の力は恐ろしいもの、とよく語ったという。

ついでにもう一つ。祖父が養子にくる前の話。ある夜知人宅を訪ね、深更に長町縁切宮(注20)の辺りを通って帰ってくると、土塀ぎわの木の上に白く動く物があり、まるで幽霊のよう。生まれ付き物に動ぜぬ気性ではあったが、この時は夜でもあり往来の人もなく、恐ろしくはあるが立ち帰るのも残念とこわごわ声をかけると上から「許し給い（給え）」という。さては盗人かと心付き近くへ寄ると、白い夏肌着を着た男が土塀にかけた梯子の上から、昼間見たらよい林檎なので盗みにきたが、今後もうしないから「見ぬがし給い（見のがし給え）」という。それなら早く下りろと言い捨てて通り過ぎると上から小声で呼び戻し、さし上げますと林檎を沢山下へ落としたので拾って帰ったが、盗人から物を貰うとはおかしい事だったと毎度話していたと。

（注2）キヤキ——欅（けやき）の訛（なま）り。『加賀なまり』『訛言づくし』にも載せる。

（注3）ササジン——もと糖味噌をいう女房詞。『加賀なまり』「糠ニテササジント云フモノヲ製ス是他方ニハ無シ」（方言）。『世間娘気質』「手元に延紙（のべがみ）おいて一口喰（く）ては口のごふなど物毎やさしく糠味噌迄も酒塵（ささじん）と見るを見真似（まね）に弟子小童（でしこわろ）まで言葉あらたまり」。『志不可起』「女中ニぬかみそヲ云ト也　万葉ニ秋なすびわさゝのかすにかきませてたなにをくともよめにくはすな　此わさゝはぬかるノ事也　又徒然草ニじんだがめ糂粏瓶ト書ぬかみそかめノ事也　わさゝノゝトじんだノしんヲ取合テ

云カ」。『嬉遊笑覧』九「女重宝記に、五斗みそはさゝじん、小糠はまちかね、れんぎはこがらし、せっかいはうぐひす、などあり。五斗みそとは糂汰なり。其法、調味抄に、五斗豉は豆二斗、糠二斗、塩一斗搗合せ、年を経て用。当用には餅米ぬかと漿酒にて溲たる也、といへり」

(注4) 大かん鍋――かん鍋は酒の燗をするに用いる鍋。多くは銅製で、つぎ口、蓋があり、つるが付いている。

(注5) 熊谷の盃――朝鮮の熊川で作られた「こもがい」の変化した語。高麗茶碗の一種で、底が深く形の大きい茶碗形の盃。

(注6) イコ――竹を細く割いて作った小籠。腰につける。

(注7) キビショ――酒の燗をする小さい土瓶。

(注8) アイシャ――「私」ということをアイシャと言ったというのだが、この語は方言辞典等にも載っていない。

(注9) 芝茸――『方言大辞典』に①あわたけ(粟竹)富山県高岡市②ぬめりいぐち(滑猪口)加賀金沢とある。しかし②はアミタケ科の茸で、夏から秋にかけ松林内に群生するが、黄赤褐色の傘で粘液におおわれ、食用にはなるが味は劣るという。これに対し、①は食用茸で夏から秋に山野に発生、傘は径三~十センチで扁平に開く。私は昭和の初め頃、千葉の富津海岸の松林で、沢山生えていた茸を母がシバタケだと言って摘んで料理してくれたことを覚えているが、それは薄茶色の①に相当するような茸だった。『金沢用言集』でも、この地方では松茸などは殆どないが、一番多くとれるのが「しばたけ」で、こけとり(茸狩り)といえば殆ど「しばたけ」で、よく洗って塩水に浸しておけば長く保存でき、舌ざわりよく風味抜群とある。昔は金沢では①をシバタケと言っていたのだと思う。

(注10) 海老すき――「すく」は魚などをすくいとること。

(注11) 青草屋――『加賀なまり』「他方へ通セス三府

ニテハ〔ヤオヤ〕ト云フ」青物屋。八百屋の方言。

（注12）古刀兼音――不詳。

（注13）二万堂川――倉ヶ岳を水源とし、北流して古府（こふ）町地内で犀川に合流する伏見川、その上流を二万堂川という。『三州奇談』に三満（み）堂川と書くが、それが転訛して二万堂川となったという。

（注14）ハリノキ茸――「ハリノキ」は榛木（はんのき）の異名。石川県の方言では「はんのき」という。ハリノキダケは辞書にはないが、榛の木の近くにできる茸か。

（注15）ニガ竹――（竹の子に苦味があるところから）真竹（まだけ）または女竹（めだけ）の異名。『方言大辞典』に真竹を富山・西砺波で「ねがだけ」と出ているが、これが近いように思う。『毛吹草』四に、淡路や日向の名物に苦竹（にがたけ）が挙げてある。

（注16）石切谷――額谷は四（一）（注12）を見よ。石切谷は不詳。

（注17）平沢山――不詳。

（注18）伝馬町（てんままち）――江戸時代の町名で、伝馬馬借が集中し、厩舎があったことによる。厩舎には常に馬を六十六匹置くきまりであった。もとは広く河原町と呼ばれた地域の一部であった。現在この町名なし。現・中央通町の周辺であろう。

（注19）大乗寺山――慶長から元禄年中まで坂の下に大乗寺があったため大乗寺坂とよばれ、この坂の上が眺めもよく、大乗寺山八景といわれた。即ち黒津舟夜雨・二子塚落雁・倉部夕照・宮腰帰帆・大乗寺晩鐘・高尾秋月・鶴来晴嵐・白山暮雪。当時は野遊の地として賞美されたのであろう。廃藩後、明治十九年に一帯が練兵場となり坂もなくなったが、昭和二十年に坂が修復（途中階段）された。小立野台から本多町に下る急な坂道である。

（注20）縁切宮――平次の注に「縁切宮といふは長町五番丁と六番丁との間なる惣構堀川縁にありて御維新前は金沢市中にて夜中は往来人もなくさびしき地にて人のきらふ地なりしかど御維新後惣構の雑木竹等悉く伐取、今はさる事なしとぞ」。『郷土辞彙』には「俗伝に昔村井氏の内室甚だ嫉妬深く、遂に病を発して死するに臨み、世に婦人の嫉妬ほ

どつらいことはないから、死後男女の交りを和らげ守らうと遺言した。因つてこの地に小祠を置いてその霊を祀つた」しかし縁を結ぶにも験があると「夜陰に参詣する者が多かつた」と記す。虎井吉雄氏「金沢市に流れる大野庄・鞍月用水攷」（石川郷土史学会々誌・四七号）に「長町五番町入口の鞍月用水に架かっている右衛門土橋のほとり、もと惣構の土手下にあった小さい石祠を俗に縁切宮とよんだ。この神へ祈願するには往来から川を徒渉して行き、もとの道を戻らずに土手を越えて帰れば特に御利益あらたかなりと信ぜられ、夜陰ひそかに歩を選ぶ女性も少なくなかったという」「今は、せせらぎ祭りといって毎年催し縁結び神として崇めている。」とある。現在は貴船明神とよばれ、鞍月用水のほとり（聖霊病院の裏手のあたり）に小さい祠があり、縁切り、縁結びの御利益ありという。（現在右衛門橋というのは貴船明神より鞍月用水に沿って大分歩いた先にある。）

（二）衣服、腰の物、武具など

通顕は着るものも質素で、年頭の熨斗目（のしめ）（注21）着用以外は一生木綿を着て暮らし、たとい主家より絹の着物を賜ることがあっても着ることはなかった。その養子の退翁は経済方が上手で、子もなく夫婦だけのこともあり、家禄はわずか六十石だったが下男下女を召し使い、外見は百石どりの人々も及ばぬようであった。養父と異なり外見を張り、家で普段つむぎ縞、（注22）岸縞（注23）を着用し、木綿の着物で外出することはなく、常々内輪はどんなに質素にしても外見はよくするのが第一だと話していた。「何事によらず万事はすは（注24）に公界をはられたる也」と記す。この祖父の実父は岡嶋家の給人だったが、主家断絶の為浪人となり祖父十一歳の時病死した。二人の姉は器量よしで、一人は射手組古沢氏（古沢又右衛門、百五十石）、一人は組外下村氏（下村金左衛門、百二十石）と名染ぞえ（注25）で内所となり、年下の弟の面倒もよく見、養子に行く時も万事世話してくれた。中でも古沢氏は弓術の家柄なので、藩主太梁公（十一代治脩）から拝領した秋田織（注26）の白地一反を送ってくれた。そこで引き移り後、家の定紋・蔓柏葉をつけ瑠璃紺色（注27）に染めさせ年頭の晴着とした。拝領品なので大切にしていたのを平次元服の時染め直して年頭着とし、明治十年頃また染め直した所、既に八十余年たっているのに色も地合もよく、今時の秋田織と異なり糸も強く新品のようだと言われた。又、養子に来た時、ずっと使っていた桐の手簞笥・櫛箱・小鏡・くじら細工（注28）の小鏡立等も持参したが、それらは平次の頃まで家にあったようだ。

当時は茨木家の屋敷向きも万事質素で、肩衣を自宅からかけて出る者はなく、棹竹にかけておいて番に出る時それを着て出た。夏の極暑の頃でも木綿のゆかたを着、その下に肌子（注29）を着る人はなく、何事も質朴であった。だから平日の番着も絹気のものを着る退翁は目立った。その為経済上手とはいっても勝手向きは少し延び過ぎることもあったとみえ、一枚ぬいでくれと言っては衣服を一枚ずつ売り払った事が二三度あったらしい。

平次誕生の時祖父母は大層喜び、直ちに産神に息災で長生きするように祈願し、赤児に『大学』の要文を読み聞かせ、筆を持たせ算盤を弾かせなどした。初孫なので早速呉服屋、片町酒太で紋付小袖、浅黄無垢（注30）の産着一重ねをあつらえ七夜祝いに贈った。母方三好の祖父も一重ね贈り、父の実家山川氏からも脇差を贈ってきた。お七夜の前日が庚申に当たったが、七夜の中に庚申があれば金に属する名を付ける習わしがあり、そこで幼名を祖父が鉄吉と付けたのである。（この両祖父からの下着の浅黄無垢は後に母が二枚を一枚分に仕立て直し、十五六歳まで着せていた。）

平次四歳の十一月、袴着の祝をする。此の時三好氏より着物上下を贈ると言ってきたが、祖父がこれを辞退したので、帯地に肴を添えて贈ってきた。祖父からは大小一腰、小袖上下を贈られた。「内孫出生とて夫々拵へ方成されたりと母仰せられき」（平次の朱字の書き入れ）「今時長男の嫁を貰ひ孫出生すると其の子の着料は産着は勿論すべて里よりする物の如く心得るは甚だ間違ひ也。我実の孫ならば第一産着等都て祖父母より贈るべき事也。吾祖父の如き人世に珍し。父も仰せられたり」

武士の魂の腰の物としては、先祖が主家より拝領した政次（注31）の刀や御茶碗など目録として残っていたが、兼若、勝国（注32）等の西岸以来の指料とも昌信没後別家した嫡子が持って出たのか子孫には伝来しなかった。三代宗源が江戸中川家から拝領の品として兼巻（注33）の脇差のみ残っており、これは三代小松兼巻の作を五代兼巻がしあげたものといい、拵えもよく家宝として代々伝えられた。通顕の指料はずっと伝来している兼音の古刀で（ハリノキ茸とりの項参照）見事なものであった。綱広（注34）の短刀は隠居指にしていたという。

父は十五歳で養子となったが、実家では末成（注35）の五男だったので何の用意もなく、拵え方も粗末で普段ざしの大小と、古葛籠に木綿の普段衣裳を入れてきただけだった。それで引き移り後とりあえず養父方で紋付の小袖、下着等を拵え、刀も若い者の指料は程よきものでよかろうと長船祐定（注36）の二尺三寸ばかりのもの、脇差は有り合わせの非人清光（注37）の身を拵えてくれた。

なお西岸の時代は大坂陣から百年もたっていない頃なので、武を専らとし武備の心得も忘れず、小身でも具足（注38）を備えておき、三男を養子に出すに具足を持たせ、後更にまた具足を求めたという。しかし通顕の時、貧困の為是非なくこれも売り払ったので、勝手向きがよくなったら買い上げたいといつも思っていた。『柿園日記』によると、結局慶応元年（一八六五）に具足師理兵衛がよい払い物がある、殊に兜は大層よいものだというので、兜二十両、胴籠手等三十両、計五十両というのを値引きなど種々かけ合っているうち世上騒がしくなり、具足を所望する人も沢山出てきてごたごたした末、兜―早乙女家信（注39）作・代一貫二百五十目、胴・頬当・籠手・小具足・佩楯（注40）・腰当――雲海光尚作（注41）・代二貫三十目、計三貫二百八十目で入手した。（この後修復に金をかけ、具足櫃も買い上げた。）

嘉永六年（一八五三）に異国船が浦賀に来た頃、主君が家臣みなに武器の心得をするように言われ、手頃の槍を持っていなかった父は加州産包広（注42）と銘のある槍の身を拝領した。旧藩の頃は一疋一筋といって、どんな小身者でも戦場には馬に乗り（一疋）槍（一筋）を持参するのが軍役の定めであった。しかし拵えも出来ずにいるうちに維新となり槍も不用になったので、長刀と一緒に売り払った。又この時浦賀出張が終り、出役の人々へお料理頂戴仰せ付けられた頃、元禄に高山在番から帰着した人々に下さった旧例による事になり、御用部屋加藤三郎左衛門が西岸の『高山在番雑記』のことを聞いて参考の為借りてゆき、大分長いことたってから返されたというが、具足といい槍といい、加賀藩の大方の意識はこの程度だったのであろうか。

（注21）熨斗目――生糸を経とし練糸（生糸の膠質を除いて特有の光沢と手触りを出した絹糸）を緯（よこ糸）として織った絹の名。またこの絹で製した衣服をもいう。江戸時代は武士の礼服として麻上下の下に着用。腰のあたりに縞や格子を織り出した腰替りの着物。

（注22）つむぎ縞――縞の柄に織った紬。または紬風の絹織物。紬はくずまゆ、真綿をつむいでよりをかけた絹糸で織った絹布をいい、絹物だがそれほど高級品ではなく、丈夫なので日常の衣料に用いた。

（注23）岸縞――経は染色した生糸、緯は練糸を用いて平織とした絹織物。
（注24）はすは――『加賀なまり』に東京でハスワというのはオテンバのこと、等と書くが、前後の関係からここは派手なさまをさすと思われる。「はる」は「みえをはる」の例のように盛んであるさまを人に示すこと。
（注25）名染ぞえ――恋愛結婚。
（注26）秋田織――秋田地方で産する織物。
（注27）瑠璃紺色――紺色で光沢ある瑠璃色。
（注28）くじら細工――鯨のひげで細工した品。
（注29）肌子――『加賀なまり』「〔ハダギ〕ト云フ方地方へ通ス　三府ニテハ多クハ〔襦袢〕と云」
（注30）浅黄無垢――表裏とも全部あさぎ色の無地になっている布。またそれで作った衣服。『色道大鏡』「肌着は白むく黄むく浅黄むくたるべし」
（注31）政次の刀――『歴代伝言記』に、江戸で中川半左衛門の妹が馬淵嘉右衛門に縁組された時、三代康政が婚礼道中の供を勤め、その折和州政次の刀と御茶碗等を拝領した。その目録のみ伝来していると記す。
（注32）兼若、勝国――兼若は加賀の刀工。藩の抱え鍛冶では一番の名工であったという。辻村氏。初代は慶長九年（一六〇四）の作が最も古い。寛永四年頃没。二代は寛永五年から景平と銘じ、承応三年（一六五四）の作が最終。三代は明暦以降のものが多く延宝五年没。四代は元禄頃までの作が多く、五代六代は相続したがのち廃業。
勝国は加賀の刀工。初代は初銘家重。二代は加陽金府陀羅尼橘勝国などと切る。宝永二年没。三代は加州住陀羅尼橘勝国作享保元年八月日などと切る。享保十七年没。（四代以下略）（『郷土辞彙』による）
（注33）兼巻――加賀の刀工。初代兼巻は関兼定の子孫で、天正の頃加賀に来たという。三代清蔵兼巻は名工で、はじめ金沢に住み、後前田利常の小松隠棲に伴い小松に住む。賀州金沢住兼巻作、賀州小松住兼巻作と切る。五代五郎右衛門兼巻は享保頃

の人。賀州住兼巻と切る。（『郷土辞彙』）

（注34）綱広――不詳。

（注35）末成――最後に結実するウラナリのことだから末子をさすと思う。

（注36）長船祐定――備前（現岡山県）長船に多くの名工がいたが、この名は不詳。

（注37）非人清光――加賀の刀工。六代清光長兵衛は石川郡笠舞の非人小屋に収容されていたので、世に非人清光といわれ、加州金沢住清光、加州笠舞住清光於笠舞作之などと切る。貞享四年没。七代清光長右衛門も非人小屋に収容されていた。享保八年没。この刀は大正四年六月三十日に、平次の子外與吉が河北郡中条村の県社加賀神社の昇格祭挙行の際に寄進した。（外與吉の『霞園日記』による）

（注38）具足――武具。甲冑。

（注39）早乙女家信――不詳。

（注40）佩楯――甲冑の小具足の一種。草摺と臑当（すねあて）との間の大腿部の防御具で、二枚垂れた前垂のような形のもの。膝鎧（ひざよろい）ともいう。

（注41）雲海光尚――不詳。

（注42）包広――不詳。

（三）家、諸道具あれこれ

祖母は西岸以来住んでいた嶋田町の家で生まれたので、その家の事はよく覚えており、浅間しい古家だが、ショウリキ門（注43）があり、門の並びは生垣で露地によい梅の木があったと毎度話した。（この梅で梅干を作ったという。）その後の事は『柿園舎記談』に譲るが、外見を張る祖父が家屋については、家作は丈夫なのが第一で壁などの栄耀（ぜいたく）はすべきではないと常々言っており、人目に立たぬよう、美々しくするのを嫌った。前通りの雪垣（注44）はわざと杉皮とか板塀の古板等を用い、破風（はふ）・風返し（かざがえし）（注45）等も大工に言い付けて古板でかけさせ、壁も座敷向きは中塗壁ですませ、赤壁（注46）を塗らせる事はなかった。修理など大抵の事は手細工でしたので大工道具は大体揃っており、その道具箱も手細工のものであった。一方祖母は家の内を綺麗に飾るのが好きで、家の奥の雪張は祖母のシンカイ（注47）の金で赤壁をかけさせたそうである。

食器類については通顕の頃までは五人分の膳に吸物椀十人前あるのみ。口祝いや祭の時もみなそれですました。当時は親戚の家でも口祝い等にはその膳部を借りていったものだった。この五人前の中に唐子（からこ）模様藍手の中皿が十枚あったが、だんだん割れて平次の頃は四枚残るのみであった。その後祖父の代に新たに八寸皿、猪口などを買い求めたり、主家から拝領したりして増えたが、黄南京（なんきん）の鮓皿十枚は寛量院（茨木自道）の遺物で、父が御手廻りの御道具を取り出し運びなどしていた時、何となく「其方（そのほう）がほしいのはどれじゃ」と言われ、答えぬのもいかがかと思い、どれも結構だが中でもこの鮓皿が結構だと思うと申し上げた。所が逝去後、直筆で「武右衛門江」と札を付けてあったので、それに掛物などを添えて下されたのであった。

嘉永四年（一八五一）に平次の弟常次郎が上田氏を継いで引き移った時に有り合わせの世帯道具を分け与えたが、その品々を『柿園日記』に書き出している。初めて世帯を持つ時入用のこまごましたものがどんな物だったか分かって興味深い。

・黒塗膳椀　五人前　箱入　　・春慶塗衣食膳　五人前
・銀口間鍋（かんなべ）　一ツ　箱入　　・唐津盃　三ツ

・朱塗盃　三ツ　蒔画　箱入
・盃台　二ツ　青貝　陶器
・八角大皿　一枚
・焼物皿　五ツ　箱入
・貝手塩皿（注48）　十
・組縁小盆　一枚
・小蓋茶碗　一ツ
・春慶塗小重
・赤かねわさびおろし　并庖丁
・飯櫃大小　二ツ　并魚板（まないた）
・箱入火鉢　二ツ
・二升釜　一ツ
・五合鍋　一ツ　新物
・味噌桶　一ツ　并米櫃
・鮓桶　一ツ
・箱提灯　一張
・六枚折小屏風　花鳥絵
・刀掛　引出付
・小袖箪笥　一ツ　并葛籠（つづら）

・猪口　五ツ
・青地徳利　一ツ
・黒塗飯鉢　一ツ　杓子添
・青地中鉢　一ツ
・黒塗永形小蓋　一枚
・重居　一枚
・御室焼砂糖壷　一ツ　箱入
・赤かねチロリ（注49）　一ツ
・赤かね小薬灌（やかん）　一ツ
・多葉粉盆　一ツ
・炭取　一ツ　并ちり取
・八合鍋　一ツ　新物
・竈（かまど）　大小二ツ　新物
・漬物桶　二ツ
・行燈　二ツ　并ぼんぼり　一ツ
・弓張提灯　一張
・二枚折屏風
・黒塗唐机　一脚　并硯箱
・開き手箪笥　一ツ

・掛物　四幅
・盥　大小三ツ　新物
・大工道具　鋸、金槌、きり等品々
・夜具　并蚊帳等品々
・巨燵の台　并爐縁
・せんば、(注50)火箸等

なおついでに世帯向きに必要な薪については、村々から売りに来るのを家々で各人と契約して買っていたらしい。『柿園日記』によると通顕の時以来、河北郡古郷寺村(こきょうじ)(注51)吉左衛門から買っていたが追々高直になったので、天保九年（一八三八）に據所(よんどころ)なく断り、石川郡樫見村(かしみ)(注52)小右衛門から買い上げることにしたとか、同十四年には又仕方なく河北郡谷口村(注53)伊兵衛に代えたとか、弘化元年（一八四四）に谷口村六蔵が買ってほしいと頼むので買い上げることにしたとか記している。（いずれも山奥の百姓数人の地で、薪を売ってやっと暮らしているような貧しい村だったようである。）

御一行箱というのは一般の辞書には出ていないが、『加能郷土辞彙』に藩侯が士に与える知行の宛行状・御判物・御印物を總称して御一行(ごいっこう)といい、長方形の桐箱に収め袋に入れて家の最も見易い柱に吊しておいた（火水難に直に取り出すことができる為）とあるのがこれであろう。御一行箱に、目方二分位の僅かの砂金を、昔から伝来の金で、珍しいものだからと入れてあった。また父がまだ親がかりの頃、主君が、親にも言われぬ銀子入用の事もあろうと、一歩二切を裸のままつまんで下さった。有難い思召(おぼしめ)しで拝領した金子なので、これも使わずに大切に入れ置いた。通顕は常々自分ら夫婦の葬式の時の当座の入用の為と三百目の金を御一行箱に入れ置いたという。これにならって父も丁銀(ちょうぎん)(注54)一枚入れ置き、時々取り出しては昔はこの丁銀と小玉(注55)だけだったと言って平次に見せてくれた。その後それに足して小判として入れ置いたが、天保飢饉の頃、越中境詰めで留守にしていた間、金相場が高直になり三好の外祖父がそれを聞いて、これを銀子として相場が下がり次第もとのようにして戻したらよいと言うので銀札に変えたが、いつか自家用に使いこみ、とうとう返済できなかった。境から戻ってそれを知った父は、小判だと遣い難いから貯用としたのだと言って戒めたという。平次も家督相続後それを思って一両を家の重宝として入れ置いたが、維新後諸会社瓦解の折やむなく売り払うはめとなってしまった。

(注43) ショウリキ門——不詳。

(注44) 雪垣——雪がこい。雪が直接雨戸や玄関口に吹きつけたり溜まったりしないように家の周りや入口の前などに木組みを立て、筵（むしろ）やよし簀（ず）を張って雪害を防ぐ。北国では十二月に入るとこの準備をし三月いっぱいははずさない。

(注45) 風返し——屋根板が風に飛ばされないように軒先に巡らしてある十五センチ前後の巾の板。

(注46) 赤壁——赤はベンガラ（黄土を焼いて作る赤い顔料。耐水耐熱性がよい。）などで、目立つ色であり、人々の誇りでもある。従って裕福な家とか権力のある者とかを思わせるものだった。

(注47) シンカイ——シンガイか。へそくり。『金沢用言集』に「しんがいぜん」を予想外の収入。思ってもなかった不時収入。主に年寄りが身内から与えられた小遣い銭。思ったより安く買えたので思わず残った釣り銭。年寄りにとってはワクワクする程に嬉しい内証の収入である。とする。

(注48) 手塩皿——手塩とは好みに応じて適当に用いるようにめいめいの食膳にそえた少しの塩。手塩を盛るのに用いた皿。また香の物などを盛る小さく浅い皿。小皿。（昔、祖母が小皿をオテショと言っていたのを聞いた覚えがある。）

(注49) チロリ——酒を暖めるのに用いる金属性の容器。円筒形で、つぎ口と把手（とって）がついたもの。赤がねは銅。

(注50) せんば——炭火をすくって運ぶもの。十能（じゅうのう）。

(注51) 古郷寺村——医王山地西部、浅野川とその支

流板ヶ谷川が合流する地点の右岸。江戸期～明治二十二年河北郡古郷寺村。明治二十二年湯ノ谷村の大字。明治四十年から浅川村の大字。昭和三十二年金沢市古郷町（こきょうまち）となる。

（注52）樫見村――内川支流・平沢川流域の山間に位置する。江戸期～明治二十二年石川郡樫見村。明治二十二年犀川村の大字。昭和二十九年金沢市樫見（かしみ）町（まち）。（昭和四十五年の世帯数五、人口二十六という。）

（注53）谷口村――医王山地西部、浅野川中流右岸の河岸段丘上。江戸期～明治二十二年河北郡谷口村。明治二十二年湯ノ谷村の大字。明治四十年から浅川村の大字。昭和三十二年金沢市金川町（かながわまち）となる。

（注54）丁銀――江戸時代通用の銀貨の一つ。細長いなまこ形（なまこのような形、かまぼこ形）、重量はほぼ四十三匁ほど（銀貨の単位は匁（もんめ））豆板銀とともに秤量（ひょうりょう）して使われた。表面に「常是（じょうぜ）」など鋳造者の名や「宝」の字および大黒像の極印がある。加賀藩では寛文六年に藩製造の朱封銀通用を停止し、幕府の丁銀・豆板銀を通用させることとした。

（注55）小玉――小玉銀の略。豆板銀の異称。江戸時代通用の小形銀貨。小さな豆形のもの。目方不定（六～四匁）で、丁銀一個に満たない量の取引のために丁銀の補助として、ともに秤量して使われた。

（四）家の掟、習わしなど

大晦日・年越・節分に門戸、雨戸等を早く閉めると福が入ってこないといって、夜が更けるまで明けておくのが金沢の習わしのようになっているが、森田家では西岸以来の伝言で、他の福を求めるのは無用、とかく我家の福が出ないようにする方が肝要だと、いつもより早く、火を灯す頃に一緒に戸口も閉める事にしていた。こうすれば盗賊の心配もなく、むだに夜更かしをする事もなく、早めに諸払いをすませ元旦の準備も整え、福茶を飲んで宵より安眠できるとの戒めであろうと、大晦日にはいつも父が語ったことである。年の暮れに正月用の飾り物を、下男もいたけれど、退翁は自身でこしらえ飾りつけていた。翠園は側でそれを見ていて見習い覚えた。飾り縄は自分でこしらい（こしらえ）て切りさげ等の飾り物を付けるとかし、床飾りの鏡餅は上下とも白にするとか、節分・年越に間火を燈さず間縄（注56）をかけず、家格にふさわしく万事よそよりは軽くするようにしていた。家々にはその家の家格があるものだから、それをよく受け継ぐ事があとを継ぐ者として大事な事である。嫁は里の家格を移してはならぬもので、舅のなし来た家風を受け継ぐのが第一であり、世の諺に「嫁は舅の伝（でん）をつぐ」というが、これは「実によきことわざ也」家々の家風を嫁が舅から見習い聞き習い受けついで子孫に伝えるのが第一だと父翠園からよく言われたものだった。（思い出す事がある。少し次元が違うかもしれないが、私が結婚した昭和二十九年、舅姑は健在で、いわゆるおしゃもじは姑が握っており私は姑の言うことをハイ〳〵と聞く毎日であった。味噌汁に実（み）の茄子を、実家の母がいつもしていたように縦長に切って入れた所、舅にこれでは茄子の味噌汁という感じがしないと言われて、野菜の切り方にも各家のやり方があるのだと知ってびっくりした。それからは横に切るようにしたが、私にはやはり実家の切り方の方がしっくりするので、こっそりやや長めに切ってごまかした。もう時代が違うからこんな経験をする嫁は今は多分いないだろう。またお雑煮も、婚家では昔から大根を輪切りにして入れるのだ（貧しかった頃、大根を餅に見立てたもので、それを忘れない為だったらしい）と言われて、実家の雑煮との違いに驚いたが、これは今の所基本的に私は継承している。が大分あとに結婚した義弟の嫁に聞いた所、彼の家では嫁のやり方で、いろんな野菜を沢山入れる雑煮だとのことで、彼女は自分の実家のやり方で好きにやっているらしく、確実に時代は変っていた。こういう諺はもう今の人には何の事か分からず通用しないであろう。）

なお西岸は晩年に、嫁である定運（五代常昌）の妻に、存命のかたみとして女教訓一通を送ったという。それは代々の妻女にひきつがれたものとみえ、平次の頃まであった。その内容のこまかいことは不明だが、「第一不義一件」。次に「舅女（しゅうとめ）となりて息男の嫁を貰ふての心得」。それには「嫉妬の心なく」「夫婦中を悪くなして遂に離縁の沙汰に到るなど誠にあるまじき事也」「嫁の心得方のあしきはいかにも教へさとし吾家の風儀にならはしめ」などというような事が記してあったようである。平次の結婚の時も姑である妙悦が妻逸にこれを渡し、逸は守り袋にそえて持っていたが、なくさないように一行箱に納めることにしたという。

（注56）間縄（まなわ）——正月の注連（しめ）飾りは、藩士は知行によって決まりがあった。間縄とは輪注連（わじめ）（輪飾り）で、井戸・臼・竈（かまど）等の霊ごとに吊（つ）るした。間火は方言辞典にないが、年越しに玄関・茶の間・雪隠等に灯油を盛った土器をおいて点灯、これを間灯（まともし）といったのをさすと思う。

（五）稽古、習いごとなど

子供達には幼少の頃から手跡を習わせ、算用の稽古もさせ、武芸も居合・剣術など習うのが常であった。

天保二年（一八三一）二月朔日、鉄吉（九歳）「石浦町書家橘健堂方へ手跡稽古」

天保四年正月十七日、鉄吉（十一歳）「算用稽古、御算用者瀧川新平方へ入門」

天保六年7月、鉄吉（十三歳）「居合稽古定番御歩萩原武左衛門方へ入門……妻の弟仙太郎義も一集に入門」

天保七年、常二郎（弟、九歳）「手習稽古野村岩之助殿家来栗原儀大夫方へ」

天保九年三月、鉄吉（十六歳）「鎗術稽古今枝内記殿御家中高本庄兵衛方へ入門」

天保十四年（一八四三）七月七日、平之丞（廿一歳）「礼法稽古三好巡作殿へ相学び……初段相伝」

同年九月廿五日、常二郎（十六歳）「居合稽古小関吉次郎方へ入門」等々。


父が養子となった時、祖父は給人の家を継ぐ者が馬術を知らぬのは不心得だと御馬乗田中氏に入門稽古させた。これら稽古の謝礼は、祖父は万事外張りの気風なのでいつも分不相応にして、大きい鯉などを持ってゆく事もあった。主人縁家の木ノ新保（町名）常福寺で住持遷化の時、葬式の跡乗（あとのり）（注57）を家臣の中からしてほしいと言われ、近習以下の者に騎馬の心得のある者が居らず、是非なく父がその役を仰せつかった。葬礼がすんで寺に戻り殊の外馳走になり、まだ三十歳頃で酒も余り飲まなかったのに、すき腹に大いに進められ、酔って我を忘れて戻った。主人から跡乗ではなく跡呑みだと笑われたよし。

その他、謡は塩屋甚右衛門（浅野屋佐平の実父だそうである）という地謡を勧めている者に習った。父はこの他いろいろ人並みに稽古したかったが、何分勤め向きが忙しく、気持ちはあってもなかなか書見する事も出来ず、学問も独学でするよりなかったという。

女性の場合、旧藩金龍公（十二代斉広）の頃までは武家では機（はた）を織ることはなかった。髪も女髪結いにゆわせていた。しかし文政の初頃か、きびしい触れが出て、大小身によらず女はみずから髪を結い機（はた）かな（注58）を各々手前で致すべしということになり、これから皆機を織るようになったという。しかし母妙悦は結婚するまで寺西殿に小姓奉公していて機かなの心得はなかったし、姑の心窓も機織りはしなかったので、能登出身でいつも出入りしては掃除などしてくれた倉屋長兵衛の妻に習った。平次幼少の頃は倉屋のヂイジ、倉屋のアバと呼んで何でも二人に頼んだものだという。

（注57）跡乗——行列に供奉して最後に騎馬で行く事。またその人。跡おさえ。

（注58）機かな——方言辞典では機縢は岐阜、飛騨などで機の縦糸というのがあるが、ここは機織をさしていると思う。

（六）病気・医療に関しての考え

西岸は多賀法印流（注59）の医道を学んで一通りの病気は自分で療治したという。通顕は医道は学ばなかったが、家内に病人があると様子をよく見て、薬店でそれに応じた薬を調合させてすませ、余程の事がないと医師を招く事はなかった。外出なり難き臥病の時は、大医方へ行って様子を述べ、かかる病人にはどんな薬を用いたらよいか御教示願いたいと頼み、そして教えられた薬を薬店で買えばよい。大家ならともかく、経済の為にも我々の分限で大医などを招待することは容易になすべからず、風邪・疝気（注60）・すだく（注61）等の病気は医師の勘考をまつまでもなく薬店で調合してもらえばよい、病気というものは運不運で、運の悪い人は種々の難病を病むものなのだと言っていたそうである。

定運（五代常昌）は八十七歳まで長生きしたが、晩年両眼次第にうすくなり、その頃さる占い者が、これは物のたたりからきた眼病で、何か異なる腰の物があるのではないかと言うので、隠居後普段ざしにしていた古作の倶利伽羅不動梵字などの彫物ある短刀が常造りと異なるので、もしやこれらの祟りかと、これを卯辰観音院の市姫の社に奉納した。しかしその甲斐もなく両眼とも盲いてしまった。（いま八十八歳の私は、緑内障の初期で、右目の視野が狭くなりはじめ、ほうっておくと失明してしまうので、毎晩、眼圧を下げる目薬をさし、眼科に通っている。定運も視野が狭くなってきていたのではないだろうか。現代なら少なくとも失明をおくらせることは出来たのではないかと思う。）

祖父は平次が生まれると、幼少から薬をのませるのは病身になる基だ、風邪を引いたり便の通じの悪い時などは堀の赤薬（注62）がよいとて、この薬だけ飲ませ他の薬は一切用いなかった。これは北条赤薬といって堀氏（柿木畠の近くの油車御歩橋に住んでいた）の処方である。尤も平次出生後母が寺西殿へ挨拶かたがた連れていった所、あいにく虫かぶり（注63）で、御隠居に巾着に薬が入れてある筈と言われ、これはお守りだけと申し上げると、薬を入れおかぬは不心得だと叱られたという。（この時賜った犬子の玩具が今に伝えられ私の手許にある。）

平次は前述した先祖の病気についての考えをそのままうけつぎ、病気は運不運によるもので、また家の方角や風の通りの悪い家には病気が入りこむと言われるが、今我家では、疫病などはもちろん入りこむことなく、自分が生まれて以来両親はじめ誰も難病にかかった者はいない。これは家の一番の幸福というものであろう、と感謝している。今息災で長生きしているのは祖父が産神へ長生を祈願し、幼少より餌薬をとめられたおかげと感謝し、年老いても折々祖父の事を夢に見たと記している。現代の人間としては首肯できない考えではあろうが、医療事情の全く異なったこの時代の一般の考えは、大体こんなものだったのではなかろうか。

なお、湯治の記録は幾つか見られる。

文化五年（一八〇八）武右衛門（大作良郷）十九歳。三月三日、旧冬以来足を痛め、三日には殊の外痛みが甚しいので「今日より番引仕り候」、同廿四日「今日より押して出勤いたし候事」、四月十八日には以ての外難儀なので「湯涌へ一七日入湯仕りたく」と久江孫助を通して伺ったところお聞き届け下さったので「四月十九日朝発足、倉屋長兵衛相雇ひ召連れ罷越し候事」「同廿四日、武右衛門義入湯仕り彼地（かの）の宿新兵衛方に罷在り」だんだん快方に向かっており医師はもう少しと言ったけれども「今日切りに上湯いたし今夕景罷帰り候事……惣入用高弐貫三百五十五匁」「同廿五日右上湯に付、明廿六日より出勤の旨等書付指出す」

なお又文化十四年（一八一七）には大作が山代温泉に湯治に行った記録もあり、近場に温泉が沢山あって多くの人々が治療を兼ねて楽しんだのであろう。

（注59）多賀法印流——印流ともいった。多賀法印は近江国多賀神社の別当で、法印自筆の薬法が伝来しているという。
（注60）疝気——漢方で、下腹部や睾丸がはれて痛む病気の総称。
（注61）すだく——呼吸が苦しくなること。あえぐこと。
（注62）堀の赤薬——北条赤薬といって藩士堀氏の家伝。もと前田家の伝法だったが、利常の時伊藤内膳にその法を譲った。伊藤の聟堀才之助は勝手不如意のため家禄を召し上げられ石川郡鶴来村へ在郷を命ぜられたので、薬法を才之助に与えて活計の助けとさせた。のち宝永年中堀氏は与力に召し抱えられ金沢に出る。柿木畠の近所（油車御歩橋）だったから何彼と便利だったであろう。

（注63）虫かぶり――腹痛。加賀方言。

（七）信仰と崇敬するもの

1 産土神（うぶすながみ）（注64）

『歴代伝言記』の終の方に、我家は「代々神仏両崇とは申しながら、仏法は家に付ての宗派、殊に代々の墓所放生寺境内に之有る故」西岸（四代）、定運（五代）は殊更仏法に帰依していた。しかし通顕（七世）、退翁（八世）以来は仏法は名ばかりで、産土神等を尊敬した。妻は夫の気風に従うものだからか源秋（通顕妻）、心窓（修陳妻）は仏法は少しも信仰せず、産土神等を甚だ信仰し、中でも心窓は嶋田町の元の家で生まれたので、白鬚明神の氏子であり、その祭礼には袋米をさし上げて必ず参詣した。平次の母妙悦は、毎月十八日には精進して、観音の御名日（めい）也と言って観音を信仰していた。この観音は産神石浦山王社の本地慈光院の観音である。（昔は石浦山王という人はなく、慈光院の観音を産神のように言ったのである。）平次の妻お逸も、姑の伝をうけて土地神石浦の神霊を信仰し、毎月十八日には社参し、子孫の息災、長命を祈誓し、また水天宮を殊更尊敬したので、時として意外の神験があった。その外、平次の産土神広岡山王等に毎夕神拝を欠けることなく、また所帯向きも妙悦の伝を受けて家風を守り、万事倹約を第一とし、何事もつづまやかにして少しも栄耀がましき事なく、食物を大切にし種々工夫していたので、信仰する神々も応護し給うたのであろう。病難の憂いもなく、壮健で長生きしている。と、このように記している。思うに現代でも、日本ではこのように神仏両崇といった人達が多いのではなかろうか。お正月には初詣での人達が神社におしよせ、お宮詣りや七五三、やれ受験だ縁結びだ、商売繁昌、といっては御利益があるといわれる神社仏閣に参る。そうして最後はお寺で人生をしめくくる。何でも都合のよい時だけの神仏頼みの今時の人達と一緒にしては申し訳ないし、昔の人達は実利だけ求めたのではなく、それぞれの神様や仏様をそれなりに心底崇拝して手を合わせていたのだと思うし、それによって得たと信じてその福に感謝して暮らしていたのだろうが、その流れが形を少しかえながら今の世にも続いているように思えて、何かとても日本的な文章のように感じられた。

2　昔から伝来する掛物、摩利支天像、木像など

（イ）達磨の掛物、摩利支天像、月舟の掛物など

平次の時まで伝来する達磨の掛物は、西岸の自画であって、定運の頃は毎年十月の達磨忌には上下《かみしも》を着し香花《こうげ》を手向け、拝礼して殊の外崇敬した。

猪《い》ノ子の日（注65）に掛ける摩利支天（注66）の像も崇敬し、その間へは女は入れず、ふと立ち入ったりすると甚しく叱ったという。

西岸以来の月舟（注67）の掛物も大切にして「此掛物は火除の守りにて此掛物ある故火災に逢ざるよし」と代々崇敬していた。粗末な表装なので西岸の手細工かと思われたが、昔から法事の時には掛けることにしてあった。「直指人心見性成仏」の語があり放生寺の諦観和尚が月舟というのは確かではなさそうだと言われたが、ともかく大切にした。

（注64）産土神――生まれた土地の守護神。
（注65）猪ノ子の日――陰暦十月の亥の日。この日は亥

の刻に新穀でついた餅を食べて祝う。万病をはらうためとも、猪の多産にあやかった子孫繁栄のまじないともいう。またこの日から炉、こたつを開き、火鉢を出す習慣もあった。

（注66）摩利支天――（marici の音訳。陽炎と訳す）身を隠して障礙を除き、つねに日に仕えるとしてインドの民間に信仰された神。日本では武士の守護神として信仰され、その形像は三面六臂、または八臂の女神像に作る。

（注67）月舟――室町後期の臨済宗の僧、月舟寿桂か。近江（滋賀県）の人。建仁寺、南禅寺などの住持を歴任。漢学、仏典に通じ詩文にすぐれ、五山文学末期の代表者。天文二年（一五三三）没。『月舟和尚語録』の著あり。

（ロ）大黒天の木像

大黒天の木像は「甚だしき古像にて煤まくろと成り、みたけ五寸ばかり、古き一升桝の内に居給へり」常に膳棚の隅におき、代々崇敬した。亭主たる者が一人で御守りする例だとて退翁は隠居する頃まで備え物等も一人でやり、年頭の小鏡餅も石のようになったのを老年まで頂戴し、とうとうその鏡餅で歯を痛め、それから是非なく頂くのをやめた。毎年初甲子と仕舞いの甲子とには、この木像に小豆飯、又は大豆飯に尾頭をつけて甲子祭(注68)をする例で、これもすべて亭主が調達し、内輪の者は料理仕立てはするが器に盛るのは禁じられていた。甲子祭は家内繁盛の祭だから、他の人が来合わすとも振る舞わない。「他人もし食行けば福を他へ洩す由なり」。ところが天保八年十一月十八日、平之佑が召し出された祝の日に誰かが盗んだのか、この像が紛失した。ついでながらこの大黒像紛失に関して『日記』に記している逸話を紹介すると、「数十人の来客にて混雑至極の処、自分方に祖先以来伝来の大黒天……格別に崇敬の尊像の処、右混雑中に誰人か盗行き候哉、流シの風呂棚(注69)の内に安置の処紛失致し候事」「右大黒天紛失に付、妻妹聟宮原三郎左衛門殿へ近比より碁打に参らるる御馬廻組武藤濃之助殿は墨色にて人相家相等を能く見申され候との事故、若し大黒天の行衛知れ申すべき哉と大作妻義自身の了簡を以て宮原の妹へまで中入置き候処……それならば亭主の墨色を指越し申さるべしとの事ゆへ亭主は即ち今越中境詰にて在合ひ申さずと申し候へば、左候はば跡取の嫡子之有るべし、其手跡にて杉原紙に一の字と丸とを書て指越し申せとの事也。依て鉄吉義杉原紙に一〇を大きく書て宮原迄指遣し候処、則ち武藤殿へ指上げられ候に、此墨色にて相考へられ候処、来客人の取行き候に相違之無し、此守りを茶ノ間入口来客の座付畳の下へ入置き申すべし。其人此上へ座付き候て必ず持来るにて之有るべしと申さるるに付、右守札を畳下へ入置き候へども遂に持来る人之無きに付、其侭なし置き候事」。なおこの時ついでに武藤殿が「此墨色は誠に世上に珍しき程の墨色也。此嫡子は往く往く成長の上は甚だ仕合せ宜しく、中々外人々の及び難き仕合せ人に之有るべしと申され候由、宮原氏より咄承る也」ということであった。

さて、それでその後は父大作が常に懐中していた出世大黒の画像を仮に安置しておいたが、安政四年、大作が亡くなる前日、甲子の日なので赤飯など備え、その際、紛失した大黒天の話が出て、何とかよい木像を求めて安置したいものと言ったところ、父がそれもそうだが、あの紛失した古像の居給う頃よりは今の方が家内繁昌しているように思われる。今の出世大黒の方がよいようだから其の侭にしておいてよいのじゃないか、と「おどけがてらに仰せられたり」ということで、そのままになったらしい。

(注68)甲子祭――(甲子待ともいう。「まち」は祭の意)甲子の日、子の刻(午後十一時から午前一時)まで起きていて商売繁昌などを願って大黒天をまつること。一般に大豆、黒豆を供えたり、縁起物として二股大根を供えたりした。(私の子供の頃「大黒さんの日」には黒豆御飯を炊いたものであ

る。）

（注69）風呂棚——食器や食料品を入れておく木製の戸棚。ねずみ入らず。もとは、茶室におく低い戸棚で、茶の湯用の風呂（炉）を、茶箱・茶釜などと共に収めておく作りつけの戸棚を言ったが、後には木製の戸棚はみな風呂棚とよび、「ふるだな」と訛った。加賀方言。

（八）布袋像

森田家は代々子供に恵まれ養子を貰うことはなかったが、通顕には女子ばかりで男子がなく、はじめて養子をした。次の退翁も一人も子ができず、殊更残念に思い、養子の良郷が結婚してから、何とぞ子供が生まれるようにとその事ばかり心にかけて、土物の布袋（ほてい）の像を買い求め、どうか早く懐妊するようにと念じていたところ、程なく懐妊、子供が次々と生まれた。追々子供も沢山生まれたのでもう布袋像はよそへ譲りたいと父が冗談に言ったのを聞き伝え、どうか譲って頂きたいと子の無い人々から申し入れてきたが、これは親達が一心をこめられた子供の守り神だから大切にしておきたいと外へ貸すのは許さず、大事にした。

ただしかし、時経て平次の妹の和喜が大浦氏と結婚後、五年たっても子が出来なかったのだが、大浦氏の舅がこの布袋像を当分貸してほしいと言ってきたので貸したところ、その年懐妊し、鉄吉郎が出生、続いて孝次郎が生まれた。男の子二人生まれたからと言ってこの像を返してきたが、これも不思議な事だった。この像のその後のことは記録に残っていないので不明である。

3　先祖を祭ることと寺との関係

（イ）寺と寄附

放生寺は西岸の時代からの菩提寺であった。西岸はその著『咄随筆』を見ても分かるように殊に仏法に帰依し、寺の世話もよくしており「本堂本尊の左右なる大権達磨の両像の内右脇なる大権ノ像（注70）は西岸翁の寄附にて」天保の頃、開山法会につき堂中修覆のため「檀下中へ勧化ありき」。その時、大権像の中に「森田氏平之丞」と記した書き付けがあり、元禄年中の寄進であることがはっきりした。この像は「今も放生寺の本堂に安置し実に当寺の本尊の一体也」。また寒山十徳（拾得）の大幅の掛物も西岸の寄附で、紙表具の粗末な表装だが折々手入れのことを寺から申し越し、退翁の時代にも両三度修覆した。ところが「天保十一二年比（ころ）、御先手物頭津田伴大夫殿、本家兵庫殿の菩提所なるから参詣ありしに」この掛物を見て殊の外賞翫し、紙表具では不似合いだから江戸で相応の切れを求め寄附しようと言われ、江戸表から戻られて表具がえに取り掛ったが用意した布が足りず、とりあえずはそれで済まし「茶のシケ絹（注71）にて表具出来せり」これに朱で平次が「放生寺の地辺は渋地（注72）なりし故にや右掛物毎度表具損じ度々表具仕かへ呉れと申来る」「掛物などは寄附する物にてなし。子孫の迷惑なり」と記す。そして「津田氏表飾致されし分又々大破」明治に入ってから「しけ絹一文字古金襴にて表具師岩内へ申付け見事に出来」それまで上箱がなかったので杉で上箱を作り荒木彦兵衛に上書を頼み西岸寄附の次第を漢文で記して貰った。この時和尚が言うに、ある時さる人がこれを見て、これは唐画で画人の名も言ったが忘れてしまった。今大乗寺にこの画と少しも違はぬのがあると語った、と。そこで嘉永七年七月七日大乗寺の虫干しを見物に行った所、なるほど「放生寺のと露違はず、紙中に了海筆とあり、是は写せし画人の名なるべし」と。平成五年（一九九三）に私の母の納骨の時、寺ではこの掛軸を掛けて下さった。今はもうシブ地ではない所に場所が移っているから、今後とも大切にして頂きたいと思う。

西岸は存命中に大権像、寒山十徳の大幅など寄進し、その他万事寺の世話をよくしたので、その功を以て斎号を付けられ、内所には院号を付けられた。所が退翁の時はその沙汰が無く、先代は寄附物などあり寺一の功ある故斎号を付けたのだという。「銀子にても寄附成さるならば付申すべし。是は御内々申上ぐる也」との事だった。平次父の沒した時も同様の事を言ってきたので、如来寺方丈（知一上人）にその話をしたら「僧といふものは禅宗も一向宗も同様にて俗人よりも欲の深く浅ましきものなりと如来寺方丈笑はれたり」。

「実はやはり金銀沙汰のよし也。いとも〳〵おかしき事ども也」と結んでいる。

（注70）大権ノ像——大元帥（帥の字は発音しない例で、「だいげん」ともいう）のことか。大元帥明王の略。十六夜叉大将の一。四天王を従え、国家を鎮護し諸難を除く神。

（注71）シケ絹——（繭の上皮から取った粗末な糸を絓という。）絓糸で織った絹布。薄地の手織りで、表装地、襖張地などに用いる。『俚言集覧（増）』「しけ絹　繭の外面より繰りたる糸にて織りたる絹地にて掛物の表装に用う」

（注72）渋地——乾き地の反対語として用いられている。湿地。

（ロ）先祖を大切にする心と信仰

先祖を大切にした平次は嘉永二年（一八四九）九月十五日は慶長五年関ヶ原の陣より二百五十年目なので、子孫として「身分相応に祭るべし」と先祖代々の惣墓を掉石の他すべて新しくし、石碑に法名を彫刻したのでは後々分からぬようになるかもしれぬからと俗名を載せることに改め竪町の石屋清吉に頼み石碑が出来した。そして当日は朝の内に放生寺方丈を招待し夕景には無塩料理で近い親類縁者を招き賑やかな事であった。放生寺の檀家中にも二百五十年忌の法要を執行したものはこれまで無かったとのこと。そしてこの後、九月十五日を先祖祭と定め、霊供を備え大切にすることとした。『柿園日記』を見ると直系の先祖を始めとして他家を継いだ枝葉の人達の百回忌などまできちんとやっている。

　嘉永四年十一月十七日「西岸様二男笠松故喜三右衛門殿、当二月十七日百回忌相当の処……（子孫断絶し無縁になっていたが墓は放生寺にあったので）今日袋米放生寺に遣し霊供相備へられ候様相頼み内仏にても霊供相備へ候事」

　ちなみに平次の母の妹聟宮原三郎左衛門方では、祖父より先代には霊供も備えず、年忌の法事をせず打捨てていた。勝手向きは十分で土蔵も建てる程なのに、とかく男子が生まれても夭亡したりで跡継ぎが出来ず、武藤濃之助に家相等を見てもらった所、是は先祖祭を怠る故だと言われ、そこで大法会を執行し霊供を備えたりした所「無難の男子出生する也」と。私の母も、誰々の祥月（しょうつき）命日だからと言って、いつも「おりょうご」を仏壇に供えていたのを思い出す。嫁のつとめだったのだろう。

　平次は父が常々「家一軒を起す事は中々容易（たやす）からぬ事にて今時僅か五人扶持ばかり取るにも容易な奉公にてはなりがたし。然るを子孫に至りては五六拾石の知行も不足の様におもふは不心得の至り也。勤功もなく才気もなくして知行相違無く頂戴するはひとへに先祖の功に依て御主人より下さる也。……結構なる禄知行を頂戴し安楽に暮すとは有難き事也。とかくゆるがせに思ふべからじ。」と話すのを聞いていた。平次も先祖のおかげで今があるのだと、先祖を大切にし先祖の祭りはおこたらず崇敬したのである。

　明治維新を経て、仏体下山等にもかかわって、平次の考えは仏教を信仰の対象としてではなく先祖を祭る法会、葬いという対象になったのだろうと思う。「日本に生れたる者は仏法に帰依するは有まじき事なり。神祇を大切になし朝暮敬神の意を第一とする故に若し明日にても没命するとも枕経或は血脈を授け法名を付る事は望まずと放生寺の和尚の代替毎に申入る也。我々は内輪は神道、御寺に於ては仏葬と心得られ居られたし。それ故に歴代の年忌相当の時も少々回向料を指上げ内仏の回向は申さざる也。……御寺の事は往々菩提所と心得、成るだけ御世話仕るべき由毎度申入れ置く也。」このように記しているのだが、神道を信仰の対象としてどの程度に向きあっていたのだろうか。若い頃は志を同じくする友人達と平田神道を学び、維新後は明治政府の国是に従って神道を第一にすべきだと考えたのだろうが、それは平次の頭の中だけの考えで、家の者たちは昔と変らぬ長い間の習慣で、当時の普通の家々と同じように仏壇や神棚両方に手を合わせていたのではないだろうか。

（八）古い言い伝え、ことわざなどと加賀ことば

前にも述べたことだが、お七夜の中に庚申があると金に属する名を付ける習わしで、平次の幼名は鉄吉と付けられた。外與吉の名は「四十二の二つ子」という古くから各地で言われていたことに由来するもので、古典籍に用例が多く見られるものだが、この庚申と鉄との方は加賀特有のことなのかどうか、今の所分からない。とにかく記録の中から、昔からの言い伝えとかことわざとかを幾つか拾って見ようと思う。その中には珍しい加賀方言も見られるので、それにも心をとめてゆきたい。

4 言い伝え

「昔よりおのが年齢を風(ふ)と歳旦などによみ出せば必ず其の年事ありて、ならぬもの也。」という事が言われていたらしい。「御上にても陽広院様御逝去の御歳旦にみそじひともじとよみ込み給ひし事古記に見えたり。」と主人方の前例を挙げて、母妙悦がふだんは発句など詠む事はなかったのだが、毎年元旦の試筆には必ず発句をつくり家の天神堂に備えた。これはわざわざ人に見せたりする事はなかった。安政六年の春の句は「うか〱と五文字いつもじ今朝の春」と詠んだとか。これも病死の後で妹達の口から聞いたのである。ところがその六月から浮腫病を患い、遂に八月二十七日に亡くなった。五十五歳になった年なので「五文字いつもじ」と詠みこんだのだろうが、「母の然(しか)よみ給ひしも其の時聞きたるならば直し給ふ様に申すべきものをと今更後悔するのみなりき。」と悔んでいる。

「戻シ子」という言葉があったらしい。平次の妻逸の話として、本多家中に岡本善行(ぜんぎょう)という人があった。此の人は不思議のまじないで夭亡した子供を再生させた。大切な幼少の子が死亡した時、早速頼みこむと、おまじないをしてくれて、すると必ず又子供が生まれた。男の子ならば男の子、女の子ならば女の子が生まれた。是を戻し子といった。年経てからではその術も叶わずという事である。おまじないを頼んだわけではないが、平次の母の初産は男子だったが「産重くして胎死也」二度目のお産で平次が生まれた。「いまだ懐妊の躰(てい)も之(これ)無き時母の夢に最初の小児来て再び生れ出るよし告たりと見給ひ……はたして其翌月より懐妊せられしは彼(かの)夢の事よりして祖父退翁老も男子に相違無しとて小さき丈夫なる子供脇差をも求め来て用意なし置れたりとぞ……実に最初の胎死せし児の再誕なりと母毎度仰せられき。」平次も戻し子ということらしい。

父子の相性(あいしょう)のよしあしによって仮の親分を立てる事。すでに平次の時代にはもうそういう事はなかったから、人々は不思議に思うようだが、これは寛文・貞享・元禄頃までの習わしだったようである。昔は将軍家でも若君が誕生すると父子の相性の事を必ず僉議されたものだという。『咄随筆』にも「岩倉弥右衛門妻観音参り」（上・三十五）に中川式部に嫡子誕生の時「御父子御相性の宜しからざる由にて御家来岩倉弥右衛門を仮の御親分に仰付けられ……岩倉金六郎殿と申しける。」とあり衣類などの紋も岩倉家の割菱(注73)を用いたという話が出ている。「中川七兵衛君（重良・一千石、馬廻組）に御嫡子御出生遊ばされし時、御父子の御相性宜しからざるよし陰陽師申上げたる故、宗源（康政）夫婦をば仮の御親分に仰付けられ、其のしるしに七兵衛君の御若名長三郎様と申奉る故、右の長の字と宗源翁の幼名大吉と申したる故……御幼名長吉様と指上げられたるよし、」（のちの八郎左衛門重直）。そういうわけで康政の頃は嶋田町に住んでいたが、主人の中川長吉と盛昌とは兄弟のように「水魚の如き主従の仲」で、重直がよく立ち寄り、お土産に牡丹に獅子の画の掛物を下さったり庭に梅の木を植えて下さったりしたという。この掛物は代々家の重宝としていたが、通顕の時、少禄で家族も多く家計が苦しかったので是非なく売り払い、その上包み紙だけが残っていたが、いつかこれも無くなってしまった。

（注73）割菱——紋所の名。菱形の中に斜め十文字があるもの。武田菱ともいう。

5　ことわざ

「秋かますよめに喰はすな」平次の祖母心窓がいつも語っていたことだが、「世の諺に秋かます新婦(よめ)に喰はすなといふ事は秋かますは子を持たず、故に忌みていふ事なるを、新婦をにくみて言へるとは辟言也。」と。「秋かます」というのは余り聞かないが、初秋にとれるカマスの味は美味であった。秋茄子というのが普通で『毛吹草』にも「あきなすびよめにくわすな　よめしうとめの中よきはもつけのふしぎ」とある。『日本国語大辞典』では「秋さば嫁にくわすな」というのも挙げている。そして秋茄子は味がよいから嫁には食べさせるな。つまり姑の嫁いびりの意に解するのが最も普通。秋茄子は身体を冷やして毒だから、種子が少ないから子種が少なくなるのを嫌って、などという理由で嫁に食わすなと解する説もある、としている。しかし嫁いびり説よりも「嫁思い説」――「うまいからといって食べ過ぎれば消化不良の心配があるし、体を冷やす危険性もある、というのは江戸時代も同じ。ことわざは嫁の健康を気遣い、過食をいましめたものだろう」（二〇〇一・八・二七『朝日新聞（夕刊）』食文化史研究家・永山久夫）と善意に解釈する説も有力であり、各人の受け取り方にその人間性があらわれているようで微妙である。何とも結論が付け難いのは昔も今も同じ。平次は祖母のよい面としてこのことを紹介しているのであろう。（ちなみに、茄子の旬は夏であって、この諺でいう秋とは、旧暦であるから、今の季節でいえば八～九月になる。）

「世の諺に嫁は舅の伝をつぐといふ……嫁は……舅のなし来る家格を見習ひ聞きならひその伝をば請け継ぐ事第一也。しかし女は舅のなくなればとかく里の家格を移してならぬもの也。」この諺については七（四）家の掟、習わしなどの項で触れたので、それを御覧頂きたい。

6　加賀ことば

これまで述べてきた中に、「ささじん」「青草屋」「はだこ」「しんがい」等、加賀ことばが出てきたが、他にも幾つか目についた語について述べることにする。

「渋地」当時放生寺のあった土地は渋地だったので、その昔先祖の寄附した掛物なども痛みやすく、その度に修理を頼んでくるので、平次は掛物などを寄附すると子孫が迷惑すると文句を言っている。（七（七）3）その箇所で渋地について触れたが、ここで又加賀ことばの例として述べておく。放生寺の先祖の墓は、昔は中川家の南隣にあり三代宗源以来の墓もそこにあった。天明年中墓を一つに合葬するため掘り出した所、代々火葬だったが、六代善功は土葬で「僅かの年月を経ざれば、掘り出したるに箱は悉く腐損したれど遺骸は其の侭にて月代（さかやき）殊の外延び居たるよし、さて是を別箱に移し入れんとするに悉くはなれ〴〵に成りたるよし」と記し、そこに朱で次のように書き入れている。「野田墓番庄右衛門の話を聞くに、野田山にて毎度墓を掘り直し事あり、かはき地は早く遺骸土と成り渋地は数十年立ちても遺骸存在すといへり。放生寺も渋地ゆへに長く存在せしものなるべし」渋地は乾き地の対だから湿地のことと分かるが、現代の辞書には出ていないようである。

「名染ぞへ」恋愛結婚のこと。『日本国語大辞典』には「なじみぞい」の形で富山市近在、砺波、岐阜県飛騨の方言として載せる。『方言大辞典』によると「なじんぞい」「なじょんぞい」などともいうようである。『歴代伝言記』に退翁の「姉たちは皆器量よき女にてある故」「おぢの高畠殿給人内藤七左衛門などを里分として」「一人は御射手古沢又右衛門殿（百五十石、のち又陸という）の内所と成り一人は組外下村金左衛門（百二十石）殿の妻女と成られたり」「もとは名染ぞへなどにて」それで退翁が養子に来た時、姉たちが色々世話してくれて拵えものなど万事みな調えてくれた。両姉ともに「能き家に縁付き居られし故に色々衣服等持参の品々世話致されし」という。この「名染ぞへ」の「え」と「い」の違いは金沢での訛った発音の例の一つといえると思う。

「いとこぞへ」この語は『日本国語大辞典』『方言大辞典』や江戸時代の『書言字考節用集』等にも載せ

ていない。これも「いとこぞい」の形を訛って「いとこぞえ」と言っているものと思う。いとこ同志が結婚することである。「西岸翁の娘子を縁組せられし佐一左衛門の子を弥門とて、其妻女に定運翁の娘子をいとこぞへにせられ」「弥門の子則ち弥一兵衛也。又弥一兵衛の妹は中村喜大夫殿の内所なれば皆いとこどしの縁組にて重々の縁なるが……藤田氏は西岸翁已来の重縁にて毎度いとこぞへに縁談ありしも不思義なる事也」この関係を分かりやすく図示すると次の通りである。（次頁の関係図参照）

「末成」「父の養子と成り給ひしは十五才の時にて……まして末成の事なれば何の用意もなき処なるを」（『歴代伝言記』）末成（すえなり）とは果実など収穫期の末期に結実したもの。品質が劣るうらなり。『方言大辞典』には出ていないが、うらなりの事なので、末子をさすかと思う。

「野猫」「よもぎ猫」平次の祖父退翁は猫好きで、いつも我が子のように猫をかわいがっていた。男猫（牡）は祟りがあるという昔からの伝言だと言って女猫（牝）ばかり飼っていた。春秋に子猫が沢山生まれると、その子猫をほしい人達にあげたり世話していたが、いつしか居残って親猫と共に二三匹も飼っていた。平次の生まれた時、赤ん坊に疵などつけると困るからと、子猫をよそにあげ、親猫も前ほど寵愛しなくなって、ただただ昼夜赤ん坊ばかり可愛がったので、猫はいつのまにか居なくなり、不思議に思っていたらしばらくして井戸の近くの板の間の所で死んでいたそうである。

以前退翁が、元の隣の家に住んでいた頃、猫が子を沢山生んだが、どこから来たか「野猫ならむ、よもぎ猫の大きなる男猫夜に来て子猫をば喰ひ行きける。退翁老殊の外立腹し給ひ、其の入り来る二階の戸口にわなをかけ置きて彼の野猫を取り殺さん事を構ひ置かれしが、或る夜則ちわなにかゝりける。」「野猫」はのら猫。「よもぎ猫」は『咄随筆』『続咄随筆』にも見えるので、この毛並の猫は沢山いたのだろう。『方言大辞典』によると①虎のようなしま模様のある猫（富山・岐阜）②灰色の猫（新潟中頸城郡）③蓬に似

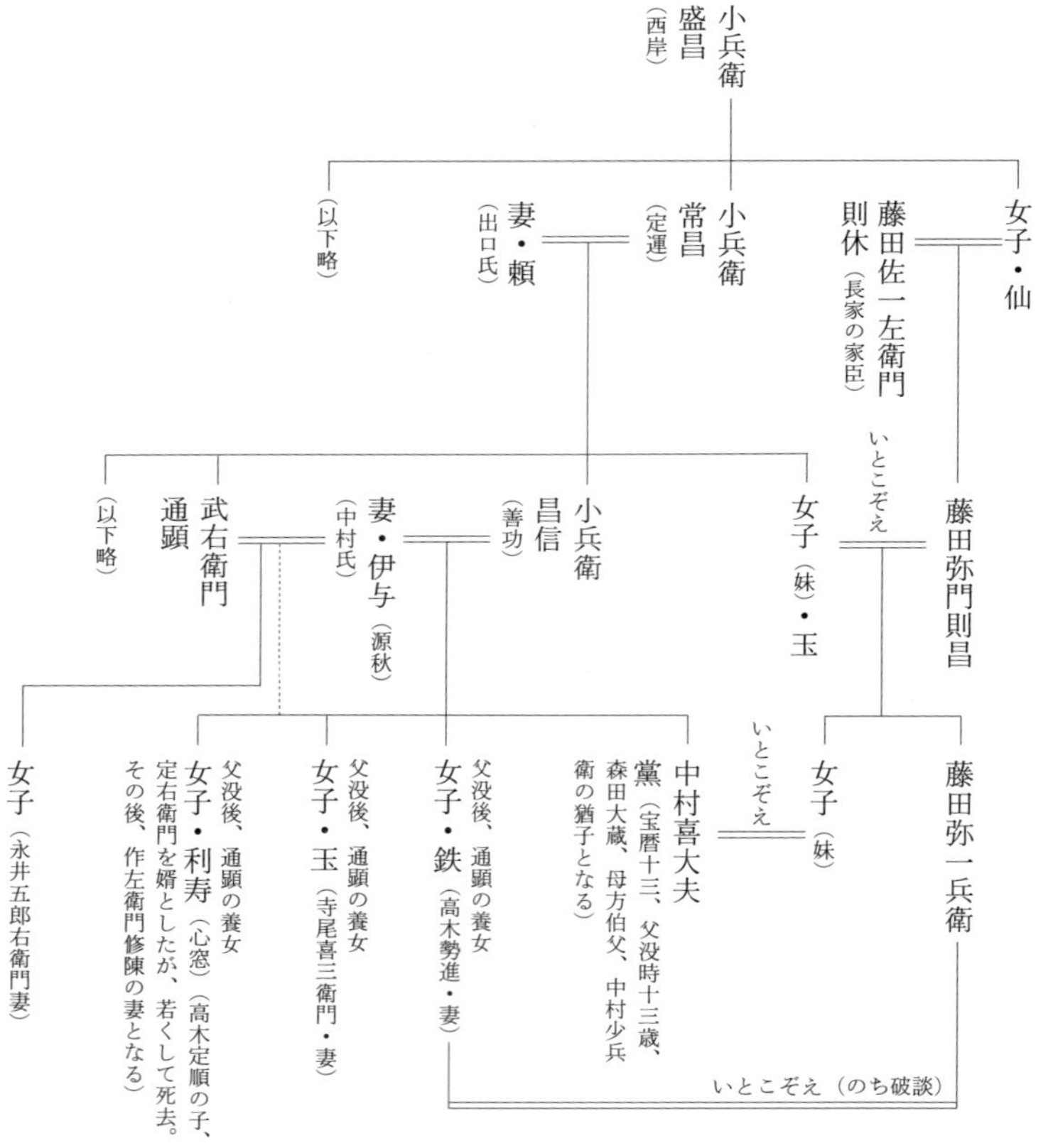
小兵衛
盛昌
（西岸）
女子・仙
藤田佐一左衛門
則休（長家の家臣）
小兵衛
常昌
（定運）
妻・頼
（出口氏）
（以下略）
いとこぞえ
藤田弥門則昌
女子（妹）・玉
小兵衛
昌信
（善功）
妻・伊与（源秋）
（中村氏）
武右衛門
通顕
（以下略）
藤田弥一兵衛
女子（妹）
いとこぞえ
中村喜大夫
黨（宝暦十三、父没時十三歳、森田大蔵、母方伯父、中村少兵衛の猶子となる）
父没後、通顕の養女
女子・鉄（高木勢進・妻）
父没後、通顕の養女
女子・玉（寺尾喜三衛門・妻）
父没後、通顕の養女
女子・利寿（心窓）（高木定順の子、定右衛門を婿としたが、若くして死去。その後、作左衛門修陳の妻となる）
女子（永井五郎右衛門妻）
いとこぞえ（のち破談）

縁戚関係図（いとこぞえ）

た色の猫（山形・酒田・西置賜郡）④汚い猫（富山・西礪波郡）とあり金沢は出ていないが高木喜美子氏（石川郷土史学会々員）が金沢の獣医さんに聞いて下さった所によると、金沢では灰色又はこげ茶に黒のしまの入ったような毛並の猫をいうとの事である。

「めめじゃこ」平次の母の実家三好氏に「大蓋茶碗とメメジャコの蒔絵の盃あり、大槻の全盛の比、蓋茶碗に一歩を入れ、盃と共に貰はれたると。大槻と少々継き柄ある故也。」かの加賀騒動で有名な大槻伝蔵と何らかの続き縁があったので、大槻から貰った盃、蒔絵でメメジャコを描いたのがあったという。メメジャコはメダカ。古く閑吟集にも例があり、私の母の頃にも使われていた言葉だという。

「なで坊」茨木家の屋敷向きも昔は質素で、澄源院（茨木左大夫道啓、宝暦四年没）の時代の頃は重々しい事はなかった。道啓は囲碁好きで、毎度お供に中小将一人、草履取り一人を召し連れ諸方へ出かけ、いつも深更に帰ってきた。近習や表の人々をはじめ皆寝ていたが「其の頃進藤寿慶なで坊にて」一人奥に居て、夜中にお戻りの節は「お戻り」と呼ぶとぼんぼりを持って式台へお迎えに出たという。「なで坊」は『方言大辞典』等にも出ていないが、賓頭盧[注74]を「なで仏」「なで坊主」などと言い、寺にある像をなでて病気快復を祈願したもので、信者になでられ頭がつるつるになっている所から禿頭をいう語となったようで、或いはここも禿頭を（親しみをこめて）言ったのではなかろうか。

「ま」は人名や人を表す語につけてごく軽い敬意を表す加賀ことばである。父は幼少の頃小次郎といい、前髪をとる時主人から養家の祖父武右衛門の格別の勤功にあやかり、武右衛門と改名するよう命ぜられた。しかし何となく気にくわぬ名だと思っていたので、主君の死後大作と改めた。名というものは改名しても急には人が呼びかえることはしないもので、実家の山川の母は小次郎と呼んでいたし、祖母は武右衛門は養父通顕の名なので呼びにくいと、ずっと小次郎マと呼んでいた。この、名前につくマという方言だが、もう一つ寛政の大地震の時、父の遊び友達でタンコロマと呼ばれていた子が地震に驚いて家から駆け出る時、屋根石が落ちて頭に傷が出来たと記しており、多分あだ名にマを付けて呼んでいたのだろう。

（注74）賓頭盧（びんずる）――十六羅漢の一。神通力をもてあそんで釈迦に呵責（かしゃく）され涅槃（ねはん）を許されず釈迦入滅後も衆生の救済にあたった。日本ではこれを撫でると除病の功徳があるとの俗信があり、撫で坊主といって病気快復を祈って撫でたという。撫でられて頭がつるつるになっている所から禿頭をいったものらしい。

（附）篤実であること

平次が感銘を受けて『歴代伝言記』などに特記した事から見えてくるのは、一言で言うと「道」を大切にするという事であろう。庶民的に言えばお天道さまに恥ずかしくないように生きる、という事か。人格として「篤実」であることを重んじている事ではないかと思う。例えば、通顕は買物代銀を掛けにするのはあるまじき事だが、現銀に余力のない時は仕方なく掛けにして盆暮れまで待ってもらった。それを盆暮れに向こうから取りにくるのを待って払うのは「道に違へり」と、いつでも払いの時節になると自身で持って行き一礼を述べて払ったという。また六（二）4蔵書を非常に大切にしたことに記したので重複するが、嘉永六年四月十七日、平次の親友桜井彦左衛門の家が火災で類焼した際、早速見舞った父に桜井氏は、まず「お借り申したる御書物は無難に取出したり」と言い、そのあとで火事の始末を語ったという。桜井氏は常々家内の者に、借りた『三州志』を「又と得がたき物」だからと言っていたので、留守の者が真先にこれを取り出し、自宅の物は小袖簞笥を取り出せたのみだったという。日頃から篤実で礼儀正しい人なので、父も遠くなのに「老足も厭はず」見舞に行ったのである。差し当たりの用として茶碗などを翌日平次が届けたが、桜井氏は後々までこの事を話して父に感謝していたという。（現代、図書館で借りた本を濡らしたり汚したりしても、はじめから汚れていたと謝りもしない人とか、返された本が一部切りとられていたりするとかの話を聞くが、いつから日本人は「道」を大切にしなくなったのだろうか。）

勤仕する主人の気に入られて高禄になる事ばかり望むのはよくない。自分のような不才の者に、主人が禄知行を下さるのは有難い事。先祖の勤功によって禄を減らされもせず頂くことが出来るのは、よい主人に逢い奉ると感謝すべきなのである。こう記した箇所に後になって朱で次のように記す。官員、月給取りの人々が課長の気に入ることばかり思って勤めている人は、課長が転任すると「非職などに成る也。」ただ「自身一心の働きを守り」昇進の事など考えず勉強する人は「意外な昇進をするもの也」これは多分実感であろう。とにかくまじめに篤実に生きることが大切と考え、自分もまたそうあるべく心して生きていたのだと思う。

八　記録から見た世相の一端

（一）縁談と結婚

昔、藩政時代の結婚はどんな形で行われてきたのだろうか。現代では、勿論いろいろの考えの人が居るからそれなりにいろいろのやり方があるだろうが、見合いとか恋愛とかで結婚がきまれば結納のやりとりをし、神社なり教会なりの式場で挙式し、親戚や友人・知人らを招いて披露宴を行うというのが一般的であろう。しかし『柿園日記』を見ると、「縁女」が「今日引移り」「始尾能く婚義相整ひ候事」のように簡単に記されていることが多く、当時の給人ら下級武士たちは、それほど大層な事はしなかったのではないかとも思われた。

・文政五年（一八二二）「閏正月武右衛門実方めい本多磐松様御家中老田新左衛門殿三番目娘おすゞ、同家中鈴木藤馬方へ嫁娶之（これ）有り候事。」

・文政八年「正月廿日大作妻の妹おるい、津田兵庫様家来宮原三郎左衛門と縁組申合はれ今日則ち引移らる。おるい当年十八才。木村藤左衛門殿媒の由。」

・天保十二年（一八四一）「二月大作実めい石黒氏二番目娘けん、定番御歩田嶋津大夫方へ嫁娶、今日引移候事。但当年十九才。」

・弘化元年（一八四四）「九月十七日、妻のめい宮原三郎左衛門殿嫡女しず、松平監物殿家中中山唯衛悴良吉と縁組申合はれ今日引移る。当年十七才。」

ただ縁者や知人の記事ではくわしい事は記さず、心覚えにその事実だけを記したのだろうと考えられる面もある。そこで、これらに比して身近な父や平次自身、妹達の結婚について見たところ、その成り行きをくわしく日を逐うて記しており、そこに一般的にはどんな手順で結婚に至ったのかが大まかながら知られるように思われた。結婚はしたがうまくゆかず離婚した場合もあるが、とにかくその幾つかを見ることにする。

1　武右衛門（大作良郷）の場合

文政二年（一八一九）「七月十九日、武右衛門妻縁の義、先達てより佐藤丈五郎殿御家臣給人三好巡作嫡女当年十五才。木村藤左衛門殿仲人にて相談之在り。段々内聞等いたし候所、随分然るべく示談、依て当夏五月内約相究め御内聴にもおよび候処、一段然るべき旨仰出され候に付、今日作左衛門初て近付きに罷越し、彼方よりも見えらる……」

同僚の木村氏が話を持ってきた。そこで聞き合わせたり調べたりしてよさそうだということでお互いに行き来し、大体決めたところで作左衛門（修陳）は九月十日に「私養子武右衛門義……三好巡作嫡女と縁組申合せたく……此段、御席達せられ御聴下さるべく候」と願書を主人にさし出した。十五日に「勝手次第の旨今日仰出され之に依り自分父子上下（かみしも）着用御礼申上げ候事」。お許しが出たので正装して参上しお礼を申し上げた。

ところでこの時、結婚は決まったが、若夫婦も住むことになると、家が余りに手狭なので「座敷廻り建替の義示談取究め」ついでに土壁等も手を入れることにして、文政三年二月十日「普請方取掛り」近所にもその案内をした。同廿五日に普請は一先ず終ったが、その後も畳やら下壁、中ぬり壁と四月に至るまで細かい修理が続き、結局九月十七日に普請がすべて済んだので、兼ねて三好氏と申し合わせて日柄等も相談し決めてあったので「明日引移の義に治定いたし則ち今夕景より道具追々参り候事」。新居が整えられた所で、結婚の日も決まり、前日には新婦の道具が運びこまれた。

三好巡作延秋
- 女子・伊遊（森田大作妻、平次母）
- 女子・類（宮原三郎左衛門妻）――宮原壮左衛門（妻、平次五番目の妹・定）（のち離縁）
- 女子・慶（岡崎全右衛門妻）
- 忠太郎延一
- 駒之助（十七歳で没）
- 加藤学馬延政

平次母・伊遊の生家三好家

「同（九月）十八日朝結納祝義物綿代金弐歩三好氏へ持せ遣し、夕景引移る。縁女三好氏内所同道、追付(おつつけ)盃事致させ首尾能く婚義相整ふ」。同廿三日には婚儀をすませた旨の届けを出し「同廿六日里抜き（注1）作左衛門夫婦、武右衛門夫婦何(いずれ)も罷越し種々饗応方之(これ)有り。夜に入り相開き申候事。土産物三好氏夫婦樽代百疋、田辺内所并に久田殿へ綿代拾六匁、外三好氏下女并に出入人四人へ三匁充(ずつ)」

文政四年に入ってから新婦は姑につきそわれ初めて主家に挨拶に上がる。『日記』の文政四年の初めに武右衛門三十二　妻十七とあるので、妻は十六歳で結婚したことが知られる。

「同（二月）十八日　武右衛門妻義今日始て御屋敷へ作左衛門妻同道罷上り、御酒鯣(するめ)赤飯等指上げ、御上よりも御目録銀弐朱拝領仰付けらる。」

（注1）里抜き――三（二）（注10）を見よ。

2　大作の嫡女和喜（平之佑の妹）の場合

弘化三年（一八四六）七月十五日に、嫡女和喜が十七歳になるので、縁談について、そろそろと思っていたところ、「竹田市三郎様家中北村覚左衛門せがれ還事と申す人貰請けたき旨」を同僚の久江五兵衛が言ってきた。「北村氏知行六十石、当時家老役相勤め……舅夫婦とも七十餘、還事は三十一才の由、尤も質素の暮方にて勝手相応」というので「随分然るべく、示談に付、一類中夫々相談に及び候処、何(いずれ)も相究め然るべき旨に付……今日御内聴伺ひ紙面指出し候事」いつもの決まりの結婚願いの書面をさし出した。相手の北村氏の方も主人方にお伺いの紙面を出してそれぞれお許しを得る。八月に入り、廿三日に初めて北村氏宅を訪問する。北村氏の「御内所にも始て対面、吸物等にて酒指出され候事」「同日和喜義鉄漿(かね)

初」結婚が決まって始めてお歯黒をする仕来りであったらしいと知られる。「九月十二日　今般縁談に付、御上より縮緬（ちりめん）ふくさ地壱つ花紙一丸鯣一折御奥向より下され候事」「同十四日引移り弥（いよいよ）明十五日取極めに付、今日道具指遣す。昼後八ッ半時過より日用（ひよう）岩瀬屋喜三衛門等両人相雇ひ持たせ遣し候事」「同十五日今日弥引移る。兼て約諾に付、夕景妻同道罷越す」新婦の道具類を婚家に運び、翌日いよいよ本人が母親につきそわれて行き、家族も同道、夜八ッ時頃式、祝宴がお開きとなる。自宅でも親類を招いて披露した。そして翌日例の如く主人に「始尾能く引移らせ婚義相整」ったとの届けを出した。そして九月廿二日は里披きで「北村両夫婦暨（および）一類北村五左衛門殿同子息坂井市郎兵衛殿等相招き候事」

ところで翌弘化四年（一八四七）になって「五月十一日　昨年縁付かせ候娘義内輪向き等共随分宜しく候へども聟還事義共、以来疳症様のものにて去暮以来以ての外容躰相替り次第に弁別等之無（これな）く、依て一類中等種々示談の上、娘義当正月口祝に罷越すより直に居留り、弥和談を以て離別の義申合せ則ち今日離縁の書付指出し候事」と、聟がおこりっぽく、それが病的にひどくなって堪えられず離婚したいということで、例の如く書面を出して報告。同十三日に道具も引き取り離婚が成立した。

しかしその後和喜は嘉永元年（一八四八）になって「二月十一日……和喜義有賀宣兵衛様給人大浦佐大夫悴（せがれ）此面年廿七才……旧冬能登屋甚兵衛より申来る」そこでいろいろ聞き合わせ「随分相応の由、知行六十石、此面義も召出され当時近辺向き相勤め居られ候旨……甚兵衛方迄申入れ候、之に依り表向き媒は三好忠太郎へ相頼み、則ち今日御内聴伺紙面指出し候事」ということで、二月十八日に「大浦氏父子始て見えられのし三方吸物土器小盞（注2）出し近付きに相成り」ととんとん拍子に事が運び、廿三日に日用を雇って道具を運ばせ「廿四日七ッ半時過ぎ妻同道にて罷越し六時比（ころ）より大作、平之佑、常次郎三人同道罷越し種々饗応方之在り、九ツ過ぎ相開き、今日内輪一類相招き候事」廿五日例の通り御届けをさし出す。廿六日には大浦氏方で一類中を招かれたのでこちらも出かけて近付きとなり、三月十三日には里抜きで「大浦氏両夫婦并に此面殿弟城戸次六郎殿相招き依て三好氏父子、石黒、大平等も相招き候事」（石黒、大平は大作実方の兄弟である）。

この後の和喜については嘉永五年九月十七日に、めでたく出産「折節此面殿当番に付、左大夫殿九時過ぎ宅まで見えられ妻義に罷越し呉れ候様との事に付、則ち罷越し候処、夫より次第に催し（注3）に相成り今朝六時至て軽く安産、殊に男子出生、母子共達者に之在り候事」十九日の三ツ目に祝の品を送り、廿二日のお七夜の前日に「産着壱重ね鯣三把」を送り人々を招いて祝い「小児の名鉄吉郎と付けられ候事」めでたし〱ということであった。

（注2）小蓋――例えば、鯛の塩焼きにすだれ麩・椎茸・くるみ・野菜のうま煮・卵焼き・紅白のはべん（かまぼこの方言）・お多福豆などの御馳走の一皿。「小蓋物」の略。『金沢用言集』によると、大正頃には料理屋、宴会場で飲食のあと、折箱に詰めて持ち帰るように準備され、留守家族は「おこぶた」といって楽しみに待っていたという。

（注3）催し――三（二）（注9）を見よ。

3　大作弐番目の娘のぶの場合

嘉永五年（一八五二）八月に平之佑の妹のぶに縁談があった。「御算用者並川崎武左衛門当年廿四才の由にて貰請けたき旨、右川崎氏実父樋口貞吉と申す人、宅の隣家中屋弥三次方迄参出、是非相談いたしたき旨、之に依り一家中夫々示談いたし且右川崎氏宅近方神尾主殿様御家臣小柳甚左衛門殿曁御算用下田和平殿等へ相頼み裏聞等いたし候処、随分相応の由、併しながら川崎氏今度再縁にて先妻当春離別之(これ)有る様子。之に依り書付指出し方は明春迄(まで)見合はす」これについて大作は再婚であっても、よさそうなので「婚義取結び申したき旨申入れ」主人方にも紙面をさし出したのだが、月末に小柳氏がやってきて、裏聞き等もして随分よさそうと思って申し上げたのだが、よく聞いたら「元来過酒家にて殊に酒席乱行等の義折々之有り、当春離別の先妻右の義に付、是非なく引取り候の由」だから「今一応得(とく)と御考へ然るべし」という。そこで又皆で相談し、そういう事では、いろいろ用意もしたけれども今の内に破談にした方がよかろうとなり、この縁談はとりやめとなった。

翌嘉永六年四月二日「御料理人森義右衛門せがれ牛之助当年三十一歳」の話がもちこまれた。「義右衛門当年六十七内所五十三の由、勝手相応」で殊に義右衛門は「実躰の人柄の様子」で油屋源兵衛を介してのぶを貰い請けたいと申し入れてきた。当時は小立野与力町に住んでいたが、以前しばらく源兵衛方に同居しており、それで源兵衛は人柄等もよく知っていたし、去年人を介して宮原氏（大作妻の妹・類の夫、宮原三郎左衛門）まで申し入れてきた事もあったし、同組の事なので石黒氏（大作の実兄・石黒重助惟定、御料理人）に相談すると、父子とも人柄もよく相応の縁談と思うというので、三好雪翁の同意も得た。先方からは石黒氏の養女ということにして貰い請けたいと言ってきたので、石黒氏に相談し、そうすることにした。四月十四日、十五日にそれぞれ書き付けを出す。（但し石黒氏は十五日に江戸表に発足した。）十八日に縁組のお聞き届けあり裃を着用して御礼申し上げた。同十九日結納。夕方に簞笥・長持・葛籠(つづら)等を宮内橋高・徳兵衛らを雇って運ばせた。廿日の暮合に「縁女義、母同道にて下女壱人徳兵衛召連れ罷越し引続き大作父子・上田作左衛門・石黒伊大夫同道にて罷越す」その他の人々も来て「始尾能く盃事」も済ませ、媒(なかだち)をした油屋源兵衛他の人々も集まって種々饗応あり、夜八ツ時頃お開きとなった。廿一日部屋見舞として蒸籠七夊一器鯣三把を添えて送る。作左衛門からも蒸籠鯣を送った。「昼後森氏父子初て入来、石黒伊大夫詰合ひ小ぶた吸物にて酒指出し候事」しばらくは互いに行き来して祝儀をやりとりし、廿九日には油屋源兵衛に何かと世話になったので樽代金百疋鰹節一連目録を添えて挨拶した。

五月十五日、大浦氏が忌中のため延ばしていた里抜きとし、夕方森氏両夫婦が入来、森氏方の縁者も招いたが断ってきたので、相客は「大浦氏三人、石黒伊大夫、友吉、上田夫婦、三好雪翁斎、油屋源兵衛、此外出入人中屋夫婦、和平母、徳兵衛等罷越し料理方此面殿に相頼み候」森氏から土産物があり、退出の時例の通り「鏡餅紅白壱重鯣添へ相送り候事」

「六月四日　のぶ義一昨二日より里抜き後始て長配（注4）罷越し候に付、今日大浦わき義も罷越し、此面殿、牛之助殿義も夕景より参出之(これ)在り候事」

このあと安政元年（一八五四）五月十三日にのぶは懐妊して七ヵ月というので着帯の祝をしお産は大作宅ですることとし七月から実家に居たが、八月十六日「今暁七ツ時比より催しに相成り六時比穏婆(おんば)（注5）呼び遣す。追付(おっつけ)罷越し腰抱(こしだき)（注6）高尾三説も罷越し、六半時前至て軽く安産、女子出生、母子共に達者」。十八日三ツ目に森氏の家内を残らず招いて小豆飯を振舞う。廿二日お七夜には森氏から夜食三十人前、大野屋市左衛門方で作らせて届けられ、穏婆高尾三説並びに大浦氏残らず、宮原隠居、石黒伊大夫等を招き、その外出入の者達も招いて振舞った。赤ん坊の名は清(せい)と付けられた。嶋（縞）の産着を送って祝う。

その後も安政六年（一八五九）に男児出生と子供にも恵まれていたのだが、万延元年（一八六〇）七月頃から手足が痛み、子供二人連れて長配に実家に帰っていた所、九月四日夜から左の肩がひどく痛み、十一月五日遂に落命「縁組より当年にて八年、行年廿九才」。

この病中、夫の牛之助は在江戸で留守、老人の舅のみで女手がなく幼児もいて大変だったから森田方で妹のおてい、おさだが面倒を見た。この病中、親切に看病してくれた乳母や森家の家主舟木市之丞夫婦、森家に出入りし毎度見舞の品をよこし種々心添えしてくれた山屋庄次郎、同人の妹とえは赤児のお守(も)りにきてくれ大層世話になった。そこでその人々にお礼の品々を送り挨拶をした。江戸から戻った森牛之助は挨拶にきて、妹両人や下女らに形見の品々を送った。

なお同年十一月廿九日、森義右衛門が挨拶にきて、あとがまに妹のおていをほしいと申し出ているが、他の縁談もあるからと断った。

（注4）長配――『柿園日記』では長配の字を当てているが、『加能郷土辞彙』では朝拝とし、参賀の義から起り、正月親許に帰省する意に転用され、後、時期を論ぜず一般に生家または親戚にも宿泊することをいうようになったとする。嫁の里帰り。また嫁以外でも、奉公人が里帰りする場合でも、時期を問わず、親類の家にお泊りに行く場合にもいう。口語で「おちょはい」。

（注5）穏婆――「とりあげばば」とも。『書言字考節用』「穏婆トリアゲババ」。明治頃にはこの語は死語になっていたものか、『和英語林集成』は「Samba サンバ産婆」。第二次大戦後、産婆を助産婦というようになり、『日本国語大辞典』（二〇〇一年）では産婆を「助産婦の旧称」と記す。その後、この職につく男性も含めて助産師と称するように変ってきている。

（注6）腰抱――出産の時に産婦の腰を抱く役の産婆。

4　大作三番目娘あやの場合

安政元年（一八五四）八月廿二日に「仙石(せんごく)内匠様御家来給人中村嘉兵衛養子慶太郎と申す方より三番目

の娘あや貰請けたし」との話が来た。幸い野村岩之助様御役人の高桑作兵衛が知音だというので頼んでみたら早速聞き合わされ、知行六拾石で嘉兵衛は五十七歳、内所は四十六歳、忰慶太郎は実は内所の甥で、年齢廿三歳、当時近習役を勤めており「勝手向きも相応の様子、其上内輪人柄甚だ宜しく実に相応」と知らせてくれた。そこで一類中に相談すると皆よかろうというので高桑氏に頼み、承知の旨を伝えて貰い、それぞれ主家へ書き付けを指し出し、どちらもお聞き届けあり、双方祝品の取り遣りの儀を済ませた。そこで九月十三日「昼後より中村氏父子始て見えられ、のし三方小ぶた吸物にて酒出し……盃事いたし候。中村氏より酒弐升するめ一折三把持参相贈られ候」同十九日には大作が中村氏方に始めて行き、これも決まり通り酒弐升鯣三把を贈り小蓋吸物で酒が出された。十一月に入り中村氏から来月六日夕方引き移り、四日暮れ頃道具を運んでくれるようにと言ってきた。そして十二月三日には茨木家の主人がその事を聞かれて花紙ふくさ地鯣一折三把を小者使をもって拝領仰せ付けられた。四日夕景より出入りの徳兵衛らを雇い夜中にかけて三度に荷を持たせ運ばせた。そして六日夕景母同道、下女、徳兵衛を召し連れて行き盃事を済ませ、その後、大作・平之佑・作左衛門と相客として慶太郎実父中村次左衛門、同人子息らも集まり種々饗応あり夜九時過ぎにお開きとなった。

同七日「部屋見舞七匁蒸籠鯣一折三把を女使を以て相送る」同八日「昼後慶太郎殿婚義後初て見えられ吸物取肴にて酒指出し、お逸、おのぶも幸初て近付きに相成る。今日大浦氏、森氏、上田より蒸籠等相贈られ候由」（婚儀当日相手方に行くのは付きそいの母と父、兄弟ら男たちだけで、女は出席しないためこの日が初対面だという事が分かる。）

なおこの後あやは安政六年（一八五九）に懐妊したが、六ヵ月の処「少々相滞り」医師岩崎寿庵、田辺龍節等の診察をうけ追々よくなったようだったが、小産（注7）の恐れありとの事で、「七月廿六日暁八半時比より催しに相成り七半時比遂に半産(注8)、女子の様子に候へども尤胎死」であった。八月に入り医者三人が僉議（せんぎ）し四日より松原柏庵の療治を受けたが、夕方俄かにさし詰り遂に落命。余り急だったので皆茫然、当惑するのみであった。行年廿三歳。

（注7）小産――妊娠七か月未満の胎児が死んで生まれること。流産。

（注8）半産――「はんさん」「はんざん」とも。胎児が月の満たないうちに死んで生まれること。流産。

5 平之佑の場合

平之佑の妻縁については、安政元年九月に妹和喜の嫁いだ大浦氏の妹、末娘のお逸をどうかということで話が進められ、親戚中も皆「一段然るべし」となり、それぞれ申し合わせて書き付けを指し出し、お聞き届けになり、それぞれ服を改め裃を着て御礼申し上げ、九月廿七日いつもの決まり通りに女使をもって鯣三把をとりかわし、平之佑が大浦氏に出かけ「のし三方盆組肴にて盃事いたし候事」。「のし三方小ぶた吸物にて盃事之（これ）有り」翌日は大浦佐大夫が裃で祝儀に来て「のし三方盆組肴にて盃事いたし候事」。十一月廿七日に大浦氏より夕方から道具を三度が運びこむ。持参人に祝銀を渡し取肴で酒を出してねぎらった。廿九日縁女逸が、和喜が同道してやってきた。座敷で盃事あり、雑煮餅、結び昆布入り吸物、煮鮒等でもてなし、大作夫婦も盃事をし、そのあと佐大夫、此面、城戸（きど）次六郎(注9)らが来、とりもち旁作（かたがた）左衛門も来て雑煮、小ぶた、吸物、あつもの等盃事をし「始尾能く相済み」夜五時半頃退出した。

その後十二月朔日、大浦氏、上田氏などから例の如く部屋見舞が届き、それぞれ配る。夕景には平之佑は大浦氏に挨拶に行き小盞、吸物にて酒を出された。二日には主家からも御祝として酒一樽、鯣二把下される。というように、いろいろ決まり通りにゆききし、やりとりしたことが記されている。『歴代伝言記』の記述によると、妹和喜が大浦氏に嫁入り、お逸も毎度和喜と一緒にやって来ており、「双方ともにいわず語らず」逸を貰う話が折々出ていて、それで「媒人も立てず早速に始尾能く相調ひ」「誠に気楽なる婚礼也」とある。

大浦佐大夫貞之

- 男子（早世）
- 男子（早世）
- 大浦貞集（此面、甫一右衛門）文政六生
  有賀家家来。明治三、大浦を改め、本苗の斎川とする。明治十二没、五十七歳
  妻（大作長女・和喜）安政三没
- 男子（早世）
- 城戸高崇（次六郎、次右衛門）村井家家臣
  城戸覚兵衛の養子となる。
  明治四没、四十二歳
- 女子・逸（森田平次妻）

大浦氏との婚姻関係

（注9）城戸次六郎――四（一）（注2）を見よ。

6　大作四番目娘貞の場合

なお前後して五番目の娘の縁談もおこっており同時に進んでいる。

文久二年（一八六二）正月九日お貞に「藤田求馬様御家来米原軍記嫡子敬之丞」との縁談がもちこまれた。実は一昨年にも前田主計の家来杉本良左衛門を介して話があったのだが、その頃軍記の養母が「極老にて居られ殊の外六かしき仁の様子」であった上、妹とは年齢も合わないからと断ったのだった。所が元日良左衛門が年賀に来て、咄の中に、その養母も昨年十一月に病死されたし、妹さんを下さらないか、とのこと。考えておくと言っておいた所、「拵方」も有り合わせでよく仕度も「気を張り申すにはおよび申さず、何事も事軽にて宜しき旨」ということであった。そこで親類縁者とも相談、「米原氏は藤田様にて旧家、御元祖以来の御家臣、知行は当時五十五石、先軍記勤功有り五石加増」「嫡子敬之丞も新知三十石下され」「当軍記は養子にて実は前田主計様御家中石田嘉大夫の弟にて杉本氏と実兄弟也。年齢四十九才、当時家老役相勤められ、嫡子敬之丞も用人役勤められ当年廿五才の由」「居宅は竪町九里殿向小路より河原へ出る川除町也」そこでいろいろと裏聞きした所「随分然るべく、近き縁者中へも夫々示談に及び」十五日に杉本氏に相談申したいと申し入れた。廿日には米原方も是非貰いたいとのことで、とにかく「事軽に」「媒人の義、杉本氏にて済し申したく、引移りの義も来月七日、廿五日両日の内に取究め申したく」という事であった。そこで主人方に紙面を指し出し、二月朔日御聞届けになったということで、上下着用、御礼申し上げ、米原氏の方も主家からお許しがあり、祝儀の鯣一折をさし越され、こちらからも同様、使をもって祝儀を送った。そしてお貞は初めて鉄漿付けをし、小豆飯を炊いてお祝いをした。（この頃五番めの娘お定の縁談と時期が重なり同時進行だったようである。）「同（二月）七日　米原氏兼て約定の通り今日昼後父子私宅へ初て見えらる（のしめ上下）。出迎へ座敷へ誘引、のし三方、火鉢、茶持出で自分并に妻迄罷出で挨拶の上、追付（おつつけ）土器三方迄にて盃事いたし、軽く対語、程無く退出。八半時前より自分義米原氏へ罷越し、都合方同断」

7　五番目娘定（さだ）の場合

五番めの娘定（さだ）の縁談も同じ頃同時に進んでいた。

大作妻の妹・類（るい）（宮原三郎左衛門妻）の息子・宮原壮左衛門にと、折々申し入れてきていたのだが、姉の貞が縁付いたあとで、と言ってうち捨ておいていた。しかし近い縁者でもあるし「互に事軽にいたし万端省略」、末子の事ゆえ拵えも行き届かないだろうことは承知の上ということで一応内約というくらいなのだった。それが、正月に、壮左衛門ももう廿四歳だし、来年は「縁組宜しからざる由に候間、何とぞ当年に貰請けたし」聞けばお貞も米原氏に決まったようだし、当冬十一月頃には是非。二人もの拵えが出来かねるのなら後から少しずつ寄越してくれたらよいのだから、と言ってきた。そこでそのつもりでいたところ、又々陰陽師が「当年中にて三月の外宜しからず、殊に十五日前に貰請け候て一段宜しき旨」なので、そうしてほしいと言ってきた。そこで二月十一日に縁組についてのお願いの紙面を、宮原氏と申し合わせ主家にさし出す。「壮左衛門義、母方いとこにて御座候」つまり「いとこぞえ」である。二月十七日「お定義今日鉄漿付初いたし内輪小豆飯にて相祝ふ」。

この日「御屋敷御奥向より此間両妹へ御ふくさ地、花紙等御餞別の品拝領仰付けらる。両人共幼少より御懇意遊ばされ候事故（ゆえ）、御礼旁（かたがた）両人昼後罷上り、赤飯一重御肴一折献上。御料理下さる。奥方様より御半襟口紅花紙下さる。」

二月廿四日に貞の道具を米原氏に運ぶ。宮内橋徳兵衛、有松市兵衛の両人に前から頼んであり、簞笥長持など夜五ッ時頃には運び終え、先方では両人に酒代を出し取肴で酒を出したとのこと、こちらも酒を呑ませた。天気もよく都合よく事を済ませることができた。廿五日「今夕お貞引移り候に付、朝の内土産物持たせ遣す。米原氏より祝義として酒弐升鯣一折到来」この日は近い親類を招待する筈なのだが、追付(おっつけ)お定の婚儀もあることなのでその時一緒にすることとし、今度は簡単に宮原の叔母、岡崎の叔父だけ招き「晩景縁女義妻お逸同道いたし」そのあと家族も出かけて、杉本氏らの他相客は少ないながら饗応あり、始尾能く婚儀もすみ万端よろしくお披き(ひら)(お開き)となった。

二月廿六日部屋見舞として蒸籠鯣を送り、大浦氏、宮原、岡崎両叔母、作左衛門(上田)からも蒸籠を送られる。こちらへは菓子到来。

廿七日に婚儀が整った事を紙面をもって報告。三月朔日里抜き。朝の中土産物をよこされ、八半時頃に米原氏の内所が貞を同道して来られ、七時過ぎに軍記父子と杉本良左衛門とが来られ、奥八畳間で盃事をすませ、座敷で饗応。夜四時頃お抜きとなる。「紅白鏡餅一重鯣一折三把相祝ひ相送り候事」翌三月二日、杉本氏が媒人として万端都合よく済ませて下さったので「挨拶として名酒弐升勝尾節一連」を紙面を添えてお送りした。

一方定の方は、三月三日に縁組願がお聞き届けとなり、上下(かみしも)を着して御礼を申し上げる。「昼後兼て約束通り壮左衛門殿見えられ、のし三方吸物土器三方にて盃事いたし、夕景自分義宮原氏へ罷越し彼方にても吸物等にて酒出さる。」三月九日、定の道具を夕景に運ばせる。先日と同じように徳兵衛ら両人に頼み、宮原氏から烏目(ちょうもく)(注10)五百、取肴にて酒が出され、こちらでも取肴で酒を呑ませた。同十日、宮原氏より結納として酒弐升鯣三把到来。晩景に縁女お定にお逸が同道し、下女や徳兵衛を連れて罷り越す。留守は上田夫婦に頼み、自分（平次）もお春を同道して行く。饗応あり九時前お抜きとなった。十一日は部屋見舞、例の如く七夂蒸籠鯣三把を送る。大浦氏、上田からも五夂蒸籠を送られた由。御奥向へは自分方から差し上げた。十二日に婚儀の整ったことを紙面をもって差し出した。里抜きは三月廿二日。今度は兄弟共すべて片付いた事ゆえ、心祝いを兼ねて近い縁者を招いてにぎやかに祝いたいと思い、料理方は三好の叔父に頼み、昼後八半時頃宮原叔母、お定と中山氏内所が娘同道で見え、七時過ぎより壮左衛門殿、中山三左衛門殿その他米原氏、山川氏、同苗作左衛門家内、加藤叔父、岡崎叔母、お貞等並びに大工吉之助や宮内橋徳兵衛、有松市兵衛、和平母等皆々を招き、宮原氏から夫々に土産物があった。

さて、お定のその後の事だが、翌文久三年、「相滞り」つまり身体の具合がわるく、養生のため実家に度々もどっていた。三月十四日夕方七ッ半時前「お定義塞り（ふさが）（注11）候段申越す」平之佑は当番だったが頼みこんで直ちにかけつけ、お逸もやってくる、という次第。こんな調子だったので、皆で相談した結果、当分実家にひきとり養生させて頂きたいということになり、一家中で示談の末、是非なく三月末に引きとり、この結婚は破談とする事にした。ただ近い縁者なので「此後も相替らず通路いたしたし」との事で、そのつもりにして道具などを引きとった。この縁談は最初から「本人相望み申さざる処色々申諭し、相談に及び候処、今般の仕合せ、実に後悔致し候」。十二月に入り宮原氏が離縁の書き付けをまだ出していないのだが、もし本人が戻る意志があるなら和談としたいので、と言ってきた。しかし定にはもう戻る了簡は更に無く、たとえ数年後叔母がいなくなったとしても内輪向万端気がかりの事のみで、もう戻る気はないということだったので、そう申し入れ、十二月に不縁に付き離別したとの届けを主人方にさし出した。（日記文面から察するに、姑が望んだ結婚だったが、その叔母である姑との間がうまくゆかなかった為ではないかと思われる。）

元治元年（一八六四）八月に入り定は当分奉公させるのがよかろうと縁者中で相談していた所、幸い大音様から召し使いたいとお逸までお沙汰があったので、お逸がつきそい、御奉公に上ることに決まった。（逸は婚礼前、十三歳の時から九年間、行儀作法見習いの為、小立野石引町人持組大音帯刀殿（四千三百石）へ小性奉公に出ていた。）

（注10）鳥目――銭の異称。また一般に金銭の異称。江戸時代までの銭貨、穴あき銭の形が鳥の目に似ていることからの名。

（注11）塞る――気絶する。気を失う。加賀方言。

まとめ

これらの記述から、陪臣ら下級武士たちのこの頃の縁組は、大体は同じ程度の階層の中から、年頃の娘があれば、これとそれとは似合いではないかと周りの者が考えて橋渡しをし、それぞれ相手方の生活程度その他を調べたり聞き合わせたりする。親戚とも相談し、お互いによさそうだとなったら事が進められ、親同志も訪問しあい、それぞれ主家に届け、お許しを得て結婚、という道をたどったようである。又、中には

天保六年（一八三五）「十二月十五日　大作実めい石黒氏嫡女おこと義当年十六歳に相成る処、先達てより定番御歩坪田作兵衛と申す人の嫡子和兵衛と縁組の相談之有り、重助殿即今江戸詰中故……彼地へ申遣し候処……如何様とも取計ひ申すべき旨申越すに付、石黒内所悉皆山川十郎兵衛殿と相談にて拵へ方入用

方も山川氏万事世話にて夫々相調へ、今日引移り候事」。父親が在江戸中で留守でも、適当に取り計らえと言って決めてしまっている例もある。とにかく女は、年頃になったら縁づかせるということが当然と思われていたようで、十代の半ば頃にはもう年頃ということであったらしい。

それから前述した定女の場合のようないとこ同志の結婚「いとこぞえ」の例も他にも見られ、安永九年（一七八〇）「五月十八日　武右衛門（通顕）娘義先達て長(ちょう)様家中藤田弥一兵衛方へ縁談申合せ則ち引移り罷在り候也」。内輪向きうまくゆかず止むなく和談を以て離縁することとし、この日主人にその旨御届けした。通顕の妹（藤田弥門の妻）の子、つまり甥が弥一兵衛で、いとこ同志の結婚だったのだが、これもうまくゆかずに離婚している。

また恋愛結婚もなかったわけではなく「なじみぞえ」とわざわざ断った例もわずかだがある。寛政五年通顕の聟養子となった作左衛門修陳は、幼少時に父に死別し姉たちの養育によって成長したので、姉たちの聟方もよく世話してくれていた。実母が器量よしだったので姉たちも「よき女なる故もとは名染ぞへなどにて」、「一人は御射手古沢又右衛門殿の内所と成り一人は組外下村金左衛門殿の妻女と成られたり」そして姉も姉聟たちもよく訪れては何彼と仲よくしていた様子が記されている。

姉の死後、継妻として妹が嫁した例もある。

弘化元年（一八四四）「九月十七日　妻のめい、宮原三郎左衛門殿嫡女しず(志津)、松平監物殿家中中山唯衛悴(せがれ)良吉（中山三左衛門）と縁組申入れられ候。今日引移る。当年十七才」。嘉永元年（一八四八）「九月十九日　大作妻のめい、松平玄蕃殿給人中山唯衛悴三左衛門殿内所、当春以来相滞り療養叶はず今夜五時比宮原氏宅にて病死、行年廿一才。廿一日朝葬式、野田山納」「十月十五日　宮原氏二番目娘きい(紀伊)、故姉聟中山三左衛門へ縁談申合はれ候処、今夕長配、……罷越さる、当年十四才」

なお結婚が決まるまで、節目々々に一々主人に書面をもって届けており、主人からのお許しが出て決定するという形をとっている。そして主人方からも、ふくさ地とか花紙代とかお祝を下さり、婚儀を済まして適当な日をえらんで主家に花嫁披露とお礼に罷り出ている。主家と家臣の家族とが一つの集団となってむつみあっている感じである。実家への里帰りは里抜きという語が用いられている。そして生家と婚家との両家の間の種々の形式的なやりとり、贈答品などは昔からの決まったやり方でとり行われていたことが記録によって知られるのである。

（二）死と病

今日の目から見て、人の命とか病についての記事は特に時代の違いを感じさせられる。平次の記録に書かれているのはこの一家の主家や親戚、知人の消息であって。加賀に住んでいた大勢の人達の中のごくごく一部にしか過ぎないが、しかしそこからある程度は当時の様子を推す事が出来るのではないかと思う。ざっと見た所からの感想だが、まず幼くして或いは若くして死ぬ人がずいぶん多かったように思われた。(三「茨木氏と給人の森田家」に掲げた例も参考にして頂きたい。）次に、死亡の原因は大体は病気であって、自殺とか事故死は周辺には余り無かったようである。幕末という時代であったにもかかわらず、金沢という地理的位置と、維新には表だって関わる事のなかった加賀藩に属していた事との故か、戦による討死なども見られない。第三に死につながる病気として疸・麻疹・コロリ（注12）などの流行病の名があげられていることである。

普通病気による死亡は「久々相滞られ候処病死」「相滞られ候処療養叶はず病死（又は落命）」のように書かれており、「行年六十六歳」とか「四十五歳」とか記し、墓所や法号まで記しているものもある。勿論ずいぶん長生きして老衰で亡くなっている人もあり、五代常昌は八十七歳（天明二）、大作の妻伊遊の祖母（文政九）や父（三好雪翁、安政二）も八十二歳の高齢で没している。大体は、四十代から六十代くらいが普通だったようで、七十歳以上は少ないように思われた。やはり当時は人生五十年の時代だったのであろう。

病気ではなく、お産で亡くなることも多分現代よりは多かったようで、主家茨木家の例でみると、天明五年（一七八五）五月廿六日、奥方様が朝五ッ時過に「御安産遊ばされ殊更御男子様御出生、御母子様共御達者の事」お七夜を祝い牛之助様と名付け家臣達もお祝金を拝領してめでたい事であったのに、奥方はお産後「御滞り遊ばされ……」御療養叶わずなくなられてしまった。文政九年（一八二六）「十一月朔日奥方様御懐妊の処今未明より御催しにて六半時比安産遊ばされ御女子様御出生……」御七夜を祝いお寿様と名付けたのだが奥方はお産後の具合が悪く廿四日に「遂に御落命成さる。御行年廿七、御法名自性院殿と号し奉る」

そしてまた医学の進んだ現代と違って十代・二十代の死亡がずいぶん目についた。安永五年（一七七六）「八月十四日　坂井三丞殿嫡子弥太郎殿病死、十六日朝六半時葬礼……当月六日昼過より煩出し遂に本復之無く行年十九歳の事」。伊遊の弟三好駒之助は十七歳（天保四）で。平之佑の母方の従妹で彼と結婚する筈だった岡崎氏のきんは十六歳（嘉永元）で。同年、中山氏の妻となっていた母方の従妹が二十一歳で。遠縁の高木勢之進は二十五歳（嘉永二）で。やはり遠縁の寺尾才作の孫娘あやは十四歳（嘉永五）で。町付足軽竹下武右衛門の子伝次は嘉永六年に二十三歳で病死、彼は如来寺方丈の甥で、まだ若いが詩文・手跡をよくし、殊に画も上手、実に珍しい人物であったとその死を惜しんでいる。親しくしていた向いの家の湯浅弥左衛門（注13）の子息半左衛門は十九歳（安政元）で。妹の和喜は大浦氏に縁づいて九年、男の子二人を置いて二十七歳（安政三）で。中村氏に縁づいた妹文（あや）は男の子一人を残して二十三歳（安政六）で。妹信（のぶ）は森氏に嫁して八年、二人の男児を残して二十九歳（万延元）で病死という調子である。

そして又「胎死」とか出生の翌日に「早世」などの例。「当年二歳」とか「当年五歳」とかの幼い死もずいぶん多かった。大作の第一子（男）は胎死（文政四）である。

「弘化三年正月廿日　大作妻のめい中山良吉殿妻、宮原氏にて出産、但小児胎死」。「嘉永四年十二月十九日　老田氏内所懐妊の処今朝安産女子出生、但小児七日目に落命の由」。平之佑の妹信の娘清（せい）は三歳（安政三）で早世。弟上田作左衛門の妻千代は九男一女を生んだが、娘八重は四歳（安政四）、次男恒吉は三歳（安政五）で早世。同じく安政五年に生まれた男子は翌朝死に、三男廉三郎は二歳（文久三）で。慶応三年十月に生まれた八百吉と名付けた子は十二月に亡くなっており、半数は夭折している。（尤もその母の千代女は昭和七年（一九三二）百六歳の天寿を全うしている。）

幼くして病死する者が多かったのは、一つには流行病のせいもある。多くは天然痘。当時は痘又は疱瘡といった。鉄吉も四歳の冬、文政九年（一八二六）十二月二十五日夜から発熱、痘にかかっている。これがうつったのか妹の孝（こう）は翌十年正月十一日から発熱、二十四日に三歳で亡くなった。この頃痘が流行していたものとみえ、同年三月三日には大作妻の姪、宮原三郎左衛門の娘鹿が二歳で。三月七日には大作養方の従兄弟の孫、永井久左衛門の息子源太郎が五歳で。いずれも痘で病死している。疱瘡にかかるのは大体子供で、この後にも天保三年（一八三二）五月には次男常次郎（五歳）、その妹の和喜（三歳）が一緒にかかったが、「両人とも軽く順症、相肥立ち候事」と軽くすんだのを喜んでいる。

一方天保九年二月晦日、宮原三郎左衛門の子息弦太郎は痘を煩い二歳で早世、前述したが宮原氏は文政十年に娘も二歳で亡くしているのにうちつづく悲報である。弘化四年(一八四七)も流行したのであろう、十月十九日には大作妻の甥、岡崎全右衛門の次男徳三郎がしばらく痘を煩っていた処急変して五歳で落命。この頃大作の家では娘貞(てい)(七歳)、定(さだ)(四歳)とも痘にかかったが幸い軽く済んだ。その後も嘉永五年十月に寺尾才作(大作養方の従兄弟)孫娘あや(前述)が「疱瘡相滞られ候処、瘡後風邪浮腫に相成り終に昨十八日夜五時頃宮腰御貸家にて落命、当年十四才の由」。文久三年(一八六三)正月二十七日、上田作左衛門三男廉三郎(二歳)(前述)が「去冬十一月比(ころ)より惣身小瘡出て其上此間より疱瘡相滞り今日遂に病死」と記す。

しかし種痘がおいおい普及するようになり、平之佑も自分の子供達には進んで種痘を受けさせている。(注14)(五(二)参照)文久元年(一八六一)には娘春に、長男外與吉も元治元年(一八六四)に荒町の小西陽元に植疱瘡をしてもらっており、こういう点は彼が何でもただ新しいものを排斥するという頑迷な人間ではなかったことを表している。そしてこの後だんだんと疱瘡での早世の記録は姿を消してゆく。

麻疹の流行による死亡も幾つか記録されている。文久二年(一八六二)は全国的に麻疹の流行した年であった。閏八月五日「山本久太郎様方奥方様」は「七月御麻疹御滞り八月十五日御半産遊ばされ」種々療養されたが、遂にこの日夜五ツ時、二十歳で世を去った。「野村与兵衛様方奥方様」も七月から麻疹で苦しみ、同二十四日八時半過ぎに遂に落命、三十八歳であった。「当夏以来世上麻疹大流行。盆頃殊に悪しく」主家茨木家のお屋敷でも皆うつり、家臣の者はいうに及ばず、その家族中にも何人かが病臥するという有様だった。平之佑の縁者の家々でも子供達の誰かがかかっていたが、死亡した者がなくて何よりであった。平之佑の家は娘春が運よくうつらずに済み、幼少の者でこの災難から逃れて無事なのは、珍しくも又不思議な事だと人々が噂したという。

江戸時代までは日本になかったコレラ。コレラは江戸後期に初めて朝鮮を経て日本に侵入、猛威をふるい、非常に恐れられた病気であった。文政五年（一八二二）に全国的に大流行したというが、安政五年（一八五八）も又大流行し、流行範囲も全国に及んだといい、これはアメリカの軍艦ミシシッピー号が長崎に入港して大陸のコレラを伝えたものだと言われている。（『図説日本庶民生活史』六巻）

安政五年九月八日「青山彦右衛門殿妹、此比流行病相滞り今暁病死、昨暁天より発病の由、行年三十六才。当時此病しきりに流行、俗に三日コロリと称す。誠に急病にて世上死去人夥しく、右病は実に変病にて前月上旬比より江戸表等甚だ流行、御領国は先日自分等能州見物の頃、一宮にて初て承り候処、八月中旬比福浦に初て相滞り日々死人夥しく、作左衛門同所見物に罷越し候へども、右病に恐れ茶店へも立寄る者之無き躰、然る処同所より追々染来り、此比に至り金沢町中及御郡方右病人夥しく一両日相煩ひ死する者多し」とこの病気について詳述し、知人がこの流行病で死亡のことも二、三記し、同十七日には「此比風と神代水野氏（注15）祈禱神事始められ候処、追々聞伝へ御年寄衆初め夫々御頼み之在る躰、之に依り御屋敷にも御頼み遊ばされたき旨、則ち自分より申入れ今日御表御書院に於て神事勤められ、御家臣一統罷在り、守り張札等頂戴仰付けらる。縁者中の分も内々相頼み夫々相送り候事」とある。まだまだ此の頃金沢あたりでは一般には、従来と変らぬ邪気払いや疫除けの祈禱などが行われていたのであろう。安政六年も流行は続き、八月十二日お逸の父方伯母・高木源右衛門の母が「滞る間も之無く今日病死の段案内之在り。五十九才の由」「俗にコロリ病と称し当年は別して甚しく此比日々数十人死去、言語道断の仕合せに候」。同二十日森義右衛門の実弟沖野幸助の内所がやはり流行病で朝から煩い出し夕方遂に落命、五十歳であった。「実に過急の仕合せ也」。コロリは文久二年（一八六二）も又流行をくり返し、閏八月故湯浅弥左衛門の跡つぎ幾久之助が七月晦日からかかり三日夕方には二十三歳で死去。八月二十二日には平之佑が親しくし、いろいろ教えも受けていた如来寺方丈が遷化、六十三歳。九月四日からコロリにかかっていた中村嘉兵衛が晩には遂に落命、六十四歳。と知人がずいぶんこの病で命を落している。

明治に入ってからも大流行が何度もあり、明治十二年（一八七九）八月八日「放生寺和尚此頃流行のコレラ病相滞り遂に遷化」。この頃はもうコレラと言ったのだろう。十一月九日には「当年は八九月頃コレラ病大流行にて、私宅近所でも数人相滞り病死人多く之有り。自分方には内輪は勿論親類縁者にも無難也。其以来内輪一統氏神等へ祈願致し候に付、今日報賽の祭いたし候事」と書く。明治十九年にも流行し、九月八日に近所の梅原氏が。同二十一日には同僚（茨木家給人）だった南部章之進が、いずれも前夜から発病して翌日に亡くなっている（「五十三才也」と）。しかし此の年あたりを境に、コレラの文字は見られなくなっていくようである。

風症とあるのはただの風邪か、それとも流行性感冒であろうか。嘉永六年（一八五三）正月十五日、平之佑と作左衛門の居合師匠小関吉次郎が「久々風症相滞られ」亡くなった。安政六年十一月十五日、小倉屋太右衛門（有年）が「今暁迄相変る義之無き処、俄に風症にて落命の由」。文久二年二月十五日、提丁の書林・八尾屋喜兵衛が「久々風症相滞り」五十七歳で病死した。

この時代一般には、病気になれば自分の家で床につき療養叶わず亡くなるのが普通だったから、大抵は「相滞り病死」と記してあるが、両親については発病から死に至るまでやはり詳しく記している。その他には、文化八年（一八一一）十月十六日、大作の烏帽子親だった坂井一調が、別に病気ではなかったのだが、この日近くの横伝馬町の風呂へ行き「風呂中にて発病、落命致さる。行年八十五才」（坂井一調については没年不明として『郷土辞彙』『姓氏歴史人物大辞典』も記していない）や、同じく町風呂にゆき風呂の中で倒れ駕籠に乗せられて帰ったが、正気がもどらず五十八歳で亡くなった知人（嘉永五）など、昔も入浴中の死はあったようで、普通でない死に方をした人達については他より詳しく書き留めている。

その一つ。大作の兄・石黒重助（もと弥門。惟貞。御料理人）は嘉永六年四月から江戸詰めで、安政元年秋に交代の筈の所、十俵御加増となり翌春まで詰め延べを仰せ渡された。十月二十二日は当番だったが、昼の弁当の後、雪隠へ行ったきり出てこないので同心・森善九郎が呼びに行った所、手洗鉢の前に倒れており、呼んでも答がなく意識もないようだった。同役達も驚いて駆けつけ蘇香円（そごう）[注16]を飲ませたりし、松川という与力が大声で呼ぶとただウン、ウンと言うばかり。御医師内藤宗春らを呼びにやり診察させ、熊の胆などを用いたがもはやどうにもならずとの事。その日森牛之助（平之佑の妹信の夫）は休日で御小屋に居たが、それを聞いて毛受荘助（重助の甥）ともども驚き駆けつけて種々介抱し、付きそって駕籠で御小屋に戻った。そこで又坂野辺周庵や横山蔵人様手医師渡辺元隆らを呼びにやり診察を頼んだが、卒中風[注17]とのこと、既に脈も絶えこときれていたという。六十八歳であった。翌二十三日病死として万事済ませ駒込真浄寺で葬礼。十一月四日早便で出した手紙が届いた。五日には江戸表で召し使われていた小者太助が遺骨をもって到着。折しも四日より初雪が降りはじめたので平之佑は「昨日までかくとも更に白雪の　春をも待たで消え果てんとは」と詠んでその死をいたんだ。早便の後二十八日に出た三度はようやく十八日に到着。その折の様子が細かく記されていた。十二月二十七日は石黒氏の忌明けで、遺品のかたびら、小倉の袴その他が届けられた。大作の追悼の歌「なき人をおもひ明石の浜千鳥　波のよるよるねをのみぞ鳴く」

自殺の記録は一例。弘化元年（一八四四）十月二十四日、故喜大夫の跡、組外・中村準作[注18]夫婦は、似せ切手を以て小拂所の銀子を多く取り出したのが露見し、七月に一類お預けとなり禁番仰せつけられていたが、すきをうかがい自宅で夫婦ともに自害した。時に五十七歳。この為準作の弟・御算用者堀省三郎、大場平吉郎等一類はお預けとなり、中村夫婦の死骸は塩詰めにされ、自宅で禁番となったとの事。但し翌二年の盆後に御穿鑿ようやく落着、夫々御免となるが、平吉郎は越中五ヶ山へ配流仰せ付けられ、準作家は断絶。悪名を後代に残した。

安政五年（一八五八）七月十四日、御屋敷で嘉永元年八月以来、下行搗米御用を承っている千日町の鈴見屋徳兵衛は、誠に実躰の者で御家臣向の飯米もみな彼の店で搗いていた。「今朝自分并に山川氏の飯米請出しに津幡屋佐吉方へ参り候処、蔵の内にて俵の下に相成り怪我いたし、駕籠にて罷帰り候処、程なく相果て誠に以て気の毒なる義、依て山川氏と申合せ十七日に白米五升宛相送る」。事故死の記録はこの一例くらいのようである。なお駕籠を用いるのは病人等の場合に限られ、一般には徒歩が普通であったことがこれらの記録からも伺い知られる。

（注12）コロリ――（オランダ語choleraに「ころりと死ぬ」の連想が加わってできた語）コレラの異名。江戸時代以降、古呂利、虎狼病、虎狼痢、暴瀉病など多くの漢字表記がなされた。

「明治十年七月、西南戦争がぼっ発し、世相騒然とする中、コレラは再び長崎、横浜に上陸。戦争が終わるや、コレラは各地に凱旋する兵隊とともに全国に散り……」「コレラ撃退体制ができるのは明治三十二年七月十七日、安政不平等条約を改正し、海港検疫権が得られるまで待たねばならなかった。」（『歴史への招待16』日本放送協会、昭和56・9）

（注13）湯浅弥左衛門――二（四）（注25）を見よ。

（注14）種痘――五（二）（注7）参照。

（注15）神代の水野氏――二（四）（注29）水野和泉守三春を見よ。

（注16）蘇香円――蘇合円とも。蘇合香円に同じ。ソゴウコウの樹皮からとった蘇合香油を主剤とし、龍脳・木香・丁香・犀角などをまぜ蜂蜜で丸めた丸薬。

（注17）卒中風――「そっちゅうぶ」、「そっちゅうふう」とも。卒中に同じ。脳動脈に生じた出血や血栓等の障害のため突然意識を失って倒れ、運動・言語などの障害が現われる疾患。脳出血・脳梗塞・くも膜下出血など。『書言字考節用』「卒中風（ソッチウブ）」

（注18）中村準作――森田六代昌信の子喜大夫は浪人となり、母方叔父の中村少兵衛の猶子となったので中川氏に仕えた森田家は中絶。（昌信の弟通顕が中興、茨木氏に仕える森田家の祖となる）喜大夫は中村氏を立て御算用者に召し抱えられた。その聟養子政近の子が準作近良で、御算用者小頭。天保五年家督を継ぎ、組外に加えられ知行百十石。

（三）異常気象に伴う災厄

1 天保の飢饉

天保四、五年（一八三三～四）は天候不順が続き全国的な大凶作で、七、八年から十年にかけて記録的な大飢饉となった。この飢饉は江戸時代における享保の飢饉、天明の飢饉と並んで三大飢饉の最後に数えられ、全国の村や町では食糧が底をついた為、離村・行倒れ・餓死者の続出という悲惨さであった。この飢饉についての記録は各地に残っているが、当面加賀にしぼって記述する。『加賀藩史料』等によると、天保四年は気候不順、土用中雨が降り続いて冷たく、十月には追い打ちをかけるように輪島で海嘯（海鳴りと共におしよせる潮津波）襲来という。米価は高直、窮民救済の為に道路修理工事の起工が計画され、米不足の為、酒造を三分の一に減らすようにとの告示。飢民が金沢に乞食に出る者も多く、非人小屋[注19]に入りたいと願う者幾千人とあり、富裕な人々は救米・銭等を出したり、神明宮等の寺社で粥を施すとかした。同五年二月末非人小屋の収容者三千四百余人（天保元年の始めの収容者は七百七十人だった）。三月末には四千百余人と増えている。五月疫病流行。非人小屋の収容者の間にも蔓延し、多いときは一か月に患者七百五十人に達した事もあった。疫病を払うため弥彦送り[注20]に祈禱させる事もはかられている。小屋の死人を埋めた所には死体を求めて大犬が集まってくるので、これをおどして追い払うため割場附足軽が毎夜派遣されるという状態。秋には一時的に天候がよくなり豊作で非人小屋の者も在所へ帰ったが、翌々七年は又雨が降り続き凶作で米価急騰、藩もいろいろ手立てを尽くしたが、打ちこわし・暴動が起り餓死者も多く出た。この頃の落首、

みわたせば米も俵もなかりけり蔵の戸前を明る夕暮
米のなき身にも哀れは知られけり麦ひく家の秋の夕ぐれ

（『白山颪』より）

天保六年（一八三五）は平次の父大作四十六歳、母伊遊（いゆ）三十一歳、鉄吉（平次の幼名）十三歳、弟常次郎八歳、その下に妹が二人。この年九月に又妹が生まれたが、子供が大勢なのでその子は松任近在の木津（こうづ）村[注21]に養女にやっている。大作は茨木忠順に仕え、御勝手方役、御支配方御用兼帯、知行六十石であった。「当年は米作甚だ宜しからず、加越能三州諸郡村々取揚り高甚だ宜しからざる由にて追々米値段高直に相成り小前の者共難儀致し候体」と書き出し、御家中に「省略方第一に心得申す可き旨」を仰せ渡

されたので、内輪向きの生活も省略第一と、衣服等もあり合わせの物でまかなうよう「おゆふ（妻）へも申入れ置き候事」と記している。翌天保七年も同じく「甚だ順気悪しく米作不熟にて非常の飢饉」でこのままでは来年の新穀まで持ちこたえる事は覚束なく思われ、これは御領国ばかりでなく「他国も同様の由に候へば入津米もあるまじく先づ以て容易ならざる時節」であった。従って米価は高騰し下々の者はみな困窮、「在方の義は常々粥雑炊等を食用と致すべく候へども、か様の折別して油断なく相心得、町方の者も粥の義は勿論、猶更此節より雑炊等を米穀に給し成る限り喰延ばし候様に仕る可く、其余の穀類の品猥（みだり）に費申さざる様心懸く可く候云々」のように町方一統へも仰せ渡されたので「金沢市中大家の商家以下小前の者に至るまで、一統朝粥は勿論夕食をも粥を食し、昼食とても大根めし或は菜めし大豆いもの子を入れ、翌年の春よりはジヤウボと申す木葉の若葉をうでて飯に入れ食用とす」という状態だった。このジヤウボ（ジョウボ）というのはリョウブ科の木で、この若葉は各地で凶作時に食用とされていたらしい。ほかにもカラムシの根・ドクダミ・スズメノアワ・ウラジロ・葛（くず）の根・アマナ・トチの実などを女たちは野山を探し歩いて命のつなぎと摘みあさったという。小松の儒者湯浅寛は米粃（しいな）（みのっていない殻ばかりのモミ）の食法を、こぬかは毒だが「瓦盞類のすやき物を砕きてこぬかと共に鍋にて熬（い）れば毒気去る也。其を篩（ふるい）にて瓦盞の砕きたるを振り、穀類を少し加へて団子或は炒粉にすべし。雑炊にまぜて可なり」とか米稈（わら）で団子を作る法は藁を一分（ぶ）ほどに刻み磨（いしうす）で粉末にし、水に浸して褐色の悪気をとり米粉などを加えて団子にするとか教え記している。『甲子夜話』三篇巻二でも「飢饉用心書」の米をくいのばす用心とか菜雑炊の仕法等を書き写しており、各地で同様に工夫した書が出ていたのであろう。（注22）

　大作の家には当時、石坂町の壁屋の娘であるミすという下女（女中さん）がいたが、彼女の家は以前非常に困窮し、笠舞村の非人小屋に入っていたことがあった。ミすも一緒に数年の間乞食をして暮らし、その後大作の家に奉公するようになったのであった。自身つらい覚えがあったせいか、彼女は乞食がくると銭を施し、又町方に行って教えてもらい、三度の食事には町方同様大根・大豆・ジョウボ等を入れたりと種々工夫して朝夕の食事の世話をしてくれた。おかげで翌八年の酉の年には飯米高五斗を食い延ばすことが出来たのであった。食べ盛りの子の沢山いた大作一家がこの飢饉を乗りきることが出来たのは、ひとえにかつて非常な苦労をなめたミすの働きによるものであったろう。日記にも後世の為に「是偏へに大作妻と下女ミすとの働き故也。依て後々の心得の為此に記し置き候事」と特記している。

この後も幕末から明治にかけては、安政五年の卯辰山騒動、[注23]明治二年（一八六九）の越中ばんどり騒動[注24]など、身近な所で歴史に残る打ちこわし、一揆などが頻発しているが、「家」の記録が主になっているせいか、特にそれと記述することはない。ただ安政四年十月に「昨年は甚だ下直、半納相場石四拾八匁、本納五拾二匁五分」が「今年は近年に無き程の高直にて半納相場七拾目五分、本納七拾九匁弐分五」で「諸色追々高直に相成り候事」。安政五年七月「当夏土用中降継き今に快晴一日も之無く」殊に大風雨のため米の出来も悪く「天保九年飢饉以来の直段にて石八拾四匁五分」。慶応元年「近年諸色追々高直、地米相場十二月下旬弐百七拾目余に相成り、来春に相成り候て三百目に至り申す段風評之有り」。慶応二年十二月「諸色追々高直、米相場既に四百七八拾目に至る。其外諸色直段以前よりは十増にも相成り、誠に古来之無き時節に相成り候事」というように、生活に直接関係あることなので、物価の高騰について述べている程度である。（この幕末の物価高騰は異常天候等による飢饉のせいばかりでなく、むしろ黒船の渡来さわぎ、外国との貿易の開始、長州征伐等々の乱れた社会状勢から起こったものと言えるであろうが。）

維新後の日記にも、物価高騰——殊に米の値段についての記述は散見する。例えば明治十五年三月一日「此頃金沢米相場甚だ高貴にて追々引揚る容子に付、飯米用壱石買上ぐ、直段拾壱円廿五銭也」とあるし、明治二十三年四月にも「加州米当春以来段々高直に相成るに付」当座入用分一石を、三月十三日に七円五十銭で買い込んだ。これを土蔵に貯蔵しようと思い、米屋に相談した所、大瓶に詰めればよかろうとの事なので、四月十四日に二石入りの瓶を一つ買い、白米にしてそれに入れた。なおもう一つ瓶を買い「夏中の飯米入置き候事にいたし候也」と用意周到である。同三十年九月は「加賀能登諸郡虫害にて米価追々騰貴」これはイナゴによる被害であろうか。ともかくこの時は「石十四円廿銭、白米升売り十六銭に相成る事」とある。

（注19）非人小屋——寛文九年（一六六九）の不作で浮浪人が多く出、翌十年藩は救貧の為、城南笠舞村に数棟の小屋を造り窮民を収容し、食物・薪・衣服を与えた。収容者は本籍は分かっているが扶養者のいない者。（従って「非人」の呼称は当たらないのである）これは藩末まで続いた。

（注20）弥彦送り——訛ってヤシコオクリとも言ったらしい。弥彦払い（やひこばら）とも言い又弥彦婆々とも言った。山伏の悪魔払いで、赤白緑紺黒の五彩の旗を立て法螺を吹き太鼓を打ち、経を読み錫杖をふり、祈禱を乞う者には米・舞料を受けて仮面をつけて舞う。越後弥彦神社との関係は不明らしい。

（注21）木津（こうづ）村——手取川扇状地の扇央部に位置する。江戸期～明治二十二年の村名。石川郡のうち。明治二十二年～昭和二十九年林中村の大字名。昭和二十九年木津町、昭和四十五年からは松任市の町名。平成十七年二月一日松任市消滅、新設の白山市に合併。

（注22）飢饉対応の書——私は第二次世界大戦末期、うすいお粥に餅草を摘んでまぜ量をふやして食べたり、米より豆かすや大豆・床（とこ）いもなどの方が多いような御飯で飢えをしのいだ経験があるので、こういう記述もある程度実感をこめて読むことができるが、藁を刻んだ団子はもっと切実で、当時の

悲惨さが思いやられる。『民俗学辞典』（柳田国男・一九四九・東京堂）に「令法（りょうぶ）科に属する木の葉を食用にすることは各地方にあったが、これを茹でて乾かして粉末にして米と混炊して、ジョウボ飯にするか、米粉にリョウブの葉の粉末を混じて熱湯でかいて食うかすると米の節約になり、老若男女は外米よりも好んで食うと広島県の山間地帯から報告せられている」とある。この本は昭和二十六年初版なので、大戦後のまだ食糧事情の悪かった頃の生活を反映させた記述である事に注目させられる。救荒食物として昔から凶作時に用いられてきたのだが、『食べられる野草』（辺見金三郎・一九六七・保育社）になると、リョウブは「茶の湯の料理などに使われることがあり……これは必ずしもおいしいものではありません。茶の湯の料理に使われるようになったのは、なにか他の木とまちがえられたものらしいという説もあります。……なるたけ若い葉を摘み、ゆでてゴマ和えや辛子和え―醤油味で―、またとじもの、めしなど。ほかにも調理法を工夫する余地はありそうです」という説明で救荒食料としての切実さはない。近年は又、珍味として野草を食するようだが、時代の流れを感じずにはいられない。

（注23）卯辰山騒動――安政五年（一八五八）は長雨で凶作、米価高騰、貧民は食うに困り打ちこわしもおこる。七月十一日夜、卯辰山頂上に二千人ほどの男女子どもが集まり、城へむかって「ひだるい」「食われん」と叫び、その声は城の斉泰にも聞こえた。のち張本人として七人が入牢し、うち五人が打首獄門になった。今、観音町の寿経寺にある七（なな）稲（いね）地蔵は犠牲者を供養してたてられていたものである。

（注24）越中ばんどり騒動――明治二年は前年から引き続いての凶作、長雨と冷害により天保七年以来の大凶作で農民は苦しんだ。越中下新川郡（現・富山県。加賀藩の飛び地）の農民は苦しみ（嘆願書は十村がにぎりつぶしていたため）例年通りの年貢の蔵納の日が近づき、はじめ農民は富豪の家

へ追しかけ炊き出しを強要、打ちこわしへと発展。かつぎ出された塚越村の忠次郎は金沢へ出訴するのを大衆に訴えるが、きかず、打ちこわし、一揆となる。みながばんどり（蓑(みの)の方言）を着ていたのでばんどり騒動、また忠次郎一揆ともいう。忠次郎は捕われて明治四年斬首。

2　異常気象

異常気象などの天災は、飢饉発生の主要な原因といえるだろう。前段ではその一つの天保の飢饉について述べた。天候の異常は、人々の生活に随分影響を与えたものであるから、それについての記録は種々あり、また金沢は雪の多い国であるから、雪に関する記述も散見する。

安政元年はその数年にないほど雪が深く、平之佑の家も屋根の雪卸しを三度までするほど、下屋廻りは数度も雪卸しをした。各地で、壊れた家も多かったようである。一方安政五年は雪が非常に少なく、十一月から寒中にかけて五、六寸くらいしか降らず、雪卸しをすることも全然なく、まことに珍しいことであった。大晦日から安政六年の元日、節分と、例年の二月頃のようで、ずっと大したこともなく済んでいる。時代下って明治二十四年一月、相当の大雪があった。年末からずっと降雪が少なかったのが、十四日から十五日の朝にかけ、雪が降りつづき、暫時のうちに五尺ばかりも降り積った。思いもかけぬ俄かの深雪で、どこでもてんやわんやの大混雑、諸方に潰れる家も沢山有った様子で「石浦町西洋人建て候ふ耶蘇宗の説教所も一夜に悉皆潰れ候由」。明治三十六年は又、雪の少ない年であったらしく、稀にみる温暖な正月で、一月二日の初雪は五分(ぶ)ばかり、寒の中もわずかに二、三分降る程度で、寒気四十二、三度。（当時は華氏。摂氏なら六、七度というところだろう）薄氷がはることも一度もなく、二月節分の翌日、三寸ばかり雪が降っただけであった。「古来稀也と云」。

雷の記録は少ない。嘉永年間に近所に雷が落ちたことを晩年に思い出しているが、嘉永の記録にはそれは抜けている。他に家として記録すべきことがいろいろあって、そちらの方に重点が置かれたせいでもあろう。明治三十六年五月九日「旧暦四月十三日雷鳴、雹降る。大きさ大豆の如し。東京も同様の由」。明治三十八年七月十五日「午後五時比俄に雷雨、実に甚しく近方茜屋小路新建家二軒の僅なる間へ落と。其音誠に甚し。今より五十年前、嘉永年中近方宮内橋高伊藤氏の松の木へ雷落つ、此時の音と同じ事也」。明治四十年五月十一日「午後三時過甚しき雷鳴、片町電気柱へ雷落る。其音甚しく人々打驚く。按ずるに嘉永四年宮内橋高伊藤氏土塀側なる松の木へ落る。実に吾家へ落たる如し。今思ひ出る故に載置く也」。嘉永の昔の雷はよほど強く印象に残っていたのであろう。

　暴風雨。明治七年、ちょうど白山の仏体下山の件で、平次が白山に出張中、七月六日晩景から雨が降り出し、十一日まで降り続いた。山の方はひどい暴風雨となり、とても登山できる状態ではなかったが、七日に邑民たちはあられ・暴風をいとわず、神官・区長らと共に登嶺している（この時、平次は老齢の為、上役の三橋大属の言葉に従って、一緒には登らず途中までで待機している）。この日、金沢辺も暴風雨で、犀川・浅野川も洪水となった。「犀川は殊に甚しく竪町辺悉く水中に相成ると雖も、自分宅辺は別条なく無難なる由、日ならず戸籍係戸水氏等より申越す。金沢にては全く仏体の祟りなど申しちらしたる由也」しかしこの後、七月三十一日、白山嶺上の神実遷座式では天気快晴、一点の雲なく、四方の眺望もたとえようなくすばらしく「神霊感応の然らしむる処かと……過日疑惑の邑民、此に於て疑を解く也」とある。『榊原守郁史記』を見たところ、この時の大雨については「七月三日より連日大雨、七日ニハ両川出水、覚源寺前下ハ大豆田辺流失家夥敷、溺死モ数人あり弐百人斗ト云、才川大橋杭流失、浅の川同断、大水溺死両三人之有、橋々多分流失、犀川ハ八十年の大水と云」と記すのみ、白山とあまり関係のない人にとっては大雨と洪水の方が特筆すべきことだったのであろう。

明治十九年九月二十三日、夜中頃より暴風となり、夜明け頃吹き止む。近頃にない大風であった。「所々風損甚しき由、自分居宅廻りは無難也」。明治二十四年九月十四日にも大風があり、この時は土蔵建築以来はじめて土蔵のさやを吹き損じた。また同二十七年九月十一日にも暴風で土蔵の屋根が吹き捲くられ、菰で防ぐ始末。各地で損害があったようである。この日、妻子を連れ帰省中だった外與吉は、翌朝出立の予定だったが、この風の為に一日延期、ただし風波高く渡海船が出ず、結局十四日に出立、松戸に向かっている。(この頃は金沢から今石動に出、越中伏木から汽船に乗り、越後直江津から汽車で上野に向かうという旅だったようだ。)明治二十九年八月二日の暴雨では各河川出水、中でも手取川の洪水で能美郡小松町の水害がひどく、中西氏の住んでいた寺町はさほどではなかったそうだが、それでも床の上七寸ばかり浸水したと娘の春から報せてきた。このせいか、春はその後瘧病で苦しんだ由、三十八歳で初めてかかった瘧であるが、軽くてすんだそうでまずまずであった。同年八月三十一日は二百十日であったが暁天より暴風吹き荒れ、一昨二十七年の暴風より損害ひどく、金沢市中でも潰れる家が沢山あった。ただ平次の家は何とか無事で、土蔵も無難であった。

日照り。明治十六年八月二十一日。七月上旬頃から快晴が続き、一滴の雨も降らず、川の水も減少、市中の井戸も追々かれ、石浦町・南町・木倉町・伝馬町・法船寺町辺が殊に悪く、平次の住む柿木畠の辺も次第にかれてきた。隣家の上田(弟の家)の井戸などはもう水は無くなっていたのに、自宅の井戸はまだ相当水があるので、隣や近所から貰いに来ていた。三十余年来の旱魃だという。田畑の作物もどうなる事かと心配していた所、やっと昨夕七時頃雨が降り出し、今日一日ずっと降り続き、人々みな大喜びした。今から三十年前の嘉永年中、やはり大旱魃で、この時は百日照といって三か月雨が降らず、近所の井戸はほとんどかれたのに、自宅と向いの田嶋氏の井戸だけ水が絶えず、近所の人々がこの両方の井戸の水を汲んでいったものであった。我が家の井戸が名水だということをこの時思い知ったのであった。従前から向いの井戸と水脈が通じていたのである。「故に井戸替への時は昔より男水とて、向の井戸水を貰寄り、井戸へ入る例也」とある。

3 寛政の大地震

寛政の大地震は平次の生まれる前のことだし、『柿園日記』には寛政十一年（一七九九）「五月廿六日申半刻古来希なる大地震、御屋敷向にも東側並土塀十四間余倒れ此内損所多く之有り。作左衛門当番の事」とだけしか記されていない。ただ『歴代伝言記』に山川家での大作の父の逸話を記している。

寛政大地震の時、五月二十六日夕七時半頃であったが、その時父は十歳、まだ養子になる前だから山川の家にいた時の話である。ちょうど夕食を食べていたのだが、ゆり出すといなや、誰もがかけ出した中に、父（大作）と叔父（大平小市左衛門）は幼少だったから、母親が弟（叔父）を背負い兄（父）の手を引いて家の後（うしろ）の宝久寺河原へ走り出た。その時父親の山川長右衛門は祖母（梅清）が老病を煩っていて、起きて歩くことも出来なかったから、祖母の側を離れることなく自若として少しも驚き騒ぐことなく枕元に静座していた。これは我が父ながらも感心すべきことであったと父大作が語っていた、と。もう一つは七（八）3にも記したが、地震に驚いて遊び友達のタンコロマと呼ばれていた子が家から駈け出る時、屋根石が落ちて頭に傷が出来たという話。屋根の上に石が並べてある家は現代では多分もうないと思うが、当時は瓦葺きではなく、板葺きか藁葺きだったであろうから、押さえに石を載せる家が普通だったのであろう。私の子供の頃までは（昭和十年代）金沢へ行く汽車の中から、沿線に屋根石を置く家がちらほら見えたものであった。

安政二年（一八五五）二月朔日、昼過ぎ余程の地震が五度ばかりうち続いてあった。壊れた場所もあったようで、平之佑は早速主家に御機嫌伺いに罷り出ている。又、安政五年二月二十六日暁方八時頃（やつどき）（午前二時頃）、大地震があった。寛政以来の大地震だとの事。その後数度、かつ日々地震が続き、諸方で壊れた家があったそうだが、平之佑の家はさいわいさした被害もなかった。菩提寺の放生寺の墓所は大抵の墓が倒れたのに、自分方の石碑は全く無難、縁者の墓のある本光寺の分は、倒れはしたが損害なし。先祖崇拝の念あつい平之佑のこと、やはり家宅の次に気になるのは墓所の安否なのである。

明治に入って二十四年の十月二十八日朝六時半頃、近年にない大きい地震があり、そのあと小地震が度々あった。「或は云ふ、三十年来の地震也と」。大聖寺の辺は余程の地震であった由、電報があった。（この頃、外與吉と縁談の進んでいた中西氏が大聖寺在住だったから其処からであろう）かつては急ぎの通信には「飛脚を仕立て」のように記していたのだが、ここでは既に電報である。その上、加賀の情報だけではなく、新聞などで全国の様子も居ながらにして知られるようになっているから「京都、大坂辺、或は岐阜、名古屋など甚しき火災、死人夥しき由」と各地の状況も書き記している。明治二十七年六月二十日「午後二時東京非常の地震、下総松戸辺も同様の地震候へども一統無事の旨取敢へず外與吉より申越す」この頃外與吉一家は松戸在勤中で、平次の日記にも金沢以外の地の消息が現れはじめる。

（四）火事の記録――壮猶館の火事

地震・雷などと言えば、続いて口をついて出るのは火事であろう。かつては木と紙の建築が主であったから、金沢もずいぶん火事の多かった町のようである。日記にも居宅近くの火事や親類縁者に被害のあった火事などについては、一々書きとめている。その中でも割合くわしく書いてある出火騒ぎについて一、二紹介しよう。

嘉永三年（一八五〇）、時に大作六十一歳、平之佑二十八歳であった。二月二十八日夜五ツ半過ぎ、茜屋小路川端、御馬廻組木村清二郎の家から出火し、木村邸は全焼、ただし一軒で鎮火した。「御屋敷表より兵粮御酒等下され其外一類等所々より酒肴兵粮等出来いたし候」。この時、平之佑の家の門前に拵付きの脇差が一腰落ちていたのを加藤学馬（注25）が拾った。彼はそれを一先ず取りおいて落とし主を尋ねまわったが誰とも知れなかったので、翌朝改方付・柳瀬喜兵衛（注26）に相談し、役所へ指し出すよう頼んだ。ところが役所でも誰のものとも分らないとの事、数日して柳瀬より言ってよこした。拾い物ということになるといずれ公事場へ指し出さなくては事が済まないので、重ねて柳瀬氏と示談、それならば「薙込もの（注27）」という事にして、改方役所へ指し出した折に、御屋敷からの御内達で指し出したという趣に取りはからってもらったという事である。『元禄御畳奉行の日記』などでも刀の忘れ物の話が載っている。いつの世にも命より大切なはずのものを落とすようなドジはいるものなのだ。だが武士ともあろう者が刀や脇差を落としたことがばれれば、御暇にもなりかねない。たとい落としたとしても名乗り出るのは憚られたのではなかろうか。

次に壮猶館(そうゆう)（注28）の火事についての記事をとりあげる。

慶応二年（一八六六）、平之佑四十四歳、妻逸三十三歳。三月七日、その日屋根葺きの山室清助が来て、居宅の屋根の葺きかえをしていた。ちょうど昼後八ツ時頃、壮猶館製薬所から出火した。壮猶館は洋式砲術を学ぶ藩校で、上柿木畠の鶯庫(のぐら)のあとに建てられた。ここに製薬所もあって火薬を製造していた。これが失火により焼けたのだが、柿園舎とは近かったのである。「其の辺に之(これ)有る夥しき焔硝どもに火移り、誠に悪しき響きにて、何方へ火薬飛行申す義も計り難く其上焔硝納め居申す土蔵へ火入り申すも計り難し。御城内迄も御立退きの御沙汰之(これ)有る程にて、御城下中の騒動中々近寄申す者も之(これ)無く、御屋敷にも三御土蔵とも土戸（注29）打申す由」。平之佑はこの時、主人について境表に詰めており留守であった。しかし格別近方の火事なのでとりあえず子供達（春八歳、外與吉四歳）と隣の上田（弟作左衛門宅）の子供達（注30）とを女中さんが引き連れて佐川氏（上田の妻女の実家）の所に避難した。ちょうど作左衛門も当番で主家に詰めていて、これも留守であった。屋根葺きの清助はこの間一向に驚く様子もなく、落着いてそのまま屋根を葺き続けており「必ず驚き申すまじく、もし危き時は宜しき様に取計ひ申す」とお逸に言うので、お逸も夫が留守で心細くはあったが、気をひきしめて様子を見ていた。とにかく中々の騒動で、いいようもなく恐ろしい事であった。かれこれするうち中村市之進、堀江善兵衛、山室初太郎の三人がかけつけ道具を運び出しなどし始めた。そこに漸く作左衛門が帰宅し、もう危険も去ったから道具を出す事もない等と指図しているうち、中村三郎兵衛、（注31）大浦甫一右衛門その他縁者達は勿論、近付きの人々数十人が見舞いにかけつけた。大浦氏はその夜、主人が留守中の妹の家を心配して泊っていった。

さて清助はこの騒ぎの間、一向あわてる風もなく始終屋根の上に居て、火の様子を注意しながら屋根をすべて葺きおえたということで、人々はいずれも大層感心したとの事であった。御屋敷からは見舞いのお使いと酒一樽を下された。又大浦、中村、米原（よねはら）、城戸（きど）氏[注32]からも見舞いの品々が届いた由、委細は妻から境表へ申し寄こし、又諸方からも見舞いの手紙が沢山来て、誠に驚きいった事であった。この壮猶館の火事では「製薬掛りの町役人三人即死、怪我人十二人、その内追々死に申すよし、委曲日を追うて相知る。実に気の毒なる事に候」と結んでいる。屋根は火事場を見通すに絶好の場所である。そこから火の状態を観察して的確な判断を下しつつ、一方では主人留守中の幼児づれの女世帯を力づけ、しかも一方では沈着に自分の仕事をやりおおせたこの清助という男は大したもの。恐らく火事場で右往左往していたであろう並みの武士などは足元にも及ばないほど肝のすわった人物、どこの社会にもすごい人間がいるものだと思う。

この火事は藩の大事であったから『加賀藩史料』（幕末篇）にも委しく、『梅田日記』[注33]も怪我人・死者の名前・年齢等までこまかく書きとめている。即死のもの、帰宅後、翌日、翌々日に死んだものなど、みな町役者の笛・太鼓・小鼓・地謡・狂言師といった人達で、その中十三歳が二人、十四〜十六、七歳が三人、他は二十代から五十代、みな弾薬所の御雇として罷り出ていた者たちであった。この時代芸能の人々は芸を生かす仕事がなく、こういう事にかり出されて、こんな無残な死に方をしたのかと暗澹とした気持ちになった。（第二次大戦中、学校が工場となって学業中止で、飛行機部品を作る為、未熟な旋盤工として働いていたかつての自分達を見るようであった。私は死なずにすんだが、同じような十三、四、五歳の中学生、女学生が爆撃で沢山死んだのである。）

放火の事。時代は下るが、明治三十一年には放火の記録がある。五月五日の夜中、近方里見町の大野屋の隣、藤田信吉方の板塀に、何者だろうか、火薬を藁苞に入れて放火したのを、たまたま往来の人が見付け、大事に至らず消しとめた。この事があって柿木畠までも夜中に不寝番を置き、厳重に夜廻りをして注意していたのに、同九日夜十二時頃、又々右の藤田氏方に放火する者があり、其の隣の藤田与七郎、その向いの沢村弥三郎、都合三戸が全焼した。大野屋も物置を焼き、他に一戸半焼して一時頃鎮火した。更に又、同十九日、上柿木畠、吉見弥五郎の家の屋根にやはり藁苞で誰か放火しようとした由、暁天明方頃の事で、夜廻りの者が見付けて消し止めたとの事である。その家は御厩橋の橋爪、もと馬淵氏の家である、と。

（注25）加藤学馬――学馬延政は大作妻の弟で、はじめ三好順太郎。天保九年横山蔵人の給人、加藤久之助の死後養子となり加藤家を相続した。遺知三十石。

（注26）柳瀬喜兵衛――平之佑が柔術の稽古を受けた師である。

（注27）薙込もの――不詳。「投」に薙の字を当てている例があるので投込みか。

（注28）壮猶館――加賀藩の洋式武学校。もとは嘉永六年（一八五三）藩士大橋作之進の砲術研究所を藩に移管した西洋流火術方役所で、これを上柿木畠に新築の建物に移して壮猶館と改名した。教科は砲術、原書の翻訳、火薬の調合など。後に洋学、医学、数学、測量、航海術などの教科が加わった。

（注29）土戸――表面に泥土または漆喰（しっくい）を塗って作った引戸。出火にそなえて用意しておく。一般には出火の場合を考えて土蔵の目塗りの為に用心土といって土を貯えておくのである。

（注30）上田の子供達――当時上田家は永太郎十三歳、友次郎六歳、多末之助二歳がいた。永太郎は既に召し出されていたから留守だったかもしれない。

（注31）中村三郎兵衛――三郎兵衛従貞は亡くなった妹文（あや）の夫。仙石家の家来。のち慶太郎、維新後鬼角と改名。

大浦甫一右衛門貞集は逸の兄であり、亡妹和喜の夫でもある。

（注32）米原・城戸氏――米原敬之丞義道は妹貞（てい）の夫。藤田家の家来。維新後脩三と改名。

城戸氏は四（一）（注2）を見よ。逸の兄で甫一右衛門の弟。

（注33）梅田日記――梅田甚三久（算用場内の十村詰所に勤務する農政関係の下級書記官。天保四年生まれ）の私用日記だが役向きの記事も多く、歴史的な事件、藩当局の動き、市井の出来事についても細かく記している（元治元年〜慶応三年まで）。

九　柿木畠と柿園舎

（一）柿木畠の由来と沿革

安永二年（一七七三）九月、加賀藩士茨木源五左衛門自道の家来・森田武右衛門通顕は、それまで住んでいた木倉町の小家をやむをえぬ事情で明け渡すことになり、行くあてのないままに、柿木畠の、もと畑番の住んでいた古家に移り住んだ。彼の子孫はその後ずっとこの地に落ち着き、森田平次とその子外與吉の代まで百五十年近くも住みついている。ただその間に、余りひどい家だったので、天明八年（一七八八）に建てかえ、更に文化七年（一八一〇）には、露地もなく手狭なため隣家と振り替えて移り、その家を修繕し、又一部を改築するなどのことはしている。

平次は柿園と号したが、それは彼が先祖代々住みなれたこの柿木畠の地を愛した心のあらわれであろう。彼は柿木畠の居宅で生まれ、旧藩時代の境関所詰めの時と、維新後美川町の県庁に勤めていた時とを除いて、ずっとその家に起居し、そしてそこで死去した。安永二年から四代百三十余年、その頃上柿木畠ではすでに旧家の一に数えられるほどであり、平次は曾祖父以来住みなれたその家を先祖のかたみとして、修繕しては代々持ち伝えることが先祖への孝行であると信じて、大切に住みなしてきたのであった。父の大作良郷（翠園）はその家を柿園舎と名付けた。平次は若い頃旧藩の記録を調べ、近隣の古老に昔の話などを聞いて『柿園舎乃記』（注1）なる書をものしたが、後に未熟不体裁であったとして、その書をふまえ、安政以後の事も書き加えたりして『柿園舎記談』と名付けた一書を子孫の為に書きのこした。時に明治三十一年（一八九八）九月、平次七十六歳である。これを読むと、柿木畠の地の旧藩時代からの移り変わりとか、この地にまつわる言い伝えなどがなかなか面白く、『金沢古蹟志』等に書かれている事と重複する点もあるが、子孫だけのものにしておくのは惜しいので、この『柿園舎記談』本文を紹介しようと思う。が、その前に、柿木畠の家はどの辺にあったかについて触れておく。

第二次大戦後の住居表示の整理・変更によって、昔の由緒ある町名や番地がなくなったり変わったりした為、かつての所番地が分かっていても、すぐに今の地図とはつながらなくなってしまった。明治五年、はじめて戸籍が作られた時の最初のこの邸地の所番地は「上柿木畠三拾四番」であったが、追って地所番号が改められて四十三番地と変わり、以後大正六年（一九一七）に外與吉が桜畠に転居するまでずっと四十三番地である。明治から昭和初めまでの柿木畠は広い地域を占め、上柿木畠と下柿木畠とに区切られて隣り合っていた。しかし現在では上柿木畠と下柿木畠とは広坂一丁目をはさんで分かれわかれになってしまっている。そしてもとの上柿木畠四十三番地は、今の地図で見ると、広坂一丁目四の一に当たる。

一九八六年（昭和六十一）の夏、金沢市役所の裏手の、平次の住んでいた辺りを地図を手に歩いてみたところ、用水のそばの角地（かど）であったその周辺は、用水が地下にもぐってしまったので、そこに店が立ち並び、細い道に面したその角地は、戦後の一時期、料理屋になっていたというが（昭和五十六年の地図には、一階ひょうたん、二階割烹銭五、三階東西クラブとなっている）、それもつぶれてしまったらしく、「なべの鍋や」という看板が残っていて、一階の何もない土間のような場所に、置き忘れられたようなオートバイと古い机が積んであるだけ、さびれた廃屋といった感じで、何ともわびしいなれの果てであった。ついでに外與吉の住んでいた、私には思い出多く懐かしい桜畠二番丁の邸跡にも行ってみたが、そこも寺町三丁目と変わり、敷地と門の位置は昔のままで見覚えがあったが、家はすでに建てかえられてしまっていて、廻りはほとんど新しい家ばかり、ここでも五十年近い歳月の隔たりを思わずにいられなかった。なお、翌一九八七年六月に行ってみた時には、柿園舎あと地にはすでにアパートが建てられて、「なべの鍋や」の看板は「入居者募集中」の看板に変わり、「東西クラブ」の看板だけが残っていた。その後また十年、平成九年（一九九七）三月に行ってみたら、アパートは見るかげもなく古び、わびしさに、まともには見ずに通り過ぎてしまった次第である。

（注1）柿園舎乃記――巻頭に嘉永五年（一八五二）五月、如来寺知一上人の序文あり。向かいに住む書物奉行湯浅弥左衛門とも親しく、その話も参考にし、妹の病気等で三年ほど中断したが、安政四年（一八五七）に成る。同年三月、父翠園がこれに漢詩の跋を誌す。

（二）『柿園舎記談』について

本文（翻刻）

（これは「石川郷土史学会々誌」30、31、32号（平成九～十一）に発表したものをもととする。）

凡例

一、読みやすいように句読点、濁点、半濁点を付し、異体字、変体仮名は常用の文字に改めた。又印刷の便を考え、旧字体の漢字は現行の字体に改めたところもある。

二、仮名遣い、送り仮名は現在とは異なるものがあるが、原文のままとし、改めなかった。

三、原文には所々に片仮名で振り仮名がつけてあるが、これには漢字の読みを示すものと、分かりやすく言いかえたと思われるものとがある。これらはすべて本文通りに残した。

四、筆者が付した振り仮名は右傍に（ ）に入れて施した。なお区別するため平仮名にしてある。

五、注記のうち、地名の由来などは『柿園舎乃記』に委しいので、同書を参照してその一部を記した。

柿園舎記談

鳩(ハト)は鵲(カサヽギ)のふる巣(ス)にやどりけるとは支那人(シナビト)のこちたき假令(タトヒ)にて、彼(かの)博識(モノシリ)なる室氏(注2)の吾旧藩に仕へまつりて、金沢なる長町六番丁の末なる町はづれにむかし藩士の住あらしたる古(フル)家をば買求(カヒモト)め、かの鳩(ハト)の故(フル)事(ゴト)もてみづから別号(ベツナ)をば鳩巣(キウソ)と名乗られしは、わびしきそのむかしを永くわすれざらんとの心もちひなるべし。さればうみの子のいやつぎ〴〵祖先(センソ)の心ざしを聞伝(キヽツタ)へ、質素(シツソ)の志をば能く守りて家族(子々ソン〴〵)の奢侈(オゴリ)をいましめ、祖先(センソ)以来の住なれし家屋(イヘ)をば修繕(シツラヒ)てぞ世々持伝へ、その町の旧家(フルキイヘ)として町の名にさへ呼るゝは、誠にその家の祖先(センソ)への孝行(カウコウ)、其身の幸(サヒハ)ひともいひつべきを、彼(かの)おごりてふ心のまに〳〵、所がらがあしくて、地面(ヂメン)が狭ふてなど、おのが心の動(ウゴ)きけるまゝ、祖先(センソ)以来世々譲り請て百とせ余りにもなりにし事をもわすれ、遂に売なし、此(コヽ)かしこと住居をかへ、後には人の持家(モチイヘ)にひそめるもの、世に多かりしは、実(マコト)にかたはらいたき事なめり。とにかくにおや〳〵の住なれし古家をば祖先のかたみとし、持伝ふこそあらまほしと難波の西鶴がいひ置つるは誠に確説といふべし。吾住なせる此柿園なる家居も、吾曾祖父がはじめて此地に家屋を求められしは安永二年の九月にて、そのかみ柿木の畑守が住居たる古家を買求め、天明二年(注3)に新築せられ、文化七年に祖父今の邸地に移り、悉く造替せられしとぞ。されば此柿木畠の地に住なせるは曾祖以来既に四世、暦数は今明治三十一年に至り、実に百二十六年とはなりける。予竊に思ふに、此柿木畠の地は城南の邸地にて、従前は小身の藩士数十人門戸を並べたる武士町にて、各家禄を世々にして拝領(注4)せし故に、祖先以来数代の間居住せし処、明治廃藩の際悉く邸宅を移轉し、今に至り依然と居住せしは上柿木畠にては長谷川、廣瀬の両氏と予が家のみ。下柿木畠にては近藤氏而已なりけり。されば吾家などは柿木畠にての旧家の一人にて、いにしへ畠地なりし頃よりのふるむじなともいふべき心ちして、住めば都と我佛、(注5)尊げ顔に隣向ふもはゞからず、おのが我まゝに暮しつるもいとをこがましかるべし。吾父翠園大人以来舎号をば柿園と称せしも、柿木の旧畠地に家作して世々居住なせるゆへなりけり。天保十一年九月、吾柿園亭へ翠園大人が親族兄弟四人打寄、酒宴を催されし時の詩歌今に残れるも、はやむかし語りのかたみとは成たり。その写左の如し。

いざよふ月の宵〳〵ごとにおそくなりゆくだにあるを、きのふもけふも雨雲棚ぎり(注6)あひ、立またん影もいたづらにて、居待(注7)の日は雨さへいみじくふりてければ、いとゞしくこよひの空のうしろめたきに、さりげなき圓ゐしつゝ、かたみに三つのうま酒をうち酌て、二もとの杉のすくよかにもうちかたらひ、つらなる枝のつらなれるこのむしろは、うべもくさはひ(注8)あるものなりかし。

惟允 山川氏(注9)

あはれまたものゝくまある世なりせば
月はさやけく詠むべしやは

自題ス二柿園ト一

石河亭は前にかすけき流れありて春秋の夢異（ユメコト）なり。この所のふるき名にしおふ仮りに柿園（カキゾノ）といふならじ。

花や実や雉子はもとより放飼（ハナチガヒ）　夢楽石黒氏（注10）

柿園亭小集

昆弟四人貮百歳、歎レ哀ヲ憂レ死ヲ却テ為レ癡、
芳樽適得レ欲二同酔一、君請莫レ呵七歩ノ詩、（注11）　酔月大平氏（注12）

はらからの圓居（マロイ）しつゝも汲かはす
情（ナサケ）の色もふかき菊の香

昆弟忘レ年際會ノ時、向二西風一類葉連レ枝、
坐来一様都（すべ）テ無事、酒興高吟ス月下ノ詩、（注13）　翠園巌父

柿園小集懐レ旧

汲かはすむかしの人のおもかげは月より外に残らざりけり　良見

＊次頁の柿木畑の古覧図（図1）は『柿園舎乃記』（十七丁裏〜十八丁表）より

そも〳〵此柿木畠の地は、往古（ムカシ）は加賀ノ郡石浦の庄内（注14）にて石浦神社の産子地なりしかど、今は中石川の地内とす。その四至を考るに、東北は府城の外郭いはゆる惣構堀をもて堺となし、従前は惣構堀なる土居の老樹共年を逐ふて繁茂し、竹林は樹木の間に繁生（注15）して狐狸（キツネタヌキ）の類ひは勿論雉子（キジ）梟（フクロウ）などの

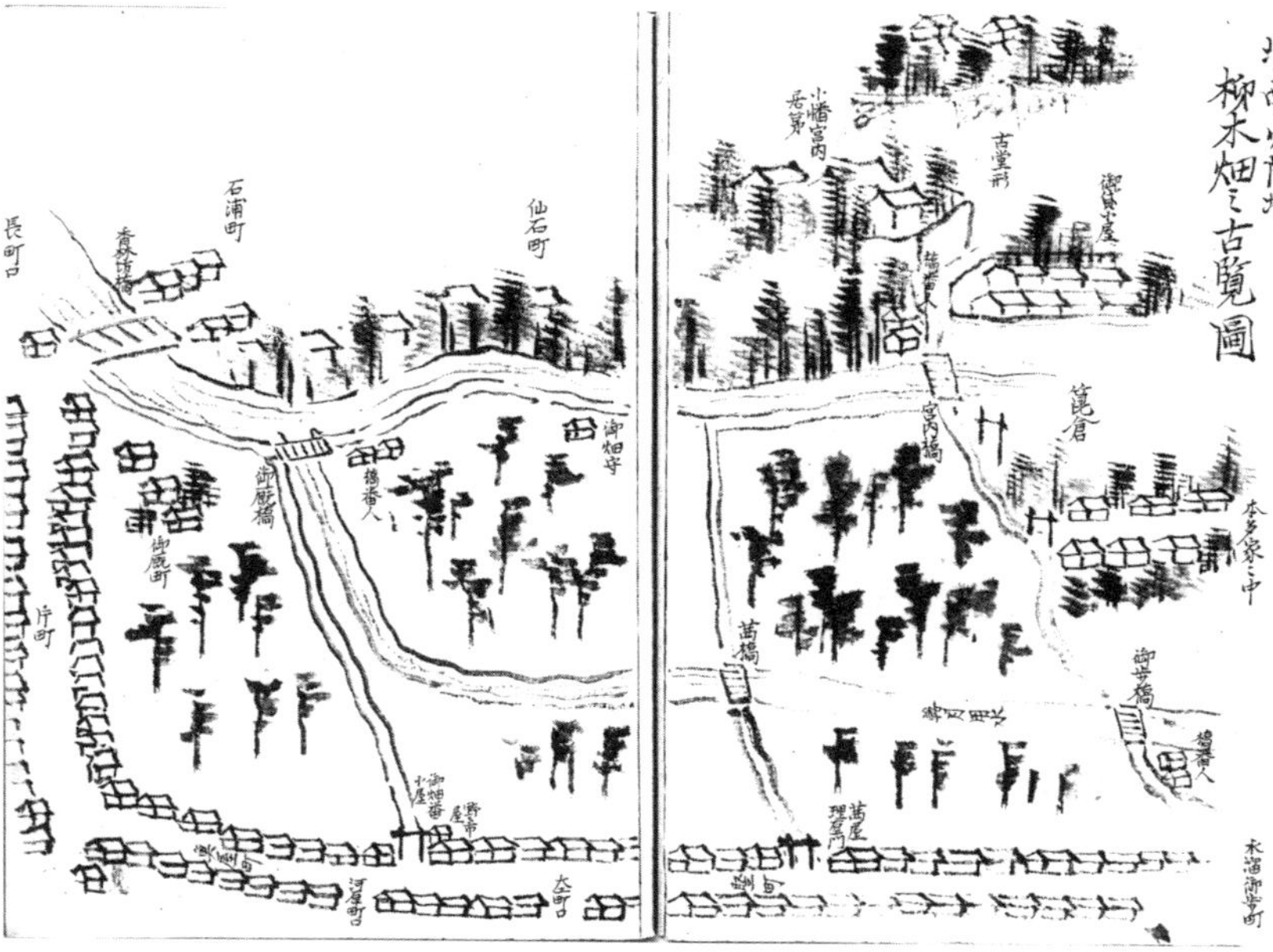

図1

鳥獣つねに住居をなし、春は鶯の声絶えず。卯月の比（ころ）は時鳥（ホトヽギス）の初音を聞、玉川の蛙（カハズ）の声は夜もすがら歌女の思ひをなしける。此はむかし小幡宮内（おばたくない）（注16）てふ人、井手の玉川（注17）より取寄放されしとぞいひ伝へける。されば彼木蔭に炎暑（アツサ）をしぬぎ、風雪の防ぎをもなしたりしかど、明治廃藩の際、惣構の樹木（キドモ）をば悉く伐取（キリトリ）、土居を崩して堀をうめきて邸地（ヤシキチ）となして町屋（マチイヘ）共を建築（タテタリ）しかば、今は狐狸（キツネタヌキ）なども住居を失ひ、雉子（キヾシ）梟（フクロフ）の声も聞ず、僅に鶯時鳥（ウグイスホトヽギス）の声を聞のみ也。その東南はむかしは篦倉（ノグラ）（注18）とて矢篦の竹庫（クラ）ありしかど、中頃より名のみにて射場となれり。此は今横山氏の邸地にて、此辺りなる惣構ノ橋をば宮内橋（くない）（注19）と呼べり。是ハ小幡宮内よりの遺名（ナナリ）といへり。その旧邸は今の市役所の地辺是なりとぞ。今は宮内橋の橋名も呼ばず、井手の玉川より取寄（トリヨセ）らるゝ蛙（カハヅ）も全く絶たり。彼第地ハ柿木畠の東ノ方堂形口にて今広坂通りの地界なり。南方は倉月用水川を地界となし、油車口(注20)は御歩橋の川縁を境とす。竪町口は茜屋橋(注21)を地界とす。此橋は一名刑部橋と呼べり。いにしへ中村刑部(注22)の居邸ありし故なりといふ。蓋今は両名共に呼ざりけり。又河原町口は野々市屋小路なる町家の地界を柿木畠の境とす。明治廃藩前は此地界に木戸ありて町地の境となしたり。魚屋町(うおやまち)と柿木畠との経界なりしかど、今は魚屋町の町名(注23)も絶たりけり。又片町口は香林坊橋の出口なる町家の地界をば柿木畠の境とす。むかしは香林坊某と称する家柄の町家ありて、出口なる小路は皆その裏店なりしかど、今はその子孫モ衰微て香林坊(注24)の遺名を称するのみ。扨(さて)此中央なる倉月用水に枷たる橋をば御厩橋と呼べり。此はいにしへ此橋ノ辺に藩用の馬屋を建、馬乗の士邸共ありし故に、此地辺をば御厩町(ママ)(注25)と称せしかど其名モ後に絶たり。馬屋を移転し馬乗の邸地も退去せし故ならんといへり。明治維新戸籍編成の際、此橋の以東をば上柿木畠とし、以西をば下柿木畠とす。是も旧藩中は柿木畠と町名に称するまでにて、上下の称は廃藩ノ後に起れり。此柿木畠の地は城南堂形前と犀川河原町との間なる閑地にて、東西凡一町許(ばかり)、南北は半町許なる地にて、東高なる平面の地也。旧藩国初の頃は寺院共ありしかど、三世中納言利常卿の時、寛永八年四月十四日、犀川橋爪なる法船寺といへる浄土宗の寺院の門前より出火し、河原町片町へ延焼出て浅野川金谷町まで焼ぬけ、城内も悉く焼失たり。又同十二年五月九日、犀川河原町より出火して此時も延焼して浅野川まで焼抜たり。両度ともに南風強く吹たりし故に両度とも城内の方へ吹付、此時より南風をば火方風と呼べり。宝暦九年四月の大火も火方風にて、寺町筋六斗林より出火し犀川浅野川を飛び越え大樋口まで焼抜たり。されば利常卿も寛永九年十二年両度の火災に依て此風筋を分別し給ふて、城南の地をば明地となし城内の火除地と定め、火難の手当になし給はんとの事にて、今いふ柿木畠なる寺院等をば悉く退去せしめられて、焼跡をば明地となし火除地と名付られたり。利常卿は平常飲酒を嫌(キラ)ひ餅菓子類(コノミ)を好み給ふ中にも柿(カキ)を第一に好み給へり。故に元和年中に犀川がけの上野(ウハノ)を開墾(デンヂ)ニ命ぜられし頃も、郡方の奉行瀧与右衛門といへる者に申付られ、柿木畠栗林などゝ（と）し、野田山の麓浅野川卯辰山の麓などにも柿木畠栗林蒲萄(ブドウ)棚覆盆子(イチゴ)畑などを付させられしにても知られける。されば此城南なる火除地にも柿ノ木を植付命ぜられたり。是金沢市中の柿木畠の濫觴(ハジメ)にて、則犀川柿木畠とは呼びたりけり。金沢市中にも此犀川柿木畠のみならず、木ノ新保の柿木畠地、材木町の柿木町なども皆そのさき召上り用の柿木を植(ウヘ)置れし畠地なりしといへり。今金沢市中に存在(アリケル)かの大和柿(ヤマトガキ)なども利常卿の時大和ノ国より取寄給ふ種の今に傳りたるものにて、小松に居給ふ頃、小松ノ葭嶋(ヨシジマ)に美濃の八谷柿(ヤツタガキ)を植させられ、美濃ノ国（注26）よりつるし柿を仕ル者をば被（られ）ニ召寄(メシヨセ)一甘干つるし柿を命ぜられたり　其頃此柿の皮を悉く菓子師才次に命ぜられ、其皮を干(ホシ)て粉となし米ノ粉を加(クハ)へて柿搗(カキモチ)と云團子(ダンゴ)ニ申付られ被ニ召上一、今時下々の者柿の皮を捨るはあるまじき事なり。其心なる故に喰物に事をかくなりと仰言ありしにより、御露地掛りの者ども夫よりつるし柿被ニ仰付一皮共をばもらひ帰りたりとぞ。右等の傳説(ツタヘゴト)共にても、利常卿の柿の実を好ませ給ふ事知られける。故に今社家寺庵等に持傳へける利常卿の判印書に、柿実(カキ)を呈上せしにより賜りたるもの多し。予が僅に見たるもの左の如し。

越中埴生神主祈禱之札并柿一籠持参、怡悦之旨可申聞候也

九月十七日　蝶印　宛処富田善右衛門

為帰城見廻祈禱之御札并柿一籠持参、怡悦之事候　謹言

八月十七日　利常蝶印　宛処宝幢寺

四十万(しじま)（注27）道場より柿梨一折祝着之よし心得候て可申　謹言

九月廿四日　利光（注28）判

大和柿（注29）一籠到来、為悦事候　かしく

九月十六日　　肥前利常判　　宛処松任本誓寺

大和柿一折到来、令悦候　かしく

八月廿七日　　利常蝶印　　宛処湯浅道与（注30）

此外にも猶多かりしかど煩（コトゴト）しく載せず。扨此犀川柿木畠の地にはそのかみ大和柿美濃八谷柿等種々（クサグサ）の名菓を継木に命ぜられし故に接木（ツギキ）畠とも呼べり。利常卿小松に居給ふ頃の古文書共を見るに左の如き文書あり。

今申之刻之貴札同戌之下刻ニ到来、令ニ拝見一候。仍而当地御継木畠ニあまなし（注31）有レ之候者、明朝之御用ニ候之条、三十程可ニ指上一旨則御畠裁許廣瀬彦進小林六左衛門方へ申談候処ニ、御畠ニハ当年あまなし無御座候。就レ其徳本村田中村成村（注32）ニ御畠裁許仕者山東八兵衛関仁兵衛ニ其御地より被ニ指越一候御飛脚を相添、右三ヶ村ニあまなし有レ之候者上ヶ候様ニと右六左衛門彦進被ニ申付一候。

一當地御畠廣瀬彦進小林六左衛門裁許ニ候之条御畠ニ有之物、以来御用之刻は右両人方へ可被仰越候。

内々左様ニ御心得可被成候。恐惶謹言

七月十九日子之下刻　　村田半助　判

有沢孫作

水原清左衛門

長谷川大学様

齋田彦助様

佐久間弥右衛門様

御報

覚

一　柿　　一籠　　五拾五入
一　梨子　一籠　　五拾六入
　但御免梨子青梨子有次第
右者御接木畠ニ出来仕候条為レ持進レ之候。可被指上候。近年は梨子成不レ申由候。こが梨子大和柿ぶどうなど、いまだまへかどニ御座候間、可レ然時分指上可申候。以上

七月廿五日　　河原兵庫　判
　　　　　　　齋藤中務　判

黒坂吉左衛門様

覚

一　大和柿百　　寺西若狭殿
　　木淡柿（注33）卅
一　同　　山崎長門殿
一　同　　奥野右兵衛殿
一　同　　永原左京殿
一　同　　小幡右京殿
一　同　　松平右馬助殿
一　同　　前田七郎兵衛殿

一　同　　冨田越後殿
一　同　　成田半右衛門殿
一　同　　永原大学殿
右金沢御畠之柿被下之旨申来ニ付如此候。
御請無宛所御調、會所迄取可被遣候。已上
　九月廿八日　　會所

覚
一　大和柿　五拾　　平岡志摩殿
　　木淡柿　卅
一　同　　江守覚左衛門殿
一　同　　湯原八丞殿
一　同　　浅野藤左衛門殿
一　同　　建（マヽ）田九郎兵衛殿（古蹟志ニハ建部トスル）
一　同　　吉田左近殿
一　同　　荒木六兵衛殿
右金沢御畠之柿被下之旨申来ニ付如レ此候。
御請無二宛所一御調、會所迄取ニ可レ被レ遣候。已上
　九月廿八日　　會所

右書簡の年暦不レ詳といへども、連名中ノ成田半右衛門は慶安四年正月五日歿とあれば、慶安以前の書状なる事知られたり。又改作所の留記に載たる文書に、

覚

一　三百本　　柿木ノ臺
一　五拾本　　梨木ノ臺

右接木畠ニ御用之条御郡江被二仰渡一、山東八兵衛方江相渡シ申候様ニ可被仰付候。以上

二月十四日　　會所

御算用場

右は寛文六年年也。

覚

一　壱ヶ所　　御城中西町ノ御門之上
一　壱ヶ所　　御的場ノ明所ニ柿木御座候
一　貳ヶ所　　御的場下之火除地
一　壱ヶ所　　右御厩町ノ火除地
一　壱ヶ所　　拾壱屋(じゅういちや)（注34）
一　貳ヶ所　　木ノ新保(きのしんぼ)（注35）
一　壱ヶ所　　安江

右金沢廻ノ御畑如レ此ニ御座候。

午ノ十二月十日　　嶋田惣左衛門

御會所　　　　関　吉左衛門

右は延宝六年也。

御尋ニ付申上候。

一石川郡泉村(注36)領ニ接木畑只今有レ之候哉。御用地又は百姓地罷成居申候哉と御尋被遊候付相尋申候処、泉村領ニハ先年より接木畑御座候儀及承不申候。

一同郡泉野村(注37)領之内ニ先年柿木ノ御畑壱ヶ所御座候。歩数覚無御座候。此所四拾ヶ年以前ニ御足軽中ノ屋敷ニ相渡申候。

一同村領之内ニ先年柿木ノ御畑壱ヶ所御座候。此所之儀同村領之内御用地ニ相渡候。替地ニ御渡被レ為レ成、只今畑地ニ而泉野村ニ支配仕候。此歩数并年数覚無ニ御座一候。

一同村領之内ニ柿木御畑壱ヶ所御座候。此所元禄五年ニ御高拾石四斗弐升五合、新開被仰付候。

一泉野出村(注38)領之内ニ柿木御畠壱ヶ所御座候。此柿木御馬屋町之柿木畑江御取其跡寛文八年ニ御高八石四斗五升五合新開被仰付候。

右泉村近在ニ而先年御畑地有レ之所々相尋書上申候。以上

元禄十三年十月五日　　　野々市村少左衛門

不破平左衛門殿　　　田中村次郎吉

右泉野辺の柿木畠は、元和年中に郡奉行瀧与右衛門へ命ぜられて植付せし柿木の畑地共の中なるべし。又泉野出村なる柿木畠の柿木共をば、御馬屋町之柿木畑へ移植(ウツサ)せられしとある御馬屋町は、御厩橋辺の柿木畠にて、則今いふ犀川柿木畠の地なり。上文に載たる延宝六年の覚書に御厩町火除(ヒヨケ)地とある是なり。又御的場(オンマトバ)ノ明地柿木畠并御的場下(シタ)火除地とある畑地は、宮内橋下箆倉(シタノグラ)辺の柿木畠にて、今云上柿木畠の

地をいへり。寛文延宝の頃までは柿木畠の地共、利常卿在世し給ふ時のまゝにて、宮内橋下(シタ)篦倉の的場辺より御厩橋の地辺へかけ都(すべ)て明地にて、柿ノ木梨ノ木等多く植ありしかど、惣名を柿木畑とも継木(ツギキ)畑(ハタ)とも呼べり。その本名ハ犀川火除地といふとあり。さればその頃は人家は畑番等一二戸(イチニコ)あるのみにて、狐狸獺(キツネタヌキウソ)などの巣(ス)窟にて夜中は怪異(アヤシ)の事多かりしといへり。柿木畠の古傳話とて古人(フルキ)の傳話(ハナシ)ども今に残れり。

――最初の團子屋の話は父森田良郷の著『続咄随筆』中巻「團子屋大賊に逢」に出ている話と大筋は同じであり、これとそのあとの話の内の幾つかは『金澤古蹟志』にも載せてある。――

本文つづき（柿木畠の古傳話）

貞享年中(注39)の事なりけん、犀川柿木畠の辺に團子(ダゴ)を商ひける店あり。此商人(アキビト)、年ふるく此地に居て商賣(アキナヒ)に励(ハゲ)み、殊にはやりて不相應に内福なりしが、或年の五月、雨降つゞき物淋(サビ)しき折から、夕暮(ユウグレ)のたそがれ頃、菅蓑(スガミノ)(注40)着たる小女(コドモ)のいとわびしげに一銭或は二銭づ(つ)ゝ持来り、毎夜〳〵團子をば僅に買行ける。元より中戸(ナカド)(注41)の内へも入らず、店の外に居て持参の銭を出し買ゆきける。團子屋の夫婦いと不思義(注42)に思ひ、或夕暮、人をつけて行末(ユクヘ)を見けるに、其頃は大乗寺坂(注43)の下に大乗寺(注44)ありしが、右小女大乗寺の方へ歩み行ける故に、其跡を逐ふて窺(ヒソカ)（竊）かに往けるに、大乗寺の塔司(タッス)(注45)なりける東光院(注46)の客殿なる縁の下に、赤色の紙合羽(注47)を着たる男あちらむきにて居たる処へ、彼小女ゆきて團子をばその男に与へけるに、悦べる躰(てい)にて合羽(カッパ)の下より狐の尾を出し振廻し、人の竊(ヒソカ)に見けるをも知らず居たりけり。跡を付来る者、此躰をば能々見定め、頓(ヤガ)て立帰り、其由を亭主に告ければ、さればこそ人間のやうにはあらずと兼々思ひ居しが、果して察シの如く狐に極りたりと、内輪諸ともにいひ合ひける。然るに夫より後は小女は来らず、赤合羽に苧くそ帽子(注48)を着たる男来りたり。是もたそがれ比店先へ来るといへども戸の内へ入らず、外より銭五七文程宛持参して團子をば買調ひ、喰て行時もあり、其儘取行時もありける。凡そ十一月廿日過るまで絶ず。一日二日程間置て来る事は有ども、四日五日も来らざる事はなし。夕暮たそがれ時にて刻限も違はず来りける。かゝる處に、何とのふ物頼み度躰に見ゆる故に、何ぞ用事の有にやとその気を察して亭主の問ひければ、彼男、さればとよ、御亭主のかく尋給ふ故に打明け申なり。我が親方あり、爰元の團子は柿木畑の團子とて人々賞翫しその味はひ他に異也。故に親方もかねて聞及ばれたり。仰ぎ願くは我親方に此團子をば振舞申され度、左候はゞ親類其外眷族共をば此元へ連れ来て、一集に居て團子をば賞翫したきもの也。金沢市中に團子ノ店も多かれど、皆慳貪(注49)邪知の家のみ。此家の如く実意にて冨貴有福の家はなし。故に此家に来て一族會合して遊びなば此上の愉快なからじ。若シ我々の心を察し爰元に支度なし給るならば、来るみそかの日、家来共を悉く下宿(注50)させ、老人夫婦までにていかにも清潔にして團子を拵へ、他方の人来を禁じ、臼をば庭の真中に能く清めて据置給はらば満足せん。夫婦の柔和なること五月より知りたる也といふ。亭主推量して彼親方といへるは稲荷明神なるべく、此男は狐の化シたるか、蓋しは是正真の稲荷大明神かも知らずと、我家の福貴幸福の基ひと夫婦相談して請合ける。されば其日の用意をなし、右約束の如く家来共をば下宿させ、夫婦して團子をば夥敷清潔に拵へ、店の庭上に臼をば清らかになし置、火をほそ〴〵と燈して静に相待けり。みそかの日暮比と成ければ、合羽・菅みの或はばんどり(注51)など、無量の頭巾(注52)・ほうかむりなどせし人々、壱人来ては大戸(注53)を立、竈の下へかゞみ、又二人来ては縁の下・妻戸口などの物かげへひそみ、追々と来れるもの凡二十人許にも成しにやとおもふ頃、彼親方とおぼしくて手車に乗せ(注54)来れり。團子屋の夫婦ひそかに覗き見るに白髪の老翁也。さては是即正一位稲荷大明神の御事なるべしと、敬神の真心を起して崇敬し拝み居たるに、彼手車をば庭中の臼の上におろしすへ、入口なる大戸をば能くしめきり、扨最前應答せし男出て亭主に向ひ饗應方の指図をなしける故に、用意の團子をば二三十程宛折敷（注55）に載せ出しけるに、追々取ゆき右老翁を初め眷族共喰ける躰なりしが、彼是する内最早深更に及び、十一月晦日の事なるに、あやにく其夜雪降しきり物おとも聞えざるに、究竟の男ども大勢して亭主をば理不尽に捕へ、夫婦諸ともに手鎖をなして家の柱に縛付、猿轡をかけ、さて土蔵の内なる金銀諸道具をば悉く取出し、夜の不レ明中に立去りける。此ノ柿木畠の地は金沢府城の近地といへども、火除地とて人家もなく僅に畑番人の家のみなりし故に、夜もほの〴〵と明るといへども不審を立る者もなく、前日下宿させし家人ども夜の明るに依て立戻りけるに、大戸のいまだ明ざるは如何とたゝきけるに内の縮りもなく、立入見れば亭主夫婦手鎖にて縛付られ、盗賊の顚末を聞て取敢ず役人へ始終の始末を演述しける故、役人も種々捜索すといへども遂に知れざりけり。是も團子屋夫婦が欲に長ぜし故にかゝる事に出合、おのが身許と成、遂に商賣もならず此地を立去たりとぞ。小倉有年（注56）の雑記に載たり。又、浅香山井（注57）の四不語録（注58）と云書にも、金沢の城南惣構堀の柿木畠の地は、年経たる河獺居て人を誑かすこと毎度なりき。其中にも人を誑らかし殺せし事あり。沢野何某といへる侍あり。柿木畠の近邊に宅ありけるに、召仕へける若黨某、用事ありて私宅へゆき日暮頃に主家へ帰りけるに、女壱人奇麗なる衣裳を着し菅笠をふかくかむり先立ゆきけり。若盛りの若黨なればはからず色に迷ひて言葉をかけ、此薄暮におよび、女性の身として下婢も召連ず何れへ越給ふにや、我ら送りとゞけ申さんといへば、彼女打笑ひ、我等如きもの御送り被下にも及ばず、御志は難有しといふ。若黨猶もいよ〳〵心うかれ出て、さ候はゞ見苦しくは候へども我等が宿る部屋へなりとも立寄休み給んやといざなへば、女よりかへり（注59）て、身は浮草の（注60）と打かこてば、若黨さては仕済（シスマ）したり、されども面体をも見ずしては如何と立寄て笠の中を覗（ノゾ）き見れば、何とやらんすさまじく思はるゝ故に、此は例の僻物（クセモノ）に誑（タブ）らかさるゝかとおもひ返し、其儘（ソノマヽ）足ばやに其場をのがれんとせしに、女、こは御情（オンナサケ）なしと先に立て行ける故に、弥（いよいよ）あやしみて暫くあとに立どまれば、うらめしやとて後ろの方にあり。其前後する事のはやき、誠に蝶鳥（テウトリ）にひとし。若黨もとかくに迷ひ、足ばやに歩みて遂に主人の家に至りつきけるに、幸ひ門戸の少し開き居たりし故に飛び入て手早く扉（トビラ）を打けるに、彼女さても〳〵あだ人やと、若黨より先に門内に入。とかくすべき術もなく吾部屋へ入て傍輩共にその委細を語り、我等は再び逢ふことはいたし難し、よきやうに挨拶（アヒサツ）して給はれと頼みける故に、傍輩ども意得（コヽロヘ）たりとて代り〳〵に出て取扱（トリアツカ（ママ））けれども彼女承諾（シヤウダク）せず、遂に部屋へ入たりけり。部屋へ入ても笠もぬがず。笠取給へといへば、初め御供申たる御方に逢ひまして取らんといふ。傍輩共、猶更逢する事は心元（モト）なけれども、夜の更るまで出さん事も成がたしと何れも示談（ジダン）して罷出、主人用事申付、容易（ヨヤイ（ママ））に隙（ヒマ）のあく事はかり難し、まづ笠をもぬぎ意（コヽロ）やすく休み給へと再三いへども笠を取らず、何時（イツ）までにても相待候はん、御ひまに成候はゞ御出あるやうになさるべし、御目にかゝりて笠をもとらんといふ。何れももてあつかひし内に夜も深更（シンカウ）に及ぶ。又出て、とかく今夜中には隙（ヒマ）のあき難かるべし、暫（シバラ）くにても御休あれと申せば、女打笑て、とく御ひまには成候へども是へ御出あるまじきなれば是非（ゼヒ）に及ばず、我等御迎に参るべしとて笠を抜（ヌギ）て手に持たり。其時面躰（メンテイ）を見れば六七十許（バカリ）の老女の、両眼は日月（ツキヒ）の如く光りて凄（スサマ）じさ二目（フタメ）とも見る事ならず。其儘（マヽ）立て部屋の戸口に出るかと見えしが形は失ぬ。彼若黨は別の間に寐させ、傍輩共は戸外（トノソト）に番をいたし居けるに、彼ノ若黨聲をあげて呻（サケ）ぶ故に、傍輩共何（イヅレ）も騒（サハ）ぎ立寄見ればはや死し居たり。彼の僻物（クセモノ）の喰殺（クヒコロ）しけるにやと死骸を改め見ければ、陰茎陰嚢共に引抜てかたはらにありしとかや。右沢野何某といふ人は、元禄六年の士帳に沢野團右衛門、柿木畠の下とあり、此人なるべし。沢野氏の旧邸は御厩橋ノ下なる半田氏の居屋敷是なりといへり。されば今辰巳氏の持家なる事知られたり。又、四不語録に、元禄十四年三月十七日の夜酉の下刻頃に、寺西何某の若黨、右柿木畠の明屋敷を通行せしに、道の先へ女一人歩み行けり。夜中女のひとり通行する、いかゞと思ふ処に、道の半より五六歳許なる小坊主ふと出ける。彼女右小坊主の手を引、惣構の堀に架たる橋を越ける時小坊主に申やうは、汝がごとき役に立ぬ者は邪魔に成ぬと申哉否、橋の下へ投たり。則水の上へ落たる音聞えたり。彼若黨おもふやう、是は必ず真ノ人間に非ず、化生の者なるべしと、腰刀を引抜き、汝何者ぞ遁さぬと切付たりければ、彼者飛のき、よりかへりしゝと聲を立て消失ぬ。その面かげ殊の外すさまじく見えたりしが、夫より煩ひ付て打臥たりけるに、漸く三十日許を経て本復せしとぞ。右二ヶ条の怪談は全く河獺の所業なるよし、浅香氏もいひ置かれたり。支那などにても獺の人に妖けて女となりし怪談は彼小説物に見ゆといへり。又彼惣構の堀に架たる橋とあるは則今いふ御厩橋の事にて、水音の聞えたりとあるにても知られたり。此橋は倉月用水川の橋にて、此橋辺なる侍屋敷はむかしより河獺の来て物を喰あらし、或は人を誑らかす事常なりと古き話共今に残れり。此外にも多く見ゆ。或云、従前村井家全盛の頃は門前長屋脇南側なる土塀の中央に露地の小門あり、夜中深更に及びて往来人此の門際にて手をたゝきければ、その響き赤子の泣聲にひとしく聞ゆとて、好事の徒態と爰に来り試るものありといへり。此は狐狸の妖怪の如く云れど、土地の景況にて木魅のひゞきのかく聞ゆるものなるべし。此つゞきなる長町五番丁の入口なる川端惣構の土居下にある縁切宮(注61)も、そのかみ樹木生茂り、深更に及べば往来人甚いとへり。俗傳て云、昔村井家の内室嫉妬の心深く、それが為に遂に臥病と成たり。侍女に謂て曰、婦人の深く嗜むべきことゝいへれど嫉妬程つらきはなし、実に婦人の狂病ともいひつべし。死後男女嫉妬の心を和らげん事を守らんと遺言せらる。故に村井家の第地近に祠堂を建て彼霊を祠れり。是今云ふ縁切宮の濫觴なりとぞ。又旧傳ニ曰、村井家と長家との間なる中之橋（注62）辺は縁切宮の邊りにて、夜中深更におよべば往来人甚いとへり。旧藩士八嶋氏は劔術家にて刀劔の師範人なり。或夜深更に及び、下男も連ズ独歩にて此辺を通行するに、村井家の門前なる中の橋の傍なる河戸に、賤女一人五六歳ばかりなる男子を携へて夜陰に衣服を洗ひ居ける。八嶋氏此深更にとおもひながら通りすぎけるが、彼婦人、此の御侍さまに附て往ケといふまゝ彼男子則八嶋氏の尻につきて来リける処、頓て立戻り母に向ふて村正（注63）なりといへり。その聲髄に聞えけり。八嶋氏聞て、此は不思儀なる事なり、今吾帯する処の刀は無銘なり、かくいへるからは若くは村正にてあらんかと道すがらおもへけるまゝ、翌日鑑定家に見する処果して村正なりとぞ。予が居宅抔も此地辺なる故にや、天保六年閏七月、父翠園大人越中ノ境へ詰られし（注64）処、予いまだ幼少、母と小供のみなりし故にや、八月の頃より毎夜深更に及ぶと奥間なる雪隠へ何なるものにや来りて、ほと〳〵と戸をたゝき、或は躍るやうな足音などせしが、或夜母の雪隠へ夜中入けるに、二歳程なる小坊主の窓の左右へ手をかけ顔をさし出し居たり。月あかりに能く見えたりとぞ。其後は流シ向へ入来り、風呂棚（注65）の戸をあけて魚など入あるをば喰行けること度々なり。犬の如き足跡のあれば全く河獺の所業なりといへり。安政の末頃にや、河原町の左官長左衛門が妻、ある夕暮に柿木畠御厩橋ノ辺へ埃を捨に来りしが、折ふし往来人もなく殊ニたそがれ頃なりしに、河中より河獺出て妻女へ飛び付たりける。女の事故殊の外驚き迯返リしが、それより発狂して正気ヲ取失ひ昼夜大声などを発せしに、其体全く河獺のさまに似たり。必ず河獺の付たるにやとさま〳〵祈禱などすれどその験なく遂に身まかりたり。此は彼柿木畠河獺の古傳話に付て爰に載す。

又柿木畠の狐は古人の傳話に、往古よりすみける古狐は白狐にて数百年を経たる狐なりといひ傳へり（注66）と。其狐なりけん、予或早朝宮内橋の上なる惣構へ行けるに、畳屋橋（注67）との間なる河縁ノ草原を歩み行ける狐を見しに、白犬のやうなる惣身白き大なる狐なり。是いはゆる柿木畠の古狐なるべく覚ゆ。平常惣構の土居竹林等にて見シ狐は赤毛にて腹の白き狐なり。天保の初比にや、我居宅の横なる塵捨場に町内の犬子を産、十許ノ子犬居たる処、毎夜狐来て残らず食殺シ草原に首共散乱せり。宮内橋の下なる野村要人といふ藩士の下男、狐を殺さんとて毎夜手鑓を以て伺ふといへども殺シ得ざりし。さて天保三年の春比にや、我祖父風症にて病伏シ甚老耄せられし故、狐の見込けるにや、父の泊番にて不在の夜は深更になると狐来リ座敷の雨戸を破り間の内へ入らんとす。座敷次の間に祖父臥シ居られし故なり。其比は予いまだ十歳許にて甚おそろしき事今に忘れず。父其事をば聞かれ、在宅の夜は座敷に打臥シ伺ひ居られしに、其夜は必ず来らず。又嘉永年中十一月宇加祭（注68）の後、座敷ノ客雪隠の窓より狐の持来りたるにや、雪隠の内に油揚ゲのとうふ一ッ入置あり。此は必ず近方に宇加祭に備へたるものをば狐の持来りけるなるべし。いと不思議なる事也と父のざれことに狂歌をよまれたり。

ひめおきつ我好物のあげどうふ
　見あわされてはもはやこん〳〵

宮内橋の高惣構藪の内なる寺尾氏ノ居宅などには、狐は常に飼犬の如く来り居、色々なる事ども毎度ありて珍らしからず、間の内へ入りて食物をさがしなどする事度々なりと。狐のみならず貉も多く居て食物を食ひあらしけるとぞ。此は河獺の事ニ付ていへるのみ。此外狐狸の咄などあれども略しぬ。

扨此柿木畠の地は、中納言利常卿のとき、寛永九年（注69）十二年の両大火に依て城中の火除地となし、惣構の□（注70）なる人家を退去せしめ、永く明地となし柿木畠となし給ふといへども、万治元年利常卿薨逝の後は、綱紀卿も追〳〵御世盛りの年齢に成給ふに随へ、萬づの事改革ありて聊も不益の事なきやうにし給ふ故にや、金沢市中等の柿木畠梨子畑など利常卿の命ぜられし畑地も、追々開墾して田地となしてもよりの村地となし、町中の畑地は邸地とせられし中にも、小松の城付の諸士金沢へ戻りしニ付、邸地甚指つかへ、聊の明地をも居屋敷に賜りける故に、火除地なる柿木畠は追々居屋敷に賜りて、此柿木畠の地も悉く小身の武士屋敷を建並べ、町名をば柿木畠と称し、畑地は僅に宮内橋の下に継木御畑地と呼びて歩数百五十二歩残れり。此は利常卿寛永のいにしへ、柿木を植付命ぜられし畠地の名ごりといふべし。此地内に御畑番の家とて、小家をば北の隅に建て爰に居住したりとぞ。是今予が住ける邸地ニて、古老の傳話を聞に、宝暦の初比は此接木畠は惣廻りは生垣にして、南の隅に塀地門（注71）有て是より出入なしたりと。此頃今予が家の向ふなる湯浅氏（注72）の旧邸に木村兵大夫といへる人居住す。此娘は松波忠左衛門といふ人の祖母にて湯浅氏の縁家なり。此老女の話を聞に、いまだ松波氏へ婚礼無レ之、親里木村氏に居られし頃は、右接木畑地へ草花の見物に人々来れるを現に見覚居れり。或時本多安房守殿（注73）見物に来られ、定紋の幕打廻し終日居られたる事あり。此時はいまだ幼少の時なれど、まのあたりに見たること故今に覚え居るよし、湯浅氏へ折々語られしとぞ。此接木畑は實にいにしへ柿木畠の名残ニて、城内御慰用の接木をば命ぜられたるよし。其頃の御畑番は萬屋平兵衛といふもの畑守を勤め、地内なる小家に居て樹木草花の世話をなし、城内御用の草木を指上、また己レが自分ものも世話して商ひける故に、その比藩士の面々等毎度見物に入来たりける体なりと、是も湯浅氏の話なりき。然るに宝暦九年四月十日の大火に柿木畠の邊悉く延焼して、右畑守の家は更なり、接木畑の樹木共も悉く焼失て、此地邊燃土と成たり。今御厩橋辰巳氏の持家の地内に古木の柿木（注74）一株あり。甚老木にて大木なりしかど、其身木半焼てあれど依然尚存在す。此屋敷は前文に見えたる沢野團右衛門が旧邸にて、後ニは半田権六といふ人の居屋敷と成、予幼年の頃半田氏へ遊びに行て此柿木をよく知れり。その頃、此柿木はむかし柿木畠の遺木ニて、金沢大火事の比の焼残りなるよし、いひ傳ふとの話を聞り。金沢の大火事とは宝暦九年の火災なる事いちじるし。扨宝暦の火難に接木畠の樹木共悉く焼失せし故にや、その翌年なる宝暦十年八月、右畑地の濫觴等の来歴（ユライ）をば穿鑿（センサク）あり。依て畑守（ハタモリ）萬屋平兵衛より傳聞（キヽツタヘ）の次第（ワケ）を記載（カキシル）して指出したり。

その寫左の如し。

就二御尋一申上候。

才川柿木ノ御畑地之儀は前々より御城内ノ御用之柿木被植置候。右濫觴之儀私共承傳候は、微妙院様御代此地辺御城火除地ニ被　仰付（おおせつけられ）、明地（注75）ニ相成居候故、御用之柿木植付被　仰付候由。然處御逝去以後右地面追々武士屋敷ニ相成、柿木畑は町名之様ニ相成候へども、御畑地は宮内橋下ニ僅百五六拾歩相残リ、柿木等之接木畑ニ被　仰付、依之柿木御畑共御接木畑とも相唱へ申候。

右御畑地之由来如斯ニ御座候。以上。

才川柿木御畑居番人
萬屋平兵衛判

宝暦十年辰八月

御奉行所

右之通畑守より畑地の由来書指出（サシダシ）たり。依レ之段々僉議（センギ）之上藩公（ハンコウ）中将重教（シゲノリ）君へ伺（ウカヾヘ）相成処、右地面取除（トリヨケ）方（カタ）被レ命ニ付、地子地（注76）ニ致し、金沢町奉行の支配地（シハイチ）ニ相成、其段普請（フシン）奉行より町奉行へ通達ニ相成たりとぞ。普請奉行菊池氏より町奉行への書面左の如し。

萬屋平兵衛

右才川柿木畑居番人ニ而罷在候処、御畑地御用無之候ニ付、則平兵衛江地子地ニ可申渡旨、今日被仰渡候。尤今年より地子銀指上申筈ニ御座候。歩高之儀は直ニ肝煎江可申渡候。彼辺町方組合ニ相加、才許仕候様ニ肝煎江可被仰渡候。以上。

庚辰十月十八日　　菊池弥四郎

遠田三郎大夫様
和田　権五郎様

右之通宝暦十年十月十八日に普請奉行菊池弥四郎より町奉行遠田、和田ノ両人へ通達有レ之ニ付、町會所ニ於て僉議(センギ)の上、柿木畠の近方大工町(注77)ノ地子地ノ相組(アヒクミ)、香林坊堀端の地子地組合へ指加へ、縮方(シマリカタ)致させ候て然るべきとの僉議(センギ)ニて、同月廿一日申渡シ之儀有レ之、即日大工町地子地才許の肝煎(キモイリ)吉兵衛ノ居宅に於て縮方(シマリカタ)申渡シける。縮方證文之寫左の如し。

才川柿木畠居番人
萬屋平兵衛

右平兵衛儀、今般地子地ニ被仰渡、私共組合江被相加候之旨承知仕候。是以後万端組合用事可申談候。宗旨吟味仕候処、宗旨は日蓮宗、寺は泉野寺町本覚寺旦那ニ御座候。御法度之切支丹宗門類族之者ニ而も無御座候。尤何方より申分少も無御座候。為其組合中納得、紙面如件。

宝暦十年十月廿一日

大工町
大杉屋長兵衛
桶屋仁兵衛
吉野屋三郎兵衛
朝日屋理右衛門
紙屋吉右衛門
村井村十村手代
嶋屋惣右衛門

町醫師
國松正倫
組合頭清兵衛
各印

肝煎吉兵衛殿

右連名国松正倫以下六人は香林坊橋脇、惣構堀端の地子地居住の人々なり。大杉屋長兵衛は茜屋橋爪に居住す。扨此時、往古より畑地残りの接木畠は畑守萬屋平兵衛の持地と成、翌宝暦十一年二月普請會所地方棟取浅田長左衛門等出役して検地をなし、惣坪数百五拾弐歩、地子銀一坪弐分弐厘宛にて地子銀高三拾三匁四分四厘に定りたり。但シ此後明和元年九月、願の趣ありて同月十四日更に検地して坪数七歩弐尺五寸、地子銀壱匁六分三厘引高相成、夫より惣地子銀高三拾壱匁八分壱厘とは成たりけり。されば柿木畠の地子地萬屋平兵衛および茜屋橋の大杉屋長兵衛、香林坊橋脇の国松正倫等六軒、都合八軒の組合なりしかど、宝暦十一年三月、萬屋平兵衛持地の内、南角町口弐間裏行（奥行のこと）七間坪数拾四歩をば能登屋藤七なるものへ賣渡し、同年四月東角町口六間弐尺横七間五尺五寸坪数五十三歩をば酒屋伊兵衛といふものへ賣渡シ、其南隣なる地面町口弐間三尺裏行七間坪数拾七歩三尺をば出雲屋孫右衛門なる者へ賣渡し、又その隣地をば町口裏行共同間同坪数にて近方林左平太の小者沖内といふ者へ賣渡し、又萬屋平兵衛の家尻前口三間四尺裏行四間三尺坪数拾五歩七分五厘をば和多津屋孫右衛門なる者へ賣渡す。是に依て萬屋平兵衛の持地と成し旧接木畠の地、戸数平兵衛共都合六軒の邸地と成、各其地面に家屋を建築せり。されば往昔より畑守を勤め来リし萬屋平兵衛は、最前より居住せし北隅なる吾家の地面僅に前口三間三尺裏行七間五尺五寸坪数廿五歩壱尺八寸をば我居宅の邸地となせしかど、宝暦十二年三月能登屋次兵衛といふ者へ家地面とも賣渡し、遂に柿木畠の地を退去せり。さて右能登屋次兵衛は畑守ノ古家を買求め（注78）六ヶ年居住せしかど、明和四年十二月畳屋(タヽミヤ)与三兵衛なるものへ賣渡し、与三兵衛此家に七ヶ年居住し、安永二年九月吾曾祖父(ワガゾウソフ)へ賣渡して此地を退去す。此時の賣券買券状(ウリケンカイケンジャウ)の寫左の如し。

家賣券状之事

一私家町口三間三尺裏行有来通リ境垣切代銀文丁銀五百五拾目ニ相極、貴殿江賣渡候処相違無御座候。則銀子不残請取、家相渡申候。依而家賣券状如件。

安永貳年九月廿六日　　畳屋与三兵衛　印

森田武右衛門殿

家買券状之事

一貴殿家町口三間三尺裏行有来通リ境垣切代銀文丁銀五百五拾目ニ相極、買請申候処相違無御座候。則代銀不残相渡、家請取申候。依而家買券状如件。

安永貳年九月廿六日　　森田武右衛門　印

畳屋与三兵衛殿

傳説ニ云。我祖先以来数代嶋田町に居住ありしかど、曾祖父の時別家して公義町に初て小家を求められしは宝暦の末頃ならんか。(注79)明和四年の五月公義町の家を賣拂ひ、木倉町ノ横小路なる定番歩組福岡基助(モトスケ)(注80)トテ吾曾祖母の甥なりし人の拝領屋敷をば年季買にて買上、此家へ移りて居住せられし処、彼地主基助の困窮にせまり出奔して居屋敷地遂に揚地(アゲチ)と成し故に、吾が曾祖父年季買入の家はいたづらに指上げ追出(オイダシ)のやうにて、右柿木畠なる畑番の古家をば是非なく買求め居住せられしとぞ。此時の困難(コンナン)は実に一生の災難(サイナン)なり(注81)と後々までも申されしとぞいひ傳へける。されば曾祖父の買求められし柿木畠の家は、畑守萬屋平兵衛が住あらしたる古家(フルイヘ)ニて、所謂利常卿(イハユルトシツネ)の寛永年間より柿木を植付置れたる畠地の残地にて、接木畑の地なれば、柿木畠の根元の地ともいふべし。蓋(ケダ)シその畑守の住なしたる家なれば、小家のいとあさましき家なる事知られける。おもふに予が幼年なりし天保の初頃までは、柿木畠の小家共に藁葺(ワラブキ)の古家多かりければ、曾祖父が買求められし畑守の古家も藁葺なりしにや。故に天明八年七月二階造(ニカイヅクリ)の町家(マチイヘ)に新(タテ)築(カイ)せられしとかや。其比は東隣(ヒガシドナリ)なる家に永井氏(注82)居住し居られけるに依て、家屋造営ニ付、地境の溝上へ指出造営の事ニ付、雨落(アマオチ)借用の證文を入られたり。其文案、

雨落借用之事

一地境双方之地より悪水溝堀有之ニ付、此方私方より奥行貳間溝半分江懸作指出シ候処、雨落之儀は隣溝江落申候。此分致借用候。尤重而此所江其御許よりも御家作等有之候得ば、双方雨落指支候間、此儀は其節ニ至り双方示談之上、當リ地之通リ相心得申度候。仍而雨落借用為後證如件。

天明八年七月十三日　　森田武右衛門　印判

永井五郎右衛門殿

寛政七年六月曾祖父家督を吾祖父に譲られて、同十一年四月此家にて曾祖父歿せられ、曾祖父以来此家に居住ありしこと三十七年なりしかど、元より手狭(テゼマ)の小家にて、殊に露地(注83)とてもなければ、今少シ手廣なる家のよろしき家へ移轉(カヘ)し度とて、祖父爰かしこ尋られしかど爰ぞとおもふ能き家もなく、然るに東隣(トナリ)なる永井氏の居られし家に出雲屋七右衛門とて桶屋(オケヤ)商賣するもの居たりしが、其比は手狭の家なりし故に、明地ありし故に地面買込呉よとの事なりしが、家共に振替、隣地に相應(カナリ)の家作(イヘ)をなしたらば宜しきとの決心(コヽロ)にて、其事に示談(ハナシ)せられしに、出雲屋も承知して、文化七年五月振替の事に示談取究め、彼家をば銀貳貫目と定め、銀四百目の足シ銀ニて双方納得(リヤウナツトク)相調(トヽノ)へ、五月十八日引移(ウツ)られたり。此家は宝暦十一

年四月酒屋伊兵衛と云もの、畑守萬屋平兵衛より地面買請、初て家作し七ヶ年居住し、明和四年正月三十人小頭森宗五左衛門へ賣渡し、宗五左衛門此家ニ弐拾ヶ年居住し、天明六年八月算用組永井五郎右衛門へ賣渡シ、永井氏居住の中座敷廻リ建替られ拾二ヶ年居住し、寛政九年三月料理組宮原武平次へ賣渡す。宮原氏四ヶ年居住し、同十二年五月才田屋安兵衛といふ魚商賣人へ賣渡す。此者門構(モンガマヘ)等を改め町家(マチヤ)構となし魚店を開き六ヶ年居住し、文化二年二月上隣なる出雲屋七右衛門へ賣渡す。七右衛門は孫右衛門の子にて、親孫右衛門の如く桶(ヲケ)商賣をなし七ヶ年居住せしが、同七年五月吾祖父と隣とじ(注84)家振替、母と兩人わびしき暮シをなし居たるが、翌文化八年六月母諸共に出奔したりしとぞ。さて吾祖父は七年五月隣家(トナリ)へ引移られ、取敢(トリアヘ)ず作事(サクジ)に取り掛らせられしが、俄に江戸御使の義仰せ出され、親子共供奉せられ、家作の事留守(ルス)中指止られ、六月の下旬帰着ニて七月より取掛らせ、惣躰建廣げ、座敷向はそのまゝなし置れ、九月中旬落成(ジャウジュ)せり。然るに文政三年二月吾母(注85)縁談(エングミ)ニ付、座敷向の作事に取掛らせ、悉く新築(シアガリ)して九月婚礼ありたりとぞ。是今吾が家の座敷向にて、此家は實に祖父退翁大人の格別心をこめて造営(サクジ)せられし故に、天保三年十月祖父大病の頃、言語は全く調はず、風症故に右手も不自由(フジユ)なるが、吾がおもふ事共をば左手(ヒダリ)にて書れしかど、人々讀かね占師(ウラナヒシ)に見せられしかど判然(ワカラズ)せず。吾母の色々(イロイロ)尋申されし処、一生(イッシヤウ)の納めに我家の内をば悉(ノコラズ)く見たしとの事也。故に戸板(トイタ)に載せましして間(マ)の内をば悉(コトゴト)く見せ申されしに、甚(イタク)悦ばれ、其月の十四日暁(アケガタ)遂に落命せられたり。此は予の十歳の時ニて能々覚え居たり。是らの事ニ付ても、我父翠園大人常々申されたり。此家は退翁大人の格別に心をこめられし故、子孫永く此家に住て修繕(テイリ)を加へ、なるべくは隣地(トナリチ)を買入て土蔵をば建築(タテ)候べし。予は子供大勢持て其志(ソノコト)を遂(トゲ)ず、と毎度申されたり。安政四年五月父頓歿(トンシ)せられ、予家督以来も父の遺言をば心にかけ居しが、明治廃藩置縣の後は、旧藩の時とは違ひ如何やうの家地面にても買求(カイモト)めらるゝなれば、何れの町地にても手廣き新作の家屋(イヘ)をば買求るにしかずともおもひ、二三ヶ所の拂家を見るといへども、或は間の都合あしく或は井戸の水あしく、猶能々熟考する(ママ)に此柿木畠に居住する事、曾祖父通顕大人以来既に四世暦数百余年に及び、殊ニ井戸の水は柿木畠の地ニて第一等の霊水、先年より此地辺の井戸共旱魃の年にても水の涸たる事なく、予が覚え居るにも嘉永以来両度まで百日照とて三ヶ月余雨降ざりし時、近所の井戸共ハ皆かれて水なく、予が家の井戸は水甚減ずといへども汲るにさのみ濁らず。故に近隣の人々多く貰に来れり。且地高故に洪水といへども水難の事もなく、吾父の他へ移轉すべからずと宣ふも是等の故ならんかと思ひかへし、子孫永く此家に居住すべしと妻諸共に決心シ、祖父の造作せられたる文化七年より既に七十年許経たりし故に、屋根下も甚あやしく惣体大破に及びけるニ付、建修理申付、明治九年九月より取掛らせ、茶ノ間より座敷向等悉く修繕致させ翌春漸く落成に及び、同十一年八月流向井戸等の修繕方申付、且屋根下悉く手入致させ、此上は相應の拂土蔵あらば買求建度(たし)との心なれど、建築の地面なき故に、先地所を買入度と存ずれど、隣家も依然と居たれば心に任せず。同十六年八月吾家の向ふなる新建の町屋をば祠堂協成社(注86)に持家となし居たるを五十円に買入、隣家辰巳辰次郎の居住せる古家と振替の事ニ申入、所望せしに、無ニ異儀一承知せし故、振替取毀ち、土蔵建築の事に取掛るといへども、古土蔵に可レ然分無レ之、此上は新造に申付、年来の志願をとげしめんと決心シ、木造等に取掛らんとて材木土石等夫々買揚、同十七年の一月取掛る都合の処、要用會社等諸會社の混雑(注87)起り、造営方見合し、(注88)翌十八年一月より取掛り十九年の春に至り悉皆落出来したり。是予が一生の大望にて、亡父翠園大人の遺志を遂げ、曾祖父通顕大人、祖父退翁大人の霊に對しても、此柿木畠なる旧地を依然と所持して家屋をば修造し、隣家を買込、庫蔵を新築する事、祖先への孝行、子孫への義務といふべし。今つら〱おもふに、廃藩後大名大家共皆先祖以来ノ拝領地とて藩主より賜はりし地面家屋に離れ、或は池田町抔(など)の小家へひそみ或は人の持家にかゞみ、祖先の名を穢せる人のみ也。然るに予は数代相傳の家に居住し、倉庫を新築して安楽に活計を立るは我身の幸福といふべし。予相續のはじめ、土蔵建築は勿論惣躰の家屋新築せんとの志ニて、既ニ絵図も大工池田屋吉之助と示談をとげ出来し、北隣小間物屋某の家をば貮貫目に買入、建築の時節迄舎弟上田作平を入置し処、其後追々時世変遷して中々家屋など造営する時節に非ず。殊に家屋甚騰貴して容易に古家も得難き（注89）まゝ、予が買込し家をば譲り請度との事故指遣したり。其後予ノ旧友なる越中砺波郡岩木富士社の神職石黒氏は易道に上達し後に金沢ヘ出、浅野川静明寺（注90）の向に居住す。予計らず彼地へ通行の際石黒氏へ立寄、談話の際、我居宅両隣家の内賣拂ならば買込度との事をいふに、取敢ず占ひ、両隣共に容易に賣拂はずといへども時至らば必ず手に入べし。但し北隣はよからず。南隣を買入られ然るべし。南方の地面を弘げるは子孫繁昌の基ひ也。北方を廣げるはよからじといへり。今思ふに成程両家共に其比移轉する氣ざしなき南隣の家をば所望して買入たるも、石黒氏の考按の如くならば子孫の為によかりしにや。又小泉故甚助（注91）のいへる金沢ノ市中に土蔵を建築する人毎年多しといへども、多分は古土蔵を買取て建る人のみ也。新築建る人は甚稀なり。予先年建築せし時、此咄に依て態と新築せしに、其頃人々いふ。土蔵を新築する、金沢にては千人に壱人なりといへり。今の時世にては萬人に壱人ならんかと建築の頃咄なりき。（注92）是も土蔵新築の祝言といふべし。故に爰に記載して一奇談とはなしぬ。

柿園のふるき落葉を後の世の
かたみなれとてかき集めつゝ

柿園舎良見誌

柿木畠ノ古覧追想七詠

玉川の蛙

をしけくもたえにけるかな玉川の
　井手の川津の聲ぞなつかし

　　蘡草（注93）の花

秋ふかくなりにしころはかへる艸(グサ)
　くれなゐ匂(ニホ)ふ花もたえにき

　　雉子の聲

木がくれに聲なつかしく鳴(なく)きゞす
　しげりもたえて今は来なかず

　　梟木兎（注94）の声

ふくろふやみゝづく鳥の夜の聲
　夢をやぶりしこともたえけり

　　狐の聲

いつよりか住居(スミイ)たりけんふるきつね
　夜な〳〵鳴る聲も絶にき

　　河　獺

やよやうそおのがふるすぞ今もこの
　柿木(カキノキ)ばたをすみかとやせん

　　蛇まむし

人住居(ズマイ)しげくなるまゝ草もたえ

くちなわむしも遠ざかりけり

右七詠は懐舊の愚詠也。廃藩以前惣構の外堀なりし頃、惣構堀の沢水蜘蛛手(クモデ)に流れ、草むら生ひ茂りて蛇(ヘミ)まむし多く人の害(ワザハイ)をなし、土居(ドイ)には槻(キヤケ)たもの木（注95）などの老樹生ひ茂り、その麓は竹藪(ヤブ)ニて狐狸は勿論(モチロン)河獺(カハウソ)などの住かなり。故に夜中は鳴声高く(ナクコヒタカ)、折々は往来人などをば誑(タブラ)かすとて深更(ヨナカ)は更なり宵(ヨヒ)にても此辺リを婦人(ヲンナ)など往来(ユキヽ)するを恐れたり。故に夕景より人の通行(カヨヒ)も薄く、春は土居の繁みに雉子(キヾス)来リ住てつま聲高く立ける。また鶯の初音はもとよりほとゝぎすの夜の聲、月夜にはふくろふ或(アルハ)みゝづくなどの鳴声にねむりをさまし、宮内橋辺なる堀中に住居たる玉川の蛙(カハヅ)の声は世に珍らしく、実に歌女ともいひつべし。秋の末草むら一面に咲ける藿草(カヒルグサ)の花もまた一興となすべし。此地は金沢府城の近邊ニ而殊ニ石川門外なる外堀惣構(ソウカハ(ママ))の附近(チカ)なりしかど、城外の一閑地(シツカナルチ)ニてそのかみは藩士(ハンシ)のみの邸地(ヤシキチ)なりしが、廃藩維新後は外堀を埋、惣構の雑木竹林(タケヤブ)をば伐拂ひ、悉く邸地(ヤシキチ)となし、小家数戸を建築(タテ)て寸地(スコシ)の空地(アキチ)もなく、今は繁雑(ハンザツ)なる地とは成たり。故にいにしへ雑木生茂り草むら成し比(ころ)の事は老人ならで知るものなく、その老人も追々故人と成つれば、遂に柿木畠のいにしへを知るものなくなる成べし。故に後人に知らしめんが為めにと、老ひのくりごとくどくどしくかく書つらねつるも、をこがましき事とやいふべし。

柿園のむかし語りをくり返し
くり返し見よしづのおだまき

予いまだ壮年なりし比、我住なせる柿木畑の来歴をば一冊にものし見んと、安政の初め比にや、旧藩中の古記録共を取しらべ、我家の向ふ湯浅の翁に古傳話共を聞糺し、柿園舎記と名付、父の一覧に入たり。但シ内外の差別もなく猥りに書載たりし故ニ、他人の見る目をはゞかりける。依て今その要文を抜粋して、

安政以後の事実をも記載し、柿園舎記談とは名付ぬ。于時明治三十一年秋九月十八日

七十六叟　柿園舎主人紀良見

（了）

（注2）室氏――江戸の人。室直清。号鳩巣。寛文十二年五代藩主前田綱紀に仕え、命により木下順庵に朱子学を学ぶ。のち藩の儒者として多くの士を薫陶。元禄三年金沢に移り住む。新井白石の推挙により後に幕府の儒官となり、享保十九年没、七十七歳。『駿台雑話』等を著す。

（注3）天明二年――天明八年の誤り。安永二年にひかれて誤ったか。

（注4）拝領――武士は屋敷地を藩主から与えられた。屋敷地の広狭は禄高の高低による。宅地に構える屋敷も禄高によっていろいろ制限があった。

（注5）我佛――自分の守り仏。持仏。転じて自分が最も大切に思っている人や物をいう。

（注6）棚ぎる――一面に曇る。霧、霞などが一面にたちこめる。「たな」は接頭語。「霧る」は曇る。かすむ。

（注7）立またん影、居待の日――立ったまま眠らずに待つ立ち待ち月。主として陰暦八月十七日の月。居待ち月は少しおくれて出るので坐って待つ十八日の月。「居る」は立つに対する「座る」の意。

（注8）うべもくさはひ――「うべ」はなるほど、いかにもの意。「くさはひ（くさわい）」は興味をひく種となるもの。ここでは趣き、風情の意。

（注9）山川惟允――父翠園は山川長右衛門惟明の五男で兄弟は六男二女。分かりやすく示すと、長男――毛受一徳主膳。毛受氏の養嗣子となり長家に仕え儒者。（その子毛受荘助伯亀も儒者）。長女――名峯。本多家の臣、老田新左衛門妻。二男――山川十郎兵衛惟允（以上異母兄姉）。三男――山川作平某（三歳で死去）。次女――名秀。菊池大

学妾。四男――石黒重助惟定。五男――森田大作良郷。六男――大平小市右衛門英郷。山川惟允は幼名金作。茨木氏に仕え家老役。九十石。号犀浦。天保十四年（一八四三）没、六十八歳。

（注10）石黒氏――石黒重助惟定。惟貞と書くことも。幼名喜四郎、また弥門。料理人石黒松之助の死後聟養子となり料理人に召し抱えられた。号夢楽。安政元年（一八五四）江戸にて没、六十八歳。

（注11）七歩ノ詩――魏の曹植（そうしょく）が、兄の文帝（曹丕（そうひ））の命で、七歩あるく間に「煮レ豆持作レ羹、漉レ豉以為レ汁、萁在二釜底一然（もえ）、豆在二釜中一泣、本是同根生、相煎何太（はなはだ）急」の詩を作り、豆を煮るに豆がらを焼くという事を以て兄弟の無情を諷した。詩文の才がすぐれていること。すばやい応答。

「昆弟四人……」の詩は『翠園木の葉集』にのる詩だが、そこでは「芳樽適得テ欲二同ク醉ント一」とあり「欲」の上にレ点はない。よい酒をたまたま得たので一緒に飲もうという意。「昆弟」の昆は兄の意。兄弟。天保十一年は兄弟四人合わせて二百十余歳になる。

（注12）大平氏――大平英郷。幼名弥五郎。また官兵衛。深美兵庫の給人大平小市右衛門の養子となる。号酔月。嘉永五年（一八五二）没、五十八歳。

（注13）月下ノ詩――唐の賈島の「鳥宿池辺樹、僧敲月下門」をさすかと思う。「推敲」の語源となった故事。

（注14）石浦の庄――『柿園舎乃記』には、石浦庄が中古よりの庄名で、七か村あったことなど委しく記す。

（注15）竹林繁生――同書には惣構堀が掘られた経過、土居に京都御所の外廓の如く竹藪を付けたこと、芹を御鳥餌御用として植え付けたことなど種々注記あり。

（注16）小幡宮内（おばたくない）――小幡氏は元祖九兵衛、その次男宮内長次は一万九百五十石。前田利常に仕え家老となり、寛文四年致仕、不入と称し同八年（一六六八）没した。その子宮内長治は前田綱紀に仕え元禄十年（一六九七）没。その嫡男立信（たつのぶ）も通称宮内。元

禄中火消役を勤めたが、宝永三年乱気し知行召し放され正徳二年没。ここの宮内は長次をさすと思う。

（注17）井手の玉川——六玉川（むたまがわ）の一。歌枕。京都府の南、綴喜（つづき）郡井手町にある川（京都府と三重県を流れる木津川の支流。）山吹と蛙の名所で、平安中期以降多くの歌に詠まれ、版画や襖絵などに描かれている。現代では山吹に加え染井吉野の咲く桜の名所でもあり、春は花見客でにぎわうという。平成の名水百選にえらばれている。

（注18）篦倉——篦倉の地は昔よりの的場で篦倉をこの地に置かれたので此の名がついたという。又或説に、微妙公（三代利常）の時、今の堂形御蔵の地に京の三十三間堂を模して射場とした。後米倉も作らせ、その時堂形を篦倉に移したという。嘉永六年アメリカ船浦賀渡来により、異国御手当火術稽古場にするため周辺を揚地（あげち）とし、篦倉の地は翌七年より普請して壮猶館と称した。この造営の時石垣は積み変ったが、昔より天狐の足跡石と言い伝えた石があり、所望する人も多かったが、石垣中に積み込んで残っている。足跡石というものは諸国にあると言われ、北国の所々に太多（おおた（だいだ））法師の足跡石あり、江州には昔ダダ坊という僧の足跡石があったと。

（注19）宮内橋——小幡宮内の居邸に近いのでそうよんだといい、昔は宮内殿橋とよんだという。はじめは板橋だったが、明治七年土橋となった。「石埋橋上柿木畠・広坂通間長二十四・五尺（七・四メートル）巾二十八尺（八・五メートル）」（『皇国地誌』）

（注20）油車口（あぶらぐるま）——竪町（たてまち）の油屋源兵衛の先祖、与助が正保年中に今の油車の地に始めて水車を建て御用油を製した。そこは昔、岩谷牛右衛門の邸地で、正保の頃は揚地となり水溜となっていたのを与助が拝領したのである。その頃は鞍月用水はここまで来ていなかったが、川筋をかえ下流は惣構堀へ出したいと願い出て、それより水車を建て遂に地名ともなったのである。ただ水車と呼んだことも あったらしい。（現町名は油車）又岩谷氏の名も

橋の名に残って牛右衛門橋と呼ばれ、元禄年間にはこの辺を牛右衛門橋町といった。なお御歩橋といったのは、この辺が御歩の邸地だったからという。

（注21）茜屋橋――一に茜橋といい、昔は板三枚を並べて橋としていたので三枚橋といったこともあったという。茜屋は竪町の旧家で、茜染をし武器の御用も皆この家に仰せ付けられた。茜染の品をこの橋下で晒したので、この川を茜川といい橋をも茜橋と呼んだという。茜染の本家は但馬（兵庫県）国 出石の藩中筒井長右衛門といい、松雲公（五代綱紀）の時長右衛門の弟理右衛門がお召しによって金沢に来り茜染御用を勤めるようになったのが初めという。「木橋　上柿木畠・里見町間、長十五尺（四・五メートル）巾十尺（三メートル）」（『皇国地誌』）

（江戸期～明治五年まで茜屋町と、町名ともなった。茜屋町は明治五年里見町に合併。）

（注22）中村刑部――刑部家正、宇喜多家の臣で、家老の人々と不和になり浪人して金沢へ来た。瑞龍公（二代利長）に召し出され二千石拝領。足軽頭を勤め、寛永十三年没。居屋敷は茜屋小路で、元禄頃はこの辺に中村氏の同姓多く集まり住んでいたので、元祖の名を以て近辺の橋名に呼んだのであろう。

（注23）魚屋町――御厩橋より竪町へ出る小路の角に野々市屋五右衛門という旧家（魚屋）があったので野々市屋小路といい、そこから亀沢町へかけ旧名を魚屋町といった。そのさきに魚市場が犀川、浅野川両口にあったからで、犀川口を魚屋町と称し浅野川口のを近江町といった。この市場が近江町一か所になったのは何時の事か未詳。魚市だった頃は河原町と同組で、魚市が絶えてからは町名を失いとりどりに呼んだので、文政四年に町名を立て、それより亀沢町と称する事となった。（明治四年に竪町に編入）

（注24）香林坊――橋爪の町年寄家柄香林坊兵助よりの名という。もと叡山に居て香林坊と称し山僧だったが、還俗して向田家に入聟し、香林坊を称号と

したという。もと朝倉の臣に佐々布光林坊の名が見られるが或は同一人かとも。

（注25）御厩町　御厩橋——江戸期～明治四年の町名。御馬屋町とも書いた。明治四年下柿木畠に合併。「御馬屋橋ハ香林坊上也」（『金沢橋梁記』）、のち厩橋という。「上柿木畠ヨリ下柿木畠ニ亘ル木製長サ三間三尺（六・四メートル）巾二間（三・四メートル）」（『皇国地誌』）

（注26）美濃ノ国——岐阜県の中部・南部。

（注27）四十万（しじま）——四十万村は倉ヶ岳の北西部。江戸期～明治二十二年の村名。寺院はすべて真宗大谷派で、道場であった。（寺号を与えられて寺となる。）明治二十二年額村（ぬかむら）の大字・四十万。昭和二十九年金沢市の町名・四十万町。昭和五十一年町名・四十万。三～六丁目。

（注28）利光——三代藩主利常。慶長六年兄利長の世嗣となり利光といった。寛永六年に肥前守。利常と改めた。『柿園舎乃記』によると、これは四十万村全性寺所蔵のもの。

（注29）大和柿——御所柿の異名。

（注30）湯浅道与——寛永年中、二代利長に召し出された。寛文元年没。祖父は上杉謙信に仕え、出羽、越後の国境に居城した湯浅大和守。道与の子孫湯浅弥左衛門祇庸（やすつね）は書物奉行で藩の旧例典故に精通し著書も多く、平次は住居が近かったので親しくしていた。これは湯浅家所蔵のもの。

（注31）あまなし——甘いヤマナシ。（方言辞典にはのっていない。くわしいことは不詳）

（注32）徳本村　田中村　成村（なり）——徳本村とあるのは徳（とく）用（もと）村だと思われる。江戸期～明治二十二年の村名。石川郡のうち。明治二十二年隣の田中村ほか十二か村が合併して郷（ごう）村となり、その大字徳用（とくもと）となる。昭和三十一年野々市町の町名・徳用町。現野々市（ののいち）市徳用町（しとくもとまち）。

　田中村は江戸期～明治二十二年の村名。石川郡のうち。明治二十二年郷村の大字田中となり郷村役場設置。昭和三十一年郷村が野々市町・松任町への分割合併の際、上田中地域は松任町へ編入、田中町となり、下田中地域は野々市町郷町となった。松任町は昭和四十五年松任市となり、松任市の町名・田中町となる。平成十七年二月松任市は新設白山市になる。

成村は江戸期～明治二十二年の村名。石川郡のうち。明治二十二年成村とほか四村が合併して出城（でじろ）村となり、その大字・成（なり）となる。昭和二十九年松任町の町名成町となり、昭和四十五年から松任市の町名。平成十七年松任市は白山市になる。

（注33）木淡柿（きざわしがき）——木醂柿とも書く。木になったまま熟して甘くなった柿。「さわす」に「淡」の字を用いるのは渋みを抜いて淡くするという意からか。室町時代頃から淡の字を用いた例がある。なお『下学集』では黒川本は「木淡（コサハシ） 柿異名也」、永禄二年本「木淡（キアワシ）柿ノ異名也」としてある。

（注34）拾壱屋——犀川左岸に位置する。江戸期～明治二十二年の村名・十一屋村。石川郡のうち。明治二十二年十一屋ほか七か村が合併して野村ができ、その大字となる。日清戦争後野村練兵場をはじめとして軍事施設が次々とできた。大正十四年金沢市に合併、金沢市の町名・十一屋町となる。

（注35）木ノ新保——江戸初期は木ノ新保村。町場化され木ノ新保町。明治四年より金沢町、同二十二年から金沢市の町名・木の新保。ここに明治三十一年国鉄・北陸本線の金沢駅開設。はじめ一～七番丁があったが昭和四十年一部が此花町へ編入。一部は本町一丁目、二丁目、堀川町となり、七番丁の残余のみとなる。平成二十八年（二〇一六）の地図では木ノ新保町（まち）。

（注36）泉村——江戸期～明治二十二年の村名。石川郡のうち。金沢平野、伏見川下流右岸に位置する。明治二十二年三馬（みんま）村の大字となる。昭和十一年金沢市泉本町、泉旭町一～三丁目となる。昭和四十二年金沢市の町名・泉となる。

（注37）泉野村——犀川の左岸、野田山下一帯の泉野丘陵に位置する。江戸期～明治二十二年泉野村。石川郡のうち。明治二十二年～大正十四年金沢市の町名・泉野町。昭和三十八年一部が緑が丘、泉野

町一～六丁目、寺町一～四丁目。同四十二年弥生一丁目、泉が丘一丁目。同四十九年長坂一丁目。同五十一年泉野出町一丁目となる。現金沢市の町名・泉野町一～六丁目は、もとは地黄煎町、桜木七の小路、泉野町、十一屋町、沼田町の各一部。住居表示変更により成立。

（注38）泉野出村――犀川の左岸に位置する。江戸期～明治二十二年泉野出村。石川郡のうち。明治二十二年～大正十四年野村の大字、泉野出。大正十四年金沢市の町名・泉野出町。昭和三十八年一部が緑が丘。同五十一年泉野出町一～三丁目。五十二年泉野出町四丁目。五十四年富樫（とがし）二丁目となる。現金沢市の町名・泉野出町一～四丁目は、もとは泉野町、泉野出町、伏見新町、富樫町の各一部。

（注39）貞享（じょうきょう）――貞享は一六八四年二月二十一日～一六八八年九月三十日。五代将軍綱吉の時代。加賀では五代藩主綱紀の時代。

（注40）菅蓑（すがみの）――菅（すげ）の葉で編んだ蓑（みの）（雨具）。「すげみの」とも。『日葡』「Sugamino」

（注41）中戸――商家などの建物で、店と奥との土間を仕切る戸。店から店庭を経て中庭に入る仕切り戸。

（注42）不思議――不思義、不思儀と書くのは江戸時代の慣用であった。

（注43）大乗寺坂――出羽町から本多町に下る坂。慶長六年から元禄十年まで坂の下に大乗寺があったための名。大乗寺はその後、石川郡寺地山（長坂新村）に移転（現・長坂町）。明治十九年この一帯が歩兵七連隊の練兵場となった際、坂も廃されたが、昭和二十年に坂は修復された。急な坂で、途中階段になっており自動車は通れない。

（注44）大乗寺――曹洞宗寺院。本尊は釈迦如来。寺伝によると弘長三年（一二六三）野々市（ののいち）に建立されたのに始まる。天正八年（一五八〇）織田信長軍の柴田勝家によって加賀一向一揆が平定された際、兵火によって焼かれたが、のち金沢木ノ新保に移転再興。のち本多家上屋敷付近を経て慶長六年（一六〇一）同下屋敷隣接地（大乗寺坂付近）

に移った。元禄十年（一六九七）藩より現・長坂町に屋敷地を与えられて移転。現在に至る。

（注45）塔司——禅宗で塔頭（祖師や開祖などの塔のある所）をつかさどる役。またその僧。ここは塔頭、大寺院の敷地内にある小寺院、別坊をさす。

（注46）東光院——もと野々市大乗寺の境内に建てられたが、大乗寺と共に諸所に移転。大乗寺が長坂町に移った時も塔頭として境内にあったが、現在は本山寺院として金沢市粟崎町にある。

（注47）紙合羽——桐油紙で作った合羽。庶民の雨具であった。武家用の合羽は黒が普通で、奴僕は赤を用いた。

（注48）苧くそ帽子——「おくそ頭巾」のこと。なまって「ほくそ頭巾」ともいう。カラムシの茎を編んで作った頭巾で、鷹匠や猟師などが用いた。切妻の屋根に似た形で、深くかぶる。

（注49）慳貪——けちで慾深いこと。

（注50）下宿——やどさがり。奉公人が休みをもらって親元などへ帰ること。

（注51）ばんどり——新潟・富山・石川・福井など北陸各地にみられる方言。茅、菅の茎や葉、藁などを編んで作った雨具。みの。胴みのともよばれた。『民家検労図』（莚捆図）「莚縄俵ラばんどり等年中入用之分　十二月より正月野間雪散る迄ニ拵置」

（注52）無量の頭巾——『守貞謾稿』等の頭巾について委しく記す書にもこの語の用例を見ない。不詳。

（注53）大戸——家の表口にある大きな戸。

（注54）手車に乗せ——手車・輦車は皇太子・親王・大臣などが乗るもの。また向かい合った二人が両手を組み合わせ、その上に人を乗せる遊びをもいう。「手車に乗せる」と成語になって、丁重にもてなす。大切に扱う。転じてちやほやする意に用いる。ここは下にも置かず大切に世話しながら来たということ。

（注55）折敷——檜の片木（うすくけずったもの）で作る角盆。食器などを載せるのに使った。

（注56）小倉有年——二（四）（注29）を見よ。

（注57）浅香山井——浅加通郷、初の名久敬。加賀藩士、

六百石。（浅加氏は寛永の頃、香を加に改めたが、浅香と書いている事もある。）『万葉集十六』「安積(あさか)山影さへ見ゆる山の井の浅き心を吾が思はなくに」より山井と号し、和歌をよくし国史に精通。『徒然草諸抄大成』二十巻ほか著書多し。享保十二年没、七十一歳。

（注58）四不語録——正徳六年自序。六巻一冊。古くは『古今著聞集』『宇治拾遺』他の著書より、又近くは加越能三州内の古今の奇事怪談を記した説話集。金沢市立図書館・加越能文庫に写本ありとされているが、現在同文庫にはないそうである。

（注59）よりかへり——『日本方言大辞典』によると、現在金沢での例はないが、富山県で使われているらしい。「ふりかえる、見返る」の方言。「ふりむく」を「よりむく」という加賀方言もある。（『金沢用言集』）

（注60）身は浮草の——『古今集』十八雑下「わびぬれば身をうき草の根をたえて誘ふ水あらば去なむとぞ思ふ」（小野小町）。文屋康秀が三河掾になって「県(あがた)見にはえ出で立たじや」と言いやった時の返事である。後世この歌をふまえた恋の歌が多く作られている。多分これをふまえたものであろう。

（注61）縁切宮——七（一）の（注20）を見よ。

（注62）中之橋——鞍月用水にかかり、長家と村井家の間の橋。『郷土辞彙』に「今この名なし」とある。

（注63）村正——室町後期の刀工。伊勢国（三重県）桑名の人。利刃(りじん)をもって名高い。徳川家で村正の刀による不祥事が相次いだことから妖刀伝説が生まれた。同名の刀工が数代ある。生没年未詳。

（注64）堺へ詰られし——父良郷の主人茨木主殿忠順は越中境関所奉行で、『柿園日記・四』によると、良郷は供をして天保六年七月十一日発足、十三日に境着。天保七年正月十八日坂井七大夫と交代して境表発足。二月朔日帰着。この留守中の話で、平次幼名鉄吉は当時数え十三歳。この七月盆頃より居合稽古に定番御歩萩原武左衛門方に入門している。

（注65）風呂棚——七（七）2（注69）を見よ。

(注66) いひ伝へり——文法的には完了助動詞「り」は四段活用の語につくので「伝ふ」(下二段)にはつかないのだが、このような破格の言い方は割に多く西鶴にも『武道伝来記』六ノ一「今の世迄も語りつたへり」の例があるし『咄随筆』にも中七「周に太皷を連ねり」下一七「火災なしと云伝へり」などがある。

(注67) 畳屋橋——『郷土辞彙』によると、広坂から下本多町に入る所、惣構堀通路の橋。本多家中の入口にあたる。藩政中は橋爪に惣構番人の家があったが、その番人の中に畳屋某なるものが数代居たため、橋の名になったという。元は板橋だったが、廃藩後土橋となったという。

(注68) 宇加祭——旧の十一月晦日に行った稲荷祭。倉稲魂神(食物ごとに稲の神様)を祀ったのが稲荷神社で、狐は稲荷神の使と信じられ、祭の日には稲荷社に詣でて赤飯と狐の好物とされた油揚げ(揚豆腐)とを献げ、又はこれを自分の家の屋上に置いて稲荷神に供えたという。『翠園木の葉集』嘉永三年の條にこの時の事とこの歌を記してある。

(注69) 寛永九年——寛永八年の誤り。宝暦九年の大火につられて書き誤ったのであろうか。

(注70) □——二字分程紙を切り取って別紙を下から貼り「とこ」のように読める字を記す。「ところ」のつもりか。

(注71) 塀地門——塀中門に同じ。武家屋敷の邸内の中門形式の一つであるが、金沢の方言で「へじもん」というのは1玄関横の塀、垣などに造った庭へ入る門。2裏門。をいう。

(注72) 湯浅氏——二(四)(注25)を見よ。

(注73) 本多安房守殿——本多氏はもと徳川家の臣、本多安房守政重に起り、明治に至るまで常に加賀藩最大の老臣であった。五万石。下屋敷は柿木畠近辺にあり、本多町の町名を遺す。昔は安房殿町ともいった。湯浅氏縁者の娘時代で、宝暦九年の火災より前のことだから、この安房守は本多家六代政行(寛延元年安房守、寛政八年没、七十歳)であろうか。『石川県姓氏歴史人物大事典』によると

本多家の家紋は立葵。

（注74）古木の柿木――『金沢古蹟志』巻十三にも同様に記す。『柿園舎乃記』にはこの古木の他にも半田氏の向の惣構土居下にそれほどの古木とはみえぬのが一株、惣構端にも柿の木があったと記す。従って嘉永から安政の頃には三本ほどは残っていたとみえる。『金沢・柿木畠』の小倉学氏の記述によると、明治に入って半田氏は下柿木畠を去って家屋敷は辰巳氏の所有となり、改築されたが柿の木は残った。その後こゝを井村氏が買いとり、大正二年小倉家が購入し、庭の中央に柿の老木が遺っていたが、第二次大戦後衰えが目立ち、昭和四十三年学氏の令兄が移転のため庭を処分されて、この老木も寿命が尽きたそうである。

（注75）被　仰付――藩主に関する語の上は一字明きにして敬意を示すのが当時の慣例であった。

（注76）地子地――地子（じし）とは地代また地税をいう。地税を課せられた地。地子銀を徴収された地。

（注77）大工町――江戸期〜現在の町名。もとは広く河原町と呼ばれた地域の一部。江戸初期から御大工衆が住んだことによる。

（注78）買求め――「賣求め」とあるのを振り仮名により訂正した。

（注79）宝暦の末頃――曾祖父通顕は兄昌信が幼い子供達を残して宝暦十二年に病没した為、嫂の伊与を妻とし遺児三人を養女とし、老父母をひきとり、少い扶持で数多の家族を養うことになり、貧困の為ついに居宅も売って小家に転宅したのである。（二）（三）参照。宝暦は十四年六月二日に次の明和となる）

（注80）福岡基助――伊与（定番御歩中村元右衛門為兼の娘）の弟定番御歩小頭中村少兵衛兼郷の二男で、定番御歩福岡豊太の養子となり定番御歩に召し抱えられた。

（注81）一生の災難――『柿園舎乃記』に反古の中のこの古家買い入れの諸入用高を記したものを抜き書きしている。

一　五百五拾目　家代

一　廿目　　納得
一　百目　　大工日用普請方
一　四拾目　持運雇家毀等
一　廿目　　釘等買上物
一　拾貳匁　頼母子會
〆七百四拾貳匁
　内五百八十目拝借　百六十目不足
　外ニ　六十目　淳様返上分

淳様は先代の茨木道啓の後室、淳操院。『家譜』などによると通顕は明和八年新知三十五石、安永三年に四十石、少ない知行で大勢の家族を養っていて、主人方からもお金を借りて、やっと当座をしのいだのであろう。

（注82）永井氏――永井五郎右衛門成直。通顕と伊与との娘銭（ぜん）の夫。明和四年御算用者、四十俵。文化四年御算用者小頭、新知八十石。文化十年没、六十四歳。

（注83）露地――三（二）（注11）を見よ。

（注84）隣とじ――隣同志（どし）の誤りかとも思うが、隣刀自（とじ）、隣の出雲屋七右衛門の老母を指すのかもしれない。「とじ」は戸主（とぬし）の意で刀自は当て字。家事をつかさどる者、主婦。また老婦人をいう。隣同志（となりどし）の用例は浄瑠璃『平仮名盛衰記』三に「旅ぞとも知らぬをさな子隣どし」がある。

（注85）吾母――母は良郷の妻伊遊（いゆ）。三好巡作延秋の娘。文政三年九月十八日十六歳で嫁す。三男六女を生む。安政六年没、五十五歳。

（注86）祠堂協成社――廃藩後士族らへの給禄が廃止され、明治九年士族に金禄公債証書が支給された。この償還によって現金を入手した士族がこれを金融会社に預けて運用利子を得ようとし、この士族達の一時金を目当てに金融機関が数多く設立され、金沢でも要用社が明治七年に、その他誠行社、北雄社以下乱立。祠堂協成社もその一つである。これらは有価証券や地所家屋等を抵当に金を貸したもので、この町屋もそういうものだったろう。

（注87）混雑――混雜とあるを振り仮名により訂正。

（注88）造営（サクジ）方見合し――平次は明治十一年家禄金高

九百三十五円を受け、同十三年金禄公債証書買上を願って代価を受けとる。そして要用会社や真成社、祠堂協成社などに加入するが同十六年頃には物価が下落し、デフレ時代を迎え、資金の回転が出来ず利子支払も不能になり、金融会社は軒並み倒産。金沢士族の破産数は千人以上という。平次も一時に全財産を失った。しかしこのままではいつ又建築できるか分からないから、内輪の生活を出来るだけ切りつめ、蔵はなるべく費用を省いて造ることにして取り掛ったのである。

（注89）得難き――「得難くまゝ」とあるを訂正。

（注90）静明寺（じょうみょう）――日蓮宗。当時は並木町、現材木町。

（注91）小泉故甚助――平次の長女春は明治九年中川除町の紺屋小泉屋甚助の伜甚助と結婚。当時士族は活計のたたぬ者が多かったので、町方に縁付けようとの考えからだった。土蔵の建前の時には小泉屋からも手伝いにきたり祝いにきている。春は一男二女を産んだが、甚助の身持ち悪く所帯向に不行届きありとして明治二十四年離婚。復籍後、大聖寺藩士だった中西則正の後妻に迎えられた。故甚助は舅だった甚助であろう。

（注92）土蔵新築についての世間の咄――平次は明治十八年十一月『柿木畑邸宅土蔵新築記』も著し、印紙をはった売渡書や請取書等ものこしている。一部反古紙の裏を使っているので表の字がすけて読みくい所もあるが、当時の節約ぶりも偲ばれる。

（注93）蓼草（かえるぐさ）――ミゾソバ（溝蕎麦）の方言。蛙を釣るところからの名という。タデ科の一年草で溝の縁や水辺に群生する。茎や葉にとげがあり、八～十月頃淡紅色の小花が集まってつく。果実は球形でソバに似ている。

（注94）木兎――木菟（ヅク、ミミヅク）の誤記。

（注95）たもの木――タブノキ（クスノキ科の常緑高木）の方言。『樹種名方言集』（農林山林局・一九三二）に加賀・越前、伊豆などでタブノキをタモという とある。（『日本方言大辞典』による）

まとめ

はじめの団子屋の話——半年以上かけて少しずつ少しずつ店主をだましてお狐様と思わせる用意周到な泥棒。それにしてもこの団子屋はそれほどあくどい商売をしていたようでもなく、ただ信心深くお稲荷様と信じてばかを見た気の毒な被害者……慾に長ぜし故とは思えない……のように私には思われる。同じような話は『元禄世間咄風聞集』に「さかい丁のまんぢう屋」の話があり、これは牢人体の者が狐の尾を見せて稲荷様と思わせ、偽って三百両をだましとる話。『耳嚢』五「かたり事にも色々手段ある事」も似たような話で、庶民の稲荷信仰を利用してだました例は、この時代多かったようである。

『柿園舎記談』をほぼ書きおえる頃であろうか、『柿園日記・八』明治三十年六月二十五日の条に「私宅あまに有之落葉抔（など）入置桶に鶏卵壱ッあり　お逸見付　夕景割見申処　誠に生かけの玉子也　是は定て鼬（いたち）などの持来りたるにや不思儀也　西岸様の咄随筆にも同様の事記載有之」（「あま」は二階・屋根裏の物置）とある。そしてほぼ一年後の三十一年六月九日にも、あま松葉の中に鶏の玉子が一つあり、この時のも新しい玉子であった。あまり不思議なのでわざわざ書きとめておいたと言っている。翌三十二年一月二十日の朝又も同じあま松葉置場に新しい玉子が一つあった。「是にて三つ也」。そして少し間をおいて三十五年九月二十七日、又々松葉置場に鶏の玉子が一つあったという。やはり鼬か何かのしわざであろうか。

これより二百年ほど昔の宝永五年の春、中西摩兵衛宅の天（あま）に玉子がいくつもあり、目出度い事だと赤飯をたきふわふわにして食べたと『咄随筆』上巻「しれぬ玉子」にあるが、人家が立ち並び空地がなくなったと平次は嘆いているものの、明治の頃はまだそのどこかに鼬か狐か小さな野生動物が隠れていて、こっそりいたずらをしては人間様をからかっていたものと見える。あやしいというよりは、これは又何か懐かしいような気をおこさせる話である。

また『歴代伝言記』に次のような記述が見られる。「祖父老病にて追々老衰し給ふに付き狐狸など障りをなしけるにや、父泊番の夜は座敷次ノ間四畳半に臥居給ふ処、座敷の雨戸をば夜半比(ころ)たゝき或は屋根の上より障りをなしける故、退翁斎、又狐が来た、是へ入らむとすると声高くの給ふ(宜ふ)やうすなれど言述調(ととの)はざる故に尓(しか)とわからずといへども、甚だ恐れ給ふ」「母出産し給ひ、深更に雪隠へ入給ふに、月夜なる処、窓より小坊主の如きもの顔を出し居たり。かぶそめ(注96)と申されしに、そのまゝ溝より走行きたり……其頃は湯殿の流石(ナガシ)損(ジ)居たる処、損(ジ)処より入りて流(シ)なる下、風呂棚の食物を食ひあらしなどする事毎度也(なり)しかど、今は人家多(ニ)成(リ)かゝる事絶えたりき」そして又、朱で次のような書きこみもある。「明治御維新以前は吾が柿木畠居宅の横通りは惣構堀にて、都(すべ)て家はなく雑木と竹生茂り、往来脇まで草原也。それ故に夜中は常に狐の鳴く事平常にて、犬の児を狐の取る事毎度あり。又昼は雉子(きぎす)来て居申す故に鳴声絶えず。夜中はみゝづく、ふくろ鳥(注97)の鳴声甚し。然るに御維新後今の如く町家建並べ、惣構の雑木共悉く伐取たる故に、今は狐の鳴声もなく雉子などの来る事もなく、鍋釜の音と人声のかまびすしき事、従前と甚だ異なりき」

畑番人の古家に始まる柿木畠の住居が、改築したり隣家と振り替えたり、その隣の住人も二十年、十二年と住む者もいて次々と入れかわっている様子が記されているが、『柿園舎乃記』ではもっと詳しくこの一帯の他の家々の住人の変転も記されていて、昔の人達の家や住居というものへの対し方はなかなか興味深い。又これと関連して、平次の住んだ柿園舎のその後も、現代のように簡単に壊したりせず、とことん住みこんでいて、そんな点についても次に紹介したい。

最後に一つ気の付いた点を述べておく。全体を読んで目につくのは、漢字に分かり易く言いかえたふだんの言葉を振り仮名として記した箇所が少なからず見られる事である。年少者にも分かるようにとの配慮なのか。とにかくそのおかげもあって、当時の口語の傾向が知られるように思う。例えば「分別（カンガヒ）」「炎暑（アッサ）をしぬぎ」「団子をば買調ひ」「誑（タビラ）かす」「召仕へける若党」「泣声（ナキゴヒ）」「道すがらおもへける」「惣構（ソウガマヒ）」「伺（ウカゞへ）」「振替（フリカイ）」「槻（キヤケ）」のような語が見られるが、エ列↕イ列とかウ列↕イ列となったりしているのは、訛った話し言葉を発音のままに書いたのではなかろうか。これは平次だけの癖ではなく、金沢で昔は普通の、訛った発音だったのではないだろうか。というのは、享保時代の『咄随筆』にも「候ひし」「候ひて」と書くべき所が「候へし」「候へて」のように書かれている例があること。古い加賀の方言辞書である『訛言づくし』に「樫(けやき)をきやき　榎(ゑのき)をよのき　楓(かえで)をかいで」の例、『加賀なまり』にも「カミスリ　剃刀(カミソリ)ノ訛」の例があるし、『金沢用言葉』にも「遊ばせ↓あすばせ、かみそり↓かみすり、雪↓いき、…する↓…しる、…ます↓…みす」などの語例が見えるからである。昭和十七年に祖父外與吉が私にくれた手紙にも「一生懸命にやりたまい」「しると秋花のよいのが咲きます」と書いてある。平成の現在、もう今は年輩の方でもこういう言い方をする方はおられないだろうと思うが、聞いた覚えのある方はおられるだろうか。

（注96）かぶそめ——「かぶそ」はカワウソ（獺）の方言。「め」は接尾語。軽蔑したりいやしめていうに用いる。

（注97）ふくろ鳥——フクロウの方言。

（三）柿木畠近辺の家々と柿園舎のその後

1　接木畑↓万屋平兵衛の持ち地へ↓平兵衛は土地を売って退去

前章で『柿園舎記談』を翻刻したが、当時の習いで改行もなく書き列ねてあり、（一部、私の判断で改行した箇所もあるが）分かりにくいかと思うので、まずこれをもとに要点を記す。

現在の柿木畠近辺の地は、寛永八年（一六三一）、十二年の二度の大火の後、火除地として三代藩主利常が柿の木を植えさせたのが始まりだが、時代が下るにつれだんだんと家中の士の邸地となってゆき、わずかに一五二歩（歩は坪に同じ）が宮内橋の下に接木畑として残り、その北の隅に小家を建て畑番万屋平兵衛が住んでいた。彼は城内御用の樹木草花の世話をしていたが、宝暦九年（一七五九）の大火でその家も樹木もほとんど焼けてしまった。そこで同十年（十代藩主重教の時代）これを地子地とし、金沢町奉行の支配地とすることになり、この時から接木畑は畑守万屋平兵衛の持ち地となった。

（『柿園舎乃記』にこの近辺の寛延（一七四八～五〇）から宝暦（一七五一～六三）頃の地図を書写している。これを見やすく改めて示す。方位は原図のまま。図1、2、3、4）

そして平兵衛は町方の組合に加えられ、茜屋橋爪の大杉屋長兵衛らと都合八軒の組合となった。その後宝暦十一年（一七六一）三月から平兵衛はその持ち地を次々と売り渡した。（図5にⒶ～Ⓖで示す）

その南隣Ⓔ↓出雲屋孫右衛門

その又隣Ⓕ↓林左平太の小者沖内

平兵衛の家尻Ⓒ↓和多津屋孫右衛門

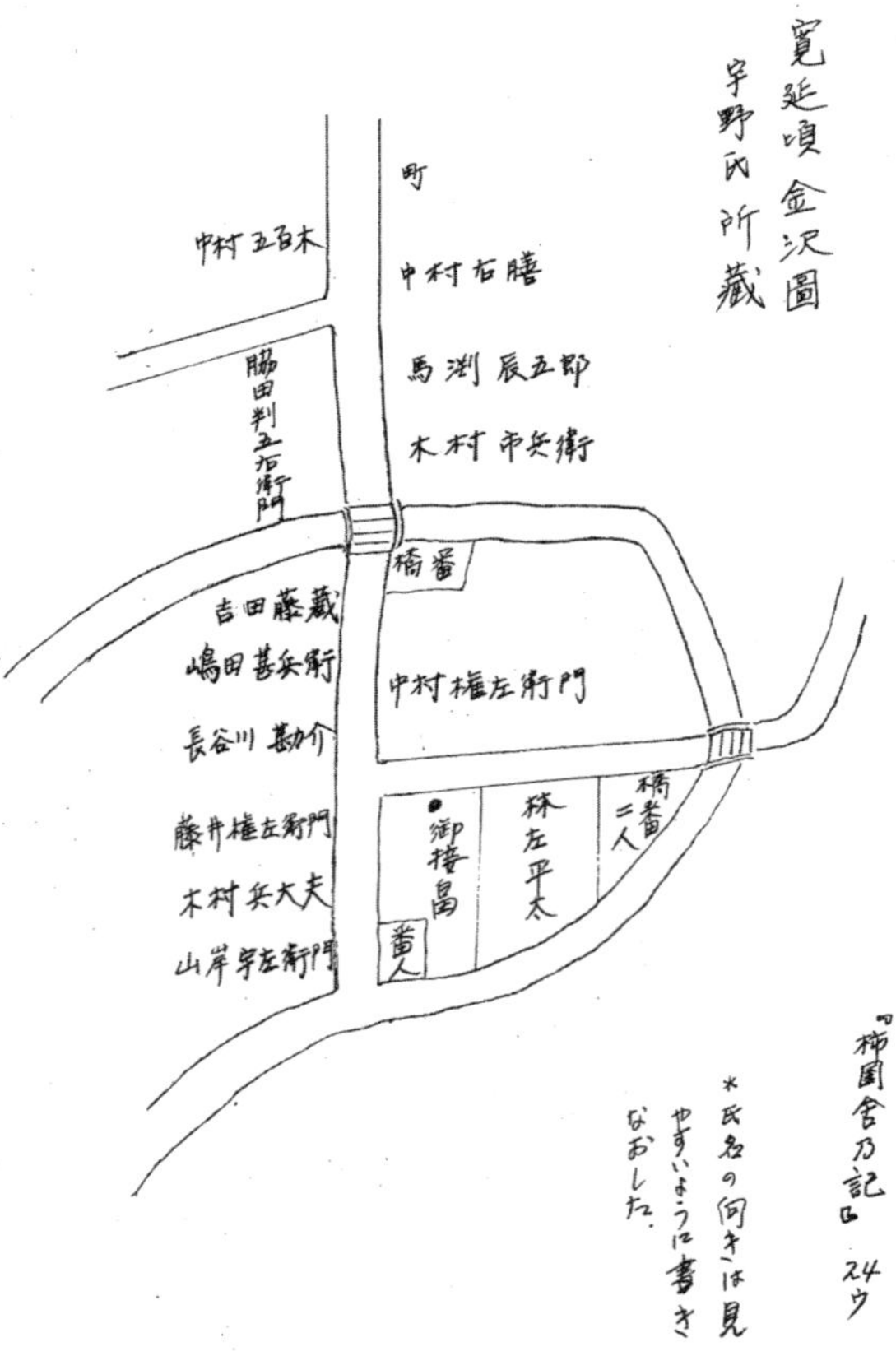
寛延頃金沢圖
宇野氏所蔵
町
中村五百木
中村右膳
馬渕辰五郎
木村市兵衛
脇田判五右衛門
橋番
吉田藤蔵
嶋田甚兵衛
中村権左衛門
長谷川勘介
藤井権左衛門
木村兵大夫
山岸宇左衛門
御接島
林左平太
橋番二人
番人
『柿園舎乃記』24ウ
*氏名の向きは見やすいように書きなおした。

図１

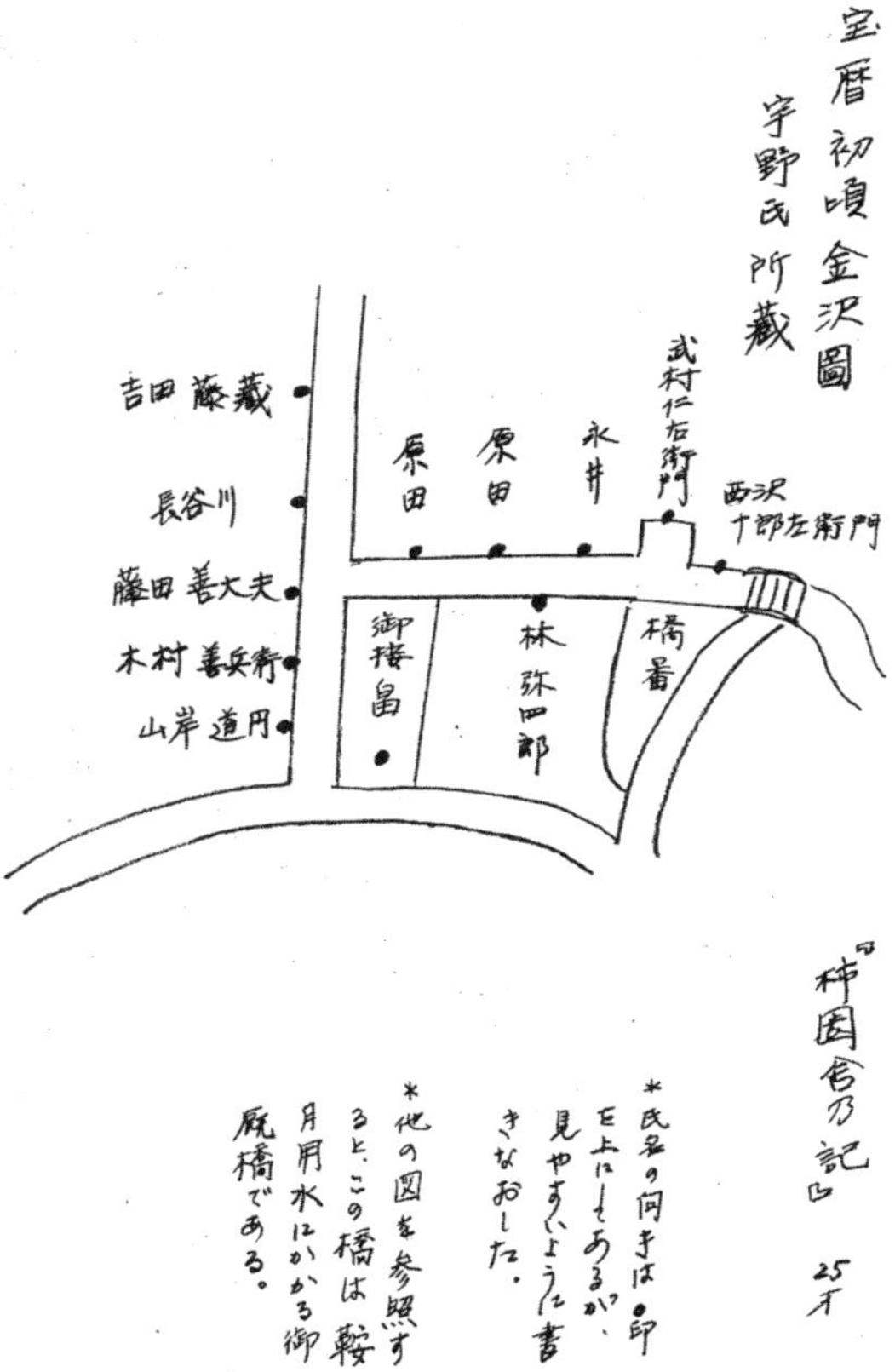
宝暦初頃金沢圖
宇野氏所蔵
吉田藤蔵
長谷川
藤田善大夫
木村善兵衛
山岸道円
原田
原田
永井
武村仁右衛門
西沢十郎左衛門
御接畠
林弥四郎
橋番
『柿園舎乃記』25才
＊氏名の向きは●印を上にしてあるが、見やすいように書きなおした。
＊他の図を参照すると、この橋は鞍月用水にかかる御厩橋である。

図２

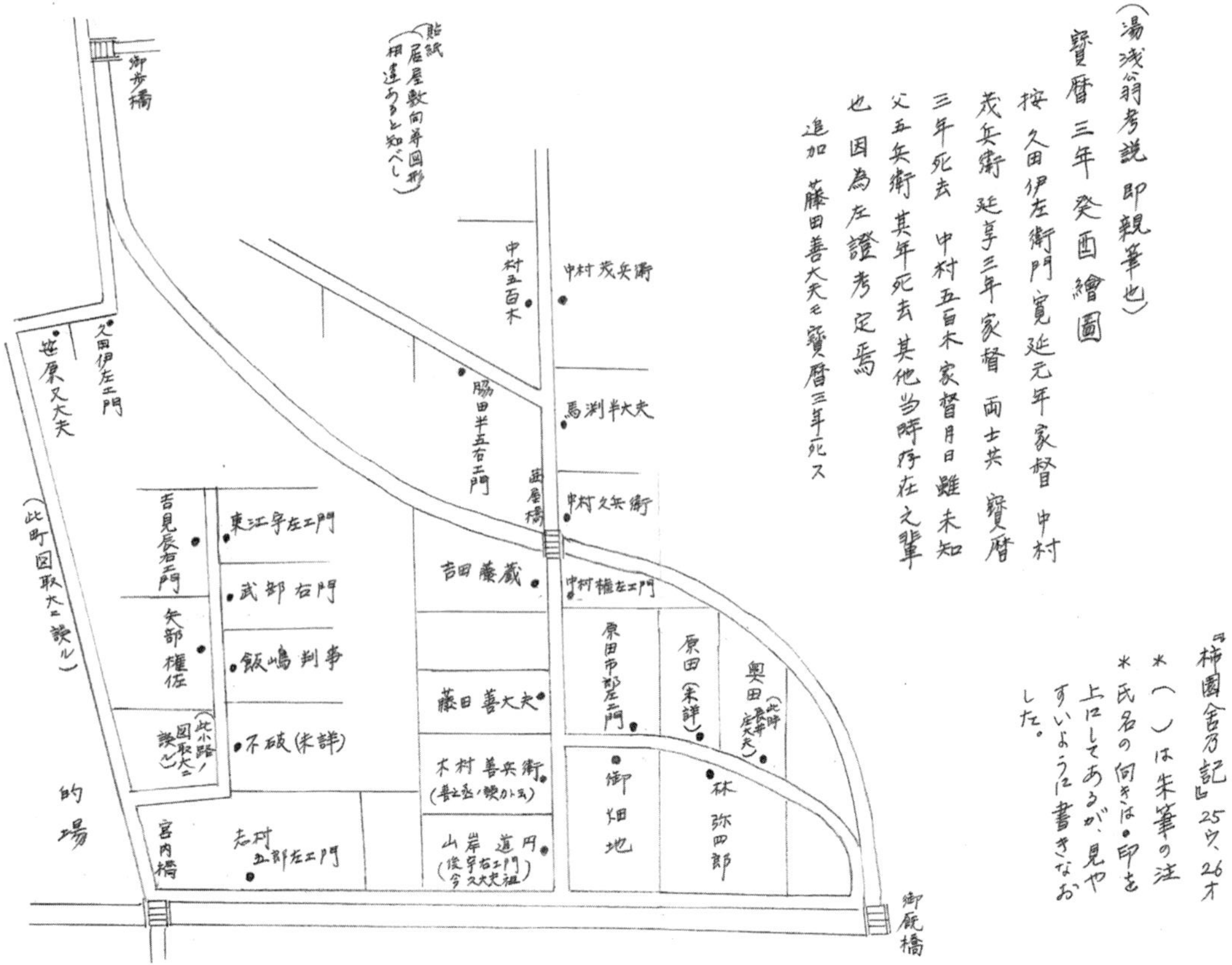
（湯浅公羽考説 即親筆也）
寶暦三年癸酉繪圖
按 久田伊左衛門寛延元年家督 中村
茂兵衛 延享三年家督 両士共 寶暦
三年死去 中村五百木家督月日雖未知
父五兵衛其年死去其他当時存在之輩
也 因為左證考定焉
追加 藤田善大夫モ寶暦三年死ス
『柿園舎乃記』25ウ、26オ
＊（ ）は朱筆の注
＊氏名の向きは●印を上にしてあるが、見やすいように書きなおした。
御歩橋
貼紙（居屋敷向寺図形相違あると知べし）
中村五百木
中村茂兵衛
脇田半五右エ門
馬渕半大夫
茜屋橋
中村久兵衛
中村権左エ門
吉田藤蔵
藤田善大夫
木村善兵衛（善之丞ノ親かト云）
山岸道円（後平右エ門 今久大夫祖）
原田市郎左エ門
原田（未詳）
奥田（此時庄大夫）
御畑地
林弥四郎
御厩橋
笹原又大夫
久田伊左エ門
（此町図取大ニ誤ル）
吉見長右エ門
東江宇左エ門
武部右門
矢部権佐
飯嶋判事
不破（未詳）
（此小路ノ図取大ニ誤ル）
的場
宮内橋
志村五郎左エ門

図3

そしてそれぞれが其処に家を建てた。かくて平兵衛は以前から住んでいた北の隅Ⓐを自分の宅地としていたが、翌十二年三月、能登屋次兵衛に家・地面とも売り渡し、遂に柿木畠の地を去った。

2　六つの家の住人の移り変わり

『柿園舎記談』では平次の住んだ家を主にしてその住人の移り変わりを記しているが、『柿園舎乃記』では初めて家作した五軒それぞれについても、同書の書かれた安政四年（一八五七）までを委しく考証しているので、次にそれを紹介する。この部分は『金沢柿木畠』（柿木畠振興会）の十六～十八頁に小倉学氏が平次の「上柿木畠居宅近隣家主名烈」（石川県立図書館・森田文庫）によって紹介説明されているものと重複する点もある。（↓印により居住人が変わったことを示す。後家、子、養子とある場合は相続して譲りうけたもの。その他は売買によるものである。年月日も記すが、日は省略した。）

Ⓖ町口二間・奥行七間、一四歩の土地

宝暦十一（一七六一）三月、能登屋藤七。初めて家作↓子・惣七（惣七ここで没す）↓後家・久め↓寛政九（一七九七）十二月、越中屋七右衛門↓寛政十（一七九八）四月、能登屋善七↓同年十月、乙丸屋の後家・まつ↓寛政十一（一七九九）養子・伊平（まつは家を譲って万店を営む。伊平は家を建て替え、その時前口二間半とする……約三十年住む）↓天保の初（一八三〇頃）子・伊助（伊平は仕立物商売をして暮らす……十七、八年住む）↓嘉永元（一八四八）五月、栗原右大夫（野村岩之助家臣）↓同三（一八五〇）二月、深田安兵衛（御郡付足軽）↓安政元（一八五四）六月、大橋喜久太郎（中村庫太家臣）……安政四年現在まで居住。

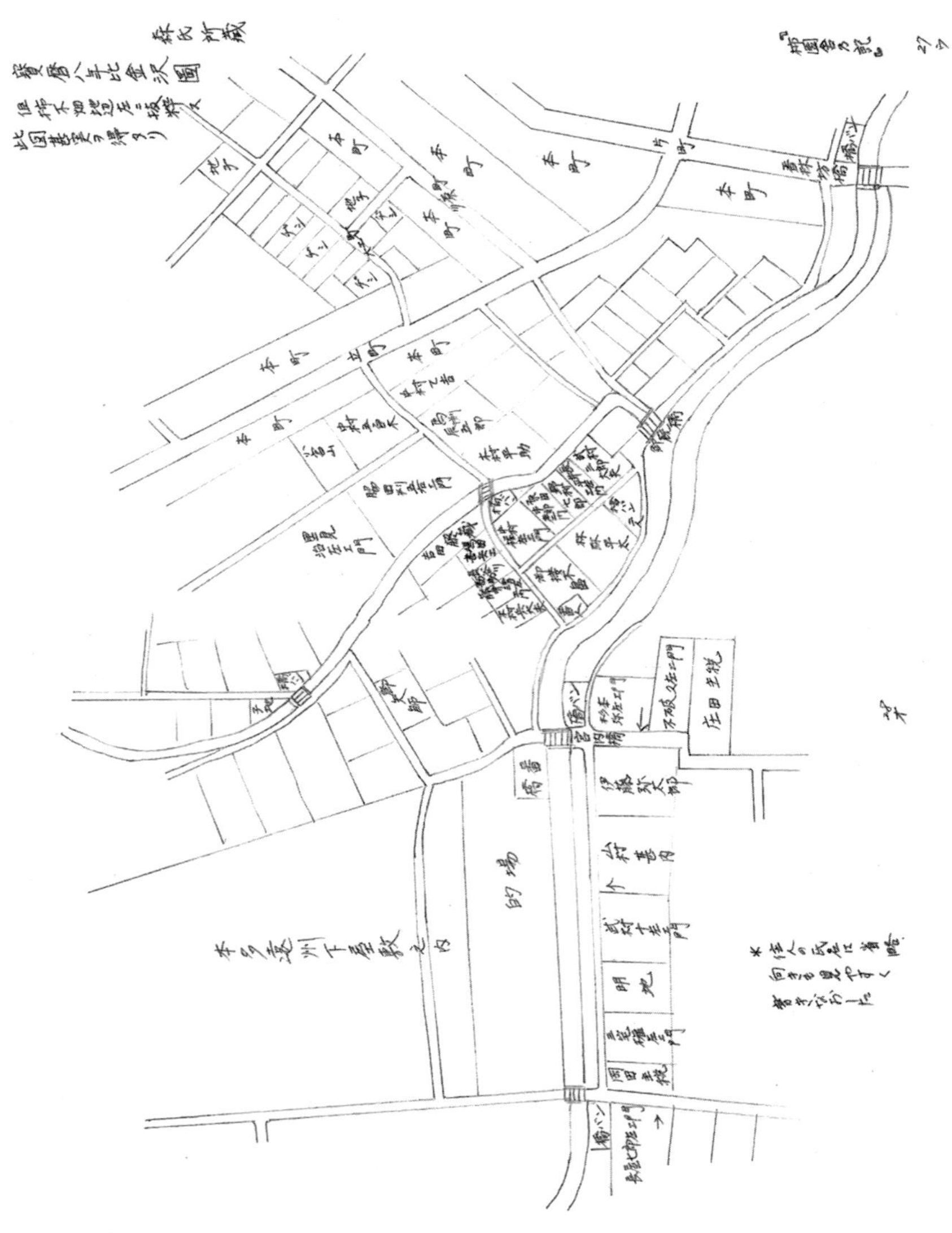

図4

Ⓓ町口六間二尺・　横七間五尺五寸、五三歩の土地

宝暦十一年四月、酒屋伊兵衛。家作→明和四（一七六七）正月、森宗五左衛門（三十人小頭）（家代一貫三〇〇目。……二十年近く住む）→天明六（一七八六）八月、永井五郎右衛門（御算用者）（家代八五〇目。町屋造りを門構えに改め、座敷廻り建て替え）→寛政九（一七九七）三月、宮原武平次（御料理人）（家代一貫七五〇目）→同十二（一八〇〇）五月、斎田屋安兵衛（家代一貫八〇〇目。町家構えに改めて魚店をひらく）→子・安太郎→文化二（一八〇五）二月、出雲屋七右衛門（桶屋并に奉公人取り持ち。隣のⒺに住んでいた）→同七（一八一〇）五月、森田作左衛門修陳（Ⓐに住んでいた修陳と家を振り替えた。家代二貫目）（商家造りなので普請し、建て広げる）→文政三（一八二〇）養子・良郷の妻縁に際し座敷向を建て替え（図8）→以後平次の代まで居住。

Ⓔ前口二間三尺・奥行七間、一七歩三尺の土地

宝暦十一、出雲屋孫右衛門（万屋平兵衛の知縁の者で、はじめ平兵衛方に同居していた）。家作→子・小兵衛→子・小三郎（のち七右衛門と名乗り、桶屋商売並びに奉公人取り持ちをする）→文化二（一八〇五）二月、中屋弥左衛門（七右衛門は隣Ⓓに移る）（文化八にⒹからⒶに移った七右衛門が出奔したので、弥左衛門はそのあとを継いで奉公人取り持ちをする）→天保三（一八三二）五月、後家（弥左衛門病死）→娘・とめ→入婿・弥三次（とめは取り持ちを続ける）……安政四年現在まで居住。（この家を今も中屋とも桶屋場とも称す）

Ⓕ前口・奥行、坪数ともⒺに同じ。

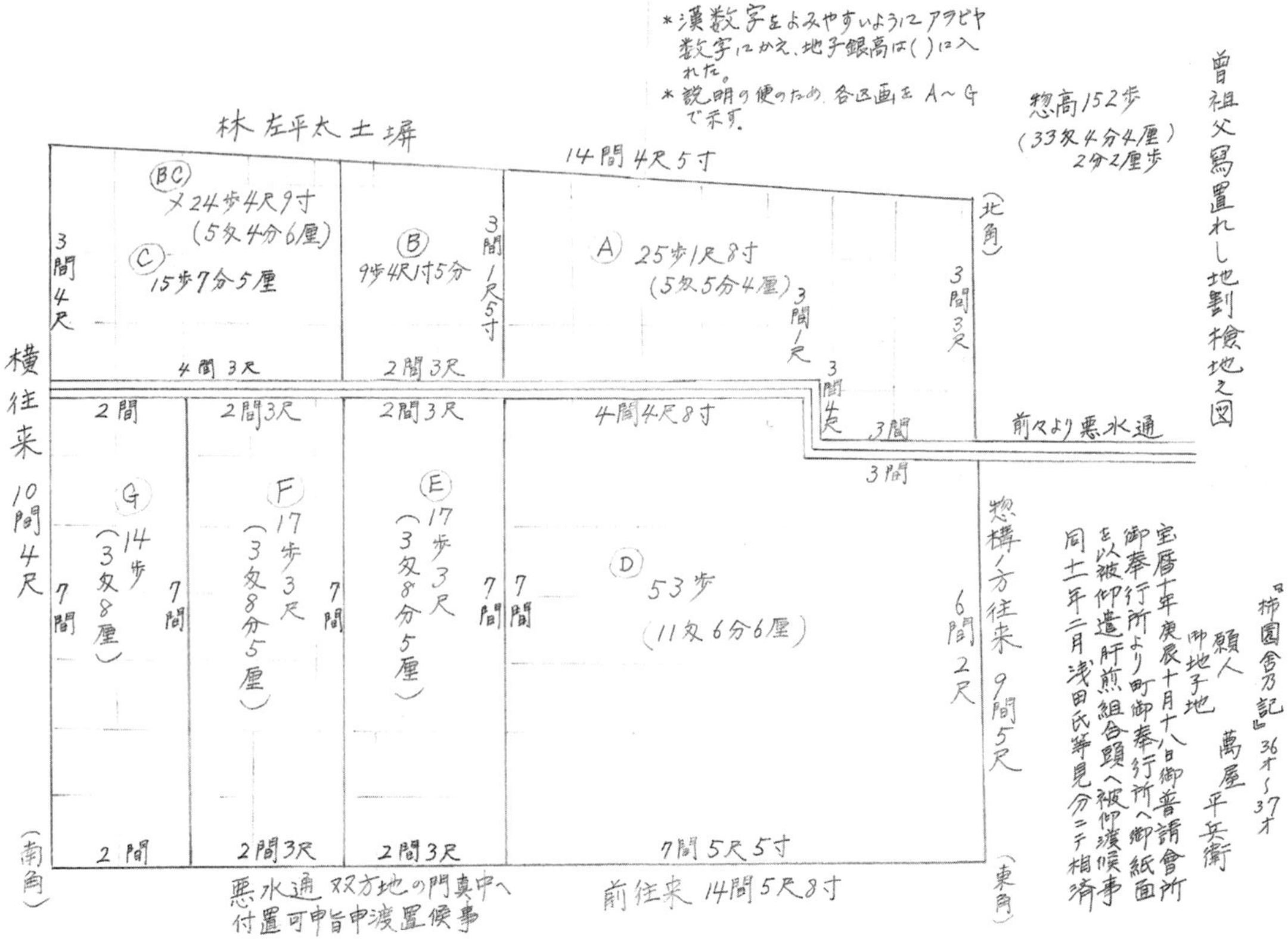
曽祖父寫置れし地割検地之図
＊漢数字をよみやすいようにアラビヤ数字にかえ、地子銀高は( )に入れた。
＊説明の便のため、各区画をA～Gで示す。
惣高152歩
(33匁4分4厘)
2分2厘歩
林左平太土塀
14間4尺5寸
(北角)
(BC)
〆24歩4尺9寸
(5匁4分6厘)
(C) 15歩7分5厘
(B) 9歩4尺1寸5分
(A) 25歩1尺8寸
(5匁5分4厘)
3間4尺
3間1尺5寸
3間1尺
3間3尺
4間3尺
2間3尺
3間4尺
横往来
10間4尺
2間
2間3尺
2間3尺
4間4尺8寸
3間
前々より悪水通
3間
(G) 14歩
(3匁8厘)
(F) 17歩3尺
(3匁8分5厘)
(E) 17歩3尺
(3匁8分5厘)
(D) 53歩
(11匁6分6厘)
7間
7間
7間
7間
7間
6間2尺
惣構ノ方往来 9間5尺
2間
2間3尺
2間3尺
7間5尺5寸
(南角)
(東角)
悪水通 双方地の門真中へ付置可申旨申渡置候事
前往来 14間5尺8寸
宝暦十年庚辰十月十八日御普請會所御奉行所より町御奉行所へ御紙面を以被御遣肝煎組合頭へ被仰渡候事
同十一年二月浅田氏等見分ニテ相済
御地子地
願人 萬屋平兵衛
『柿園舎乃記』36オ～37オ

図5

宝暦十一、沖内（林左平太小者）。家作→年月未詳、山本屋庄兵衛→年月未詳、越中屋宗助→天明二（一七八二）三月、能登屋五兵衛→後家→寛政九（一七九七）五月、大脇左平（津田兵庫家臣）→文化四（一八〇七）、助八（御長柄）（この時建て替え）→子・八右衛門→子・八三郎（町人となり越中屋八三郎と称す）……安政四年現在まで居住。

Ⓒ前口三間四尺・奥行四間三尺、一五歩七分五厘の土地（のちⒸ＋Ⓑとなる）

宝暦十一、和多津屋孫右衛門。家作→同十四（一七六四）六月、田嶋釣水（御坊主、のち居間坊主小頭）……この時、地狭だとてⒶの尻地Ⓑを買い込む。合計二四歩四尺九寸となる→安永六（一七七七）八月、長谷川元常（村井家家臣）（儒者として天明の初に召し出され、準左衛門と改名、だんだん出世して同五年新知百石）→天明八（一七八八）五月、（野々市屋小路の揚地を拝領し家作したので売り渡す）米屋孫助→年月未詳、増田加右衛門（林源太郎家臣）→年月未詳、畳屋半右衛門→文化五（一八〇八）六月、善吉（三十人組）→年月未詳、相坂八右衛門（本多房州家臣）→子・和助→文政八（一八二五）二月、神谷金八郎（御細工足軽）→土屋健蔵（儒者）（この家で病死）→天保六（一八三五）十月、岩脇作左衛門（本多主水家臣）→養子・惣左衛門→同九（一八三八）、綿屋岩吉→弘化元（一八四四）、藤沢新左衛門（津田権五郎家臣）→嘉永六（一八五三）、井口要蔵（土屋健蔵の門弟、嘉一郎と改名、町儒者で門弟多し）……安政四年現在まで居住。（この家は「儒者多く居住するも不思議といふべし」）（畳屋半右衛門のあとに大豆田屋和助、越中屋久兵衛の名があるが朱で消し、畳屋より善吉へと欄外に注記する。あとの文をみると、この二人は茜屋橋爪の大杉屋長兵衛の割地した所に住んだ者らしい）

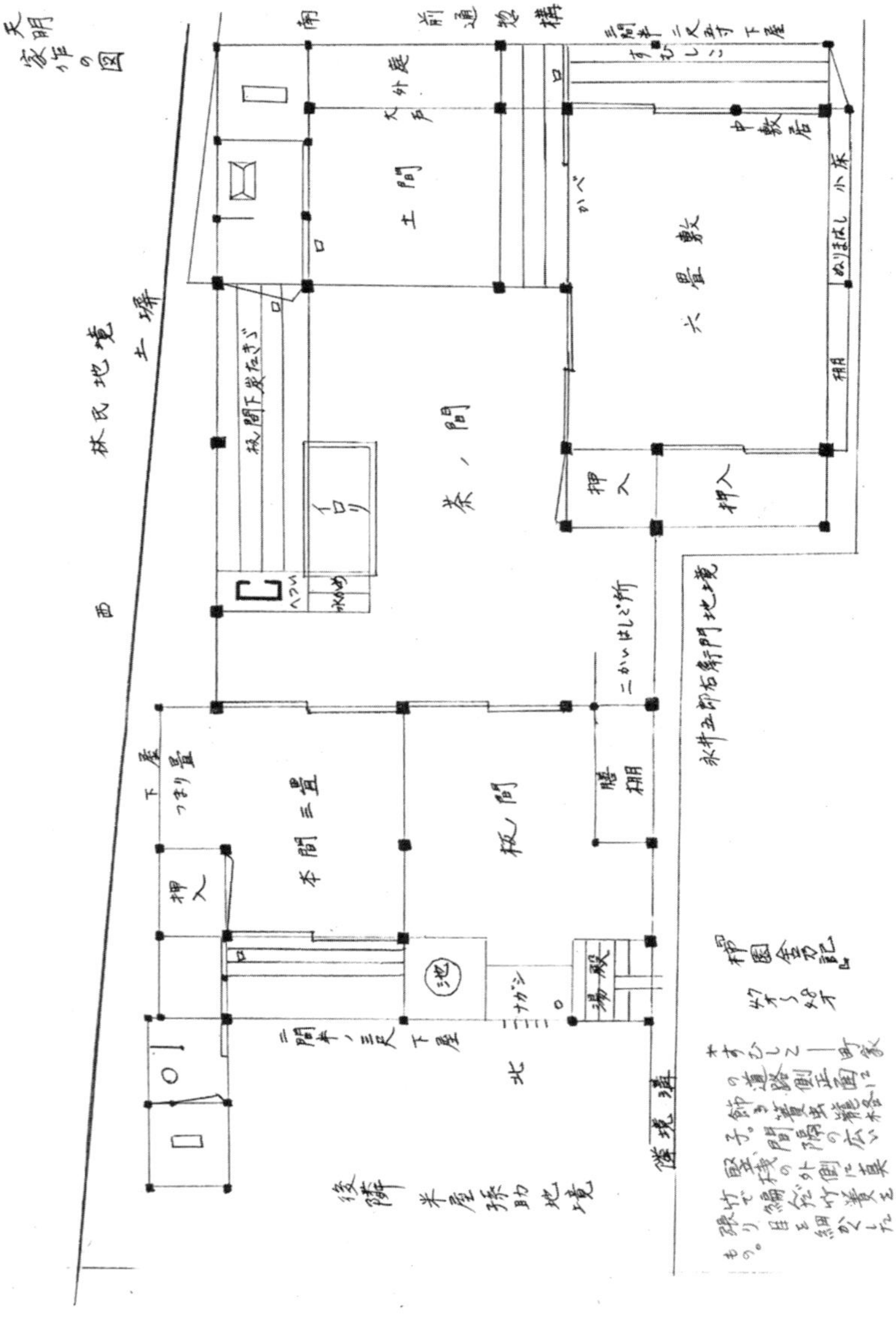

図 6

Ⓐ地割りし、売り渡した残りの前口三間三尺・奥行七間五尺五寸、二五歩一尺八寸の土地

宝暦十二（一七六二）三月、数代この地に居住していた万屋平兵衛は、能登屋次兵衛に土地・家ともに売り渡し遂にこの地を退去。（この時の家代銀三五〇目）→明和四（一七六七）十二月、畳屋与三兵衛（家代四二〇目）→安永二（一七七三）九月、森田武右衛門通顕（家代五五〇目）……安永八（一七七九）四月には娘聟・寺尾喜左衛門、同永井五郎右衛門が同居して数年間三家族が住んでいた……天明八（一七八八）七月、建て替え、二階造り（図6）にする→寛政七（一七九五）六月、聟養子・森田作左衛門修陳（通顕隠居）→文化七（一八一〇）五月、出雲屋七右衛門（隣地Ⓓの出雲屋と家ごと振り替え、修陳はⒹへ）（七右衛門は桶屋商売、奉公人取り持ちをして母そよと二人で暮らす）→文化八年六月、（出雲屋は手元不如意となり出奔す。明家となったので、組合で相談して売る）石黒弥門（御料理人、平次の実方の伯父）→文政十一（一八二八）五月、（石黒氏は塩川町に居屋敷拝領）森村伝之丞（定番御歩）→子・庄之助→天保七（一八三六）、中村政五郎（御細工人）→天保十一（一八四〇）、北村五左衛門（本多主水家臣）→養子・瀬大夫→安政二（一八五五）八月、小間物屋某……安政四年現在まで居住。（この家は天明八年に建て直してから七十年近くになるが、その間居住者は七・八人入れかわり、家代は大体一貫六〇〇目前後だったが、北村氏の頃から追々値上りして、小間物屋の時は二貫二〇〇目になっていた）

以上をみると住人の異動ははげしく、武士も町人も階層とは関係なく、一つの家を入れ替わり立ち替わり売り買いしては次々と住み、儒者、藩士の家来、御料理人・御算用者など下級武士から足軽、小者。魚屋・桶屋・仕立物商と職業も様々であり、半年で移る者もいれば、五年・七年、あるいは後家・せがれと何十年も住み続ける者。又修理してよく住みなす人もあれば、繕うことなく住み荒らす人など、これも

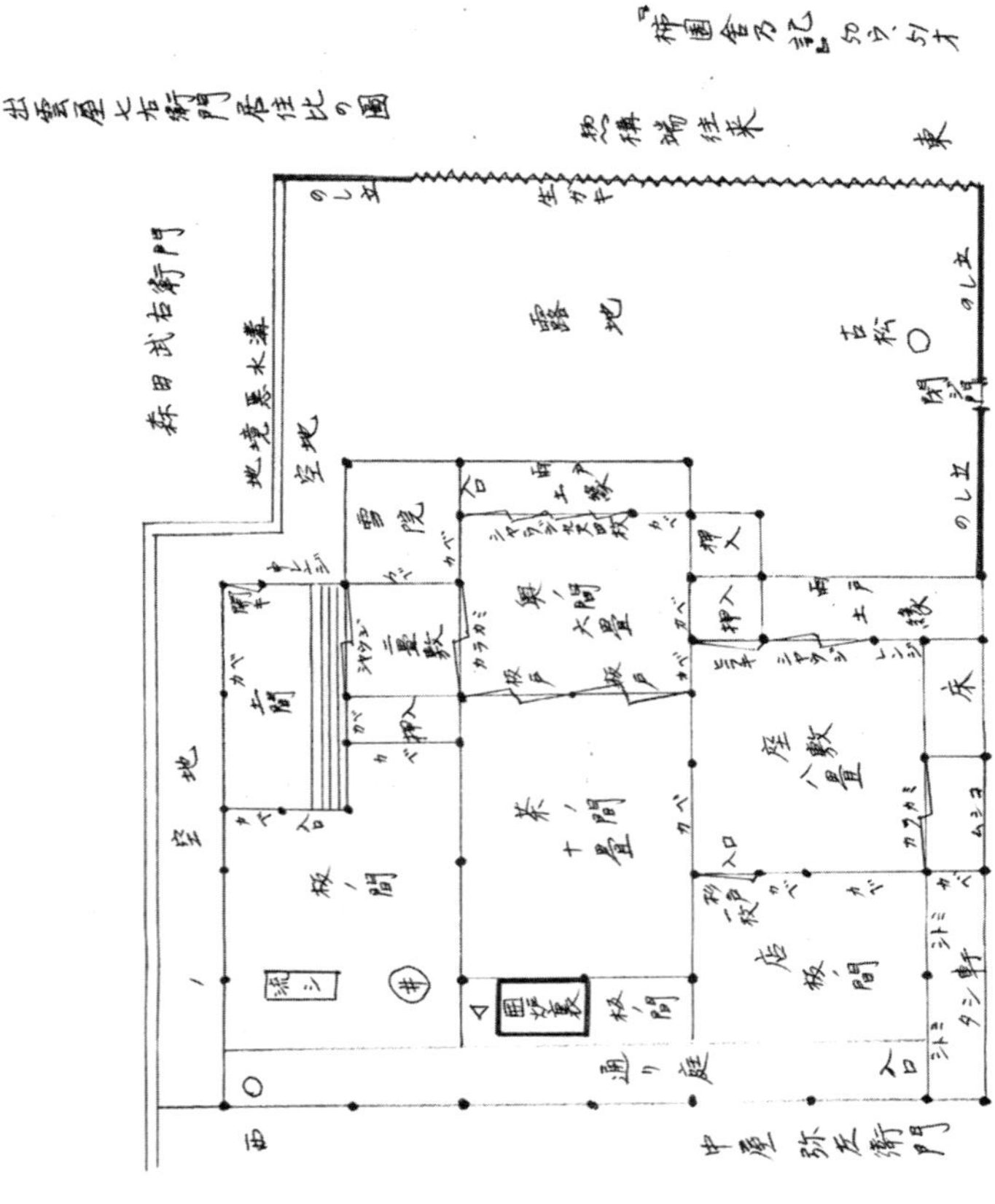

※むしこ(虫籠)—むしこ窓の略。塗ごめの太く目の細かい
むしこ格子を入れた窓。
※のし立—のしだて。のしだて。[大言]の家屋の外側の板張り。
②板壁。長手県九戸郡、山形県庄内、千葉県香取
郡、新潟県岩船郡など。板塀を鹿児島県肝属郡、薩摩
地方で、のしだて、のせだて。辞書には石川県はあげていないが、
当時は使われていたのであろう。
※閂門—へいじもん(平地門・屏中門)の当て字ではないか。

図7

種々様々。ただ何より驚くのは、小さい修繕は勿論あったろうが、建て替えもせず六十年・九十年と長いこと住み続けていることである。

3　森田家が代々住んだ家

次に平次が柿園舎と名づけてずっと住んだⒹの家について、『柿園日記』や長男・外與吉の記した『霞園日記』によって述べる。

文化七年に出雲屋七右衛門と振り替えたⒶの二階建ての家（図6）は、ほとんど敷地いっぱいで庭（露地）らしい庭もなかったが、このⒹの家（図7）は幾らか庭があって、東の隅に接木畑の頃の名残りだという五葉の松が一本あった。この松は風情のある形のいい木だったらしいが、嘉永五年（一八五二）九月二十二日の日記に、殿様、豊（みつ）之丞[注98]様が宅前より大乗寺辺を御通りになるのでその心得でいる様にとのことで用意していた所、露地東隅の五葉松の枝が垂れ、御通りに支障があると町役人が言ってきたので、是非なく枝を卸し「無風情事に相成候事」と記す。

図面にはこの松しか記してないが、大身の武家ではないし、特に庭らしくつくってはいなかったであろう。この松も雪のため危くなり、遂に明治五年（一八七二）三月十一日に伐ってしまった。平次はその頃、御蔵書整理の仕事も一先ずすんで浪々の身となっていたので、わずかの庭ではあるが開墾して畑とし、野菜でも作って家計の足しにしようと思ったのであろう。危なげな老松も思いきって伐った方が日当たりもよくなるし、畑地も広くなるしと考え、また縁側と奥の二畳敷の中の間なども壊して更に畑を広げることにした。この日の日記に「此頃外々の人々追々邸宅を毀ち　或は畑を開き　道具を売払事のみなれば　自分も其の心得致し　兎角活計の道を立（て）経済を第一とする是専要の事と心付（き）則ち今

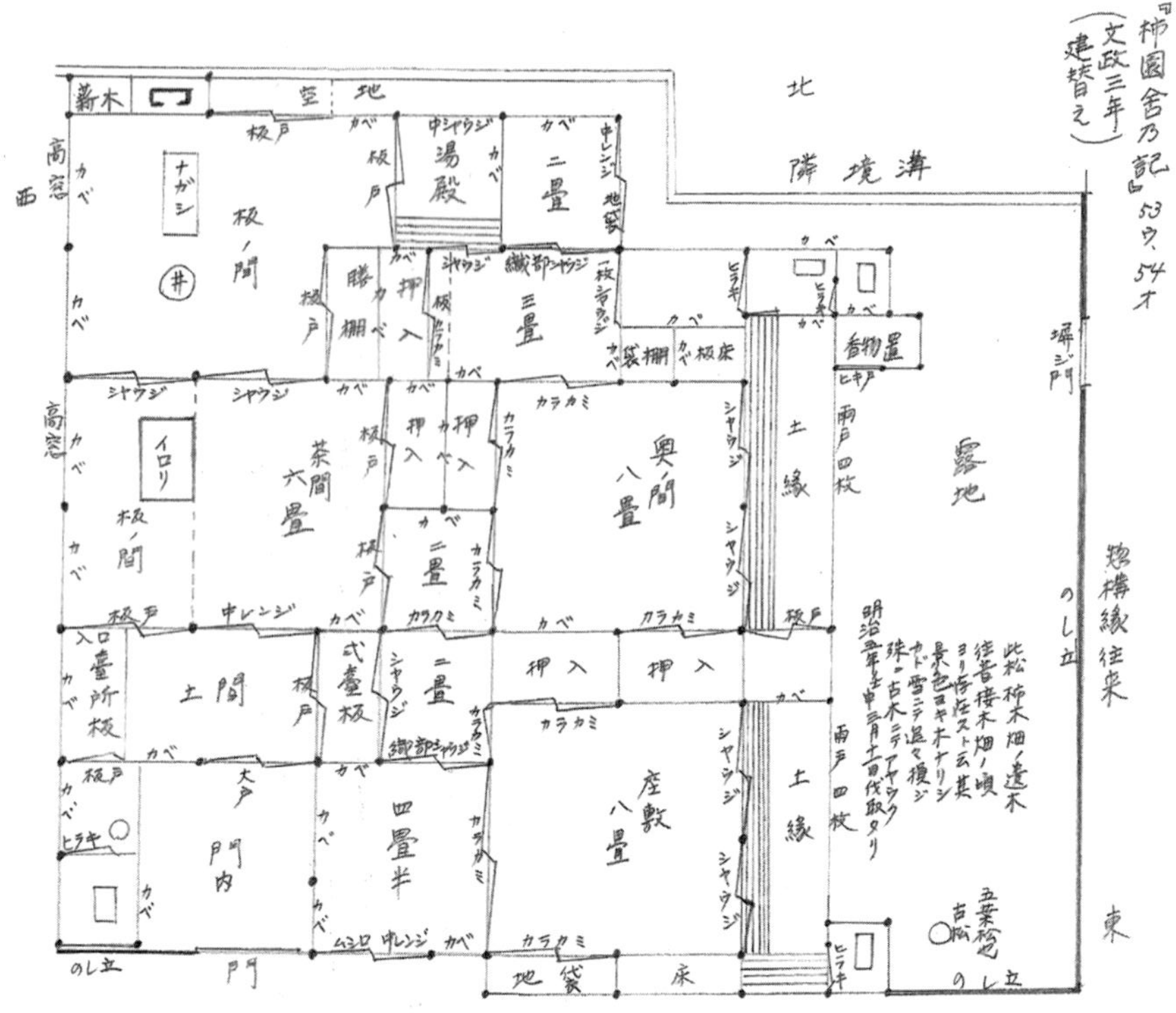

*塀じ門――屏中門・塀重門からきた語で、金沢では「へじもん」といい、囲われた坪庭への入口の門。左右に柱を立て、二枚開きの板扉を取り付けただけの、屋根も冠木もつけない門。

*織部しやうじ――民家で使われた建具形式の一。下半を唐紙張り。上半を障子としたもの。

図 8

十一日杣壱人日用壱人雇入(れ)松木を為伐(きらせ)縁側等取毀方は日々自身致し候事」と書いている。暇はあるし、人を雇えば出費もふえるから節約にもなると、自分で少しずつ壊し出したのであろう。四月十八日に「私宅取毀作事方荒増相済」とある。この頃武士たちはいずれも生活に難渋していた。だが平次はこのあと幸運にも等外三等出仕を仰せ付けられ庶務課社寺係に任命されて、二十一日から美川町の県庁に出仕する。開いたばかりの畑は、留守を守る妻・逸や十四歳の春、十歳の外與吉らの手にゆだねられたのであろうか。

明治九年(一八七六)四月、平次は職を辞し、家で著述に専念するようになった。家に落ち着いてよくよく見ると、数代住んだこの家も文化年間の大普請後(注99)七十年ばかりたった家なので随分ひどくなり、この所久しく手入れもしなかったので、何とかしなければならない状態だった。

かつては先祖以来相伝の家を後代に持ち伝えるのが相続人の心得であると考えていた平次も、廃藩後は、どんな家でも地所でも自由に買い求められるようになったので、時世も変わったことだし、どこでもよいから手広い新築の家を買い求めたいと考えるようになった。そこで二三ヵ所売家を見歩いたが、間取が悪かったり井戸の水がよくなかったりでよい家がなかなか無い。そこで又よくよく考えて思い返し、逸も転宅したくないというので、以後ずっとこの家に住むことに決めた。隣家の大工・増村理三郎に頼んで九月から大修理にとりかかり、入口、茶の間は十月下旬に、座敷も十二月に落成。この時天井板は、以前越中境に詰めていた頃、越後国荒沢村(注100)から柾目の杉板十畳分を買い上げておいたのを張らせた。そのあと流しなどの手入れをし、翌十年四月にすべて仕上り、春の婚家先小泉家の人達や弟の上田作左衛門等を招いて祝宴を開いた。十六日の日記に「料理方中戸屋へ申付」云々とある。こうして家を悉く手入れさせたので、次は相応の払土蔵があったら買い求めて建てたいと考え、その前にまず土蔵を建てるべき地続きの土地を買い入れたいと思ったが、隣家も動く様子もなく、思うようにはゆかず、結局明治十八年まで蔵建築に取りかかることは出来なかった。

さて座敷、奥の間には、明治五年までは五間の縁側があり、その前は土縁になっていたのを壊して畑とし、以来野菜などを作っていたのだろうが、明治十二年六月にやはり縁側がないのは不便だというので増村大工に頼んで縁側をつけ、縁から奥の雪隠までを瓦葺きとした。ついで明治十三年四月には又縁側五間通りの内庭を、左官・石坂仁三郎に頼んでのこらず漆喰（しっくい）にした。そして畑も、もうその頃になると余りにも見苦しいからと取り止め、もとのように露地にして樹木なども植えたいと思うようになった。ちょうどその頃、石浦神社が広坂通りに移転することになって、もとの社地（本多町）にあった樹木や飛石もいらなくなったので差し上げたいと神官・長谷勝治氏が言うのでそれを貰いうけることにし、明治十五年秋、飛石九つと梅の古木、枇杷、石榴（ざくろ）など。更に菩提寺の放生寺でも客殿前にあった古木の梅を譲ってくれるというので、それぞれ人足を頼んで取り寄せ植えつけた。このあと明治十七年頃経済的に破綻し、その後しばらくは失った財産をたてなおす為、ただ節倹を旨としてつましく暮らしているから、木を買い入れたりできる状態ではなかったろう。少し落ち着いた頃から少しずつ他に木を買ったり貰ったりしたのだろうか。のち大正六年（一九一七）に外與吉が桜畠に家を建てた時、柿木畠の梅の老樹の他、金木犀・夾竹桃（きょうちくとう）・さつきその他草物などを移植しており、庭木が色々植えられていたようだ。

こうして明治三十年代には土蔵もでき、庭も作り、暮らしも落ち着いたので『柿園舎記談』を書き残すことにしたものと思う。なおこの家は明治三十年（一八九七）二月二十五日、家屋税がかかることになり、検査員が調べて作った絵図には土蔵とも惣坪数三八坪とある。

明治三十七年（一九〇四）五月、それまで家の屋根も土蔵の屋根も「板葺の嶺折」だったが、雨洩りしたりするので「近年より流行する嶺瓦（注101）」にした。（この時の代金、一間分六枚・四〇銭で大屋分五間半・三三枚、土蔵分三間四尺・二二枚、都合五五枚、合計三円七八銭）その後、明治四十年に外與吉が金沢に転勤となり、外與吉一家が同居するようになって、五月五日には電燈がひかれ、同四十一年（一九〇八）十月には玄関上り立て茶の間の障子をガラス戸に改造し、十一月には玄関口に越前石の敷石を三尺巾に敷きつめたりと手入れが続けられている。

（注98）殿様豊之丞様——殿様は十三代藩主斉泰。明治十七年薨ず、七十四歳。豊之丞は斉泰の五男。大聖寺十三代藩主となる利行。安政二年没、二十一歳。

（注99）大普請——この時大工は古家の造作は費用がかかる割に余りよくならないから、惣構の方を前口にして新しく建て直した方がよいと言ったのだが、それは容易なことではないから一まずこのままで家作すると決めたのだった。しかし後になって作左衛門修陳は、やはり建てかえておくのだったと後悔していたという。

（注100）荒沢村——六（二）（注6）を見よ。

（注101）嶺瓦——平石英雄氏が御友人の建築設計家・武藤清秀氏にお調べ頂いたこととしてお教え下さったので以下に記して御礼申し上げる。

「嶺折」屋根ふきの技法で、この技術は現在はもう消滅しており、この語を知っている瓦職人も殆どいないということである。用材は普通のコバ板（木羽板・小羽板）。金沢で古く何を用いたか不詳だが、アテ材ではないかという。屋根の棟の部分に鋸目を入れ押し曲げるが、板が薄いので、鋸目が深いと取り付けて弱くなるし雨洩りもおこるだろうし、鋸目の入れ方は職人芸といえた。普通は図（Ⅰ）のようにA面を表とするが、A面を下にした図（Ⅱ）のようなものもあつたらしい。このコバ板は釘打ちで止め、上手な職人は口に釘を一杯含んで一本ずつ口から出し目にも止まらぬ早さでトントンと打ち込むので、コバ板葺きをトントン葺きともいったという。当時は板葺屋根に丸い河原石をのせたので、石が転落せぬよう枕タルキを打ちつけた。瓦葺きが普通になって、この技術が消滅したわけである。「嶺瓦」今日では棟瓦（ムネガワラ、またムナガワラ）という。屋根の棟をふくのに用いる瓦。現在でも木造瓦葺に使用されている工法で、棟は風当たりが強いので必ず下と針金でつなぎ止めた。下のコバ板は今は殆どベニヤ板で、頂上で突き合わせて釘止めした。

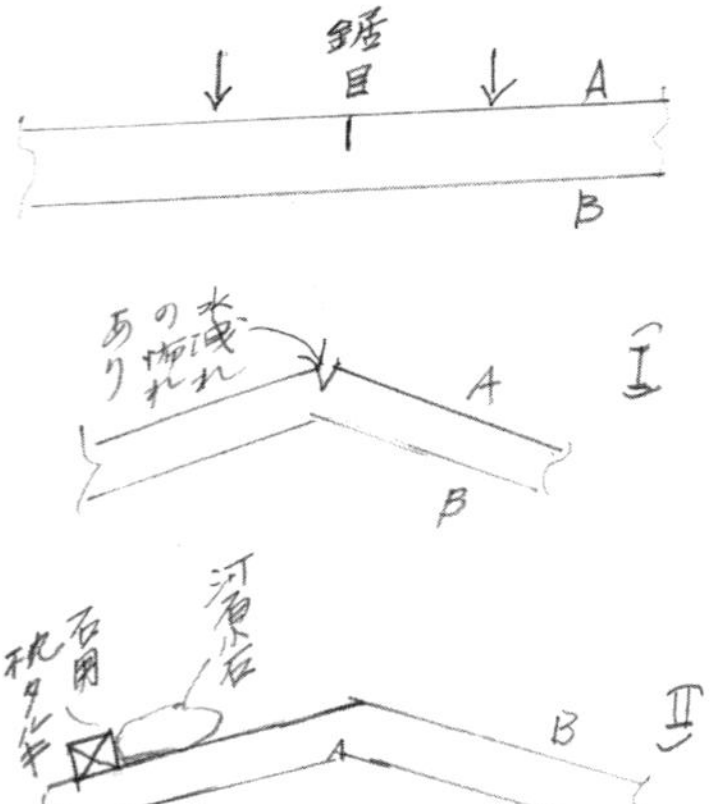

図（I）　図（II）

4　平次没後の家の移り変わり

平次没後、この家に逸と共に外與吉一家が住んでいた。しかし明治四十二年四月一日、外與吉は専売局府中製造所広島支所長に任命された。五日に事務引き継ぎを終え、家族一同広島に引き連れて赴任しようかと一時は考えたが、この年は平次の一周忌もあるし、又まだ墓碑も建ててない上、家宅や書籍の保管のことなどが色々残っているので、当分は外與吉単独で赴任のことと決め、八日に一人列車で金沢を出発した。家には逸や家族が残り、十六歳の良雄の他は女ばかりなので、留守中のことは茨木町に住んでいた従兄弟・斎川貞次（大浦氏が明治になって斎川と改姓）に頼んだ。土蔵周りの板の壊れや板塀の腐食など、すべて里見町の大工・石黒元次郎に任せて修繕してもらっているが、それらは一々広島に報告され、外與吉は離れて住んではいても心にかけ指示などもしていたのであろう。そして七月半ばには暑中休暇をもらって金沢に帰り、十八日に繰り上げて一周忌法会を自宅で行い、蔵書の虫干しもした。なおその際一同熟議の上、良雄は第一中学校三年になっているので、当分伯父の石崎（イッサキ）喜一郎方（子供はなく夫婦二人暮らしだった）に預けて世話を頼み、逸以下の家族は一まず広島に転居することに決めた。あとの家は日本銀行金沢支店勤務の吉井仲助氏（東京・北豊島郡尾久村字上尾久の伯爵・吉井幸蔵氏の弟）が大層よい人物だとのことで土蔵以外を月八円で貸すこととした。そこで奥八畳間の畳替え、四畳半の裏返しなど明け渡す準備に忙しかった。七月三十日、休暇中なので良雄も広島に同道することとし、家族五人と女中さん（金石町の中島三太郎の娘・ツヤ、十六歳）一人、親戚等に見送られて午前五時上り十五号列車で金沢出発。（京都で下車して家族らを京都見物させている）三十一日に無事広島着。とりあえず広島市段原村[注102]鶴見橋畔の貸家に住む。柿園舎の管理は斎川貞次が引き続きやってくれ、時々床板・板塀の修繕、畳替え等の通知がきている。良雄は夏冬の休みには広島の父母の元に帰っているが、一方外與吉も夏には休暇をとり、良雄と共に金沢で土蔵の書籍の虫干しを行い、植木の手入れを頼んだり井戸のポンプを取り替えたりと、住んではいなくても随分心にかけ又お金もかけている。

明治四十三年（一九一〇）十一月、吉井仲助氏が本店に転勤となって家を明け渡すこととなり、次は石川県警部、市瀬勝三郎氏が借りたいとのことで、家賃八円八〇銭で貸すこととした。

なお同年十二月三日に石崎喜一郎に頼み柿木畠の居宅及び土蔵に火災保険をかけている。居宅八〇〇円、土蔵二〇〇円、保険金一〇〇〇円。保険料一〇円四〇銭、割引額八円八四銭。神戸海上運送火災保険株式会社と契約。又四十四年（一九一一）二月二十七日、市街宅地地価修正のため柿木畠の地価が次のように修正されたと斎川氏から通知があった。

上柿木畠四十二番地　一七坪五合　此地価二六円二五銭
〃　四十三番地　五三坪一合　此地価七九円六五銭
合計一〇五円九〇銭（この地租二円六四銭五厘）

四十五年一月七日、金沢警察署長だった市瀬勝三郎氏が家を明け渡し、そのあと清水兼雄氏に貸し、大正二年（一九一三）九月に清水氏が移転したため、十月に高島光氏に八円で貸した。

大正三年十一月、外與吉は栃木県茂木（もてぎ）（注103）専売支局製造課長を拝命した。そこは当時交通機関も余り発達していない上、気候も温暖ではなく、年老いた母を連れてゆくのは無理だと思われたので、当分八十一歳の逸と喜久とは金沢の家に帰り（美也子は明治四十三年九月七日広島で病没、時に七歳）四高生の良雄と共に住むことと決め、家の明け渡しを頼んだ所、明けてくれたので十一月二十二日再び柿木畠の家に移った。外與吉は十二月に一人で茂木に赴任したが、夏にはやはり金沢に帰って本の虫干しなどをしている。大正四年九月四日良雄は東京帝大に入学して上京。しばらく逸と喜久の二人で柿園舎に住むこととなり、冬休みに外與吉も良雄も帰沢するという生活となる。

外與吉は明治十八年に石川県収税属拝命以来三十年間勤続してきたので、かねてから後進の為に退官したいとの志を抱き、上司から東京で煙草元売捌人会事務所を引き受けるようとの誘いもあったが、これを辞退した所、大正五年四月金沢専売支局在勤を命ぜられた。しかし本局に出頭して辞表を出し金沢に帰った。五月十五日願いにより本官を免ぜられ、退官後は、「老母看護旁当分金沢市上柿木畠四十三番地自宅ニテ静養ノ見込」と挨拶状に書いている。彼はいずれ家を新築するつもりで、明治四十四年帰沢中に桜畠二番丁（現寺町三丁目）の土地を買い求めておいた。大正五年十一月、この所有地に建築することに決め、この後柿木畠敷地内の老樹の梅などを移植する為、植木職を雇い根巻きをさせたりしている。大正六年

（一九一七）二月、河原町の設計業・小室藤太郎に設計を頼み三月から建築に取りかかり八月四日に新宅が落成した。そこで十一日に柿木畠旧宅から桜畠新宅に移転し、これに伴い本籍も桜畠に移した。このあと旧宅は石黒大工に頼んで手入れをし、陸軍歩兵中佐・山口鎌吉氏に月十二円で貸した。山口氏は大正八年三月に明け渡し、このあと小室氏から是非借りたいと懇請され月十五円で貸した。小室氏は大正十二年に死去したが、その後も遺族小室藤一氏がずっと借り続けている。この間外與吉らは桜畠に住んで、旧宅持家の畳替え、襖張り他の修理・改造、井戸さらえとか冬の雪おろしをさせるとか手まめに手入れをしている。昭和四年（一九二九）五月には屋根を不燃質物で改葺との規則が発布されたが、この旧宅は文政以前の建築なので、従来の板葺屋根を瓦葺とするのは不可能だと思い亜鉛引鉄板にした。この屋根もまた時々ペンキの塗り替えをしている。

昭和八年（一九三三）三月、旧宅の土蔵を桜畠に移築することにし、屋根をはずし中をくずして桜畠に運び、建て直して八月に工事が終った。又同年九月十九日には上柿木畠の東方の一角が、道路拡張のため市役所から買収交渉があり、公益の為なので止むを得ずそれに応じたが、道路拡張による分割のための登記申請によると、分割前は宅地五三坪一合（賃貸価格八四円九六銭）だったのが、分割後は四十三番地の一―五合六勺（賃貸価格九〇銭）四十三番地の二―五二坪五合四勺（賃貸価格八四円六銭）ということで四十三番地の一を市役所に譲渡したのである。その為板塀を動かしたり、その敷地にある枇杷の古樹を（移植しても枯死するおそれある為）伐ったり、つつじを移植したりした。あとで桜畠から錦木・八朔椿・まさきを移植し飛石をつけかえたりして庭を造り直している。

昭和十年六月には井戸が渇水し、小室藤一氏の依頼により水道敷設を申し込んだ。百余年来の霊水も寿命がきたのであろうか。なお昭和十四年十二月の所轄警察署への申告によると、この持家の住宅坪数は三七坪七合（賃貸月二〇円）であった。

『霞園日記』は昭和十五年（一九四〇）で終っているのでその後の事ははっきりしない。（几帳面な外與吉のことだから日記を書き続けていたと思われるが、東京への転居や戦争末期の金沢への再転居、没後の後始末等の混雑のうちに行方が分からなくなってしまったのではないかと思う。）昭和十七年に良雄は老親二人を東京荻窪の家によんで同居することにし、その時貨車一台借りきって荻窪の家におけるほどの荷物を運んだ。甲冑とか家譜、柿園日記とかの書物はこの時運ばれ、幸いにも戦災にもあわずにすみ、おかげで今日まで無事に残されたのであった。桜畠の家は父方の従兄弟・米原（よねはら）氏に留守を頼んで住んでもらった。多分この時柿木畠の家は小室氏に売ってきたのではなかろうか。（そして蔵の中の書籍もその時にとりあえず県立図書館に預けたのではないかと思う。）その後の事は不明だが、小室氏もその後手放したのであろう。昭和三十三年（一九五八）（住居表示変更前）の地図では、上柿木畠四十三番地は旅館一休荘となっている。代々心をこめて手入れを続けてきた家も、こうして遂に姿を消したのであった。この家にこめた父祖の心を思うと、やはりいささかの感慨を覚えずにはいられない。（一）に記したようにその後は次々と持ち主も変り、改築もされたのであろう。

そもそもこの家は、宝暦十一年（一七六一）に酒屋伊兵衛の建てた家で、その後何回か建て増ししたり一部を手直ししたりはしているが、土台や大黒柱などは昭和十七年（一九四二）までで百八十年ほども経っている家ということになる。その家に小室氏までで十数代もが住みつき住みかわりして暮らしていたのであった。昔の家は土台や骨組が本当にしっかりと建てられていて、百年以上たってもびくともしなかったのかもしれないが、それにしても今の人達と違い、昔の人達はよくもそういう古い家に何代も何年も住んでいたものだと、心の底から感嘆する。時代も変わり、生活状態も昔とはすっかり変わってきたので、現在は使い勝手が悪くなり改築ということになった時、再生は一般に新築より高くつくので、どうしても新築に傾きやすい。一方で古民家再生の機運も高まりはじめてはいるようだが、それは古民家という特殊な家の場合で、素人考えだが、現代の普通の家は土台等も百年もつようにはなっていないのではなかろうか。建築廃材の産業廃棄物に占める割合は約二割というし、環境を守るためにも手を加えて長く住み続ける工夫は必要だろうが、これは建築だけの問題にとどまらず、相続その他の要因も加わって一概には言えないように思う。

東京郊外の私の住んでいる街でも、この何年間（二〇〇〇年現在）かにあちこちで家が壊されてビルが建ち、街の様相は一変してしまった。これも時勢というものであろうが、こういう世の中になれてしまった目には、この柿木畠の小さな家のたどった物語は何とも興味深く思われて、つい詳しく書きつらねてしまった次第である。

（注102）段原（だんばら）村鶴見橋畔――現・広島市南区比治山（ひじやま）町（ちょう）。京橋川と猿猴川に挟まれた太田川三角州の低地上に位置し、南部は比治山（ひじやま）がある。江戸期～明治二十二年段原村。明治二十二年～大正五年広島市の大字名段原。日清戦争で大陸への前進基地となった宇品を南方にひかえ比治山一帯に軍事施設が置かれた。明治十三年旧比治山渡し場に架橋された鶴見橋は同二十九年まで渡橋賃を徴集した。同三十年広島水力発電が設立され、約二十六キロメートル離れた黒木川発電所から電燈が広島市内に供給。三十年代以降に広島煙草専売局・精米所・鉄工所・鋳物工場・缶詰工場・マッチ工場が設立された。大正五年段原町となる。昭和四十一年まで広島市の町名。同年段原町と松川町・土手町他の一部と合わせて比治山町となる。

（注103）茂木（もてぎ）――明治八年～二十二年茂木町。明治

二十二年より茂木町の大字茂木。現在芳賀郡の自治体名。

明治二十年の記録に「此地ハ古来煙草ニ有名ノ処ニ所謂茂木烟草トハ即チ茲ニ産スルモノ也」とあり刻煙草の生産は高まり将来性大なりとする。日清戦争の頃、葉煙草、民営刻煙草の生産が急増して「鎮台の広島か関東の茂木か」といわれるほどの景気のよさであった。明治三十二年には合資会社二社を含めて工場は四十三に及び、明治三十年創業の茂木銀行も「煙草売買ノ盛況ノ結果、資金ノ需要益々喚起シ同三十二年資本金八万円増額ス」と好況で、同三十八年には、あやめ、もみじなどを三十二万貫生産し、同四十三年には職工数二四五四（男八一四、女一六四〇）。大正四年委託工場廃止に伴う職工解雇で失業者増大、不況に陥り、同七年町内貧民が資産家をおそう米騒動が起こる。大正九年真岡（もうか）線開通、茂木駅設置。（外與吉が茂木に赴任したのは大正三年十一月で、五年三月まで在勤した。）

附録一

森田柿園『幸若舞曲考』

本稿は「石川郷土史学会々誌」34号（平成十三年十二月二日発行）に発表したものを元にしたものである。

（一）はじめに

金沢市立図書館・近世資料室に所蔵されている森田柿園著『幸若舞曲考』は、『国書総目録』にも載っておらず、又写本もないので、その存在は世に知られていないが、昭和五十四年二月『幸若舞曲研究』第一巻（吾郷寅之進編・三弥井書店）に庵逧巌氏が資料として翻刻発表されている。たゞこの書も現在容易には見られない。庵逧氏は昭和五十四年に逝去されたが、当時夫・鈴木一彦と庵逧氏が山梨大学で同僚だったという御縁で、平成十二年に出版された遺稿集『幸若舞・歌舞伎・村芝居』（勉誠出版）を美根子夫人が御恵与下さった。夫は既に死去していたため、私がその御本を頂き、巻末の著作目録によって氏が『幸若舞曲考』を翻刻されていることを知った次第である。そこで夫人から氏の原稿のコピーを頂き、印刷されたものと引き合わせたところ、数ヵ所の誤植があった。又氏は原本を、自筆かと思うが確証はないと言われているのだが、柿園の自筆を多く見てきた私の見る所、これは疑いなく自筆であって、この原本とも比べてみたところ、庵逧氏が紛らわしいよく似た字と読み違えておられる所も見つかった。そこで「江戸期の随筆等を除いては恐らく幸若舞曲研究の嚆矢というべきものであって、その一々の記述の当否については、猶考うべき点があるにしても貴重な文献といわねばならない。写本としても他に伝わるものを見ず、世に知られていないので」（四七九頁）と翻刻紹介された氏の御遺志をついで、誤植や読み違えの個所を正して発表したいと考え、美根子夫人のお許しを得、三弥井書店の御諒解も得たので、改めて発表することにした。お陰様で、眠っていた古い資料に日を当てることが出来、まことに有難く、関係の皆様に深く御礼申し上げる。

（二）解題

原本は金沢市立玉川図書館の所蔵本で、横十七・二センチ、縦二十二・九センチの和綴。庵逧氏の記述を借りると（四七七頁）、表紙に題簽を附して「幸若舞曲考　単」と墨書し、本文は一葉二十六行の罫紙十六丁にわたって、一行十七字ないし二十字詰で書かれている。末尾三丁半は「越前万歳」を考証した附録で、直接主題を扱ったものではないが、氏は関連の芸能史料として、あわせて翻刻されている。

原本には本文最初の所に朱で「舞々三太夫」と書き 写了 の印を押した付箋、追考の所に同じく「舞々三太夫」として 校了 写了 の印を押した付箋、附言の所に「越前万歳」として 写了 の印を押した付箋がつけてある。これは柿園自筆の原本を前田家・編集係が手写した時のものと思う。従って写本も当然あったものと思われるが、現在残ってはいないようである。

著作年次は、後書きもなくはっきりしないが、庵逧氏も指摘するように（四七九頁）、文中「明治廃藩ノ際」「維新後」等の字句があることから明治以降であろう。氏は「その晩年、明治期において」と書かれているが、私は署名から見て、晩年というよりは明治四年（四十九歳）頃ではないかと考える。（注）その頃は前田家々録編集係の御雇として城内蔵書の取調べに当たっていた。後書きも配さぬ体裁から、取調べの合間に著したもので、完成したものでなかったのでは、と思われる。越前万歳の最後に、伊達郡について疑問を呈し、衍文脱字などあるかと記しているが、ずっと後の明治三十一年に「今伊達郡は今いふ今立郡なり」「上大坪村下大坪村と載たる下大坪は今いふ野大坪なるべし」と書いている。（『続々漸得雑記』十四）彼はこの疑問を解決したあとで本文を完結させ、奥書も書くつもりだったのではないか。明治九年に官を退き、自宅で著述に専念するようになってからもずっとこの疑念を持ち続けていたのであろう。もとの本は手元になかったが、『続々漸得雑記』で完成させたものと思う。

（注）彼の署名をざっと見ると、明治以前は「柿園、柿園舎、森田良見、紀良見」などと書くことが多く、通称「平丞、平之佑」を加えたものもある。明治二年十月に平次と改名。同五年に一人一名と定められてからは「森田平次」と書くようになり、同十年に東京の前田家から、森田良見という人が同苗あるいは先代等の内に居ないかと、他人かと思われて尋ねられている位である。二・三十年代になって「柿園舎主人、平次良見、紀良見」となり、晩年は「柿園老人、八十翁」などと付け加えるようになる。本書の署名はどちらかというと明治以前のものに近いと思う。

（三）翻刻本文

凡例

一、これまで私は翻刻に当たって、原本の体裁そのまゝに、句読点、濁点を施すこと以外は、改行、括弧を附すなどはせず、原本の姿をなるべく残すように心掛けてきたが、今回は庵逧氏が「必ずしも原本の丁附行数に拘わることなく、適宜改行し、濁点・句読点・括弧等を私に施すことをした。本文第三丁表に見られる同筆の頭注は、括弧を附して本文中に組み入れた外、明らかに誤脱と思われる個所は、括弧を附して補った。他は能う限り原本に忠実ならんことを期した」（四七九頁）とされているので、私も大体に於いてそれに従った。

二、三弥井本がそうであるように、漢字の字体は現行通用の字体とし、旧字体、異体字は用いない。その一部を示すと

應→応　廣→広　傳→伝　會→会　條→条　黨→党

藝→芸　舊→旧　皈→帰　虽→雖　ヿ→事

又当時慣用の仮名の合字も現行の書き方に改めた。

ト〆→トシテ　𪜈→トモ

三、原本、庵逧氏原稿、印刷された三弥井本の校異は右傍に番号を付して注記した。（それぞれを(原)(庵)(三)と略記）

括弧、句読点など筆者の考えによって変えた箇所もあるが、煩雑になるので一々注はつけなかつた、

なお原本の段階での著者による朱の訂正も注記しない。

本文

幸若舞曲考

越前国幸若大夫ノ来歴并家康公・利長卿・利常卿幸若ノ舞曲ヲ賞翫シ玉フ事 付追考

附

越前万歳ノ由来

右ハ吾旧藩前田家ニ関係スル事件ナルニ依テ今諸記録ヲ参考シテ聊考案ヲ配載ス

幸若舞曲考

柿園　森田良見著

越前国丹生郡田中村ニ幸若大夫トテ数家アリ、徳川将軍家ヨリ領知ヲ賜リ、尤帯刀ヲモ許サレタリシカド、天和三年三月、「舞々・猿楽ハ仮（令）御扶持タリトモ向後帯刀スベカラズ。舞楽相勤ル時ハ熨斗目着服不苦」ト幕府ヨリ仰出サレ、是ヨリ幸若大夫・猿楽大夫モ帯刀ノ事は止タリケリ。(注1)

幸若大夫ノ祖ハ、幸若丸トテ、其先ハ越中国ノ守護職桃井播磨守直常ノ裔ナリ。後醍醐天皇(注2)ノ御世、直常無二ノ南朝方ニテ、殊功ヲ立タリシカド、遂ニ越中国ニテ討死シ、其子孫桃井幸若丸、諸国ヲ漂泊シ、後ニハ叡山ニ遊学シテ音曲ヲ好ミ、草紙ヲ謳ス。幸若丸ノ子孫、其曲ヲ業トシテ幸若大夫ト称ス。又幸岩大夫ト称スル者アリ、是モ幸若丸ト共ニ、叡山ニテ遊学スト、幸若大夫ノ家伝也ト、『越前誌』ニ云リ。按ズルニ『蔭涼軒季瓊日録』ニ、「寛正六年八月七日、幸若丸御免許可レ参二于今出川殿一之由被レ仰二于伊勢守一也。八日、幸若丸参二于今出川殿一而可レ為二上首一之事先職可レ有二扶持一」云々ナド見エタル幸若丸ハ、彼鼻祖タル幸若丸ト同人ナランカ。『伊勢貞丈雑記』ニ、「幸若ト云ハ音曲ヲスルモノナリ。扇ヒヤウシヲトリテ、古ノ軍物語ナトヲウトウ者ナリ。『応仁別記』ニ、三条殿ニ幸若ノ舞ノ(注3)アリシ事見ユ」ト。サレバ此時代既に舞大夫ナル事著明ナリ。

サテ徳川家康公、天正十年五月五日、織田信長公ト江州安土山ニ会シ玉フ時、幸若大夫ヲ召、音曲ヲ奏セシメラル。此時、梅若大夫ヲモ召テ猿楽ヲ舞（セ）ケルニ、幸若ノ曲、猿楽ニ越タリトテ、殊更ニ命ジテ「和田酒盛」ヲ舞シメラレ、黄金百両ヲ賜フト『信長記』ニ見エタリ。家康公ハ、殊ニ此舞ヲ好マセ玉ヒケン、『駿府政事録』ニ「慶長十六年十二月十二日、夜幸若弥次郎大夫被二召出一有二舞曲一。同十七年七月十八日、幸若大夫賜二御暇一帰二越前一。銀子三百両下二賜之一。同十八年五月六日、幸若八郎九郎大夫召二御前一、舞曲有レ之。同十九年四月朔日、幸若有二舞曲一。六月朔日、幸若舞曲高館・伊吹落。五日、幸若大夫舞曲築嶋云々。十一日、幸若舞曲伏見常盤。七月十日、幸若有二舞曲一静。御暇被レ下銀三百両御服等給之。」ナド見エタルニテ知ラレケル。『難波戦記』ニ、元和元年、関東大坂和平アリテ、両公御凱陣ノ時、幸若八郎九郎ヲ東都ニ召テ上覧アリシ事モ見ユ。此一族ニ、越前国丹生郡田中村ニテ、釆地千石ヲ賜リ世々士著セリ。

小瀬甫庵ノ『太閤記』ニ、天正十一年四月、越前北庄柴田勝家籠城ノ時、舞々善大夫モ覚悟ヲ極メ、籠城スト見エ(注4)、『三壺記』ニハ、「舞々、幸若大夫、山口一露斎等、何モ追腹ノ者共也」トアリ。是モ勝家ノ寵恩ヲ報ゼン為ニ籠城シテ死シタルナルベシ。

昔ハ猿楽ト同ク、諸大名ノ寵ニ預リタルト見エテ、吾本藩ニモ贈大納言利長卿、慶長十年越中富山城ヘ養老シ玉フ時ノ士帳ニ、舞々武右衛門ノ名アリ。今モ幸若大夫ヲ舞々ト称スレバ、武右衛門ハ幸若ノ舞大夫ナル事著明ナリ。又、権中納言（注5）利常卿ノ時モ、幸若大夫ヲ召置レ、殊ニ此舞曲ヲ甚賞翫シ玉ヘリ。寛永年中、江戸辰口ノ御館ニテ坪井清左衛門（＊頭注　坪井清左衛門ハ井上清兵衛ノ誤也）有沢太郎左衛門ヲ討果シタル頃、或夜幸若大夫ヲ召テ舞ヲ命ゼラル。于時世子少将光高君、太郎左衛門ノ弟孫作ハ泊番カト尋玉フ。則泊番ノ由申上レバ、「八嶋」ノ舞ハ孫作ガ聞バ快クアルマジ。止サセト仰ラレ、（注6）則孫作ヲ召テ御盃ヲ下サレ、落涙シ玉ヘリ。「八嶋」ノ舞ハ、継信討死シテ、忠信死骸ヲ尋ル事アリトノ玉フト『諸士言行録』ニ云リ。又『武家耳底記』ニハ、或年重陽ノ日、江戸御館ニテ、有沢孫作ヲ井口清兵衛切掛ケ、孫作深手ヲ負テ死セリ。清兵衛ハ切腹命ゼラレタリ。四五日立テ、或夜幸若来リテ、御前ニテ舞ヲ命ゼラレ、「夜討曾我」ヲ（注7）舞ケルニ、「十郎カ首ヲ一目見テ、鬼ノヤウナル五郎モ」ト云処ニテ、「オケ〱」ト仰ラレ、則舞納メタリ。暫有テ、「有沢次郎吉モ次ニ居テ聞タルベシ。定テ（注8）難義シツラン」ト仰ナリ。（注9）次郎吉ハ孫作ガ弟ナリ。サテ次郎吉ヲ召レ、（注10）御盃ヲ被下、落涙シ玉フト。両説執レカ是ナラン。誠ニ利常卿諸士ヲ愛シ玉フ事、是等ノ恩命ニテオシハカルベシ。サテ利常卿、小松城ニ養老シ玉フ後モ、殊ニ幸若ノ舞曲ヲ好マセ玉フト見エテ、藤田安勝ノ筆記ニ、「幸若九左衛門、同小四郎トテ父子共、御在国ノ時ハ小松ニ伺公シ、毎夜御夜詰相済、御寝間御床へ入ラセラルト、御次ノ縁側へ出、舞ヲ一番宛仕、退出ス。御夜詰ノ内ニ、今夜ハ何ヲ仰付ラルベキ哉ト、古市孫三郎ナド伺、相極、御機嫌宜時ハ、御自身ニモ御唄被遊」トアリ。山本基庸ノ『夜話録』ニモ、「御夜詰済ト中村久越モ帰申体、例ノ幸若小左衛門モ退出ノ後、御寝間へ被召テ」云々ナドアリ。又毛利詮益ノ『拾纂名言記』ニ、「万治元年十月十一日ノ夜、利常卿、小松ニテ御急変ノ時、御夜詰過テ何モ退出、御寝成申迄ハ毎夜幸若九左衛門舞ヲ御聞遊サレタリ。則其夜モ、舞済テ九左衛門退出スル後」云々トアリ。参議綱紀卿ノ時、豊嶋安右衛門ノ言上書ニモ、「舞々幸若九左衛門ト云モノ、微妙公扶持シ玉ヒ、御逝去ノ前夜マデモ御寝所ニテ舞命ゼラレタリ。然ルニ御逝去ノ後ハ御扶持モ召上ラレ、唯今ハ餓死ニ及ブ体ニテ、道心者ニ成、家ノ門々ニテ食物ヲ乞申由、此外ニモ微妙公御扶持下シ賜タル舞々数人、御扶持召上ラレ、流浪致シ申由、虚実ハ不慥ト雖言上仕」トアリ。サレバ利常卿ノ御時マデハ、幸若ノ舞大夫共御扶持人ニテ、殊ニ君ノ御賞翫ニ預リ、一族共寛カニ渡世セシカド、万治ノ後ハ世上押ナベテ幸若ノ舞ハ既ニ衰微シテ、猿楽大夫ノミ賞翫シ、幸若ハ皆乞食ノ如ク成タリケン。寛文四年七月ノ達書ニ、最前被仰出人形廻シ・オドリ子并他国ノ座頭・舞々、無故モノノ宿カス義停止ノ旨見エタリ。

　サテ彼幸若九左衛門ナドノ子孫ナリケン、金沢宮腰口折違町池ノ小路ニ舞々大夫ノ居宅アリ。宝永二年金沢戸数人員調書ニ、「舞々三人内一人家持二人借屋」トアルモノ、則池ノ小路ニ居住セシ舞々ナルベシ。『混見摘写』ニ、「石川郡鷹栖ノ城跡トテ瀬領村ニアリ。此村ニ藤内屋敷トテ竹藪アリ。昔、佐久間玄蕃在城ノ頃、舞々大夫ノ居跡ト云伝ヘリ。今金沢折違橋ニ瀬領屋ト云者アリ。是瀬領村ニ居タル舞々ノ子孫ナリト。其謂レニヤアリケン、毎年歳暮ニ略暦ヲ瀬領村ヘ持参ス」トアリ。『三州奇談』ニ云、「瀬領ハ金城ノ東南、山入ノ小林ナリ。此里ヨリ出タル人ニ、金沢筋違橋ノ池ノ辺リニ八右衛門ト云男アリ。今金沢中ニ月頭ノ暦ヲ配テ銭ヲ取ル、此人ナリ。昔佐久間盛政、尾山ノ城ヲ攻シニ、城中能ク防ギ手強ク戦ヒシニ、其比瀬領村ノ者モ陣中ヘ餅、山ノ芋ナドヲ売ニ出テ居タリシガ、此者共、小立野ヨリ術計ヲナシテ手痛ク責立シ程ニ、城忽チニ落ヌ。盛政、則瀬領村ノ者共(注11)ニ褒美ヲ望メトアリシカバ、以来尾山ノ城下ヘ物ヲ売頭ニセサセ玉ヘト請ヒケルニ、盛政領掌シテ、望ノ如ク相違アラザル由、一筆ノ証書ヲ渡シケル。今モ此書キモノ、瀬領村ノ某持伝ヘタリ。其故ヲ以テ、今纔ニ月頭ノ暦ヲ配ル事ヲ許セシモ、佐久間ノ時ノ遺風ナリ」ト云リ。今按ズルニ『三州奇談』ハ、俳人堀樗庵麦水(注12)ノ著述ナレバ、天明寛政ノ頃マデハ、折違町池ノ小路ニ彼八右衛門ナルモノ居住セシト聞ユ。是則チ『混見摘写』ニ云ヘル舞々大夫ノ子孫、瀬領屋ナルモノナリ。彼旧伝ニ拠レバ、佐久間盛政ノ時代、鷹巣ノ城アリシ頃、彼城主ナドノ招ニ拠テ城下瀬領村ノ地ニ居住ス。故ニ其縁故ニ依テ屋号ヲ瀬領屋ト称シタルナルベシ。

文政七年五月、藤内頭ヨリ書出タル『異種藤内非人等ノ差別書』ニ、舞々ハ三大夫ト称シ、武士家町方ニ於テ舞ヲ致シ勧進ス。昔ハ折違町池ノ小路ニ居住セシカド、舞ノ所作ヲ止、居住所ヲ転ジタリ。其後ハ石川郡藤江村ノ百姓ノ中ニ舞々ト唱ヘ、池ノ小路ノ舞々大夫ノ職ヲ継ギ、金沢ヘ出勧進スル由、記載セリ。又『亀尾記』ニ云、「石川郡藤江村ニ、舞々三大夫ト云者二軒アリ。舞々ノ名ハ、舞ヲ舞ト云事ニテ、此三大夫ガ家ニ舞数百六十番アリ。中ニモ、大ナスリ・小ナスリ・盤若（ママ）・日暮シ或ハ林ノ舞・鷺ノ舞ナドアリテ、古風ノ楽府残リシニ、イツシカ俳優家ノミ揚セラレテ、幸若ノ舞曲ハ絶果、舞々大夫ハ今ハ乞食同様ニ下レリ。時節トハ云ナガラ、三大夫モ非人ノ人別ニ入ラレタリ」ト。今按ニ、利常卿薨去ノ万治元年マデハ小松ノ御城ニテ、毎夜御寝所ヘ召サレ舞曲ヲ命ゼラレ、御自身モ其御唄ヲ遊サレタル程ニテ、扶持シ玉ヒシカド、万治ノ後、寛文ノ初、既ニ其舞大夫九左衛門、御扶持ニ離レ、餓死ノ場ニ至リ、道心者トナリ、家ノ門々ヲ乞食ナシタリトアレバ、其ヨリ既ニ数代ヲ歴、舞々三大夫ト称シ、明治廃藩ノ際マデモ、年頭・五節句等ノ佳節ニハ、金沢市中武家・町家ヘ祝銭ヲ貰ニ出、家毎ニテ舞々三大夫ト称シ、祝言ヲ述ルマデナリ。大家ノ武士ナドニテハ、舞モ舞タル由ナレド、物吉モ（注13）同様ニテ、非人ニ等シク、是則チ宮腰往還脇ナル藤江村ノ者ナリ。尤其体実ニ乞食ノ如シ。維新後ハサル佳節ニ出ル事モ絶エ、今ハ如何ナリケント、藤江ノ邑人ニ質問スルニ、今モ其家族存在シテ、村ノ人別ナレドモ田畠モ所持セズ、従来僅ノ祝銭ヲ勧進シテ渡世セシ貧民ナレバ、旧藩ノ時ヨリ貧人ナルガ、今ハ勧進ニモ不出、祝銭ヲ収納スル術ナキ故ニ、殊更貧窮ニ迫り、漸ク藤江村ニ小家ヲ持、居住スルノミナリト云リ。

思フニ、猿楽大夫モ旧藩中ハ過分ノ家禄ヲ賜リ、藩主ノ寵ニ関リ、以下ノ諸役者モ扶持金ナドヲ賜リテ、時メキタレド、廃藩ノ後ハ扶持給金ヲ賜フ事モナク、幸若ノ舞々大夫モ同様ノ如クナルベキカド、今以テ猿楽ハ賞翫スル者多カリシ故ニ尚依然タリ。是モ追々時世移リテ賞翫スル固陋ノ老人共物故セシ後ハ、其舞曲ハ幸若ノ如ク衰微シテ遂ニ絶失(ママ)ケン。嗚呼、舞曲モ時勢ノ変遷ニ依テ盛衰ヲマヌガレザルモノカ。

追考

参議綱紀卿ノ『桑華書志』ニ「今世舞々ト云者、(注14)桃井播磨守直常之孫、従五位下宮内少輔直詮、童名幸若丸ヨリ権輿ス。其玄孫八郎九郎義安長ス二於其芸一。于レ今相伝テ世々称ニ八郎九郎一。又直詮カ女嫁スニ越州大野郡ノ士松田氏一。為テニ之ガ贅壻(いりむこ)一称ニ幸若弥四郎ト一。又義安カ弟善慶カ子呉竹称ニ之ヲ小八郎ト一。各其裔以レ此為ニ家称一。当時候スルニ于幕府一者ハ此三家也。又有ニ幸岩ト云者一。是岩松二郎経家之裔也。与ニ幸若丸一児トシテ在テニ叡山一同習ニ此芸一。至レ今桃井岩松ノ両氏為ニ舞大夫一云々。」ト載玉ヘリ。是幸若舞曲ノ濫觴ナリ。今按ズルニ『桃井系図』ニ直常ノ孫桃井中務少輔直和養子桃井二郎直弘又直常ノ兄桃井修理大夫直信ノ子桃井刑部少輔詮信トアリテ、宮内少輔直詮ノ名ナシ。此ハ記載洩ナルベシ。『花営三代記』ニ「応安三年三月五日、桃井播磨入道孫子桃井右馬助直和同伊与(ママ)守等打ニ出越中国長沢一之由後日有ニ其聞一云々。十六日於ニ長沢一合戦直和以下数輩被ニ誅伐一云々。十八日桃井余党楯ニ籠松倉城一之輩或降参或没落云々」ナドト見エタレバ、此時桃井氏ノ一族共滅亡シタルナルベシ。『太平記』巻卅九ニモ「桃井播磨守直常ヲ退治シタリシカバ聽テ越中守護職(注15)ヲ補セラレ、是ヨリ北国ハ無為ニ成タリ」ト。『金沢卯辰本光寺記』ニ「開祖日隆ハ越中国射水郡浅井郷嶋村之産。同国守護桃井播磨守直常之族直和孫桃井右馬頭尚儀之二男也。幼名長市丸。幼而得度学業日進遂於ニ京師一開ニ基本能寺一。応永二十三年於ニ本国浅井嶋村一開ニ本光寺一。後於ニ摂州尼崎一開ニ一宇一亦号ニ本光寺一」ナド見エ、(注16)桃井氏ノ一族応安ノ後ハ或ハ出家シテ僧ト成、或ハ諸国ヲ漂泊シテ中ニハ幸若ノ祖ノ如ク舞曲ヲ業トナセルモアリタルナルベシ。『参河後風土記』ニ「天文十四年乙巳三月廿日、徳川広忠卿不慮ノ災難ニ逢玉ヘドモ、御命ハ別義ナシ。其故ハ御譜代ノ近士岩松八弥ト云者、新田ノ末葉岩松ノ嫡流、度々軍功アリ。片目ナル故ニ時人片目弥八（注17）ト云シ。然ニ今日八弥出仕シテ子細ナク広忠卿ヲ村正ノ脇刺ニテ誤リ股ニ当ル。即チ逃走、植村新六出合組留ル。松平蔵人信孝鑓ヲ以テ八弥ヲ突殺シタリ。八弥乱気酒狂ナリ。然ドモ可レ宥ニ非ズトテ子一人アリシヲ（注18）忽ニ被レ誅、六歳ノ孫モ可レ誅ニ極ルヲ、広忠卿其命ヲ助ラル。然ドモ武士道長ク留レ之、長袖ニスベシトテ、越中住人桃井ノ末孫ニ幸若小八郎大夫ト云舞大夫ノ弟子ニ賜リ、幸若ノ幸ノ字ト本名岩松ノ岩ヲ取テ、幸岩ト名乗セラル。成長シテ、幸岩与大夫ト申ケリ云々。抑、幸若・幸岩ハ、清和天皇ノ後胤八幡太郎義家ノ末流ニテ新田ノ一族タリシガ、桃井・岩松ノ二家共ニ舞大夫トナリタルゾ浅マシケレ」ト記載ス。此記ニ拠レバ幸若大夫ノ祖幸若丸ト共ニ叡山ニ在テ同ク此音曲ヲ学ブト云ハ後人ノ過聞ナルベシ。

又『当代記』ニ「天正元年八月二十八日、浅井下野守居城被責落則切腹。鶴松大夫ト云舞々介錯シテ腹ヲ切」トアリ。此ハ既ニ引証セシ『小瀬太閤記』ニ、天正十一年四月、越前北庄落城ノ時、舞々善大夫籠城シテ自尽スト同時ノ談ニテ、其身甚卑シト雖、義ヲ立ル事士ニ増レリト云ベシ。天正ノ頃ハ戦国タリト云ヘドモ諸藩皆幸若等ノ舞大夫ヲ扶持セラレケン。我本藩ノ祖大納言利家卿モ、能登入部ノ頃ナドニヤ、舞々三郎大夫ヲ扶持シ玉ヒタルガ能登国羽咋郡押水庄上田村ニ舞々三郎大夫ト称シ居屋敷三百五十歩拝領シ、世々爰ニ居住ス。宝暦十四年ノ調書ニ、羽咋郡上田村舞々三郎大夫御印引屋敷高一石七斗五升トアリ。則 利常卿ノ印書ヲ所持ス。其文ニ云、

於能州羽喰郡押水庄上田村居屋敷三百五拾歩之処任天正年中先判之旨宛行畢。諸役等無相違令免除者

也　仍如件

承応五(注19)年三月廿二日　印

舞々　三郎大夫

右三郎大夫ハ、其初メ幸若大夫ナリシカド、子孫ハ其業ヲ止メ農民ト成タリ。天正年中、藩祖利家卿ヨリ賜シ証書ハ、承応前ニ既ニ紛失セシカ、利常卿ノ証書ノミ伝蔵スト云。従前、金沢池ノ小路ニ居住セシ舞々三大夫モ若ハ此三郎大夫ノ一族ナドニヤト云ヘリ。舞々ノ名目ハ『七十一番職人歌合』ニ、白拍子ノ次ニ曲舞々ト記載シテ其図ヲ挙テ、歌ニ、

忘れ行人もむかしのおとこ舞　くるしかりける恋のせめかな

按ズルニ「むかしは女の舞人を白拍子と称し男の舞人をば舞々と呼たりけん」ト或記ニ云ヘリ。尚考フベシ。

附言

万歳ト称スル舞曲モ、幸若ナドト同ク、一種ノ舞ニテ、関東ニテハ三河万歳、北国ニテハ越前万歳ト称ス。其外万歳ノ種類アリト云。中ニモ吾本藩ヘ毎春来ル越前万歳ハ、大石大夫・老松大夫ナド称シ、早春金沢ヘ来着シ、旧藩中ハ先ヅ下台所ヘ出、歳祝ヲ述テ藩主ノ万世ヲ祝シケル。昔ヨリ賜リ物ノ定有テ之ヲ頂戴シ、夫ヨリ国老執政ノ面々、及人持組、高知ノ平士夫々定日アリテ毎春其家々ヘ往向ヒ、数曲ヲ奏ス。或云、昔ハ下台所ニテモ(注20)舞タリシカド、中古藩ノ節倹ニ依テ止ラレタリト。

吾藩ヘ越前万歳ノ来ル濫觴ハ、天正三年藩祖利家卿、越前府中ヲ初テ領シ玉ヒ、其頃春ノ嘉儀トシテ府中ノ城ヘ来リ舞曲ヲ奏シ、府中在勤ノ諸士ヘモ祝賀ノ舞ヲナシタルニ依テ、金沢ヘ入部シ玉フ後ハ、府中

御在城ノ縁故ニ依テ、国初以来金沢へ来ル事トハ成タリト。一書ニ、毎歳早春越前ヨリ来ル万歳ノ由来、参議綱紀卿尋サセ玉フニ依テ、盗賊改奉行加藤十左衛門方ニテ吟味セシニ、慥ナル由来不存旨、何モ申聞タリ。然ルニ其後不残吟味スル処、古老ノ万歳一人、由来書ヲ差上タリ。其文ニ云、

「万歳の始り申事、越前国あぢま野の長者と申人有之候処、長者の前に水なし川と申川御座候。其頃長者酒を為造候に、其時分までは、酒造申道具、桶にては不造、瓶にて造り候処、右の水なし川に瓶を長者の家来洗居申候処に、何者とも不知童一人、あはたゞしく来り、瓶洗居申者に申様は、跡より人追懸来り候間、我を其瓶の下へ隠し得させと申に付、然ば此下へ入候得とて、則川の中に瓶をうつ伏、其下に隠し、知らぬ（注21）躰にて瓶を洗居申処へ、程なく人多追掛来り、今爰へ人来るやと尋候へども、右の男申様は、我先程より此瓶を洗ひうつ伏居候故、見付不申由申候へば、人々申様、爰まで見え候が（注22）、不思義也とて、重て尋る事もなく、其分にて帰候。夫より瓶の下より出し、長者に申入候様は、我は応神天皇の御末、大跡部ノ皇子と申者也。子細有之、是まで落しに、跡をしたへ、追懸奉りしを、御身の家来に助られし。幸我を是に育み給へとて、御頼あれば、安き御事とて、三ヶ年かくまい置候処、都より勅使立、位に御付被遊候刻、右長者、其所の者を御供に被召連候。其時分着仕候、子持筋（注23）鶴の丸大紋・烏帽子為御着候へと（注24）被仰下被召連候。其時、我数年介抱に逢し返報に、何成とも望候へと（注25）被仰下候へども、我隠れなき長者、何にても不足無御座候へば、望申義無御座旨申上候へば、左候はば、其装束則免し（注26）被下候間、御祝に万歳を仕候へと被仰下、其装束にて舞申候。夫より又御意被為成下候は、世のあらん限り、右の装束御免有之候間、末々の者に万歳を仕、渡世候得と薄墨の御倫（ママ）旨頂戴仕候。今伊達郡上大坪村下大坪村両所の内に、于今所持仕候。

此跡公方様御姫様に、お鶴様と申御名御座候時、鶴丸大紋着仕候事、御吟味御座候処、右の由来申上候

へば、御構無御座候。于(注27)今越前国阿地間野と申所に、長者の屋敷がまへ一里四町計(注28)の所、田畠も無御座候。」

按ズルニ、右書付ハ、元禄頃ノモノニテ、其頃越前ノ万歳共、聞伝ヘタル伝説ナルベシ。彼文中ニ、応神天皇ノ御末大跡部皇子云々トアルハ、継体天皇ノ故事ヲ云ルモノニテ、『日本紀』継体天皇ノ巻ニ、(注29)「男大迹(オホト)天皇更(マタ)名彦太尊、誉田天皇五世ノ孫、彦主人(ウシ)王之子也。母曰二振媛一云々。天皇幼年、父王薨。振媛廼歎曰、妾今遠離二桑梓(モトノクニ)一。安能得二膝養(ヒタシマツルコト)一。余帰二寧高向一、奉レ養二天皇一。」注ニ高向者越前国ノ邑名トアリテ、越前ノ高向ニテ成長シ玉ヒ、遂ニ皇位ヲ継玉ヘリ。故ニ今モ彼国ニ此天皇ノ故事ヲバ諸郡郷ニ伝ヘタリ。但シ万歳ノ装束烏帽子ハ此天皇ノ故事ヨリ起リタリトノ伝説ナレド、万歳ノ舞曲ハ其濫觴詳ナラズ。装束烏帽子モサル継体天皇ノ御世(注30)頃ニアルベキ由ナシ。皆後世ノ俗諺ニテ考証トスルニ足ラズ。又彼文中ニ、伊達郡上大坪村下大坪村ト載タルモ詳ナラズ。伊達郡ハ陸奥ノ郡名ニテ、越前ニカヽル郡名ナシ。蓋シ伊達郡ノ上ニ衍文脱字ナドアルナランカ。

(注1) (原)行末に「仮」がある。次の行頭で「令」を書きもらしたか。
(注2) (原)天皇名の上は敬意をもって一字あき。
(注3) (庵)㊂「幸若ノ舞アリシ」(「ノ」脱)
(注4) (庵)㊂「見ユ。」
(注5) (庵)㊂「権大納言」
(注6) ㊂「仰ラル」
(注7) ㊂「ヲ」脱落。
(注8) (庵)㊂「定メテ」
(注9) (庵)㊂右傍に「ママ」とするが、「仰(おおせ)ナリ」という言い方は当時他にも見られ、変な言い方ではなかったと思う。(「咄(はなし)なり」の敬語として)
(注10) (庵)㊂「召シ」ここは「召サレ」を語尾を表記せず「召レ」と書いた例。

（注11）㊂「者ニ」（「共」脱落。）
（注12）(庵)㊂「麦水」
（注13）(原)「ノ」に朱点をつけて消す。(庵)「物吉モ「ノ」」㊂「物吉モノ」。「物吉」は江戸時代に正月に□病者（不適切用語なので略す）等が黒衣覆面し黒い籠を負い、町々を「ものよしものよし」と呼びながら祝言を述べ米銭を乞い歩いたもの。
（注14）㊂「者」脱落。
（注15）㊂「守護聖」
（注16）(庵)㊂「見ユ。」
（注17）㊂「八弥」(原)(庵)「弥八」他は皆「八弥」なので多分誤と思う。
（注18）㊂「アリシテ」
（注19）(庵)㊂「四年」
（注20）㊂「モ」脱落。
（注21）(庵)㊂「知ぬ」（「ら」脱）
（注22）(庵)㊂「候に」
（注23）(庵)㊂「子持御助」「子持筋」とは太い筋に細い筋を平行してそえた模様。
（注24）(庵)㊂「候へとも」（「被」を「も」と読み誤る。）
（注25）(庵)㊂「望む□」（虫損で見にくい箇所）
（注26）(庵)㊂「免じ」（「ゆるし」と読むのだと思う。）
（注27）(庵)㊂「御座候に、今」
（注28）(庵)㊂「屋敷かまへ一里四町斗」（「ばかり」には「計」を当てた）
（注29）『日本紀』の訓は『続々漸得雑記』に柿園がつけた振り仮名からその一部を（　）に入れて示す。
（注30）(庵)㊂「御代」

（四）おわりに

越前万歳の古老の由来書の箇所は、柿園の父・森田良郷の『続咄随筆』（中三一）「越前万歳由来」とほとんど同文である。多分良郷の入手した資料を柿園も一緒に写しておいたのであろう。『続々漸得雑記』においては、この事について委しく考証を展開し、廃藩後越前万歳が人家前を徘徊して祝言を唱え米銭を乞うのは、「幸若大夫が零落して舞々大夫と称し佳日に米銭を乞へると同やうに成下りたりと同日の談とやいふへし」と、「附言」として付け加えた意味を暗示して結んでいる。

附録二

森田盛昌『宝の草子』

（一）著者

『宝の草子』は元禄中頃、恐らく十年（一六九七）に加賀藩の下級武士・森田盛昌によって記された小稿である。著者については、二　森田家の系譜の（二）4に述べたので、それを御覧頂きたい。

（二）自筆本

自筆原本は縦一七・五センチメートル、横二四・七センチメートル。楮紙を漉き直したものらしい薄墨の紙七葉の小さい草子であるが、著者の子孫の森田柿園が、自筆本が痛んできたので明治十五年（一八八二）に修理し、「此草稿既に二百許年を経　殊に薄墨の草子なるが故に追々紙上破壊せんとす　故に手自裏打をなし紙上を修繕して其時代の表紙を附　家伝の弥(珍)書とはなしける」と奥書を記し、表紙の表と裏に蔵書印、家紋印と「自愛卥書不許他出」の印を押している。（この印は柿園旧蔵の『高山寺本和名類聚抄』（現天理図書館蔵・国宝）にも押印してある）柿園はこの本を押印通りに外部に出さなかったため写本もなく、従ってその存在を知る人は居なかった。

ところで『加能郷土辞彙』には「タカラノソウシ　宝の草子一冊。森田盛昌著。元禄十年二月出口彦兵衛長信の家にて、寺西喜平次重明が、幼童の翫べる宝船の絵を見て、誠の宝はいかなるものぞと尋ねたから、それに応じて著者が種々論弁した趣を書いてある。」として載せる。日置謙氏は森田宅を訪れて蔵書を調べていたということなので、内容解説から見て、多分その折自筆本を見たものと思われる。これを『国書總目録』（一九六九・岩波書店）が「宝の冊子たからのさっし一冊㊗宝草子㊫雑記㊟森田盛昌㊍元禄一〇　加能郷土辞彙による」として取りあげ、『日本随筆辞典』（一九八六・東京書籍）も又これに拠ったものらしく「宝の冊子たからのさつし別名『宝草子』雑記。森田盛昌もりたせいしょう著。一冊。元禄十年（一六九七）成立。」と記す。

著者は自筆本にはっきり「宝の草子」と記し（図1参照）「宝の冊子」とは書いていない。それを原本の確認もなく『国書總目録』ともあろう書が、何故独断で「宝の冊子」と変えてしまったのか、全くもって理解しがたい。そして又、それをそのまま孫引きして済ませた『日本随筆辞典』に至っては論外。しかも同書が、著者名も勝手に「せいしょう」とわざわざ音読みに決めているのも（子孫としては）納得しがたい。

現在この書は、柿園の曾孫である筆者の手元にある。最初目にした時は、黒ずんだ紙に細かく書かれていて読みにくそうだと思ったが、盛昌の筆蹟になじんでいた目には、思ったほど読みづらくはなく、虫くい箇所もあったが読み通すことが出来た。著者は『宝物集』をよく読みこんでおり、長々と宝について論じたのに対し、同席の三人がそれぞれの結論や感想を述べた事を記してある。この約三十年後に著し

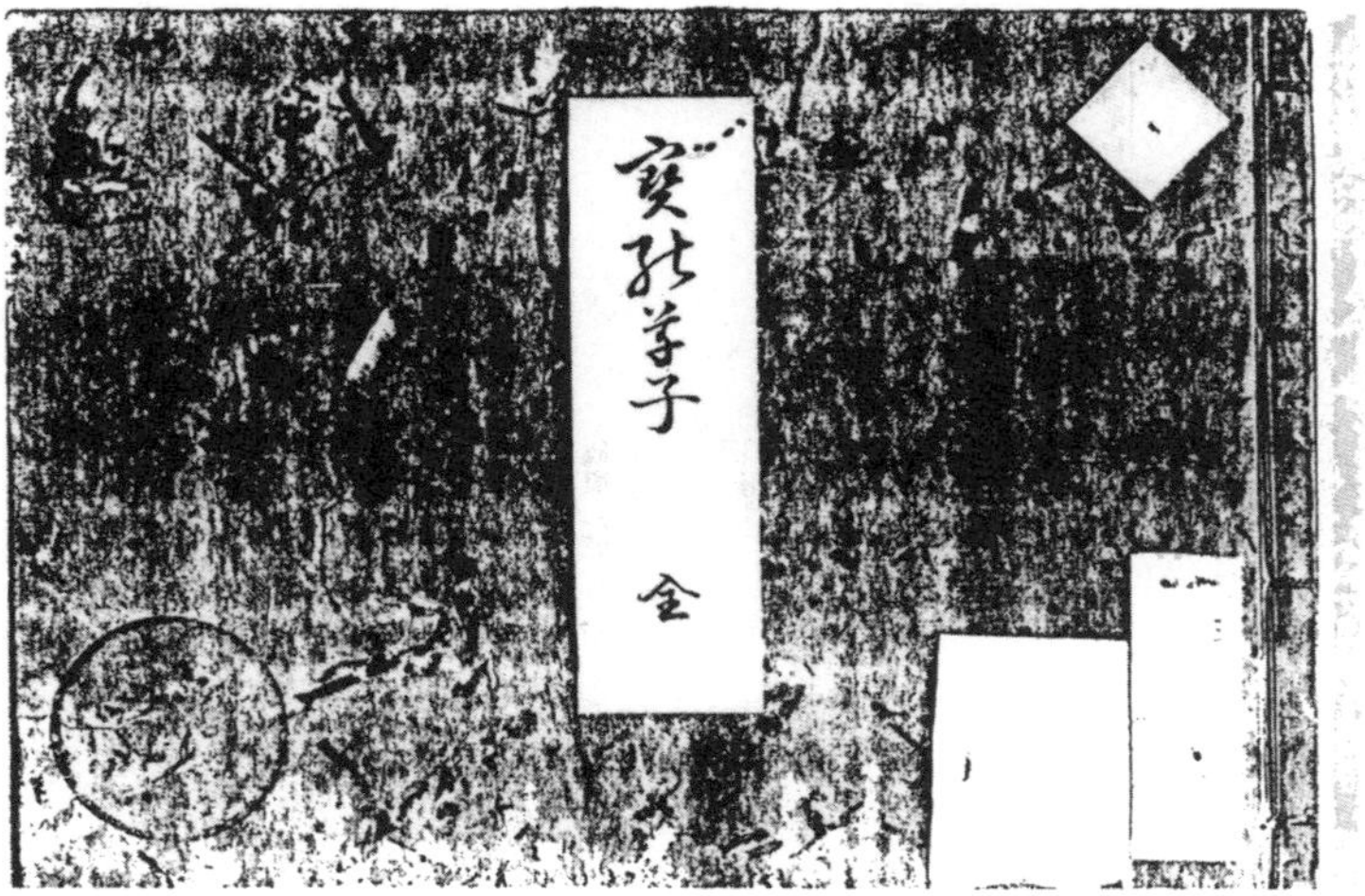

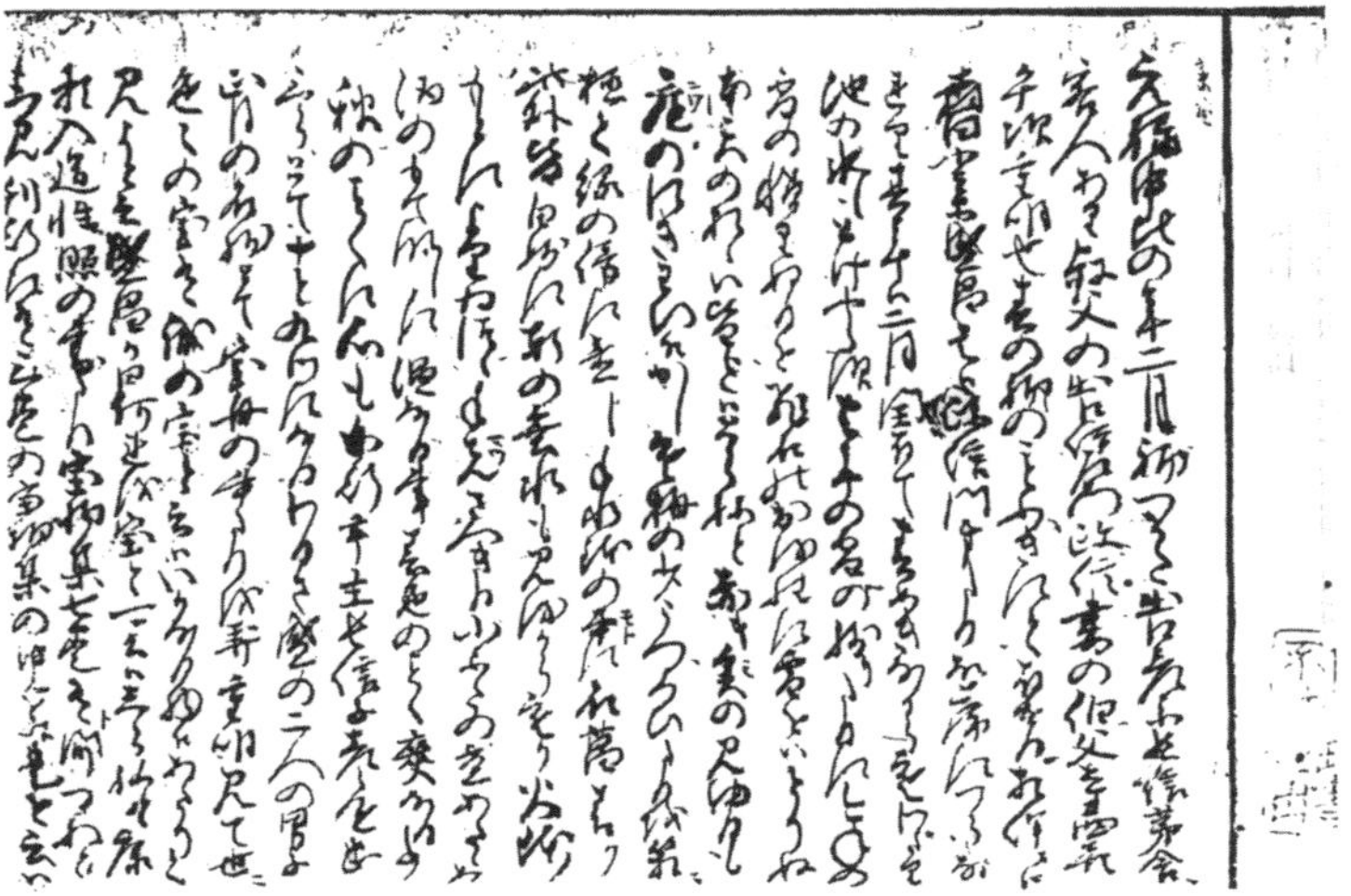

図１『宝の草子』表紙と本文

た『咄随筆』と同じく、本草子も当時の武士階級の人々の考えが反映しており、民俗学的にも、又言語資料としても、それなりに評価できるのではないかと思う。原本が個人の家にしまいこまれて人目に触れる事がなかったので、これを翻刻し発表する事にも意義があろうかと考え、平成十年二月『東京大学国語研究室創設百周年記念国語研究論集』（汲古書院）にこれを翻刻し、注を加えて発表した。しかし一般の人の目には触れにくい本なので、補訂加筆し、あらためて「石川郷土史学会々誌」42号（平成二十一年）、43号（平成二十二年）に二回に分けて発表しなおしたのである。本稿はこれをもととする。

（三）内容

元禄中頃の二月初、出口彦兵衛長信の家に、彼の叔父・出口伊左衛門政信と、彦兵衛の妻の伯父・寺西喜平次重明の二人が客として招かれた。著者・小兵衛盛昌も、政信の門弟であり、長信とは親しい同僚でもあるので、相伴にあずかって列席した。まず著者以外の登場人物の三人について説明する。（系図参照）

- 出口彦兵衛長信は著者と同役で、加賀藩士中川長吉重直の家来。正徳元年（一七一一）没。菩提所浄安寺。その父・出口彦兵衛（元禄四年没）は出口伊左門政信の兄で、著者の父と同役。又、長信の娘は後に著者の長男小兵衛常昌に嫁している。
- 出口伊左衛門政信は甲州（武田）流兵学者。『菅家見聞集・六巻』を編す。（自筆草稿が森田文庫にある。

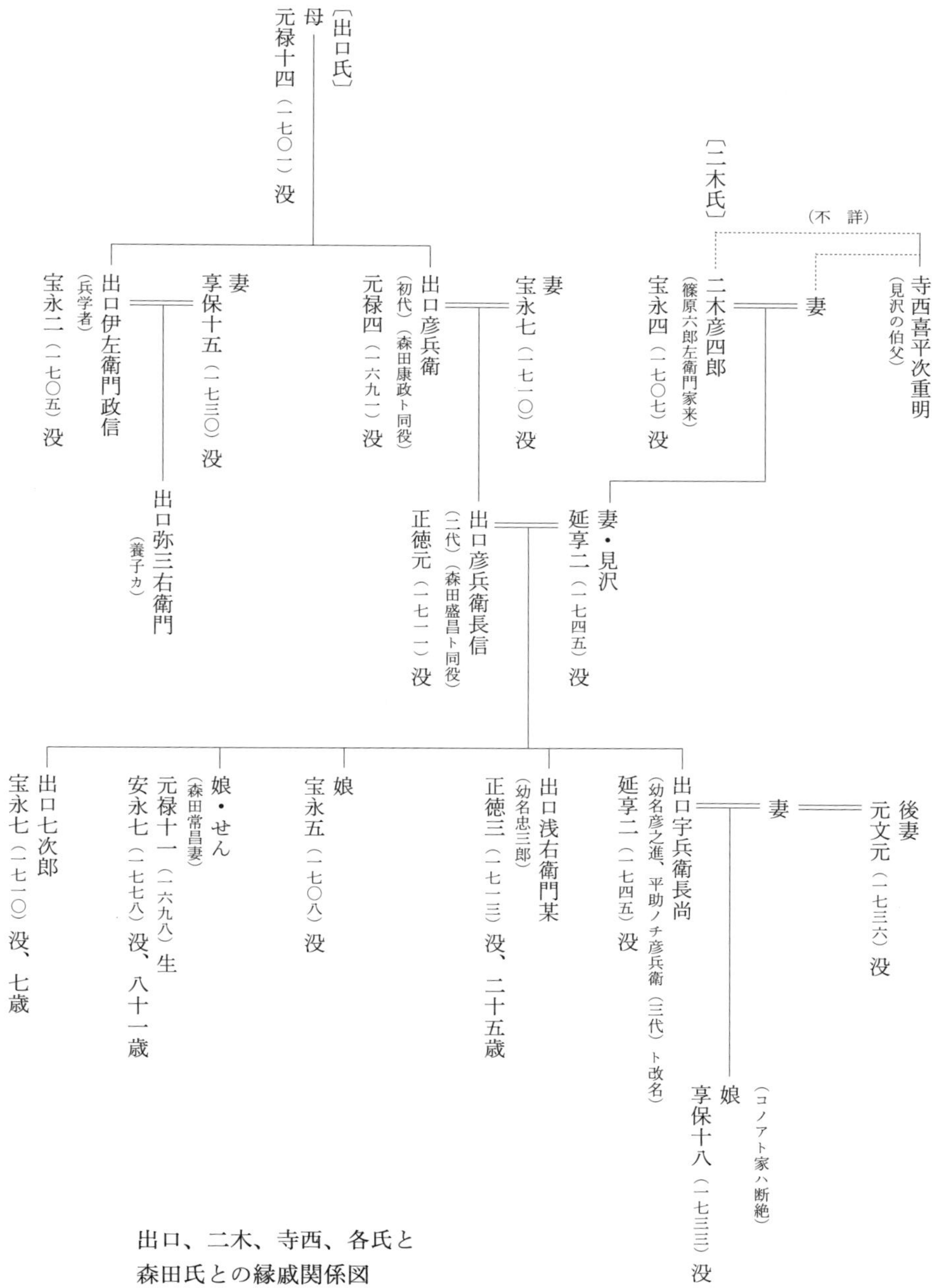

出口、二木、寺西、各氏と
森田氏との縁戚関係図

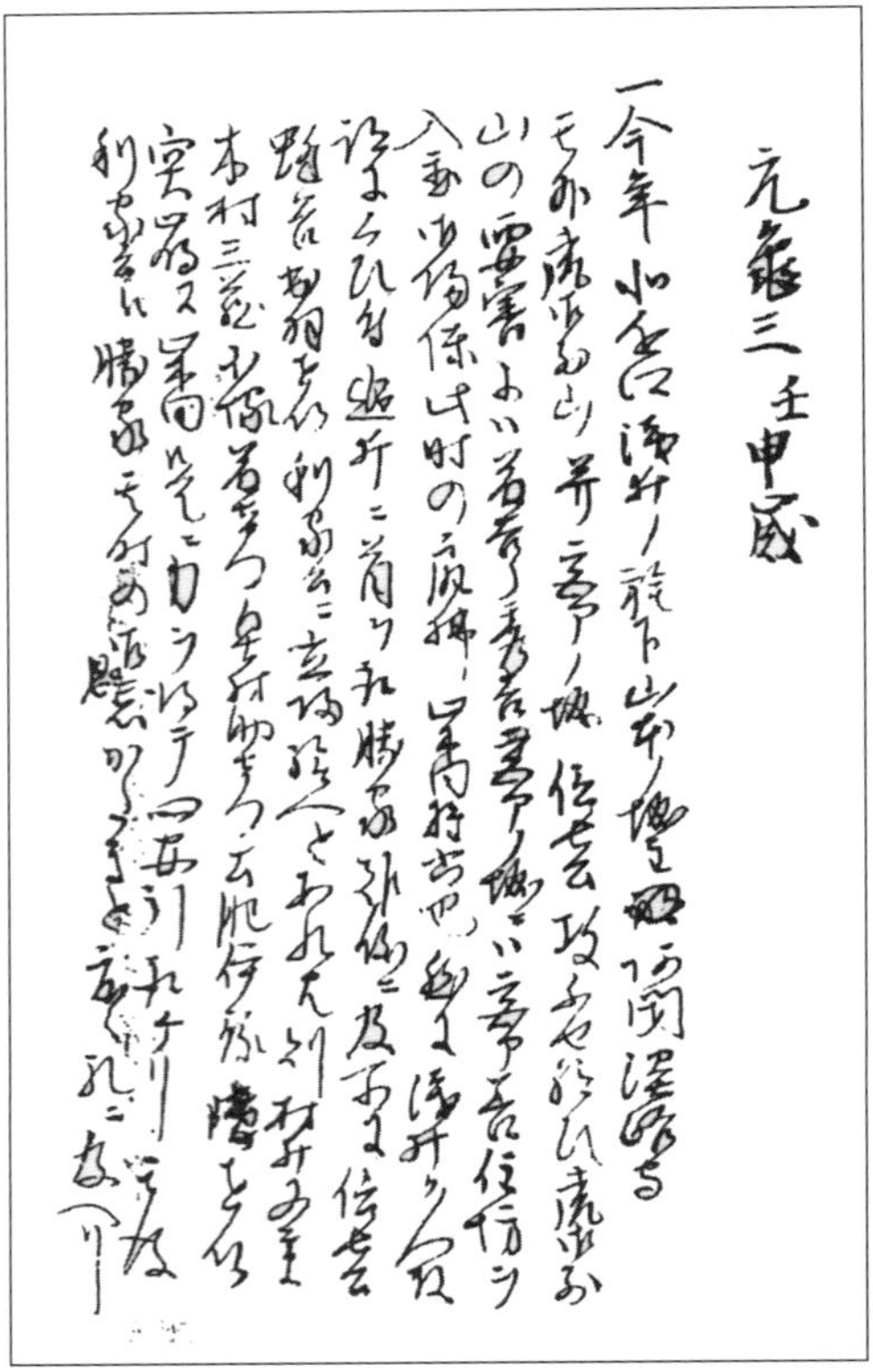

図２　『菅家見聞集・六巻』本文

図2参照）宝永二年（一七〇五）没。加賀藩の重臣長（ちょう）家の家来かという。（『郷土辞彙』による）

・寺西喜平次重明は彦兵衛妻の伯父と記す。妻・見沢（みて）は『咄随筆』にも登場する二木彦四郎の娘である。二木と姓が異るのは妻の母方の伯父なのか。又は養家の姓か。不詳。

この時、彦兵衛長信の子・彦之進、忠三郎がそれぞれ十と九歳とあり、この二人の年齢から柿園は『顧昔集録』附録下の出口氏系図に「按ニ此書元禄十年ノ撰也」と書きとめている。附図にも示したように彦之進はのち彦兵衛（三代目）と称して、延享二年（一七四五）に没し、忠三郎は正徳三年（一七一三）

二十五歳で没する。

これから逆算して、又閏二月のある年として、柿園は元禄十年としたものと思う。なお『柿園日記』一巻には延享二年の十二月十九日「出口後彦兵衛病死」とのみ記し、年齢は入れてないが、出口氏系図には「四十九才」と記している。しかし延享二年に四十九歳で没したとすると、元禄十年頃に生まれたことになり、この宴の時に十歳であるはずがない。従って四十九歳は五十九歳の誤かとも思われる。

なおこの時が元禄十年とすると、盛昌は三十一歳であった。

さて、この二人の男児が正月の名残の宝船の絵を弄んでいるのを見て「宝とは何か」ということが話題となった。そこで盛昌が以前読んだ『宝物集』をとりあげ、そこに書かれた種々の宝について、かくれ蓑、打出の小槌などから金、玉、子供、命と長々と述べ、それぞれみな宝といえるが、仏道の有難さを考えると、やはり仏法が宝だろうかと語った。

ここで盛昌は、七巻本の『宝物集』があるというがまだ見たことはないので、三巻本の刊本を読んでの考えから述べる、と言っているのだが、以下に続く文章からも確かに読んだのは三巻本だと知られる。そして今森田文庫に蔵されている寛文元年（一六六一）八月、高橋清兵衛板の刊本三冊が著者の手にしていた本ではないかと思う。（古典文庫（三巻本）の翻刻とも比べてみたが、森田文庫の方が著者の話の内容に、より近く思われた。）

盛昌は、後に書いた『咄随筆』を見ても知られるが、仏道に深く心を入れていたようであるから、仏法を宝と考えたのであろう。これに対し問題を提起した寺西重明が、たしかに命は宝といえるし、その命を保たせて下さる主君の恩も忘れてはならない。と、種々その考えを述べ、出口政信も幾つかの例をあげて論じ、結論として、我が身にとっては命が宝だが、後世（ごせ）の為には仏法が宝であろう。しかし天下の宝は鉄である。金銀銅はなくてもすむが、太刀、刀等は鉄でなくては出来ない。太刀、刀のおかげで我々武士のはしくれに過ぎないが、暮らしてゆけるのだ、と鉄が一番の宝であるとした。最後にその日の亭主、出口長信が、たしかに鉄は宝である。しかし今のこの近世は、金銀を持っている町人を、我々は勿論、貴人までも、そのおかげを蒙ること大であるため大事にする。だからやはり金銀の方が鉄にまさる宝だろう、と言って一笑した。

以上が大体の内容で、四人それぞれに当時の人々の考えが出ていて興味深い。

語学的な問題や文章の修辞面での事などについては後に述べることにするが、学問に理解の深かった藩主の影響もあってか、著者のような下級武士までも、志ある者は書を好み、例えば『宝物集』もよく読みこんで理解していた事が本書によって知られ、前々からの宿題ではなく、その場の成行きで論ずることになったのに、その内容をそらで要領よくまとめていることに驚かされる。なお当時の知識人の素養としての和漢・仏典等の知識も豊かであったことが、読んでいて納得させられる事であった。簡単にいうと本書は、この時代の地方武士の考えを如実に示すものとして意味のある資料だと言えると思う。

（四）翻刻本文

凡例

一、原本の姿を正確に伝えることを第一に考えたが、読みやすいように句読点を施し、段落、行替えを行った。

二、現行と異なる仮名遣いや、活用語尾、送り仮名を表記しない書き方は、当時の一般的な表記法なのでそのままとし、仮名遣いを正したり送り仮名を補ったりはせず、原本のままとした。

三、漢字は主として現行活字体を用い、異体字も大体は通行字体に改めた。

四、変体仮名は現行常用の字体に改めた。又当時慣用の合字、ヿ（こと）、ゟ（より）等も通行の文字に改めた。

五、漢字の反復〻は々に改め、平仮名の反復ゝは原本のままとしたが、〱は印刷の都合を考え、文字におこした。

六、原本では殆ど濁点を付していない（濁点を付した仮名は五字のみ）が、読みやすさをはかるため、濁音と思われる語には濁点を施した。

七、原本には片仮名で数例の振り仮名を付しているが、それ以外に、森田文庫『宝物集』や『咄随筆』の読み等を参照して振り仮名を補った。他に漢文表記の読み等に筆者の加えた振り仮名は平仮名として区別し、又これは現代仮名遣いとした。なお理解しやすいように仮名の右側に漢字を（　）に入れて配した場合がある。

本文

元禄中比（なかごろ）の年二月初つかた、出口彦兵衛長信茅舎（ぼうしゃ）へ客人あり。叔父の出口伊左衛門政信、妻の伯父寺西喜平次重明也。春の初のことぶきにて有ける。相伴には森田小兵衛盛昌、是は政信門弟たる故、席につらなれり。

其年は二月閏（うるう）有て春めきながら寒わたり、池の氷もとけやらず、去年の雪の残りたるに今年の雪の積りぬるを、飛石の出る程に雪をばとりぬ。南天のおゝい皆迄はとらねど、赤き実の見ゆるも庭のにぎわいぞかし。寒梅の少うつろひたるを箱に植て、縁の傍に置し手水鉢の本に石菖青く、此外皆白妙に、軒の垂氷も見るから寒く、火鉢のもとによりゐつゝ手先さへぎる(注1)小ぶたの盃、あたゝめ酒のもてなしに、温なる事春色のごとく、爽なる事秋のごとくに心も成行。亭主長信子、彦之進、忠三郎とて十と九つになるわるさ盛の二人の男子、正月の名残とて宝舟の書たるを弄。

重明見て、世に色々の宝有。誠の宝と云はいかなる物ぞ、あたりて見よと云。

盛昌が曰、何れを宝と可云はしらねど、康頼入道性照の書たる宝物集七巻有と聞つれど未見。刊行に有三巻の宝物集の中を以是を云ば」(二丁表)(以下一丁裏より宝物集の要点を、とりあげ述べている。)

○かくれ蓑と云物こそ第一の宝なれ。ほしき物あれば心にまかせて取、又ゆかしき人にも逢なれば、是程宝はなし。

○物をねがはんにいかでか人の物をとらんとは申べき。それは只盗人にてこそあれ。されば或人二人つれて道を行、金を見付ながら是をとらず。めしつれたる者、何とて是をひろひ給はぬといへば、天知地知汝知我知れり、(注2)ぬしにしらせで物をいかでか取べきとてつゐにとらず。是を四知をはづると云也。かしこき人は、人のあたふる物なれども取まじき物はとらず。されば打出の小槌と云物こそ宝なれ。広き野に出て、住よからん家、仕よからん下部、馬、牛、喰物、きる物に至るまで打出し用る也。是こそ人の物をもとらず、目出度宝なれ。

○打出の小槌は宝なれども、口惜き事一つ有也。鐘の声を聞ば打出したる物こそそこそと失る事有也。左様の時は広き野中に只一人あかはだかにて居たらんはいと物うかるべし。貧苦より衰苦はたへがたき也。天人の五衰、地獄のくるしみにはまさると申せば無益にて侍るべし。只金にましたる宝なし。火に入ても不焼、水に入ても朽ず、弥光増物也。千両の金も小さき物に入て身にそへ持ぬべし。

○尤、金は火にもやけず水にも朽せぬ（注3）物なれども、盗人にとられてはいたづら事也。仏、阿難（注4）を具して道を通らせ給ふに、草村の中に穴有。其中に金有。仏是を毒蛇有とのたまふ。阿難是をさとりて大毒蛇成（也）とうけ乞たまふ。或人是を見て、蛇にあらず、金なる物を、とよろこびて取ぬ。此事おほやけに聞しめされてめ（召）しければ、力及ばず是を参らせけり。猶も残りぞあらんとて責を蒙る時にこそ、仏の毒蛇とのたまひし事をば思ひ合せける。又ある兄弟、親のもとよりをの（各）五百両の金を得て帰る道にて、弟、彼五百両の金を捨けるを、兄何故に捨るぞと問ければ、弟なく（泣）なく語りけるは、我此金を持たる故に悪心おこり、その五百両をもうばひ取て千両になさばやと思ふ一念おこりぬ。されば金はうたてしき物とおもふが故に捨る也と云ければ、兄涙をながして、我も汝をころして五百両をうばひ千両になさばやと思ひつるとて、同じく捨て帰りにける。是を断金の契（注5）と云也。されば金をも宝とはいふべからず。

玉にまされる宝やは有べき。華厳経には、一切の宝の中に如意宝珠（注6）すぐれたりと見へたり。誠に、心のごとくなる玉を得ては、五穀七宝なにか乏かるべき。されば稲稗経（注7）には、人の現世をいのるは藁をねがふがごとし、後世をいのる者は稲をねがふがごとしと見えたり。稲を得つればねがはざれども藁をば得べき也。其ごとく玉を得つればねがはざれ共金は得べき物ならん。

○玉は宝なれども末の世の凡夫は玉を宝とも知べからず。ことにみがくやうをもしらず。されば弘法大師は、玉みがゝざれば光なし、光なきをば石瓦（注8）とすとは仰られける。さればいづれの宝も無益也。つらつら物を思ふに、子に過たる宝なし。其故は人老（衰）をとろふる事は貴賤賢愚によらず。黒き髪は白く替り、赤き色は黒み、額に四海の波をたゝみ、眉には遠山の霜をたる。骨こわく腰かゞまりて、甘き味はにがく、万ッ心にかなわず。天竺の大王は初て白き髪筋の生ふるを、炎魔王の一番の使つきたりとて出家し給ひき。震旦の白居易は四十六の年、かたちを鏡にうつして涙をながし、ふたをおほひき。又大聖世尊五十余り成給て、満月の尊容おとろへ三十二相の御かたちやつれ給ふを見奉りて、優陀延(注9)と申す御弟子の老のくるしみを歎事侍り。況や末代の凡夫、此くるしみをなげかざらん。誠に老のすがた、ふりにたる形をば、見る人是をにくみ聞人かれをいとふ。子にあらざらん人誰かあはれむべき。

孟宗(注10)は親老おとろへて物くはざる病をしけるに、しわすのはじめ計に笋をねがひければ、竹の林に行て雪霜をかきわけて竹の根ごとに掘求しに、雪の内に笋を得て老たる親の病を助り。(注11)伯瑜(注12)は母の老の杖のよ(弱)はきをかなしみ、丁蘭(注13)は母死して後木像に作りていき(生)たりし時のごとくにつかへ、郭巨(注14)は親をやしなわんとて我子を土にうづみしに、金の釜を掘出す。白年(注15)は親のさむからんとて寒夜にふすまをぬぎし事有。王祥(注16)が親は生なる魚なければ物くはぬ事をかなしみて氷の上に魚を得る。是等は皆大国の事也。吾朝にも軽の大臣、(注17)帝より御使に唐へ渡り玉(給)ふ。いかなる事にや、物いわぬ薬をくわせて、身には畫を書、首に燈台を打、火をとぼして燈台鬼と名を付て有といふを、御子の弼の宰相と云人伝へ聞て悲しみ、万里の波路を凌て振旦(注18)迄尋行て見給ひければ、大臣涙をながし指を喰切て書給ふ。

形破二他州一成二燈鬼一　争帰二旧里一寄二斯身一

是を見給ひける御子の心の中、いかばかりか思ひ給ひけん、扨唐の帝にこひうけ奉りて日本へ具し奉りて帰給へり。子にあらざらん人、はるばるの海路をわけて唐まで尋行人ありなんや。又ある女の、僧を請じ、かたのごとくなる仏事をして、手箱を壱つ布施にしたる、見ればかくぞ読て入ける。

玉くしげかけごにちりもすへざりし
ふたおやながらなき身とをしれ(注19)

さればかなわぬ人も親の孝養の心ざしはふかくぞ侍りける。子にあらざらん人、たれか心ざしふかゝらん。

子なからん人は物うき事也。後世にても宝となるは子にぞ有べき。奏の良郭と阿用子（注20）と云者と二人、炎魔王宮にめしおかれて罪のおもきかろきをたゞされけるに、良郭は子を持たり、冥途をとぶらふべき者有とてさしおかれぬ。阿用子はとぶらはるべき子をもたざる者也とて地獄へおとされぬ。又仏、阿難を具して道を行給ふに、あさましき餓鬼の心地よげに舞たのしむ。阿難仏にとひ奉り給へば、仏告て（宣）の玉はく、先の世にての罪業によりあさましき餓鬼の報をうくるといへども、うみたる子善をなしける故に楽をうくるぞとの（宣）給ひける。大目蓮尊者（注21）母の青提女の餓鬼道におち給ひしを、僧を請じ供養し給ひし功力によりて母の飢を助給ひし也。

○子程の宝有まじとはいへど、人ごとに孝養の心ざし侍らず、人の子の、親のために敵と成事有。朝哺と云者父をうちしかば、毒蛇其身をすふ。又酉夢（注22）と云者母をのり（罵）しかば、天のなる神（鳴神＝雷）おちて其身をさく。又摩竭陀国の阿闍世（注23）大子、父の頻婆沙羅王をほしころし、御位をとらんとて楼にこめおき給ひければ、御母の韋提希夫人やうらく（瓔珞）にみつをぬり、忍びて大王になめさせ給ふ。此よし大子聞給ひて、はやくほしころさんとする父の命を助たりとて、劔をぬき、韋提希夫人を害せんとし給ふ。耆婆、月光（注24）二人の大臣太子に申やう、父をころす者一万八千人也、母をころす者は未聞。母の命を助給はずは、二人の大臣仕へ奉らじとせいしければ、母の命計を助、父の王をばつゐにほしころし給ふ也。又貧苦（ぐカ）なる者は子をやしなひかねてかなしむのみならず、いとけなき子を捨かねて、冥途におもむく時は心くるしくはなれがたき事をなげきかなしむ。臨終のさまたげとならずや。第六天の魔王、一切衆生の仏道に入ん事をさまたげんとて妻子となると申せば、敵と申もひが事にあらず。恒伽川（注25）の辺にうるはしき女一人なきかなしむ事有。阿難仏に此故を問給へば仏の玉(宣)はく。此女かたちはうるはしけれども、うむ所の子罪を作る故に、只其罪にしづみてくるしむぞと仰られけり。されば子を宝とは思ふべからず。

人は命に過たる宝なし。仏も六の巻・寿量品に至りて、久遠実成(注26)と命の長き事をとき給へり。かりにせんだん(栴檀)の烟(注27)とのぼり給ふといへども、まことは霊山(注28)の月ほがらか也。張騫が漢武の使にて天河の水上を尋て(注29)帰り、劉晨仙家に行てやがて帰るとは思ひけれども、七世の孫にあひし(注30)も命有し故也。仙家には紅の雪を喰、紫の菊をのみ、命を宝と思ひて齢をのぶる事也。誠に命は誰もおしき物なれば、命こそ宝にてあれ。

○命は宝といへども、老少不定のならひなれば、命はまことの宝にあらず。仏法こそ難有宝なれ。三宝とて仏法僧の三つの宝也。其いわれは一代教主の釈迦如来とかせ玉(給)ひぬれば申に不及。天竺に国王おはします。御名をば普安大王(注31)と申奉る。となりの国に四人の国王おはします。おろかにして罪障をしらざる事をかなしび、方便を以教給はんために、四人の国王をむかへて、山海の珍物を調へ玉の盃にて酔をすゝめ給ひて、普安大王ののたまわく、抑四人の国王たち、何事をかたのしみてこのみおぼしめすととひ玉(給)へば、をのをの(各)心うちとけ給ひて、一人の王、我は常に国王の位に有(在)て、大臣公卿に囲遶せられて百生万民にあふがれてあらまほしきとぞ仰ける。一人の王、我はつねに父母六親眷属にそひて、立居のすがたを見えばやと思ふ也との給(宣)ふ。一人の王、我常に形よき人に向ふて、明暮たわぶれてあそびてあらまほしきとぞの給(宣)ひける。一人の王は、我つねに春の野に出て花を見、小松を引てぞあらまほしきとぞの給(宣)ひける。各かく有て扨普安王の給(宣)ふ。我十善の位に有(在)てたのしむ事はきわめて目出度けれども、妻子珍宝王位は後の世まで身に随ふ事なし。父母六親眷属にあひそひて孝養の心ざしをいたさばやとは思へども、生死無常心にまかせず。又かたち能人にもそひはつべき事あるべからず。されば朝に紅顔有てせいろ(世路)

にほこるといへども、夕には白骨と成てかうげん(郊原)にくちぬ(注32)といふ本文有。誠にいまだ若盛なる時は、紅顔翠黛はなやかなれども、老おとろへて命つきぬれば、野原にくちて白骨計残り。又春の野に出て霞にうそぶき花にたはぶるゝ事はおもしろけれども、春をとゞむるに春とゞまらず、(注33)只しばしのけう(興)なるべし。只我ために生々世々まで宝となるがゆへに、仏法といふ物こそ信仰し修行したく侍れとの給(宣)ひければ、四人の王たち普安大王の御詞を感じ給ひて、やがて仏の御もとに詣で給へり。誠に万の宝には逢事ありといふとも、仏法の宝にはあひがたき事なるべし。法華経に

　一百八十劫　空過無有仏　三悪道充満　阿修羅亦盛(注34)

又

　無量無数劫　聞是法亦難　能聴是法者　此人亦復難(注35)

（以上が『宝物集』の要約）

是より末は仏道の有難き事をのべたり。扨こそ仏法のみ宝にてあらんかと、長々敷ぞ盛昌語りければ、重明が曰。宝物集おもしろし。其中にも老少不定は不及是非。先一日も此世に存へ居るには命は宝也。士農工商の四民、何れか命のためならぬはなし。士は、我のみか妻子眷属家来末々迄も宝の命をつなぐ君の御恩を思ひ、奉公能勤、忠信を不忘、武芸は本より我所作なれば不及申事也。或学文、或手跡を能とゝのへ、伊勢、小笠原(注36)等の躾方をも少はまなび覚えて立振舞能、他国使等の時節、恥かゝぬが君への奉公なるべし。末々の奉公人も此心に漏事有まじき也。扨農人は耕作を専とし、職人は我所作々々を能勤、商人は夫々の商売の損徳を勘へ知て利潤を得てすぎわひとす。如此己々の家業を勤て分限に随て妻子眷属を育也。若家業に怠時は、或は家を売、或分算(注37)に合、不思寄人にも損を懸、其身は無是

非妻子を路頭立る（注38）事眼前也。此故家業おろそかなるは希也。士は禄有に依て指当る難儀に不及故、家業も奉公もうとく成事有べし。誠に宝の命を助給ふ主君の御恩を片時も不忘、忠節の心懸有べき事也。

忠臣ノ節傾テレ心ヲ比スニ葵藿キクワクニ一、如ク二葵藿ノ向レ日一昼夜心ヲ主君ニ添也。（注39）

身躰の多少は過去の宿業天命なれば、末々我等式（注40）の奉公人も同事にて有べしと云り。

政信曰。一段其理宜し。今時飛州在番（注41）のあればこそ春田屋（注42）に鉄槌の音もし、具足屋も喉ノドをうるほすとこそ聞つれ。か様に治れる御代の難有には、畳の上の奉公より外はなけれども、せめて弓絃のすれ、刀のさび（鏽）はなきやうにあらまほしけれ。律儀に奉公すると云は、予が主人若き時は御馬廻組にて町廻を勤しが、六つより四つ迄の廻番なれば、四つの鐘門外にて不聞ば宅へ不入。四つ廻、八つ廻も皆八つ、明六つの鐘を不聞間は門内へ不入き。

〇江戸にて或人の云しとかや。当君、相公様（注43）御学文双ぶ方タなく、御書物限りもなく御覧じ渡らせ給ふ。近年　公方様（注44）能御すき被遊に付、能を被遊、毎度御能御囃子有。（注45）然に御学文御すき被遊には、其ごとく御家中に学文はやりもせず。能囃子今時所作にする者よりも勝たる上手幾人も出来たりとなん。去ども乱舞事は敷居より内へ入らぬ芸故、愚息弥三右衛門には且て稽古いたさせ不申也。歴々の御慰は各別の事ならん。或人大皷ツヾミを明暮稽古せられしが、第一其身学文能、武道の書も大形は読尽し、仏道にも立入、後住相伝とやらんをも受、三衣を免され、弓、鉄砲、鑓、剣術等も大体能程に覚、大力（注46）なる故あら馬に乗て事ともせず、曲馬にても爪好を厩に立おかれし。刀、脇差の鞘は革包にして芝引、責（注47）の金具打、蓑合羽着用にもひきはだ（注48）不入ため也。不断すあし（素足）に草鞋をはき、蓑笠にて歩行せらる。是は心懸の武士なるを、あの人さへ大皷すき也など云て、武道心懸も学文もなくて、めた（注49）と皷・大皷に身をやつす事は有まじき事也。

○医学少心得ぬれば、万巻の書も見たる様に大医衆をも小目に懸て、此病証（注50）には此方（注51）可然、此加減能、是には灸治などとて指図有。是は悉皆医者の療治にてはなく其者の療治にてあらざるや。又法印流（注52）はせばくてやくにたゝず、あれはまじないやうなる物也などの、しる者有。参学（注53）少したる者は智識をも尊敬なく、あの土坊主など（と）云ちらし、何寺の和尚を先日一句にて詰たりなど云、無益の利口だてする者有。俗人此方より拵匠みて行時は、自然に行当り返問楽き事も有べし。いか程土坊主といわるゝ出家にても、朝夕出家の所作する人の俗人におとる人は希なるべし。日蓮宗の上人の大酒いたされ殊の外難儀せられしを、あれには鯛の吸物を味噌ごくして（注54）おわせたらばよからんなど云し者も有となん。其程ならば請待して何の益の有事ぞや。尤酒をばしゐぬ筈なるべし。呑出家は詞にものべられぬ破戒の僧なるべし。又儒学有者の無理非道にして、親にも不孝にて、殊に奉公人、召仕、下人にあわれみなくめたと責仕、町人の手前買懸りも不済、少口こわなる者をば棒など提出て打、たゝけと云て追ちらし、猶予せば切られつべく思ひて逃帰る者は上の仕合也。

○文盲なる人の、反古の端に、金は山へ捨、玉は淵へなげよと有語を見て、金銀は畢竟不入物也と心におもはぬ口にまかせ、跡先の勘へなく不弁して、其不入物と云し金銀を町人のおひげのちりを取て（注55）借用し、是も遣捨て諸事不自由なる事いはん方なし。聖賢の上には、金は山へ捨よ、玉をば淵へなげよ（注56）とこそあれ、遣捨よとはなし。夫、金は山より出る物なる故山へ捨、珠は海川より上る物なる故淵へなげよと有。爰を以勘見るに、万事買調たる代物を能済、親族其外寺社、医師等迄夫々の恩を報ずるをば、金を山へ捨、珠を淵へなぐる也。栄耀（注57）のため只金銀を遣くすゝは、金を淵へなげ珠を山へ捨るの類にて、再金銀珠玉の立帰るべき道なく、みな朽果ぬべし。又歴々は分限相応に百目分の入用を図て具足櫃へ入置事は常也。軍用は治世に遠き事、他国使等の節、指当り入物は金銭也と遠き慮也。

○武芸とても、鑓の上手は鑓遣、大刀の上手は大刀遣、馬の上手は馬乗、其外弓、鉄砲の上手も皆それ者（しや）（注58）のごとくに相見ゆ。いかんとなれば、敵を鑓付、切臥たりとも、組打を不知（しらず）は首はとらるまじ。（注59）くすしきわ（注60）にて馬に打乗、敵を追詰たりとも、打物業、組打を不知は高名は成まじ。弓、鉄砲も軍用を不知はいかでか用に可立（たつべき）哉。然ば師をして渡世にする浪人者同事成べし。是心懸のうすき故ならん。宝の命を余多養給はる主君の恩を思ひ詰たらんに、善にもあれ悪にもあれ、みな主人の用に立事のみ出来（しゆつたい）すべし。

○扨（さて）宝の事は品々有べし。我身に取ての宝は命より外なし。後世（ごせ）のためには仏法なるべし。天下一統の宝と云ば鉄也。金銀銅はなくても不苦（くるしからず）。今の世大判、小判、壱歩判、丁銀、大豆板（まめいた）（注61）銭など（と）ゝて、金銀銅を以て拵て価に用る故に、大切にして庫蔵に納、諸国に用却（注62）す。大昔は貝を以（もつて）価とする故、寶と云字、皆貝に随ふ。

寶（ホウ） 財（サイ） ⿰貝爲（キ） 賮（シン） ⿰貝厲（レイ・ヘン） 貨（クワ） 貲（シ） ⿰貝生（セイ） ⿰貝戠（サイ） ⿰貝乍（サク） ⿰貝主（チユ） ⿱夾貝（ケフ） ⿰貝句（ケイ）

⿰貝宛（ワン）小財 賶（サウ）積貨（注63）

近くは越前、富山、大正持（注64）、紙札を用。是にて知べし、太刀、刀、刃の類は金銀銅にては不成（ならず）。鉄の、しかも刃鉄（鋼鐵ハガネ）とて宜き鉄をきたい（鍛）いきたいて名鍛冶の打たるは一入（ひとしお）宝也。天子に宝剣を初、髭切、膝丸、小烏（注65）等の名剣を以、天下を治玉（給）ふ。異国にも名剣多し。如此大刀、刀を以（もつて）国を治不給（おさめたまわず）は、力の有者計（ばかり）天下を取て畜生残害の国なるべし。大刀、刀の威光を以ての故に、我等ごときの匹夫も農人工商の下座に居る事なし。いかに況や歴々高位の貴人を敬事、皆鉄の徳也と語り教へられし。

亭主長信も一座に居てつくづく聞、鉄の宝なる事中々不及言語、我等式迄如此なるは刀の威力也。去共（されども）近世は金銀持たる町人は我等式は勿論、貴人高位の御賞翫不斜（なゝめならず）。然ば金銀は大刀、刀の威力にもまさる宝なるべしと笑て入ぬ。

(五) まとめ

本文を読むと、その内容から、当時の社会や下級武士の考え、生活等が反映されていて、なかなか興味深い。農工商の人達はそれぞれの家業にはげまねば生きてゆけないから一生懸命に家業にはげむ。これにひきかえ主人から禄を頂いて、そのおかげで生活している武士は、主人の恩を大切に思い、常に忠節の心を忘れずにいるべきである、というのが当時の武士の気持ちなのだと思う。

この時期はすでに平和な世となり、戦場ではなく、畳の上の奉公より他ないのだが、敵を切り臥せたとしても組み打ちを知らねば相手の首をとることは出来まい、という兵法がまだ身近な時代であったことを示す名残りの言葉が語られている。そして既に戦国の世は遠くなっているが、武士の心掛けとしては、具足櫃には常に百目分ほどのものは入れおき、何かの折に恥をかかぬように心用意をしておくべきであり、武具はきちんと手入れし、その上学問や作法をも心掛け、主君の御恩を忘れず忠節を尽くすべきだと武士階級の者は考えていた。これは当時の武士の一般的な考えで、貝原益軒『大和俗訓』六「君の禄をうけてわが身を養ふのみならず、父母妻子をやしなひ奴婢をつかひ、衣服居宅器物、万づの用ともしからずして安楽に世をわたること、ひとへに君のたまものなり。是れ又父母にならびてその恩大なり」とあり、室鳩巣『駿台雑話』も父母の恩と共に、「不餓不寒（うえずさむからず）、妻子を養ひ親族を賑はす、すべて養生送死（せいをやしないしをおくる）の道、世話にいふ箸一本までも君恩にあらざる事やある。いかゞして忘るべき」と述べている。

そしてそれぞれ家業を大切に「分限に随って」つまり分相応に暮らすことが大切なのだが、これは又身のほどを知るということでもあろう。『駿台雑話』にも徳川家康が、身をたもつには「上を見るな」「身のほどを知れ」ということを常に忘るべからずと言ったと記している。これは武士社会ばかりでなく、町人社会でも同じく『当世下手談義』（宝暦二）で「すべて町人は町人臭いがようおじやる。武士臭いは大疵」「百姓は百姓でよふござる。……相応に暮すが天理にかなふ。」これが身を全うする基であると説いている。ただ一方で武士をかさに着ていばる者は勿論多かったろうし、いばりながらも経済的には町人に頼らざるを得ず、町人の御機嫌をとって金銭を借りたりする様も描かれており、当時の社会の一端が反映していて面白い。

なお兵学者の出口政信の結論は、いかにも彼らしい鉄が宝であるというものだが、江戸中期の思想家・三浦梅園にも「五金（金銀銅鉛鉄）の内にては鉄を至宝とす」という言があるそうである。

次に言語・文章の面からみると、修辞面では、各人の意見を述べた部分は別として、地の文では出口家の描写に「手まづ遮る」と日頃よく読んでいた『和漢朗詠集』をふまえ（近松の『堀川波鼓』（宝永四）でもこの詩を引用した箇所があるが、この文より後のものであり、近松の模倣ではない）、又「温なる事春色のごとく爽なる事秋のごとく」と対句の技巧をこらしたり、習作ながら心をこめて書いたと思われる。語彙面では「わるさ、鍛いて、育む」等の加賀なまりや、俗な口語と思われる「土坊主」などが見られる。又抄物に例の多い「めたと」のような古い語形、「我等式、それ者、大力、参学」などの江戸時代の語。「路頭に立つ」「おひげの塵をとる」等の古い言い方。「学文、請待」等の文字遣いなど、当時の言語資料として一応の評価は出来ると思う。

最後に、前述した室鳩巣は、武士が金銀の事を口にするのはいやしい事なのか、金銀は無くてはかなわず至って大切な物だと思うという問に対して、武士にとって最も大切なのは義理。次に命。金銀はその次である。義に臨んでは命は塵芥より軽いとするのが武士の道である。金銀は勿論大切な物だから大事に使わねばならぬが、しかし口に出して「命惜し、金銀たっとし」と言うのは商人には似合わしい言葉だろうが、武士には似合わないと思うと述べている。「大切」と「宝」と、言葉としての違いはあるが、金銀が宝だという事を否定はしないが、精神的な問題としては、士道を上に置いているということであろうか。長信が、本音では、やはり金銀が宝だろうよと笑ってお開きにしたのは、なかなか意味深長なことに思える。

そして明治十五年に記した奥書で、森田平次は「いにしへはともかく今の世の中にておもふに」と断って、其の身の権威も貯金の光に依ること大なので、金銀はやはり第一の宝だろうと記す。これは明治維新後目にした世の中、経験した事等がそう言わしめたものかと思われて面白いと思った。

ちなみに私は「武士は食わねど高楊技」などとよく聞かされたし、あからさまにお金の事を口にするのは品がないとするような雰囲気で育ったので、両親は精神的に格調高く、天道に恥ずかしくない生活を目ざして暮らしていたのだろう。ただこれも金銀の裏付けあっての事だと思う。その上で現在の私は命が宝。生きていてこそやりたい事がやれるのだから。何とも微妙な結論だが、さて先祖はどう見ていることやら。

参考文献

『寳物集』（寛文元・高橋清兵衛板）石川県立図書館・森田文庫蔵
『実語教・童子教・注好選集・寳物集』続群書類従・三十二輯下（昭和二）

『和漢朗詠集・上下二冊』家蔵（著者の「合浦還珠」の蔵書印あり、著者使用の書）
『増續大廣益會玉篇大全』（元禄四）森田文庫蔵
『寶物集』古典文庫・七十七冊（昭和二十八）
『宝物集』（七巻本）新日本古典文学大系40（一九九三）
この他、今昔物語集、金葉集等や日葡辞書、下学集。仏教大辞典、大漢和辞典等の辞典類。荘子、周易、蒙求などの漢籍

（注1）手先さへぎる――『倭漢朗詠集』上・春「礙レ石遅来心竊待、牽レ流遄過手先遮」（菅原雅規）。従来「遮る」は「障へ切る」と考えられ、歴史的仮名遣いも「さへぎる」とされてきたが、平安時代は「さいきる」の形で現れ、「さへぎる」となるのは鎌倉以降なので、今ではサキキル→サイギル→サエギルと変化したと考えるのが妥当だとされる。ただ江戸時代には「さへぎる」の表記が正しいと考えられていたので、この本文も「さへぎる」としてある。

（注2）天知地知汝知我知れり――『後漢書』楊震伝「天知、神知、我知、子知、何謂無知」。『資治通鑑』漢紀「天知、地知、我知、子知、何謂無知者」。（神知と地知と二説あり）後漢の楊震が賄賂を却けた時の語で、二人の間の密事でも必ず露見する事をいう。「震畏四知」は蒙求の標題。

（注3）水にも朽せぬ――「朽つ」を強めた言い方「朽ちす」（サ変）の打消し。「朽ちせぬ」の形で用いられることが多い。

（注4）阿難――阿難陀。釈迦の十大弟子の一人。師の説法を最も多く聞き多聞第一と称せられた。

（注5）断金の契――『易経』繋辞上「二人同心。其利断金。」二人心を同じくして為せば、鋭利なること金鉄をも断ち砕くべしの意で、友情が堅く

結ばれていることをいう。ただ『今昔物語』四ノ三四にも同類の説話があり「人ハ……財ニ依テ身ヲ害スル也」と結論する。ここは堅い友情の喩えというより、むしろ『今昔』の趣旨と同じである。

（注6）如意宝珠――意のままに宝を出すといわれる空想の宝珠。龍王或は摩竭魚の脳中から出たとも、仏舎利が変じたものともいわれる。

（注7）稲稗経――稲芉経の異名。稲稈経、稲薛経とも書く。十二因縁の法を説く。稲芉の種から芽を生じ、芽から葉を生ずる等が十二因縁の次第生に等しいので、それを喩えとする。『宝物集』古典文庫本「稲稗経、稲麻経、藁」。続群書類従本、寛文元年本「稲稗経、わらぢ」。本文は稈にも似た字だが、寛文本の「ひ」と振り仮名した字の方に近いので稗としておく。

（注8）石瓦――『実語教』「玉不レ磨無レ光。無レ光為二石瓦一。人不レ学無レ智。無レ智為二愚人一。」による。『実語教』は俗に弘法大師の作という。

（注9）優陀延――中印度にあった拘睒弥国の王の名。旧称は優塡、新称優陀延。鄔陀延、鄔陀衍那とも書く。七巻本（新日本古典文学大系）では優陀夷。（優陀夷は釈迦の十大弟子の一人）

（注10）孟宗――三国時代の呉、江夏の人。二十四孝の一人。『注好選・上』「孟宗泣竹第五十」、『今昔・九』「震旦ノ孟宗、老母得冬笋語第二」、『童子教』「孟宗哭竹中、深雪中抜筍」。孟宗竹の称はこの人の故事に始まるという。

（注11）助り――「助り」というような言い方は他に例もあり当時許容されていたようだが、文法的には誤り。（「助く」（下二段活用）には、本来四段活用の命令形につく「り」は付かない。）森田文庫の寛文本では「たすけり」と仮名書きになっている。

（注12）伯瑜――漢の韓伯瑜が母に笞打たれて痛くなかったので、母の老いて力の衰えたのを知り、悲しんだという『説苑』にある話。「伯瑜泣杖」は蒙求の標題。『注好選・上』「伯瑜泣杖第五十六」、『今昔・九』「震旦ノ韓ノ伯瑜、負母杖泣悲語第十一」

（注13）丁蘭（ていらん）——後漢、河内の人。二十四孝の一人。『孝子伝』にある話で、「丁蘭刻木」は蒙求の標題。『注好選・上』「丁蘭木母第五十五」、『今昔・九』「震旦ノ丁蘭、造木母致孝養語第三」

（注14）郭巨（かっきょ）——後漢の人。二十四孝の一人。『孝子伝』によると、貧しさのため母が食を減らし孫に与えるのを見かね、子を埋めようと地を掘ると「天、孝子郭巨に賜う」と書かれた黄金の釜を発見したという。「郭巨将坑」は蒙求の標題。『注好選・上』「郭巨堀地埋児第四十八」、『今昔・九』「震旦ノ郭巨、孝老母得黄金釜語第一」、『童子教』「郭巨為養母、堀穴得金釜」。釜は物を量る枡の意との説もあるが、一般には釜、鍋の意とする。古典文庫本「こがねのなべ」、続群書類従本「金ノナヘ、金ノ釜」、寛文本「金の鍋」。

（注15）白年（はくねん）——『注好選・上』「白年返衾第六十二」によると、白年が酔って眠りこんだので友人が衾をかけてやると、母が独り寒さの中に寝ているのを思い、これを脱いでしまったという。『今昔・九』には「朱ノ百年、為悲母脱寒夜衾語第十二」とある。百年は宋、会稽山陰の人。

（注16）王祥（おうしょう）——晋、臨沂の人。二十四孝の一人。『晋書』王祥伝によると、冬に生魚を食べたいという継母の為に衣を脱いで川の氷を割ろうとした時、氷が自然に割れて鯉を得たという。『注好選・上』「王祥扣氷第五十一」

（注17）軽の大臣——『下学集』にも「軽大臣　為遣唐使時支那人飲（のましむ）二之不言之薬一身作（なし）二彩畫一頭戴（いただかしめて）二灯台一而……」とこの話を記すが、弼の宰相と共に伝未詳。弼は弾正（だんじょう）台の次官。宰相は参議の唐名。

（注18）振旦（しんたん）——「震旦」とも書く。古くは「しんだん」とも言った。梵語Cina Stāna（チーナ スターナ）（秦の土地）の音訳。古代中国の別称。

（注19）玉くしげかけごにちりもすへざりし／ふたおやながらなき身とをしれ——『金葉集』巻十雑下「律師実源がもとに女房の仏供養せむとてよばせ侍りければまかりたるに手箱を布施にしたりける

をかへりてみればかきていれたりける歌」「読人不知」として載せる。「玉」は美称。「かけご」は箱の縁にかけて中にはまるように作った平たい箱。「子」の掛詞。櫛箱の縁語の「蓋」と「二親」を掛ける。ちり一つつけぬほど大事にしていたこの手箱、そのように私を大切に育ててくれた両親はもう亡くなっているので、十分なお布施ができません。の意。

（注20）良郭(りようかく)と阿用子(あようし)——ともに伝未詳。

（注21）大目蓮尊者(もくれんそんしや)——摩訶目犍連、大目犍連、略して目犍連、目連という。釈迦の十代弟子の一人。神通第一と称せられた。また祇園精舎の設計監督者。目連は過去世の母青提女が餓鬼道におち倒懸（ullambana 盂蘭盆）の苦を受けているのを救う為に盂蘭盆会をはじめたという。『宝物集』では「盂蘭盆経にこまかに見えたり」と記す。

（注22）朝哺(ちようほ)　酉夢(ゆうむ)——新日本古典本は朝哺にするが続群書類従本、寛文本は朝哺。『童子教』に「酉夢打其父。天雷裂其身。班婦罵其母。霊蛇吸其命」とあり『注好選・上』も「酉夢裂身第八十七」。酉夢が父を打ち雷が身を裂いたとする。『宝物集』には、これは『仲文章』に見える話だと記す。

（注23）摩竭陀国(まかだこく)の阿闍世(あじやせ)——摩竭陀国は釈迦在世時代の中印度の王国。王舎城を都とする。頻婆沙羅王の子阿闍世は、父を害すと占われて、生後楼上から投げられたが助かった。太子は長じて提婆達多に唆かされて父を殺し、母を幽閉して王となったが、のち釈迦の教えに従い、仏教の保護者となったという（観無量寿経）。『今昔・三』二十七にもこの説話がある。

（注24）耆婆(ぎば)、月光(がつこう)——耆婆は梵語で生命の意。摩竭陀国王舎城に住んでいた名医で、釈迦をはじめ多くの人々の病気を治した。阿闍世王の大臣となり、月光と共に王を諫め仏教に帰依させたという（観無量寿経）。

（注25）恒伽(ごうが)川——Gaṅgā　ガンジス河。

（注26）久遠実成(くおんじつじよう)——久遠の昔に実に成仏している、の意。釈迦がこの世に生まれたのは仮の姿にすぎず、

実は永遠の昔に悟りを開き成仏していて、限りない時間を人々の教化に尽くしてきたと説いたもの。

(注27) せんだんの烟――インド、東南アジアに産する香木。釈迦涅槃の後、その遺骸を金棺に入れ、栴檀や名香をたいて荼毘に付したという。

(注28) 霊山――霊鷲山の略称。王舎城の北東にあり、釈迦はここで法華経を説き入滅したという。

(注29) 張騫が漢武の使にて天河の水上を尋て――張騫は前漢の漢中郡成固の人。武帝の建元年間、大月氏国に使いし、途中匈奴に捕えられ抑留十年、脱出して大月氏に到る。帰って旅行中に得た西域の地勢や物産の知識を武帝に報告。東西文化・交易の発展に大きな役割を果した。この時、彼が初めて黄河の源を確かめたのだが、黄河を遡ると天の川に出るという伝説があったらしい。「博望尋河」は蒙求の標題。

(注30) 七世の孫にあひし――後漢の明帝の永平年間、劉晨、阮肇の二人が天台山に薬を採りにいって道に迷い、仙女と出合って留まること半年、旧里に帰ってみると七世の孫の代であったという。「劉阮天台」は蒙求の標題。『和漢朗詠集』下・仙家「謬入二仙家一雖レ為二半日之客一恐帰二旧里一纔逢二七世之孫一」。『平家』潅頂巻「仙家より帰て、七世の孫にあひけんも」

(注31) 普安大王――この説話は仏説五王経にある。

(注32) 朝に紅顔有てせいろ（世路）にほこるといへども、夕には白骨と成てかうげん（郊原）にくちぬ――『和漢朗詠集』下・無常「朝有二紅顔一誇二世路一暮為二白骨一朽二郊原一」（藤原義孝）

(注33) 春をとゞむるに春とゞまらず――『和漢朗詠集』上・三月尽「留レ春々不レ駐、春帰人寂漠」（白居易）

(注34) 一百八十却　空過無有仏　三悪道充満　阿修羅亦盛――法華経・化城喩品の中にある偈の一節。「……三悪道充満　諸天衆減少……三悪道増長　阿修羅亦盛……」この人間界は、これまで百八十劫という長い年数が経過するあいだ、むなしく過ぎて仏の現れることはなかった。三悪道は充満増長

し阿修羅もまた盛んだった。の意。

（注35）無量無数劫　聞是法亦難　能聴是法者　此人亦復難——法華経・方便品の偈の一節。このような教えは幾千万億劫を経ても得がたいであろう。よくこの教えを聞いて信ずる者たちも同様に得がたいであろう。の意。

（注36）伊勢、小笠原——室町中期におこった武家礼式の一派。伊勢流は伊勢貞親、貞宗の頃に形成され、のち伊勢貞丈によって大成される。小笠原流は足利義満の命により小笠原長秀が制定。武家の正式の礼法とされた。

（注37）分算——笇（算に通じる）のように読める字。分散（破産の意）の書き違いか、当て字ではないか。

（注38）路頭立る——今日では「路頭に迷う」というのが普通だが、『日葡』「Rotoni tatçu」と例があり、近松にも見られる古い言い方。

（注39）忠臣ノ節傾テレ心ヲ比ス二葵藿ニ一、如ク二葵藿ノ向レ日ニ一昼夜心ヲ主君ニ添也——葵藿はヒマワリ。ヒマワリの花が日光に向かってまわるように君主又は長上の徳を仰ぎ慕う。出典未詳。

（注40）我等式——『日葡』「Varera xiqi」「式」は代名詞について、軽視した気持ちを表す接尾語。例えば我等についた場合、私程度のもの、と自分を卑下する意をこめる。

（注41）飛州在番——元禄五年七月、幕府により飛騨高山の城主金森氏は出羽の上山に移封され、空城となった高山城の守備の為に加賀藩は人馬の派遣を命じられ、一千余人が高山に赴いた。部隊は半年毎に交代したが、元禄八年六月に廃城が決まり、その後始末をして任務を終えた。著者も元禄五年より六年四月まで高山に在番し『飛州高山在番雑記・一帙』（出口政信跋）を著している。

（注42）春田屋——元和頃より代々加賀藩の具足鍛冶の家柄。春田鍛冶とか春田細工といわれた。

（注43）相公様——加賀五代藩主前田綱紀。学を好み多くの学者を招聘し禄を与え、和漢古典の収集保存、編纂に経費を惜しまず、又改作法を実行して藩政

の基礎を安定させた。元禄七年正月には「相公様」と称するよう家中に触れが出されている。後世「松雲公」と呼ぶ。なお当時は公儀とか藩主名等には敬意をこめて上を厥字とするのが習いであった。相公様、公方様ともに上は一字あけてある。

(注44) 公方様――五代将軍徳川綱吉。

(注45) 毎度御能御囃子有――綱吉は能を好み、自身も能や仕舞を舞い、大名達にも舞わせた。綱紀も能に親しみ、宝生流を保護し、藩士にも能を奨励した。加賀宝生は今日なお隆盛を極めている。

(注46) 大力――『日葡』「Daigicara」。『咄随筆』にもダイヂカラと振り仮名した二例あり。

(注47) 芝引、責――太刀の金具。芝引は、鞘尻(鞘の端)の刃の方に伏せた金具をいい、補強と飾りの為の縁どり(覆輪)である。責は、鞘を締めるたがのような輪の金具をいう。

(注48) ひきはだ――蟇肌革(蟇の背の皮のようにしわをつけた革)で作った刀の尻鞘。尻鞘とは鞘を覆う毛皮の袋で、旅行などに用いた。

(注49) めた――『中華若木詩抄・上』「イツモメタト酔テ我家へ帰ル也」。このような副詞(トロと　ムサと　メトと、AB型の擬容語)は中世に多く、加賀では古い形がこの時代にも残って使われていたのだろう。「めったやたら、めちゃくちゃ」などと同じ意。少しあとにも、「めたと責仕」の例あり。

(注50) 病証――証は症に同じ。

(注51) 此方――方は処方のこと。

(注52) 法印流――医師にも僧侶の称号に準じて法印の称号が授けられていた。ちなみに家伝によると、著者は多賀法印流(多賀法印は近江国多賀神社の別当)の医道を学んだとある。

(注53) 参学――学問。特に仏教を学ぶこと。

(注54) 鯛の吸物を味噌ごくして――味噌吸物というのもあるが、ここはただ吸物とあるからすまし汁をさすと思う。従って「味噌をこくして」ではなく、「味噌濃い」しつこい。くどい。の意の形容詞。「吸物の味をしつこくして」の意。『作者評判千石篩』「軽い料理すく御客もあり。味噌濃べつたりと

したをすく人もあり。」

（注55）おひげのちりを取て――宋の丁謂が宰相の冠準の髭が吸物で汚れたのを拭いたという『十八史略』の故事より。権力ある者にこびへつらう。『蒙求抄』張湯巧詆「ヲヒゲノ塵ヲ取ル程ニ。チト。ウソヲモ。云カクル也」。

（注56）金（こがね）は山へ捨よ、玉をば淵へなげよ――『荘子』天地篇第十二「蔵金於山。蔵珠於淵。不利貨財」。金も珠も本来の場所である山や淵に帰して己れの所有とせず。利欲にとらわれない人間について説いた言。

（注57）栄耀――栄の下の字は耀に近く、書き誤ったものかと思われる。「栄耀（えーよー）」は加賀では贅沢の意に用いている。

（注58）それ者（しゃ）――その道に通じている人。専門家。

（注59）敵を鐺付、切臥たりとも、組打を不知（しらず）は首はとらるまじ――『咄随筆』（中二〇）に著者の柔術の師東美源内の言として、これと同じく、戦場では鐺付き、太刀打ちの勝負よくとも、組み打ちが出来なくては敵の首を取ることは出来ず、かえって我が首をとられてしまうだろう、とある。

（注60）くすしきわ――輪乗り。輪形に馬を乗りまわすこと。

（注61）丁銀、大豆板（まめいた）――丁銀、豆板銀は江戸時代通用の銀貨で、丁銀は細長い海鼠（なまこ）形で目方四十匁（百五十グラム）前後。豆板は小さな豆形で、小粒、小玉銀とも言い、五匁（約十九グラム）前後。豆板を丁銀の補助として、共に計量して使われた。

（注62）用却――世間を廻り歩く意から銭を用脚という。ここは動詞として金銀が諸国に通用する事をいう。却は脚に通じる字として用いたか、又は書誤りか。

（注63）寳　財……賶（サウ）積貨――以上の文字と注記は森田文庫蔵『大広益会玉篇大全』の記載と同じ。これが著者の蔵書と断定はできぬが、多分この書を見ていたのだと思う。

（注64）大正持――加賀藩の支藩。寛永十六年三代藩主前田利常が隠居に当たり三男利治に大聖寺（だいしょうじ）七万石を分封。廃藩まで十四代続く。白山の末院大聖寺

があったので大聖寺町といったが、元禄元年六月よりこれを避けて佳字を用い、大正持とするよう定められた。しかしその後も混用されている。現・加賀市。

（注65）髭切、膝丸、小烏——源満仲が唐人鍛冶に作らせた二剣で罪人を切らせたところ、一は髭もろともに切ったことから髭切と名付け、一は膝まで切れたので膝丸と名付けたという。源氏重代の宝剣。小烏は平家重代の名刀小烏丸。八尺（やさか）の霊鳥が飛んで来て桓武天皇に奉った剣という。将門の乱の追討の功により平貞盛に下賜された。現在宮内庁蔵。

附録三

享保期から伝来する無表題の秘伝書

本稿は「石川郷土史学会々誌」38号（平成十七年）、47号（平成二十六年）発表のものを補訂した。

（一）はじめに

私の手元に『咄随筆』の著者森田盛昌が書き記した題簽のない書冊がある。内容は当時の秘伝を記した書を書写したものではないかと思われ、他見他言無用と追記してある。相伝の書として子孫に伝えられたが、これを伝えうけた森田柿園は「森田家交割伝書」と名付けた帙に『無表題秘伝書』として『宝草子』『咄随筆』など盛昌親筆のものとまとめて納めた。これは代々秘書として、長男といえども見ることは許されず、柿園の父良郷（『続咄随筆』著者）も、十五歳で山川家から養子にきて、追々家事を任されるようになったが、この書だけは養父が隠居し家督を継いだ時まで一覧することは出来なかったという。しかし時代は変わり、明治を経て昭和も戦後になると、「家」制度もなくなり、この書はしまいこまれたまま忘れ去られた。

「石川郷土史学会々誌」37号の「服部家忍術書」（米村正夫氏）を見ていて、似たような記事を読んだ事があるように思い、調べてみるとこの無表題の秘伝書に、夜咄しの時石を懐に入れておくとか、馬が船に乗らない時に賦の字を書くとか、わずかだが共通の話題が取り上げてあった。こちらは忍術の書ではなく、当時の人々のお呪（まじな）いのようなものが多く書かれていて大分違うものではあったが、読み返してみると、昔の人が秘伝と称するものを色々な形で伝えようとしていた事が知られて、当時の人々の考えを探る資料として公開発表してもよいのではないかと思うようになった。私の幼時、昭和初頃に、長居する客には箒を逆さに立てておくというお呪いがあり、それがすでにこの書にも書かれていて、民俗学的資料としても貴重なのではないかと考えた。

（二）本書の概要

秘書として写した為か書写者の跋文はなく、従って書写年代も正確には分からないが、筆者盛昌は享保十七（一七三二）年没であり、筆遣い、筆力等から見て『咄随筆』（享保十一〜十二）と殆ど同じように見うけられるので、この書も多分享保十（一七二五）年前後に手写したものではないかと思われる。

内容は三つに分けられるようで、初めの大部分は、軍陣にあっての心掛け、矢よけ、火の取扱い、捕りもの、馬のつかい方等に関するものが多く、団野万右衛門尉定吉、鱸（すずき）次兵衛尉正重両名の後書によると、ある僧が終夜語った所を聞き書きしたもので、以上の事をよく分別して鍛練工夫し天下に名を上げ候えと言って、夜が明けるとかき消すように居なくなった。これは薬師瑠璃光如来が僧と現（げん）じてお教え下さったものだろうと記している。（中に「拙僧の工夫には」とか、話の聞き書きと思われる言葉が見られる。）

次に「箭除（やよけ）の守大秘事」というのがあり、小池甚丞貞成、天野求助昌慶、和田長右衛門澄常*、千田助左衛門万吉が連署し「千金伝ふる事なかれ、秘すべし」としている。

三番目は「訓閲集*」「無妙伝」等で、黄石公（中国・秦宋の隠者）が張良に伝えた秘術だという。奥書に、この一巻は越前国の住人関宗広が抜書したものを「種々御執心浅からず書写伝授せしめ」とあるのを見ると、主人の命により書写したのではないかと思われ、もしかしたら写して主人にさし上げたものの控えかもしれない。以上三つの書写本をまとめて一冊としたものと考えられる。（＊印の字は判読しにくく、或いは違っているかもしれない。）

（三）翻字するに当たって

凡例

一、原本は漢字仮名交じり文である。片仮名は呪文や処方する薬の名等に用いられ、他に助詞ニ・ノ・ハとか活用語尾や接尾語サ・ツ等に用いられている。このうち助詞、活用語尾等の片仮名は平仮名に統一し、それ以外は大体原本のままとした。（助詞「へ」を「江・エ」としたものはそのままとする）

二、異体字、変体仮名、漢字の旧字体や、句読点、濁点、反復記号等については、前掲（草の草子）の凡例に同じなので略す。

三、漢字には随所に主として片仮名による振り仮名（初めの部分だけ平仮名である）がある。これは原本のままとする。（これも濁点を加えることがある。）

四、当時の表記では漢字に語尾の送り仮名を送らない事が多い。読み易いように送り仮名を（　）に入れて補い、又は振り仮名として読みを（　）に入れるが、煩雑になるので、同じような読みについては省略する事もある。

五、漢文式の表記の返り点は省略する事もある。その場合、読みを（　）に入れて振り仮名とするが、これも省略する事がある。四、五に於いて筆者の補った（　）中の振り仮名は概ね現代仮名遣いとした。

（四）本文

一物見に出申（す）時、雲を見るに、雲ぎれして星なくは、其下には必（ず）草有と知（る）べし。いか程星出て有とも、草の上には星有まじく候。雨気の夜なども空一面に曇とも、草のふしたる上には、必雲きれて白かるべし。

一夜討などに参（り）候時は、其小屋場を見申（す）に、砂地にて候はば、一雨降候て討べし。又地ほこにて候はば、何時にても討可申事に候。

方角の事

一申子辰　此日は北の方より可入
一巳酉丑　此日は西の方より入べし
一寅午戌　此日は南の方より入べし
一亥卯未　此日は東の方より入べし
右此方を能考可入。方角違候はば不可然也。

焼付火矢の事

一エンセウ（煙硝）　百目　一イワウ（硫黄）　卅目　一ハイ　五目

右薬研（やげん）にていかにもあらあらとおろし、筒（つつ）に籠（こめ）申候。かわらにても何にても焼通（やきとを）し申候。亦（また）前廉（まへかど）小屋の上へなげ上（あげ）、忍入（しのびいり）候はば、何時分（いつじぶん）忍入べしと考（かんがへ）、火縄（ひなわ）に図り可有（あるべき）事。

一矢除（ヤヨケ）の守護（マモリ）。是は日天より相伝と云（いえ）り

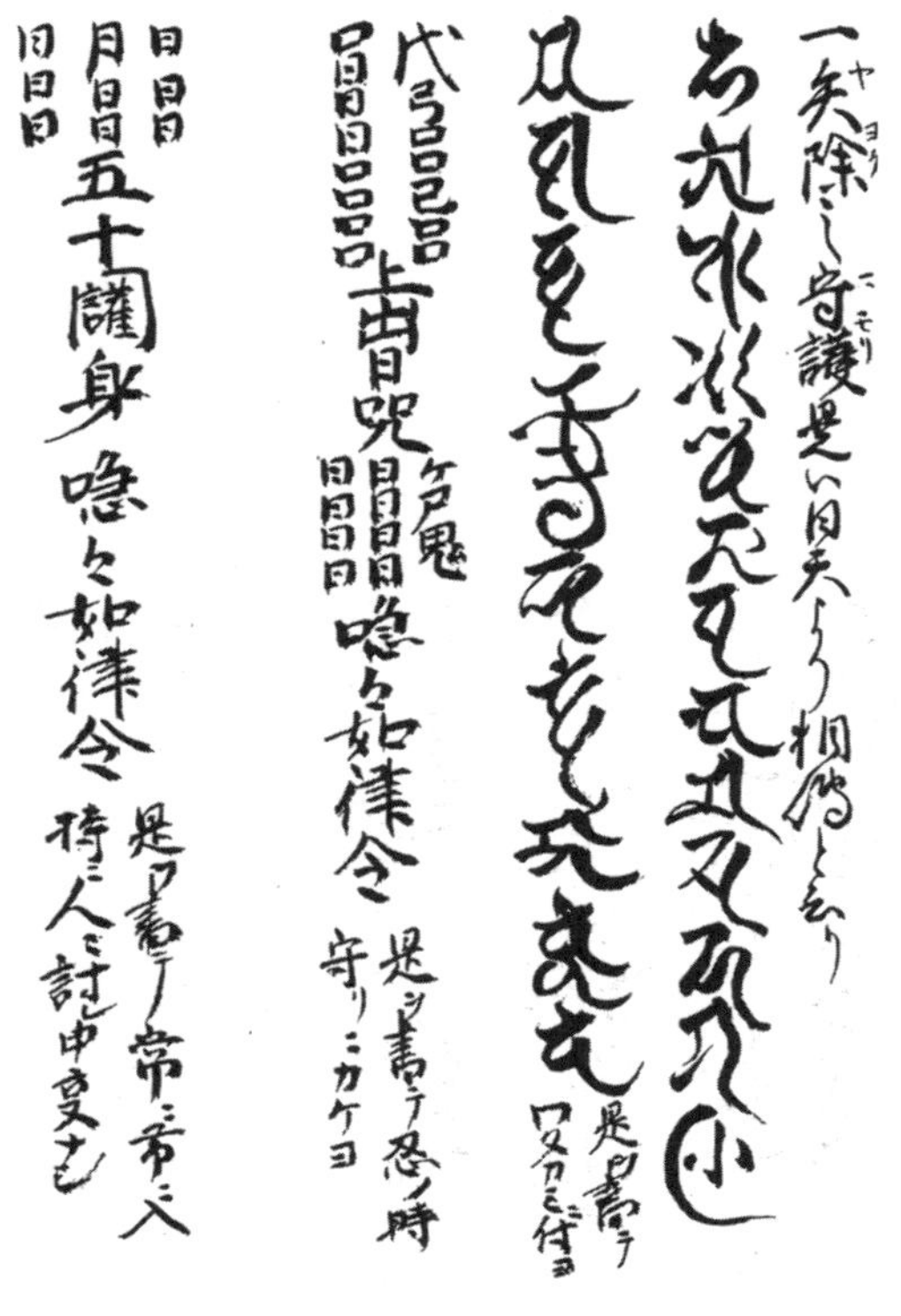

（この条は梵字など、印刷しにくいので、コピー参照）

是を書てワタカミに付（け）よ。

是を書て忍の時守りにかけよ。

是を書て常に帯に入持（つ）に人に討れ申事なし。

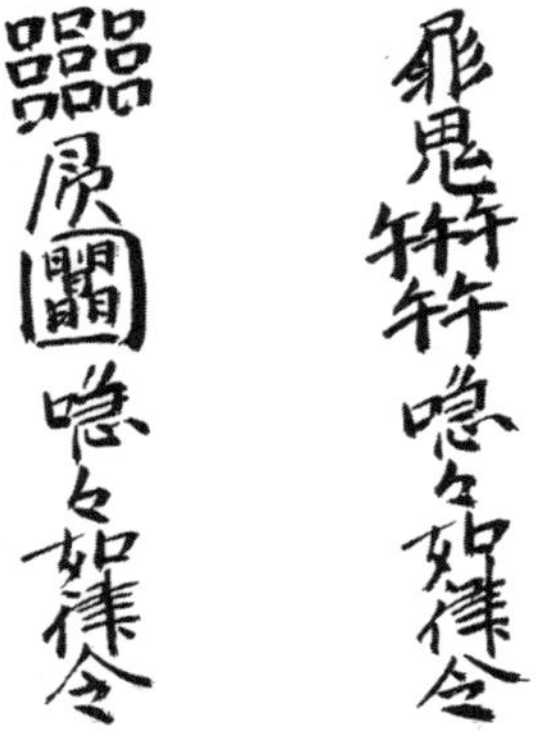

是を書て守りにかけよ。
亦着物のヱリに入てもよし。
右の守常に持候得ば人をそれて何ニとねらいても討れ申間敷候。
是を書て守りに掛てよし。犬のほゑ申事なし。右の守り常に掛てよし。災難を拂。馬にもえん有。可秘者なり。

一川越に火縄の不消事。

しやうのふを能酒にてときて木綿火縄に弐三返引ほして、夫に火を付、水の中へいれ候ても消る事なし。雨降候欤、川越などには、か様に仕置持申也。亦去人の云けるは、
一川越火を持事。雨紙に杉原（注1）をほくち（注2）に仕、其ほくちの中へ、炭の火をよくおこりたるをいれ、水のいらざるやうにつつみ候て持こすに、少も不苦候也。

一火を常に持事。

奈良ざらし（注3）のいかにもふるきを水に五十日計さらし、引あげてよくほして、縄にないて、火にいれ焼候得ば、ない目其まま御座候を、子もちござ（注4）のいかにもふだんじみたるにつつみ、をもしをかけて置て、夫を火を付て持べし。或ははながみの中、又はわらなどにつつみ候ても、すこしも余のものには火不付候。火くさくも無之候也。

万年火の事

一竹の子の末にあま皮(注5)有。黒焼にして　三匁
一煮紙子(ニカミコ)(注6)のいかにも古きを黒焼にして　五匁
一明盤(ミヤウバン)　焼かへしにして　壱匁
一挽茶(ヒキチヤ)　壱目五分　一明盤　其まま　五分

右食(めし)の取湯にて練(ねり)、長さ三寸・太さ壱寸程に丸して干(ホシ)て、其上ェ(へ)明盤の焼返したるを食の取湯にてときて、ころもに七返引て干(ホシ)、其後火を付る。かねにて入る筒を拵(コシラヘ)、すかしをして其中へ入、鼻紙(ハナカミ)の中又は服紗物(フクサモノ)に包可持(もつべし)。少も火臭(ヒクサク)なし。又何(ナニ)にも火つかず。三寸にて三十日は有べし。可秘者(ひすべき)也。

無火の大事

一鴇(トウ)(注7)の羽(ハ)のくき内を能(よく)すかして金箔(ハク)一返置候て、其内へ朱と水銀(ミツカネ)と段々に籠(コメ)て、夫(ソレ)にて夜闇(ヨクラ)きに見ればおぼろ月程は見ゆる也。

強盗松明(ガンドウタイマツ)の事

一八寸四方に箱(ハコ)を指取手(トツテ)を付、其中にひやうそく(注8)を糸(イト)にて四方ェ(へ)つり、火をとぼし見るに、先計(サキバカリ)見えて吾前(ワガマヘ)は見え不申(もうさず)候也。

十里松明(タイマツ)の事

一松の節(フシ)の引粉(ヒキコ)　拾匁　一艾(モグサ)のモミ粉　拾匁　一鼠糞(ソフン)　三匁
一樟脳(シヤウノフ)　五匁　一硫黄(イワウ)　五匁

右何(いずれ)も粉(コ)にして厚紙(アツガミ)にて太さ三寸・廻り長さ七寸に紙袋(カフクロ)(ママ)を拵、なる程詰(ツメ)て干(ホシ)置、是に火を付とぼ

すに、松明壱丁にて道壱里は必可有。雨降によし。是を消候に、水などへ入候得ば一入もゑ申候。土を懸て消候也。秘事にて候間、他言不可有之。

取者の事

一取者ありと聞、走行に、内には幾人有ぞ又何として居るぞと聞ては、はいる事成間敷候。走行其足にて直にはいり可申者也。内に何程居候ても、はいり申と其侭被切候事は有まじく候。又内に取籠居るは侍か小者か能聞べし。侍ならば其侭取にはいり申候。少も時節のばし申間敷候。小者にてあらば朝取籠候はば、八ッ時分に取にはいり可申候。子細は、侍は少も間の有程、死様の分別出申者にて候。小者は間の有程生たがる者にて候。

一貮人取籠者有（れ）ば、壱人は助候と詞懸はいり可申候。何程心剛なる人も、助候と云詞を聞ては吾か人かと疑（ふ）ものにて候間、右の通可云也。

一二階などに取籠者了簡の位可然候。惣じて二階に有（る）人、古より于今至迄入口に居るはなし。一間の座敷ならば床の角に可有、貮間の座敷ならば奥の間に可居。大事に思ふべからず。何も取籠り者戸脇に居るは稀也。必座敷のすみにすまふて可有、是も只了簡の位可然也。

一戸入の事。古は一拍子にて飛込候へば、戸脇に居候へても、はいりたる跡を必切也と伝（へ）たり。其は人によるべし。若しやなどに取候てはいり申、動を横になぐり候はば切留可申候。拙僧の工夫には、刀を抜右の手に持、刀のさやの下緒に小脇差など結付、戸脇を討て見候へば、必居候所はしれ可申候。

一惣じて走者など追懸、切申事なかれ。抜たる刀直にをしかけ見申候、ふりかへり候はば、其動を可勝、殊に廊下など逃申人を追懸行に曲り曲りを心に可掛也。まがり候へいにそわり候て切ならば、ざうさ有間敷(あるまじく)候。其(ソレ)により刀を押懸追(ヲシカケヲイ)申とは云（へ）り。先へ逃(ニゲ)申を追懸(ヲツカケ)申者、近付申と思ふ時、一足ふみかへり候と、一足ふみ込(コミ)候とにて候へば、事外間(コトノホカアイダ)近く成申候。九寸壱尺の脇指(わきざし)にて丁(テウ)と物討(モノウチ)へ参候先へ参候に、跡より切申時は吾(ワガ)右へ廻るべし。左へ廻り候へば刀下にて候。仮初(カリソメ)に下人(げにん)に物申付る共、吾右よりへ廻り候て後を見申候様に、常々可心得(こころうべき)也。是をほそ道の大事とは云（へ）り。

一戌(いぬ)ぶしとて夜道など行に、両の手を土に付て、其を片々(カタカタ)土に当候て聞に、一町貳町外より人の幾人(イクタリ)来るも能(よく)聞へ申候。

一夜ル提灯(テウチン)にて道行事なかれ。自然行候(そうら)はで不叶(かなわざる)には、火を持たる人と并(ナラビ)て行者也。跡先は能見へ候て、吾が躰は見えぬ物にて候。火を右に持候者、左に并(ナラ)ぶ。左に持候はば右に并行者にて候。

閨(ねや)の大事

心懸候人は伏し候時行こ候へば

枕に書なり

大事来る時は必目あくと云り

一歌に曰、うちとけて若(もし)もまどろむ事あらば　ひきおどろかせ我(わが)まくら神　三返唱申候。

迷故三界城　悟故十方空

本来無東西　何処有南北　伏候て三返唱申候。

一歌に曰、嵐ふく遠山の風ものこりなく　むかふかたきをふき拂(はらい)けり

一ヲンマリシエイソワカ　右三返

右臥(フシ)候時行ひ候へば、敵忍(テキシノビ)入候歟(か)亦大事の来るには、必目あき可申者也。

一人に相申間敷歌に曰、西東たつみをさして行ものを　神の子なればとふ人もなし

一アビラウンケン　　右三返

右八やうのいんみやうにてよみて、あいたくも無(ナキ)人か又は四足(シソク)の者(モノ)ばけもの、何にても心に思ひ出し、観念(クワンネン)して読(ヨム)べし。或は籠(ラウ)などに入(いり)たる人も、三万返唱(トナヘ)、又八句(ハック)の陀羅尼(ダラニ)を三万返唱(トナヘ)候へば、必籠より出(イデ)申といへり。

八句の陀羅尼

一ヲンヲノリ。ビシヤチ。ビラホジヤラトリ。ホドホドニ。ホジヤラ。ホニハン。クキンツロヨウハンソモコ

から手水(ちょうず)(注9)の事

一ハダラダヤバンチノ水ノキヱケレハムスビテカタニアビラウンケン

右は神仏の前へ参候時、ケ(か)様に唱(トナヘ)、塵(チリ)をむすび切(キリ)て肩(カタ)の上をなげこし拝むべし。春日大明神・フナキ明神の、人間はむさし(注10)とてかやうに読(ヨミ)給しと也。

忍入に犬のほゑぬまじないの事

一南無(ナム)ト云(いう)ボダイノ下ニホユル戌(いぬ)ソコタチノケヤアビラウンケン　　右三返唱可申者也。

一弓鉄炮にて取籠者(トリコモリ)有に、はいりやうは、羽二重(ハブタヘ)の羽織を刀の鞘(サヤ)に袖を通し、夫(ソレ)を楯(タテ)にして行に、矢(ヤ)玉中(ダマアタ)りても通(トヲ)り申事なし。是を野中幕(ノナカノマク)とて秘事也。

一取籠者、人質(ヒトジチ)など取居候か又取(トリ)にくき者ならば、鉄砲にて討(ウチ)申が能(よく)候。但、拵有(コシラヘアリ)、なめし皮(ガワ)にて長さ三寸に縫(ヌイ)候て、夫(ソレ)に鉄砂(テッシャ)を入、討申候。薬は常の薬也。右の拵(コシラヘ)にて討申候へば少も疵付(キッツキ)不申して立所(たちどころ)に討ころばし候。去(さり)ながら息(イキ)は其侭(ソノママ)出申候。目付(めつけ)(注11)は胸板(ムナイタ)を見候て可討也。

此通（り）皮にて縫也。

一大勢取籠者(トリコモリモノ)あらば、霧(キリ)の段(ダン)にて取可申者也。座敷に取籠候はば、壁(カベ)に穴(アナ)をあけ葭(ヨシ)に薬を入(イレ)、吹込申(フキコミ)に、眼闇絶入(マナコクラミセッジュ)（注12）仕候を取申也。

薬の方

一タンバン（胆礬）（注13）　一両　一ヒサウ（砒霜）（注14）　一両　一ハナヒグサ　一両

一ヤウバイヒ（楊梅皮）（注15）　十匁　一シユワウ（注16）　一両　一ナンバンコセウ（南蛮胡椒）（注17）、皮ヲ去(カゲボシニシテ)　三匁

一コセウ（胡椒）　拾匁

右何(いずれ)も粉(コ)にして能(ヨク)おろし仕(ツカフ)也。但コセウは椿(ツバキ)の灰(ハイ)を泡(アク)にたれ夫にて洗(アライ)ては干(ホシ)、洗ては干、七拾返也。其後粉にする。右の薬をおろし候時は、木綿手拭(モメンテノゴイ)しめし候てふくめん（覆面）にしておろすべし。去人(さるひと)の云は、右の薬を熊(クマ)の皮(カワ)にてはいうち（注18）のごとく拵(コシラヘ)、なめしの方に柄(エ)を付て皮(カワ)の広(ヒロ)さ三寸・長さ四寸にして、柄(エ)の長さ見合能程にして、其毛(ソノケ)の方(カタ)に薬を捻懸(ヒネリ)て人の面(ヲモテ)を打に、立所(タチドコロ)にて討(ウチ)ころばし絶入(セツジュ)仕候。是を灰袋(ハイフクロ)と名付(ナヅケ)申也。右の薬もてあつかい又打候へば、少は我身へも懸り申候。懸り候ても不苦(くるしからず)。薬には鶏(ニハトリ)の玉子を少口をあけ内の身を取出し、其跡(ソノアト)へ酢(ス)を一盃入(ハイ)、一夜置候へば上皮はくだけ、あま皮御座候。其あま皮を口にふくみ、薬打申に、何程懸り候ても不苦候。去人(さるひと)の云は、にら（韮）のみ（実）を口にふくみ候へば少も不苦と云り。

三間の打薬の事

一二俣(マタ)の蜥蜴(トカゲ)　黒焼ニシテ丸ナガラ壱ツ　一ヒソウ　一両　一ハンミヤウ（注19）　羽ヲサリ其侭一両

右粉にして鉄砂一打に五匁、右の薬五分、シャ(紗)に包、胸板を目付に打申に、立所に討殺し申候也。口にふくみ申薬は右同前也。

無命の扇子の事

一ハンミヤウ　一ヒソウ　一テンナンセウ(注20)　一コセウ　右ノゴトクコシラヘ
右等分に合、いかにもこまかにして扇子の地紙の中へ入、それにて敵の面をあふぎ候へば、目より血出て絶入仕候。扇子の拵様は、扇子ほね二寸程不足様にして、糊をば不付して夫に薬を入、打入申候也。

思敵呼出様の事

一櫟木(注21)札にして其札の表に書申歌、
東路やのきのひさしに居人を　はや吹出せ伊勢の神風
札の裏に其人の名と年を書候て、家の上へ抛上候て立退可待。待所にて唱可申事、
ロヨリマメノホエイヅルカナ
かやうに念仏申ごとくいか程も唱候て可待。必出可申。

人来て長座するを早く立様の事

一歌に曰、東路やのきのひさしに居人を　はや吹出せ伊勢の神風
かやうに読て、箒木を逆様に立候て置(注22)に、其侭立申もの也。

助太刀仕様の事

一四五間も脇へより石を打付可申者也。五三人の助太刀より壱人の礫可然か。不断小者・中間に至迄、かやうに可申付者也。

一去人の申けるは、我は不断夜咄に行も、重さ百目計の石二ッ程懐に入持申候。あやしき者候時は、一二間にて打候て見申に、数度利（注23）を得候事有と言り。

シリ剣の事

一鑓の中心（注24）を切、目釘（注25）穴太くあけ、夫に厚紙を角違に切ほそき攸（注26）を両方より成程きめこみ候て、夫をシリ剣に打申に、右の紙羽に成候て能参申候。常に打付候へば、中違申間敷候間、御心掛肝要に候。

竿シリ剣の事

一竹の筒壱尺七寸に仕候て、筒に三寸程短堅木にて丸くけづり、中へ入、振出し振出し仕る拍子にて、胸板を目付に討申候に、はづれなく能通り申候。但竹は苦竹（注27）が能候。夜など打捨に仕て得利申たる事ためし多し。然間爰に書載申候。

一風呂詰とて風呂に入候時、釜の火成程たかせ、風呂の口には大勢取巻居時には、米壱合・塩壱合手拭に包、釜の中へ入候へば、ほけ（注28）も立ぬもの也。右の道具なき時は、手水桶を押くだき入候てもなま立に御座候。惣て心掛候人は入度毎に手水桶はなさず持候。惣別（注29）用心仕候とて、人と咄候にも、膝を立、脇差ねぢまわし、爰かしこ目づかひして有は、いかに心懸にても見苦候。夫は修行者抔仕兵法人或は一心計にて何事も稽古なき人は、必か様に有ものにて候。縦ば其座の内に敵有か又中の悪き者有とも、心に油断なく目付計御覧候て御はなし候へ。敵脇差に手を掛候はば、其時体をあらはし候へ。惣てくれなゐの目付もみぢの目付と申事有。敵上手にて動なきやうに討出す位をとりてあらば、こなたより仕懸申候所を、もみぢの目付と申候。扨又敵の色こきをくれなゐと云、動のうすきをもみぢと云。色に付、色に随事皆稽古に有。兵法も柔気も皆文武の両道也。一方欠て成就する事なし。願念の道より三尺の水月(注30)と云事をあみ立出せり。縦(たとえ)ば下に居てきりつくは皆三尺可成(なるべく)、手の懸と掛らざるところを、水月と定懸に有則(ときんば)は(注31)吾体悠也。無力(ちからなく)して敵に近く、古人の歌に、

世の中は風に木の葉の裏表　とにもかくにもとにもかくにも

此歌の心も、いかやうにも敵次第にして、引よせば寄、抛ばなげられ候て其色を取てこそは勝有べけれ。古語に曰、かしこきよりかしこからんとせば其色を見よ。かやうに古人も申おかれ候。作意の歌に、

しげりぬる木陰は月のあらざれど　風の見せたる月にぞ有ける

かやうに中心も、何事もしづまり候て無動(どうなき)様に敵仕候とも、此方より仕懸候はば必月は顕候はんと也。古語に曰、心驚ざれば得勝利(しょうりをう)。歌に、

うちよする浪にも夢のさめざるは　かねてぞ思ふ海士のかぢまくら

何事も心は体に納、拍子・調子・位は常々御心に掛られ、起臥鍛練工夫なされ候へ。上手とて生れ付にあらず。常の御稽古に有。天下に其名を揚ん事皆御心に有也。

一夢明見とて、吾取籠候時の大事也。大勢取巻候時に

此字吾額に書て刀を抜　南無権現ソワカと廿一返　又ヲンソラソバテイヱイソワカと念仏申ごとくいかほども唱　刀を眉間にさしかざし敵の中へ真直に出可申時味方と思ひかまい申もの無之由也。

一人など討候て退申時に　ヲンラソバテイヱイソワカといか程も唱退に、一二町は人の目にも見え候へ共、其侭見失ひ申と也。左様の時は必のり(注32)を尋申物也。其場にて手負候はば其侭血を留申事。

歌にてとむるなり。
血(チ)の道(ミチ)は父と母との血のみちよ　血のみちとめよ血の道の神
右の歌三返読(ヨミ)候へば其侭留(ソノママトマ)る也。

人の走申時に追懸（へ）申方の事

子の日は　寅酉の方江行也
丑の日は　巳戌の方江行也
寅の日は　未亥の方江行也
卯の日は　巳丑の方江行也
辰の日は　酉卯の方江行也
巳の日は　亥卯の方江行也
午の日は　亥卯の方江行也
未の日は　酉巳の方江行也
申の日は　寅卯の方江行也
酉の日は　丑未辰申の方江行也
戌の日は　亥卯の方江行也
亥の日は　丑寅卯辰の方江行也

右の方取能考(ハウトリヨクカンガヘ)、追掛(ヲツカケ)可申候。此方取は聖徳太子(シヤウトクタイシ)の御日取也。少も違なく名誉(メイヨ)多候。

一取籠(トリコモ)り候て鉄炮(テツハウ)打出し申に弓より早打(ハヤクウチ)申やう
紙(カミ)にて大指(ヲヽユビ)程に太(フト)サをして長サ壱寸程にして、其内へ薬壱匁同玉を入ていか程も拵(コシラヘ)置候て打出し可

申候。則拵やう、

此通、但玉に穴をあけ候てよりを引通申候也。

一生鳥の打やう、薬は如常籠候て其上へ挽茶四五服程入、堅くつきかため其上へ紙壱枚能かみて入、其上へ濁りたる水少入、打申に、打落し候て少も鳥に疵は付不申候。鷹の生物御用の時はか様に打申也。

一サゲバリの討様、竹を手一束に切、内を能すかし夫を筒に入、討申候。はづれなし。

一水鳥の打やう

縄の間手一束也。

糸をきりきりと巻候て玉を重候て籠申候也。薬は如常也。

一天狗だをし（注33）と申候は、赤ゑいの肝陰干にして、夫を能々粉にして裟に包、鉄砂を入候て討申に、立所にて討殺申候。口に含申物は韮の実にて候由也。

一公事に出申欤、又大事の儀人に隠し候に、若沙汰有てはいかがと存候時、ゲヂの印を結てあて候也。

秋津嶋みもすそ川の流にて　我ためあしき人は口なし

右三返唱候へば少も不苦候。可秘。

一取籠者亦は討者或は軍陣にて目を明に仕様の事。大の字左の拳に三つ書てなめ可申候。可秘。

一人走(ハシリ)さうに思ふか又は執心(シウシン)有内(アルウチ)の者(モノ)にても何方(イツカタ)へも遣(ツカハ)し不申候事。

是は門の内四方土に埋て置也。

南無光明天王娑婆訶
南無五大力菩薩

是は切符(キリフ)に仕也

右庚申(カウシン)の日むくげの木を切て筆にして書也。主(ヌシ)に知(シラ)せずして寝(ネ)たる時、切符(キリフ)にして書て物の中に入置也。何国(イツク)へ行(ユカン)と思ふ心候共、門より外へ出不申候。屋敷の内をくるりくるりとめぐりて居(ヰ)可申もの也。此符は日天より相伝也。

一万事(バンジ)思ふ事祈念(キネン)して叶(カナイ)申候事。五輪(ゴリン)（注34）の中を抜(ヌキ)候て、其中(ソノナカ)へ唐竹(カラタケ)の中のうすやうに、思事を書候て五輪の中へ入、本(モト)のごとくにして置也。五輪の上に双六(スグロク)の賽(サイ)（注35）重六(ヂヤウロク)（注36）とそろへ壱対置也。但(タダシ)吾家(ワガイエ)の寝間(ネマ)丑寅(ウシトラ)の方に置候て、三七日の間祈(イノリ)申候へば、何にても思ふ事願念(グワンネン)して祈(イノル)べし。一日に三度宛也。一度に光明真言(タワウメウシンゴン)（注37）三十返、八句(ハック)の陀羅尼(ダラニ)（注38）卅返、九字(クジ)（注39）百返宛可切也。順(ジユン)逆(ギヤク)に切べし。何にても不叶事なし。

一蔦(ツタ)の実(ミ)を取、油にしぼり、其油(ソノアブラ)を綿(ワタ)にしめして香箱(カウバコ)などに入可持(もつべし)。其油手の内に少しぬりて、白刃(シラハ)を取申に、手(テ)の切(キレ)申事有間敷(あるまじく)候。白刃(シラハ)も討付(ウチツケ)申を取(トル)にてはなし。夫(ソレ)はきたうにて取兼(トリカネ)可申候。何にても請候て、其余りよいみはとられ可申候。

一射ぬきとて葭にて矢など仕、弓にて射申に、松木板など二枚計は通申者にて候。本の矢に付候て、楯の陰・柱の陰などに有人を射申と申置候也。（原本「射申とと」とあるを訂正。）

一布にて唐油（注40）をして目の通り目金の如く水精にて目を入、袋は二重にして、首にて水の不入様に〆、重目五六貫目程の石をかづき候て水の中に居るに、いか程居候ても息自由にして苦にならずと云（へ）り。

一細川越中殿仕出し候は、唐油にて腰蓑のやうにして、なめし皮にて枕のごとく、鞠よりは小さく仕候て七ッ付申候。腰に付候て水に入候へば、腰より上は出て水に浮申候。

一手鉄炮と云は、雪踏（注41）の裏皮にて二重に縫候て、長さ一束・太さ玉目程にして、如常薬も玉も籠候て、差火にて打申候。紙の袋にて討候ても同前に候。

一取者仕者に参候にも、万事門出の時小便仕見るに、いかにも細に淡立（注42）候て有ば、少も身をかばわずに仕候へ。何としても運つよく仕合可然、古より于今忍の門出はためし申に少も違なく候と申伝候。淡大つぶにしてむらむらと消候へば仕合悪く候。左様の時は参るまじき也。

一忍入家内の人悉寝入らする事。人死候時の六道の食干て粉にして其家の内へ成とも家の屋祢へ成とも蒔可申候。

一家内の人寝入たるか不寝入か知事。其家の鴨居と敷居とへ葭にて摺払に寸を取、夜の内に幾度も参り、当候て見るに、壱人も残なく寝たる時は二寸も三寸も短なるべし。又在郷などの草家の戸構もなきには、外家の角に縄を付候て、其縄に石を土と摺払に結付置に、家の内の人悉寝入たる時は、右の石土に着候て縄たるみて可有。

一寝入たる人に寝言をいわせ聞事有。芦毛馬の左の足のはねの土を取、紙に包、其人寝たるござの下に置也。人丸の歌三返読て吾胸に指にて此字を書て着物の左の袂より顔を出し尋度事尋申候。盗か女若衆物毎を隠し候を尋に有の侭に申物にて候。

又麦藁を枕にして其中へ念仏七返書て入、如右袂より顔を出し尋申と云り。但尋申に随て違藁一筋宛抜々候て尋申と云り。

一年たけなどうたせ候にも是を二ッ書踏へさせ両の手に弓を持せ候。其弓に末筈(注43)に八幡大菩薩と七返書、本筈に念仏七返書て□（文字不明）レ候。年又は幾ッになる人是を取やなどとてうたせ申に能打申物也。

一刀脇差柄を柚(注44)の木にて搔込せ其柄の内に

臨兵闘者皆陳（陣に同じ。以下陣としておく）烈在前　九字七返可レ書。此ごとく拵候へば先勝有也。大小共に如此に仕候。脇差けがれたる所へ抜間敷也。陣刀は取分如レ右拵能也。

一軍陣にて馬足をくぢき申候時、馬よりおりずに馬の両の耳の真中へ小刀の先二三分計立候へ。忽能候。

一船ずまひ(注45)仕馬は、轡のはみ(注46)に日と云字書、又馬の額に賦是を書、船中へ点を打込候へば其侭乗申候。

一下馬おとし(注47)の事。正月朔日の羹(注48)の箸を取、楊枝に削、馬の足跡に賦此字を書、右の楊枝を指て置て、歌に曰、

　しはをけるしゆすのたつま(注49)に驚きて　かふ行人はでんと落ける

かやうに仕候へば其侭落申候。

一しばつなぎ（注50）の事。馬に手綱なげかけ置候て、歌に曰、

行じ来じ立じ走らじ止らじ　起じや臥じ中に下らじ

右一返読也。

一馬の息合。（注51）

一ホソカラス　ワタヲサル其跡へ　ユミクサ（注52）　一ウツギノハ　一クワノハ

一フツセ（注53）麻ノ葉　但野ニハユルナリ。　一クレナイ（注54）　是ハ花ノ事

右等分に合（せ）て臼にてつきて烏の腹へ籠候へて、藤にて閉、黒焼に仕候。夫を絹に包、轡のはみに結付候に、何程乗候へても息不仕候。惣じて馬何やうに煩候共、此薬一筒飼候はば其侭能候也。是を桑嶋の家の惣薬とは云り。日本に知人有間敷候。右の薬に龍脳・麝香（注55）を加へ候て蜜丸に仕候へば、家の息命丹と申候。此侭にては活命散と申候。

一夜など伏候て物音など仕候はば、刀を抜て鞘を左に持、下緒にて爰かしこ討候て見申に、柱・かべ或（は）道具などに当り候て、人に当り候は各別違可申候。草深き中又は植込の中なども左様にさがし可申候。

一家の内へ人忍入たる時、むざと追懸出ぬ物にて候。必戸の口に戸ばりとて弐人か壱人居る物也。又はひしなど蒔ものにて候間、分別して可出物也。

一夜犬吼候はば、犬頭（注56）を聞候へ。夏などは虫の声を可聞、近く参候はば虫の音も留る物也。

一人など討候て退に、松明などにて大勢尋候時は、草の中或はほそ溝などに忍（び）、そろそろほうて退やうなる事有。又方角不知在所などにては流に着べし。其川上へ可参。必山に可入。又其所功者有て、此所にては可ㇾ退方は此道ならではなしとて草臥て居る事有。左様の時はそろそろ行に、

人近く有ば必糞のにほひ可仕候。左様の時は人近きと思ひ、成程忍可有。

こまごま申つくし候。夜終語申候事、能々御分別候て御心に懸られ、御鍛練御工夫被成、弥天下に名を御上（げ）候へ。夜も明候程に御暇乞候とて掻消やうに失にけり。

直家（注57）夢覚（め）肝をけし、能（く）思ふに、是南無薬師瑠璃光如来（注58）哀と思召（し）僧と現じておはしましけるぞや。難有の御事哉。然ば御物語の道理書付申さんとて、兵道劔と名付、草紙に作り、扨又柔気と云事倩感じ見るに、善悪の二道也。非と云も理也。無と云も有也。爰を以て信心不二と号。然るに柔気教外別伝不立文字（注59）の外也。師の語に座禅分明自工見月是を見る人は本心也。眼を開ば則見る、然に観念の道より柔気と二字、理に随て世上にひろむ。正理を得、天下に其名を揚、誠に水中の月を見て空の月を悟る、皆是水月と号、誠に人をとらん事、彼に理有則、吾かれが為に指殺され畢。

一毫のたがひ有ば以て千里の誤也。明に知ずんば不可有物也。此道の理を不知則、罪の不有を殺のついゑ有也。此道の理を論ずる則ば、死生の道あり。即少年より深く此道に志有て、諸家を学（ぶ）に是有非有、今柔気の二字を聞て目録を作て以て号根の為に爰に志すもののきかんと也。此道の理をしきとく（注60）す。則己が身を全して敵心をとりこにす。縦三軍（注61）の術を率て百千の功を励に、文者ことならずといへども、理は則一なるのみ。此道を用徳の人は唯平生の習と其時の謀を専とする也。

右此一巻、予以工夫、為後日比志テ此者之亀鑑也。識得此術之理則全己身而擒敵人、率三軍之衆励百戦之功分雖殊而理則一而已、要得此術者唯平生之習与其時之謀云云

団野万右衛門尉　定吉
鱸（すずき）次兵衛尉　正重

箭除（ヤヨケ）之守大秘事

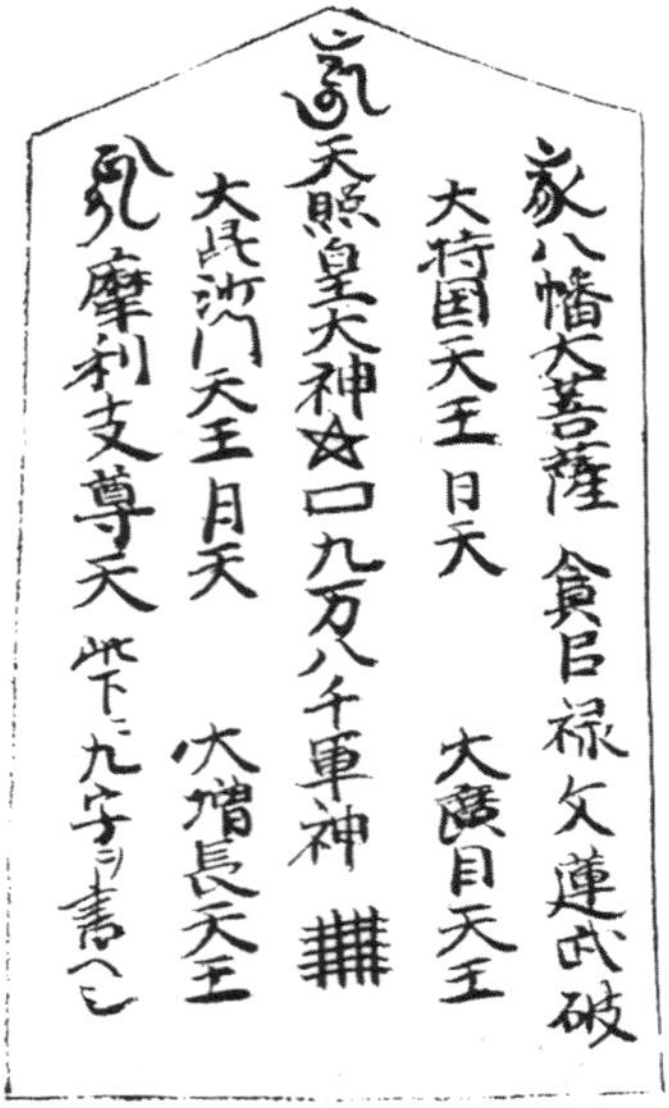

家八幡大菩薩　貪巨禄文蓮武破
大持国天王　日天　大廣目天王
天照皇大神☆口九万八千軍神
大毘沙門天王　月天　大増長天王
摩利支尊天　此下ニ九字ヲ書ヘし

此守大秘事也。大阿闍利（アジャリ）に調（トトノヘ）さすべし。
九字己身法（ゴシンホウ）（注62）外獅子印（シシノキン）（注63）を以加持（カヂ）、次に観音経（注64）を読誦（トクジュ）し、摩利支天（注65）の真言（シンゴン）（注66）
三返急々如律令（注67）と唱べし。鬼門の方に向て加持、紙は何にても不苦（くるしからず）。寸法は絵図（ヱヅ）のごとく也。
敵国（テキコク）に向（ムコフ）時、氏神（ウヂガミ）へ祈請（キセイ）し此守（まもり）を甲（カブト）の内へ納（ヲサム）る也。千金莫（センキンナカレツタフルコト）レ伝　可秘（ひすべし）云云

小池甚丞　貞成
天野求助　昌慶
和田長右衛門　澄常

千田助左衛門　万吉

訓閲集（注68）策呪大事

夫（それ）南天竺（ナンテンチク）の木（キ）を我手弐尺八寸に切て策（ムチ）に作て其策を前より取つかへ可書（かくべし）。

（一心経（注69）一巻九字十字（注70）一返）

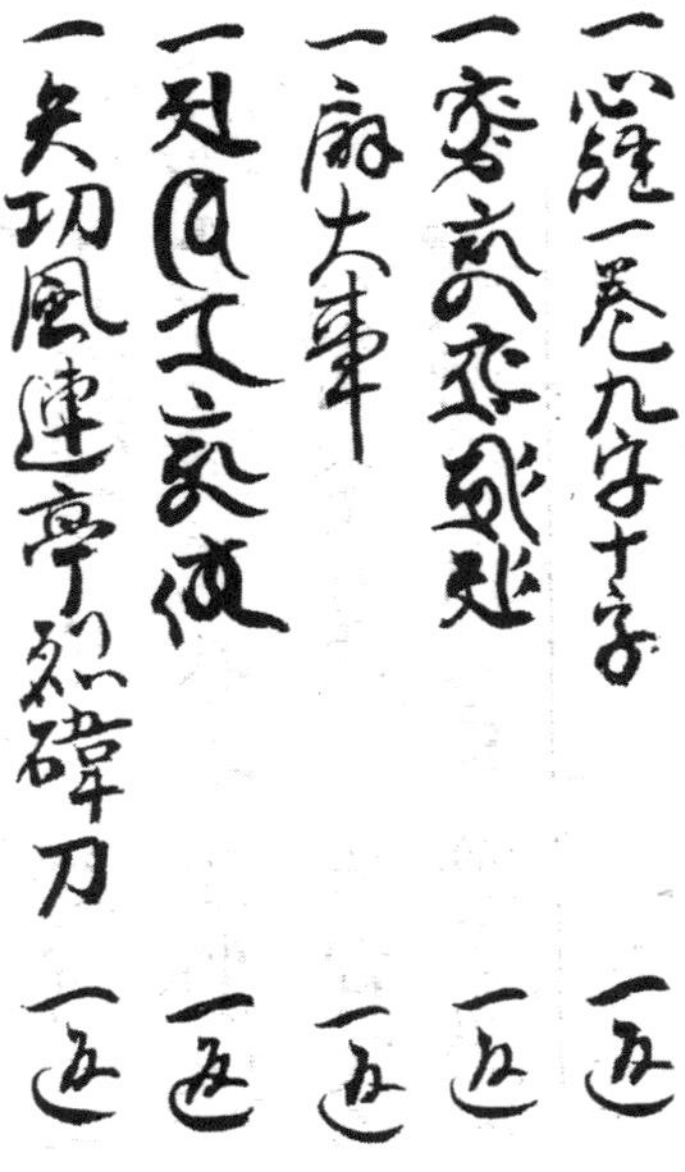

此呪（ジユ）どもを書て漆（ウルシ）にて塗（ヌリ）て、錦（ニシキ）（注71）にて裹（ツツミ）て籐（トウ）を以て七五三と巻べし。又皆をしかとも巻也。如此認（シタタメ）て辰（タツ）の（注72）

訓閲集秘術

伝黄石公長良策（クワウセキコウチヤウリヤウムチ）秘術（黄石公、張良に伝ふる策の秘術）

第一

夫（それ）悪日に出行する則（トキン）ば、此策にて子（ね）の方に向て策（ムチ）にて 此梵字（ボンジ）を書て心経を七巻呪すべし、大吉也。

第二

夫悪方へ向則（トキン）ば朝日に向て 此梵字を策にて書て薬師（ヤクシ）の呪（ジュ）七返すべし、大吉也。

第三

夫夜猪（注73）に向則（ときん）ば此策にて 此梵字を我胸（ワガムネ）に書て九字七返呪すべし、難（ナン）にあわず。

第四

夫君に大切の天聞するには此策にて天に向て 此梵字書て左へ三度廻て馬頭（バトウ）（注74）の呪（ジュ）七返呪（ジュ）すべし、則叶べし。ヲンナミリト

第五

夫（それ）人を調伏（テウブク）するには鬼門（キモン）の方に向て策にて 此文字を書て荒神（アラガミ）（注75）の呪（ジュ）十返三日朝日に向て呪すべし、必三病（サンビヤウ）（注76）を請（ウク）べし、無レ疑（ウタガイ） ケンハヤ〱ソワカ

第六

夫疫病（ヤクビヤウ）の難をしりぞくには此策にて南の方に向て 此梵字を七ツ書て天の呪（ジュ）を七返呪すべし、遁る也。人にもいたせ符にもして呑べし。三日の内を用（ふ）べし。

第七

夫矢の難を遁（のがる）べきにははうかしは（注77）の葉に 此梵字を書てヲンシンシン〱ソワカ七返呪べし。符にして錦に包（み）鎧の袖に付べし。

第八

夫只今合戦に向時は此策にてか団（注78）にて敵方へ向て破賦此文字を書て九字を七返呪すべし。

第九

夫家敵を万事災難を遁るるを大吉とするには、此策にて家シキの寸を十文字に取て天に向て　此文字を書て九字百返呪(ジュ)すべし。

第十に

夫非道(ヒドウ)の者を殺して其因果(キンクワ)を遁(ノガ)るる事、此策にて討たる者の頂(ヒタイ)に犬馬此文字書て、策首(クビ)にいただかせよ。其則(ソレスナワチ)仏陀(ブッダ)に入が故に因果を遁(ノガ)れ繁昌(ハンジャウ)する事無レ疑(うたがいなし)。愛染(アイゼン)の呪（注79）七返呪すべし。

兵門出行

一弓箭(ユミヤ)に出(イツ)る時先(まず)左の掌(タナココロ)に右の手にて剣印(ケンキン)して九一五（注80）の方へ向て此字を書。なめべし。（注81）鬼水。其後八幡大菩薩と十五返(ヘン)、又其後ヲン摩利支(マリシ)ヱイソワカ一返見てべし。若(もし)其内に鼻(ハナ)をしむ（注82）事あらば九字の文九返唱(トナヘ)て丑(ウシ)の時より午の時迄は左の足を踏出(フミ)して行也。未の時より子の時迄は先右の足を踏出(フミイダ)して行也。

一馬の立(タテ)所の事　丑の時より午の時迄は味方(ミカタ)の右の方に馬を立べし。未の時より子の時迄は味方の左に馬を立る物也。

一矢を射懸(キカケ)さする事　晨(アシタ)より午の時迄は敵の左へ射懸さすべし。未の時より子の時迄は敵の右の□（注83）へ射懸さする物なり。是を三神（注84）の大事と云也。

一世人に（注85）さる秘術

是を月の水（注86）を硯水として書べし。左の毛沓の中に置べし。一世人にねらはるる難をのがるる也。

一夫城に籠り叶ひ難き時一戦をして必可勝事　彼沓をはきて鬼門の方へ七足あゆみて旗の鳩居（注87）に月の水を硯水として書べし。

如此書て旗を辰の方へ向て大将軍毛沓はきながら一合戦せよ。必可勝。敵の破軍（注88）疑有べからず。

一夫軍の門出に大き成凶事ある則ば吉として出陣する事　七寸四方の紙に月の水を硯水にして

此符を書て守に認て鎧の袖に付て必大吉成べし。

一夫大悪日に大悪方へ出陣可為事　鬼門の方へ向て此毛沓を左よりはきて七足歩て鷹の羽の矢を鬼門の方へ射べし。矢を呪する事、梵天帝釈天地中央四大天王七返呪して可射。左の掌の内に鬼と云字を書て馬に乗をさまりて手をひろげよ。易大吉たるべし。敵破軍たるべき事無レ疑。

無妙伝

夫此法者昔黄石公の内伝書抜書也。其後源義経毘沙門天より相伝の大事

一朝夕用何にても難を遁、命長し、天に向（ひ）日輪に書、地にも書也。
 ヲンシユロチウ〳〵ソワカ　七返唱
一其夜盗人入ぬ様の大事　東に向て書。
 指にて書。
文に曰　ヲンキウサテンキツテウメメイ
キウサウソワカ　廿一返
一一切物をとられ顕はする事　牛のひたい（注89）と云木を札にして人形のやうにして夫に此文字を書也。
吾が朝夕居る所の柱に釘にて打付置（く）。

文に曰　シンキセツタトツシユセンチウミツハウタイシツ唱（ふ）。

亦文、　ヲンカカミヤサンマイソワカ
同、　ヲンコロ〳〵センタリヤソワカ　と唱、薬師を念じ可也。

一我思事を人の方へ夢にて届る事　死人入たる棺に降たまりたる水を取（り）墨の骨を摺夫に文を書。

但仏の前にたまりたる雨水吉。其文を貴神の社の下に可ㇾ埋。帯をとき社の下へ行、帯を出する時の文に　ケイミツシユセウハウセイ一ソクユキハンシンと可ㇾ唱。

一我恋る人に逢大事　蟇（注90）の油を以て我思者の名を書、其上に我名を書、其上に彼油を硯の墨にして書也。後に文に曰　ケケチヤウクワンセイショク十方シンカクリンメイ　妙勢口性風と唱。

一人に見えぬ大事　何程人多（く）有所にても見ゆる事なし。何成ともかぶる物に彼油を摺て夫をかぶり大事にかけ文に曰、

クワンヤヒツサヒニヨトウシウチマウシンと可レ唱。

一人我に毒を飼事有ば夫を知事　其飼人の頂の上に　かやうの煤落て有　則　其人に帰り当る事、其者の名を書、彼油をぬり候へば毒飼仁に当也。

一いやと思ふ人を帰す大事　其人に向て大指を内へ折握をりて文に曰、

ケンソクシニユケ妙コウトウシヤ　一心無リンソクシキロン三身

此文を唱、南無一切ワウヤトウソシン　三返

かみの子の道もきとくの神なれば　どそうになりてなにかかへさん　三返

右大指をおこしたんじする也。

一夜ルの目の大事　黒牛の骨を玉のごとくに摺て以て其玉を我目通りに当れば暗くなく明るし、右の玉を摺時の文

ヲンアバボギヤベイロシヤノマカボタラマニハト　マンジンバラハラハリタヤウン

と唱へ唱へてすりいただく、其後百返唱、七日行也。

一にくき者を討殺大事　黒牛の骨を右のごとくに七日行、釘のごとくにして神の前の柱に其人の名を書置、其上を右の釘にて打込、文に曰、

キチヤウ〳〵と唱打　助いためんには　キチヤウサン〳〵と唱打也。

一我恋る人に人不知逢事　右の黒牛の骨の玉を以て数珠粒にして、以東に向、文に曰、

南無日方やサイケランと七返唱。

右の玉に彼油をぬる三日の内に逢也。

一小鷹の法（注91）の大事　我身に大事来、無拠事あり、其時小鷹の法を行、不思其所を遁れて敵を討

事疑(ウタガイ)なし。彼油(カノアブラ)を足にぬり候へば其身軽(カロ)く成(ナリ)て貳丈三丈飛(トビ)候ても不苦(クルシカラズ)、人見付(ミツク)る事なし、文に曰、

チヤウテウハインカロクナイムシカウラヤイ勘タ　と唱、千万騎を以て昼夜せめくるも不苦也。

一キリの法（注92）の大事　毎日是を行(ヨコナフ)、大指(ヲホユビ)を立、剣形(ケンギヤウ)に切て日輪に向て  此梵字を書也。文に曰、

シンセンテイキツシ大仁エンヤタメイ諸仏御念シンハク　シヤウミリンセン　毎日廿一返充一生の間唱、次に文、

カウセキナラシンノキリ〳〵センタンノフキリヲキリ　タンノキリフコンカソワカ

千万騎を以て寄来(ヨセキタル)共不苦也。

一カスミの法（注93）の大事　無二懈怠(ケタイ)毎日行(ヨコナフ)

日輪に向て可書(かくべし)、敵見付る事なし。

文に曰、ソンテンサンサイシヤウカクリンセンカトクノフシ

ウケソノクマリシ天ヤシヤクラキ

何程来る共、更に見付る事なし。

一夜ルのツレソヱ（注94）の大事　吾手(ワガテ)の内に彼油(カノアブラ)を墨(スミ)にして書

左の掌(タナゴコロ)に書ひらひて我名を上に指にて二度書也。

文に曰、ヲンタラ〳〵マク〳〵シン〳〵センヤメイケトヱイソワカ
次に、ヲンアバボギヤベイロシヤノマカバダラマニハドドハンハヤソワカと唱行ば人多きとも歩也。

一勝負の大事

掌に書也。文に曰、迷故三界城(注95)悟故十方空(注96)
本来無東西　何所有南北　と唱候へば先勝する也。

一矢の根にて物を通す大事　金は四寸、木は六寸通す、彼油をぬりて通す也。

一枕の大事　我臥たる所へ五六間先へ敵来は必（ず）目覚也。帯をときさまに脇差に  書也。

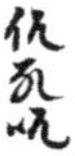 胸に書、文は迷故の文唱、亦文に曰、

うちとけてもしもまどろむことあらば　ひきおどろかせ我枕神　大指をかみて臥べし。

一公事沙汰物争に勝大事　相手の名を書、彼油塗て吉　墨にてする也。相手の相好を人形にして胸に
書文
閉モクシン一切シヲンヘイトノムシヨリンキセキヤタミハウ　此文言を書、我足のうらに書

何たる負公事にても忽勝也。

一軍中にて物不喰共廿日などは更に不苦大事　人の白こうべ(注97)のいかにもしやれたる(注98)を粉にして焼返し七度焼てそば粉を等分に合（せ）、酒にて練堅、○是程にして毎日七粒充呑（む）也。

一数万騎の中を馬に乗通ても人更に不見付、右の手を開て　ヲンキリミクトクソワカと三返唱、馬の轡

をならして鞭(ムチ)の先に彼油をぬり付(ツケ)、三度振廻(フリ)し候得ば、人中を何程乗廻共、更に不知候。

一敵の弓弦(ユツル)を切(キル)事　彼油を以て 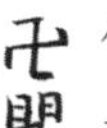 如此書也。藤(フヂ)か梅(ムメ)の梢(コズヱ)の先に彼油を塗(ヌリ)候て矢を射(キル)也。

一忍の大事　彼油を葭(ヨシ)にて家の内へ吹込(フキコミ)候へば、人何程臥居(フシキ)るとも悉(コトゴトクシ)死たる様にたわひなく臥申候也。

一思者(ヲモフ)を夜呼(ヨルヨブ)大事　彼右の黒(クロ)の骨(ホネ)をしやくしの如くにして其方へ向てまねき、文に曰、

コンヤキタレヤヨク子モユワスクルルコロモアリ水アサクシテ何モモノシテアリと唱。

一敵の刀(カタナ)を落(ヲト)さする大事　彼油を以て  此文字を書て見候得ば必刀をおとす也。

一スハダ(注99)の大事  頭(カシラ)に書。 身(ミ)に書也。

文に曰、南無イトクライシヤウワクシユホンセイホン　イイトクチヤウセイユサン　唱、

一無據(よんどころなく)口舌を留る大事　くちなしを以て札紙を染て書也。

何たるはげしき中へ入共更(サラ)に手不負(テヲワズ)。

戸に押留とも懸申也。

何たる口舌成(クゼツナリ)とも不苦。

一下人をかへす大事  榧(かや)木を札にして是書。

東西南北に札逆様(フダサカサマ)にして押(ヲス)、スワラ(注100)に其者の名を書也。異国他国(キコクタコク)へ走るとも三日の内(ウチ)に帰る也。

一武士の家に一日一時三日三時の間に俄に大難(ダイナン)に逢事(アフコト)を知(シル)は、其日の朝小便をするに泡無(アワナク)は必(カナラズ)死(シ)する物也。

一左の手を窪(クボ)めて痰(タン)をうつし見るに、泡(アワ)いりいりとして無(ナク)は、十死一生に相(あう)と知べし。

一朝日に向て我影を見るに、肩より上の見えぬは其日の内に頓死す。肩腰の間切なくは大難に逢と知べし。

一軍中へ出るか亦他国等長旅の門出に鼻をしむ(注101)事悪し。出立を直し時を違て可出也。

一舟に乗時、我片目をふさぎて其舟の内を見るに、片耳の無者あらば其舟必（ず）破損する物也。門出に食を喰に、箸の折たるは殊の外悪敷よとに戦場にて弥悪し。

一其日の内に俄に不斜大中クワン(注102)に可相を知事　唇の脈を取て見るに、脈無は敵に討るるか頓死すべし。

一毒を飼を見る事　持たる人我が前に来るに、左のひぢ尻と左の眼かゆく、俄に尿したき也。膳を持来る人の眼に涙浮也。亦尿したき我眼にも涙浮也。其毒の有方のひぢ尻眼しきりにかゆくなり、其人も俄に尿したく成、鼻をひて(注103)左右のひぢ先かゆく成、喉のあたりかゆき也。其人搦捕て見よ。

一夫俄に死事可有を知事　尻のありのとわたり(注104)と脇下一度にしきりにかゆく成、又は鼻をしきりに二ツ三ツつづけてひる事有ば、俄に死と可心得。

一陳気（陣気）の大事　城の気天上するは無程城破るる、散々にして其城の外に出ば必城落る也。

一人の家の内より柱立たる如くなる煙出るは必火事たるべし。煙きはやくして立上る事有は七日の内に其家へ火難来る。

一七日の内に中夭(注105)に可レ相人には、眼の下に青筋三か二剣に有べし。又三日の内に可レ相人は鼻の先に青筋出る也。

一唯今合戦に向時生死の二ツを知事　春夏は左の手先悪し。秋冬は右の手先悪し。

一引枕(注106)の事、我胸に伏　まくらにも書、必目覚る。

文に曰、西東北(ニシヒガシキタ)や南(ミナミ)をすみちがへ　竪横(ジウワウ)むぐらにあびらうんけんと可唱。

一主人(シュジン)に首懸御目様(クビ(おめにかくる))の事　首のたぶさ（注107）と右の奥歯(ヲクバ)の方へ大指(ヲホユビ)を入、打刀(ウチカタナ)に居(スヘ)、刃(ハ)の方を我前にして左のはうを見せ面(ヲモテ)と面合(ヲモテアハ)ざらぬ様にしてボンノクボを見せぬ物也。

右一巻者(は)越前国の住人関宗廉と云仁、大秘事之処、其上虎巻の抜書、雖レ為二秘事一(ひじとなすといえども)、種々御執心不レ浅(あさからず)、書写令二伝授一(でんじゆせしめ)畢(おわんぬ)。執心浅仁者(は)、他見他言御無用可レ被レ成(なさるべき)所如レ件(くだんのごとし)。

（五）翻刻を了えて

九（二）でも述べたことだが、文中「戸脇に居候へても」「腹へ籠(コメ)候へて」「乗(ノリ)候へても」のような例がみえる。これは文法的には「…候ひて」とするのが正しい。『咄随筆』にも同じような例がみえるが、日置謙氏の校訂本ではこれを「候ひて」となおしている。私は、同じような例が数例みられるところから、この言い方は、この地方の訛った言い方をそのまま表記したのではないかと考えている。従ってこの秘伝書の原著者もこの地方の人物であろうと考えられると思う。

密教とか修験道、陰陽道についての知識があまりなく、調べられたことだけを以下に注した次第、まだ不詳の点が多々あるが御容赦頂きたく、またお気付きの点があればよろしく御教示賜わりたい。それにしても、こういう書が珍重された時代や、その当時の人々がこういう忍術を本心から信じていたのだろうか

などと思い、種々の点でまことに興味深く感じたことであった。（二〇一四・八・五）

（注1）杉原——杉原紙のこと。コウゾを原料とした、うすく柔い和紙。

（注2）ほくち——火打石で発火させた火を移しとるもの。

（注3）奈良ざらし——奈良で産出した麻の上質な晒し布。

（注4）子もちござ——「子持むしろ」と同じと思う。母親が子と添い寝できるように巾を広くしたござ。

（注5）あま皮——木や果実の表皮の内側にある薄い皮。

（注6）煮紙子——厚手の和紙に柿渋を引き、乾かしてよくもみやわらげ、夜露にさらして臭みを抜いたものを紙子紙という。紙子紙て作った衣服を紙子という。煮た紙子で作ったものか。

（注7）鴇——この字は国字で、トキのこと。当時方言でトウともいったのだろう。『節用集（枳園本）』にも「鷹（タカ）　鴇（タウ）　田鶴（タヅ）」とある。

（注8）ひやうそく——秉燭。油皿の中央に置いた灯心に火をつける、灯火器具。

（注9）から手水——柄杓で手に水をかけるまねをしたり、木の葉をつまんだりして、手を清めたことにすること。

（注10）むさし——むさい。きたならしい。

（注11）目付——めじるし。

（注12）絶入——ゼツジュとも。気絶。

（注13）（胆礬（タンハン））——吐剤・除虫剤などに用いる。

（注14）（砒霜（ヒサウ））——酸化砒素。殺虫剤などに用いる。『日葡辞書』に、「ねこいらず」

（注15）（楊梅皮（ヤウバイヒ））——ヤマモモの樹皮。漢方で止血薬などに用いる。

（注16）シユワウ——不詳。

（注17）（南蛮胡椒（ナンバンコセウ））——トウガラシの異名。

（注18）はいうち——富山の方言に、穀物を棒で打って脱穀することを「ばいうち」というようだが、「ばいうち」の道具をさすか。

（注19）ハンミヤウ（斑猫）――昆虫で、人が歩くと先へと飛んでは止まるのでミチオシエ、ミチシルベなどといわれる。

（注20）テンナンセウ（天南星）――サトイモ科のマムシグサ、ウラシマソウ、ムサシアブミなどの総称。塊茎は有毒だが、漢方では薬用にする。

（注21）ハタモノ――磔（はりつけ）用の木材。もと布地を織る機具（はたもの）を用いたことから。はりつけ用の木材の意の例は『今昔物語』二九にある。榤は杙（くい）の意。磔から連想してこの字を用いたか。

（注22）この書より五十年ほど後の『譬喩尽』（一七八六）にも「去(いな)したひ客には箒逆に立、亦は雪踏(せった)の裏革に炙居(すゆ)る」とある。

（注23）すどり――鳥の巣からひなを取ることの意から。現場を押さえて捕える。大勢で取りおさえる、の意。

（注24）中心――「茎」とも書く。刀剣の、柄（つか）に入っている部分。

（注25）目釘――刀身が柄から抜けるのを防ぐため、茎（なかご）の穴と柄の表面の穴とにさし通す釘。

（注26）攸――音イウ（ユウ）。ところ。所と同じ。場所。助辞として用いる。『譬喩尽』「攸ところ」

（注27）苦竹――七（一）（注15）を見よ。

（注28）ほけ――湯気（ゆげ）。

（注29）惣別――総じて。概して。おおよそ。

（注30）水月――軍陣で、水と月とが相対するように、両軍が接近してにらみ合うこと。

（注31）則は――漢文訓読文で「則」を「トキンバ」と読む。（中古以後に定着した訓）。「時には」の意。

（注32）のり――血のり。まだ乾かない粘りけのある血。

（注33）天狗だをし――深山で、突然大木を倒したような音や暴風が起ること、又強大なものが原因もなく倒壊すること。これは天狗のしわざと考えられていた。

（注34）五輪――五輪塔か。地水火風空の五大を、方、円、三角、半月、宝珠形に石でかたどりつみあげた塔。

（注35）賽——塞とあるのを振り仮名により改めた。

（注36）重六——ヂョウロク、チョウロク、ヂュウロクとも。二個の賽に共に六の目が出ること。

（注37）光明真言——真言は密教で仏・菩薩などの真実のことば。またその働きを表す秘密のことば。これはその呪文の一つ。大日如来の真言で唵（おん）・阿謨（あぼ）伽（きゃ）・尾盧左囊（べいろしゃのう）・摩訶母捺羅（まかぼだら）・麼尼（まに）・鉢曇摩（はんどま）・忸婆羅（じんばら）・波羅波利多耶（はらばりたや）・吽（うん）。これをとなえると一切の罪業が除かれるといい、この真言をもって加持した土砂を死者にかけると生前の罪障が滅するとする。

（注38）陀羅尼——（梵語 dhāraṇī の音訳。総持または能持と訳す。よく種々の善法を固くたもつこと。また種々のさわりをさえぎることの意）。すべてのことを心に記憶して忘れない力。また修行者を守護する力のある章句。特に密教で一般に長文の梵語を訳さないで原語のまま音写されたものをいう。

（注39）九字——臨、兵、闘、者、皆、陣（陳）、列、在、前の九つの文字から成る呪文。元来、山にはいる時の魔よけの密呪とされたが、密教や修験道にとりいれられて一切の禍を除く護身呪とみなされた。

（注40）唐油——桐油の当て字か。桐油紙、桐油合羽の略。「トイガミ桐油紙〔トユ〕ト云テ可ナリ」（『加賀なまり』）。『金沢用言集（中村文夫）』にもトイガミ・トイガッパの説明あり。

（注41）雪踏——「せった」とも。竹皮草履の裏に革をはったもの。丈夫で湿気が通らないようにしたもので、千利久が工夫したといわれる。

（注42）淡——「あわい」という訓から「泡」に当てたものか。

『海道記』「沢ノ水ノ淡（アハ）トヤ人ノ消（キエ）ナン」「速ニシテ其身淡（アワ）ト消（キエ）ントハ」の例もある。『譬喩尽』「小用不立泡者命危し」（せうようあはだたずんばいのちあやふし）

（注43）末筈——筈（弭とも書く）は、弓の両端の弦をかけるところをいう。弓を射る時、上になる方の筈を末筈という。うらはずとも。下になる方の筈は本筈（もとはず）という。

（注44）柚（ユ）——ゆずの異名、近世の方言で、富山・石川・福井（坂井郡）辺で「ゆー」といった。

（注45）船ずまひ——「すまふ」は、抵抗する、拒む意。船に乗ろうとしない馬をいうのだろう。

（注46）はみ——銜。轡の、馬の口にくわえさせる部分。

（注47）下馬おとし——馬から下りることだが、江戸時代には、主人の出入や下馬の時、供の槍持が槍の穂先を主人に見せ、主人がそれをあらため見てから槍を押し立てて持つという作法をいった。

（注48）羹——あつもの。ここでは雑煮のこと。

（注49）しゆすのたつま——数珠（じゅず）の達摩（だつま）か。数珠に通してある大玉を達摩という。

（注50）しばつなぎ——立木のない芝地や、手綱を木などにかけるひまのない時などに、馬の両足を手綱でからみとめなどして動かないようにすること。

（注51）息合——呼吸を整え元気をつけるための薬。いきあいぐすり。

（注52）ユミクサ——不詳。

（注53）フッセ——刈ったあとの株からまた生える稲。ひこばえ。方言では、こぼれた種などから自然に生えた野菜などの苗をいう。

（注54）クレナイ——ベニバナの異名。

（注55）龍脳——リユウノウ樹（ジュ）から作った香料。

麝香——ジャコウ鹿の分泌物を乾燥させた香料。

（注56）犬頭——頭か頂か、字形が似ているので、どう読むべきか不詳。

（注57）直家——名前かとも思ったが、ここで著者が自称を記すのも唐突、不自然に思われる。「直」は宿直（とのゐ）の意があり、宿直する所を宿直屋（とのいや）という。ここもその意かとも思われる。宿直家で夢うつつに聞いているうち夜が明け話者がかき消すように居なくなり、そこではっと目がさめたようにおどろいたという書き出しではなかろうか。

（注58）薬師瑠璃光如来——薬師如来に同じ。古来医療の仏として尊信される。

（注59）不立文字——禅宗で、経論などは悟りの為には一個の方法・手段にすぎないとして退け、経論の説く真髄を捉え、経論を超えることを示したこと

ば。

（注60）しきとく――「識得」だろう。わきまえ知ること。よく理解すること。後に「右此一巻……」と続く同じ意の文に「識得」とある。

（注61）三軍――中国、周代の兵制で、諸侯が出した上軍、中軍、下軍、それぞれ一万二千五百人、合計三万七千五百人の軍隊の総称。諸侯の軍。転じて大軍をいう。

（注62）九字己身法――九字護身法（ごしんぽう）のこと。真言密教、特に修験道の一派で行う秘法。「臨、兵、闘、者、皆、陣（陳）、列、在、前」の九字を唱えながら虚空を縦横に切り払えば、一切の災難を除き、その身を護るという。

（注63）外獅子印――「臨、兵……」の九字のことばを誦し、九印を結んで禍いを避け福を招くように祈る。（印とは手の指でつくる種々の形）外獅子印は九字の印（金剛針印、大金剛輪印、外獅子印、内獅子印、外縛印、内縛印、智拳印、日輪印、宝瓶印）の一。

（注64）観音経――法華経第二十五品、観世音菩薩普門（ふもん）品（ぼん）の通称。

（注65）摩利支天――梵語で陽炎（かげろう）の意の語の音写。陽炎を神格化した女神。常に身をかくし、護身、得財、勝利をつかさどる。日本では武士の守護神とされた。

（注66）真言――密教で仏、菩薩などの真実のことば。またその働きを表す秘密のことばをいう。

（注67）急々（きゅう）如律令（にょりつりょう）――中国、漢代の公文書の末尾に「急々に律令のごとくに行（おこな）え」という意で書き添えた語。後に転じて呪文の終りに添える悪魔ばらいの語として、陰陽師、祈禱僧などが用いた。

（注68）訓閲集――二字めは、門構えの中は兎か免のようにもみえる。しかしこういう字は辞書にも載っていないので、とりあえず活字のある閲にしておく。

（注69）一心経――般若心経の略。すべては空であるという道理（色則是空、空則是色）を説く。

（注70）九字十字――九字は修験道の九字のことば「臨、

兵、闘……」（前出参照）。これに「行」の字を加えて十字とすることもある。浄土真宗で九字名号「南無不可思議光如来」、十字名号「帰命尽十方無碍光如来」（阿弥陀如来を賛嘆帰依する意）があるが、これまでみてきた所では修験者の呪が多いようなので、前者をさすのではないかと思う。

（注71）錦――本文の綿の字を、振り仮名により訂正。

（注72）辰の――この後に或いは一丁くらい抜けているのかもしれない。結びの文がなく、書きかけのように見えるが、そのままとする。

（注73）夜猪――夜、猪狩にゆくことか。夜猟（よかり）という語があり『咄随筆』（中二〇）には「夜狐（よこ）に行く」の例がある。（これは夜、狐や狸をとりにゆくこと）

（注74）馬頭――馬頭観音の略。密教で、悪人や敵を降伏させる修法の本尊。身色は赤で宝冠に馬頭をいただき忿怒の相をあらわす。馬の守り神として信仰される。

（注75）荒神――霊験あらたかな神。これを音読してコウジンとすると三宝荒神の略、仏法僧の三宝を守護する神、三面六臂で怒りの形相をあらわす。不浄を忌み火を好むということから、かまどの神としてまつる。こちらではないか。

（注76）三病――三つの悪疫。当時ハンセン病その他の難病をさした。仏語としては貪病（むさぼる）、瞋病（いかる）、痴病（しれる）の三つをいった。

（注77）はうかしは――朴柏（ほうがしわ）。朴の木の異名（古名）。

（注78）団――意未詳。仲間が集まることをいうか。

（注79）愛染――愛染明王は密教の神。外見は忿怒の形だが内面は愛を以て衆生を解脱させる。三目六臂で種々の武器を手にした姿。

（注80）九一五――不詳。

（注81）なめべし――なめなさい（終止形「べし」は命令の意を表す）。「べし」は活用語の終止形に付くが、上二段、下二段活用などには、中世以後接続が複雑化し、イ列音、エ列音に付くものも見られる。ここも「なむ（下二段）べし」となるところが「なめべし」となったものと思う。

（注82）鼻をしむ――「しむ（下二段）」は現代語では

「しめる」。「鼻をしむ」とあるから他動詞である締、絞、閉などの字が考えられる。鼻をきゅっとひきしめる、というようなことか。ただ「事」がつく連体形だと「しむる」となるべきなので未詳。

（注83）□——車偏に旁は左と思われる字だが、『大漢和辞典』にもない字。不詳。

（注84）三神——三神（さんじん）は造化の神、天御中主神・高御産巣日神（たかみむすび）・神皇産霊神（かみむすび）の三体。又、五穀をつかさどる神、稚産霊神（わくむすび）・倉稲魂神（うかのみたま）・保食神（うけもち）をいう。ただここはあるいは三陣の書き誤りかとも考えられる。戦いの陣立てて、二陣の次にある第三番目の陣。

（注85）□——この字、不詳。

（注86）月の水——月水（げっすい）の訓読み。月経。

（注87）鳩居——『書言字考節用集』ほか古辞書にも見えず、不詳。

（注88）破軍——破軍星（はぐんせい）の略。北斗七星の七番目の星。北斗七星は剣の形に見なされ、陰陽道ではその剣先の方向を万事につけ不吉であるとした。

（注89）牛のひたい——『日本国語大辞典』によると1「こひげ」の異名　2「いぬびわ」の異名　3「みぞそば」の異名とある。本文「…と云木」とあるので草ではない。とすると1は畳表をつくるイグサ科の多年草なのでこれではない。3は『物類称呼』に「たそば」を「賀州にてかへる草といふ、江戸にて牛のひたいといふ」とある上、これはミゾソバなのでこれも除く。従って2の「いぬびわ」クワ科、イチジクようの実をつけるという木。暖地に自生し防州（山口県）で「牛のひたい」という。加賀は暖地ではないが、イチジクの類はあるので、それをさすのではないだろうか。

（注90）蓦——本文「墓」を振り仮名により訂正。

（注91）小鷹の法——姿を小鷹（小形のタカの総称。ハヤブサ、ハイタカ、ツミ、サシバなど）にかえて飛ぶ忍術。

（注92）キリの法——霧を起こして姿を隠し敵の目をくらます忍術。

（注93）カスミの法——霞を起こして姿を隠す忍術。これらは室町末頃の御伽草子や幸若舞にも用例がみ

られる。御伽草子『御曹子島渡』「先りんしゆの法（未詳）かすみの法こたかの法きりの法、雲井に飛び去鳥の法などを御伝へ有」

幸若『烏帽子折』「霧の法をむすんでかたきのかたへなげかけ小鷹の法をむすんで我身にさつと打かけちやうと切て」

（注94）ツレソヱ——「つれそい」の訛りか。「つれそう」は連れだって行動すること。

（注95）三界城——衆生がなかなか抜け出すことの出来ない三界（欲界・色界・無色界）の迷いを、退出することの難しい城郭にたとえていう語。

（注96）十方空——十方とは東・西・南・北の四方、北東・南東・南西・北西の四隅と上・下の方角。十方世界のすべてのものは本来みな空であるということ。『文明本節用集』に「迷故……有南北」と同文あり。（『日本国語大辞典』による）

（注97）白こうべ——白骨になった頭。しゃれこうべ。

（注98）しやれたる——「しゃる」は「さる（曝）」の音変化。長い間、風雨や太陽にさらされて色あせたり朽ちたりすること。

（注99）スハダ——甲冑などを身につけていないこと。

（注100）スワラ——巣藁か。動物などの巣に用いられる藁。

（注101）鼻をしむ——「兵門出行」に同文あり。（注82）を参照のこと。

（注102）クワン——「患」か。不詳。

（注103）鼻をひて——くしゃみをする。

（注104）ありのとわたり——陰部と肛門との間。

（注105）中夭——1人生のなかばで死ぬこと。はやじに。2思いがけない災難。ここは1をさすか。また2ともとれる。

（注106）引枕——不詳。『日本国語大辞典』に「まくらを引く」を、嫁をとる、結婚する、の意とし、又「枕引」は木枕を二人で引きあう遊びだが、どちらも前後の関わりからみて無関係だと思う。

（注107）たぶさ——髪の毛を頭上に集めて束ねたところ。もとどり。

著者による加賀関係著作・論文一覧

著書

1 『「咄随筆」本文とその研究』風間書房　平成七（一九九五）
2 『金沢のふしぎな話「咄随筆」の世界』港の人　平成十六（二〇〇四）
3 『金沢のふしぎな話Ⅱ「続咄随筆」の世界』港の人　平成二十一（二〇〇九）
4 『金沢の昔話と暮し、ならわし「冬夜物語」の世界』港の人　平成二十六（二〇一四）

論文

1 「加賀藩の郷土史家森田柿園とその系譜」金沢工業大学研究紀要　昭和六十三（一九八八）
（藤島秀隆氏と共著の形で発表の場を与えられた）
2 「元禄期の未発表資料『宝の草子』について」東京大学国語研究室創設百周年記念国語研究論集　平成十（一九九八）

「石川郷土史学会々誌」発表論文

1 「白峰と森田柿園　─柿園日記から─」　20号　昭和六十二（一九八七）
2 「森田平次の美川生活とその前後」　21号　昭和六十三（一九八八）

3　「森田平次の美川生活　その二」　22号　平成元（一九八九）
4　「享保期の加賀説話『咄随筆』について　その一　本文」　23号　平成二（一九九〇）
5　「享保期の加賀説話『咄随筆』について　その二　言葉」　24号　平成三（一九九一）
6　「享保期の加賀説話『咄随筆』について　その三　登場人物」　25号　平成四（一九九二）
7　「享保期の加賀説話『咄随筆』について　その四　説話の舞台、地名・寺名など」　26号　平成五（一九九三）
8　「金沢のむかし」　27号　平成六（一九九四）
9　「晩年の森田柿園　その一」　28号　平成七（一九九五）
10　「晩年の森田柿園　その二」　29号　平成八（一九九六）
11　「森田平次著『柿園舎記談』について（一）」　30号　平成九（一九九七）
12　「森田平次著『柿園舎記談』について（二）」　31号　平成十（一九九八）
13　「森田平次著『柿園舎記談』について（三）」　32号　平成十一（一九九九）
14　「柿木畠近辺の家々と柿園舎のその後」　33号　平成十二（二〇〇〇）
15　「森田柿園『幸若舞曲考』について」　34号　平成十三（二〇〇一）
16　「加賀の下級武士の生活―森田平次の記録から―」　35号　平成十四（二〇〇二）
17　「『柿園日記』から―心に残った事―」　36号　平成十五（二〇〇三）
18　「再び森田平次の美川生活の記録について―美川開庁は二月ではなく四月であった―」　37号　平成十六（二〇〇四）
19　「享保期から伝来する無標題の秘伝書について」　38号　平成十七（二〇〇五）
20　「『続咄随筆』にみられる死・魂の不思議」　39号　平成十八（二〇〇六）

21「翻刻雑感」　40号　平成十九（二〇〇七）
22「森黄龍という人物について」　41号　平成二十（二〇〇八）
23「森田盛昌『宝の草子』について（一）」　42号　平成二十一（二〇〇九）
24「森田盛昌『宝の草子』について（二）」　43号　平成二十二（二〇一〇）
25「金沢の昔話と古典」　44号　平成二十三（二〇一一）
26「『続咄随筆』の語彙―注の補訂若干―」　45号　平成二十四（二〇一二）
27「「森田文庫」に寄付予定の文書目録」　46号　平成二十五（二〇一三）
28「続・享保期から伝来する無表題の秘伝書」　47号　平成二十六（二〇一四）
29「能登の下馬地蔵の話　附・前号の訂正と『続咄随筆』注の補訂」　48号　平成二十七（二〇一五）
30「茨木氏と給人の森田家」　49号　平成二十八（二〇一六）
31「坂井一調について」　50号　平成二十九（二〇一七）
32「父祖四代さまざまの白山行」　51号　平成三十（二〇一八）
33「昔の万能のおまじないについて」　52号　令和元（二〇一九）掲載予定

参考文献一覧

『石川県史』昭和四十九（一九七四）復刻版　石川県史復刻委員会
『石川県史料』昭和四十六（一九七一）石川県立図書館
『石川県姓氏歴史人物大辞典』（角川日本姓氏歴史人物大辞典17）平成十（一九九八）角川書店
『石川県大百科事典』（北国新聞創刊一〇〇年記念）北国新聞出版局編集　平成五（一九九三）北国新聞社
『石川県地名大辞典』（角川日本地名大辞典17　石川県）昭和五十六（一九八一）角川書店
『石川県の地名』（日本歴史地名大系17）平成三（一九九一）平凡社
『石川県の歴史』下出積与　昭和四十五（一九七〇）山川出版社
『石川県の歴史』高澤裕一、河村好光、東四柳史明、本康宏史、橋本哲哉　平成十二（二〇〇〇）山川出版社
『茨木文庫目録』金沢市立玉川図書館・近世史料館
『梅田日記―幕末金沢町民生活風物誌―』若林喜三郎　昭和四十五（一九七〇）北国新聞社
『越中ばんどり騒動』玉川信明　昭和六十（一九八五）日本経済評論社
『改正森田家譜』上下　森田平次　（未刊）（二〇一八年、石川県立図書館に譲渡した）
『霞園日記』（五冊）森田外與吉（平次死去から昭和十五年まで）（未刊）（現在、故森田良美宅に保管する）
『加賀なまり』（「近世方言辞書」第三輯所収）竹中邦香　平成十二（二〇〇〇）港の人
『加賀藩士人別帳　藩末由緒書目録』（上・由緒書全目録、下・檀家割人別帳）平成九（一九九七）古川脩編著（非

売品）
『加賀藩史料』（一編～十五編）石川県立図書館（昭和四（一九二九）初版）昭和四十五（一九七〇）復刻による。
『加賀藩史料』（幕末篇）下　昭和三十三（一九五八）前田育徳会（非売品）
『柿木畑邸宅土蔵新築記』森田平次（未刊）（二〇一八年、石川県立図書館に譲渡した）
『家系の歴史』（歴史選書7）中沢圣夫　昭和四十七（一九七二）雄山閣
『訛語（かたこと）づくし』（「近世方言辞書」第三輯所収）壕側（ごうそく）老人　平成十二（二〇〇〇）港の人
『金沢・柿木畑』柿木畑振興会　平成四（一九九二）『金沢・柿木畑』編集委員会
『金沢市史』資料編14、民俗　金沢市史編さん委員会　平成十三（二〇〇一）金沢市発行（北国新聞社制作）
『金沢市史』資料編17、建築・建設　平成十（一九九八）金沢市発行
『金沢の昔話と伝説』（金沢市口頭伝承調査報告書（上））金沢口誦文芸研究会　昭和五十六（一九八一）金沢市教育委員会
『金沢の昔話と伝説　補遺編』金沢口誦文芸研究会　昭和五十九（一九八四）
『金沢用言葉』中村文夫　昭和六十二（一九八七）私家版（非売品）
『加能郷土辞彙』日置謙（昭和十七（一九四二）北国新聞社）、昭和三十一（一九五六）改訂版、昭和五十八（一九八三）改訂増補、復刻三版による。
『飢饉日本史』中島陽一郎　昭和五十一（一九七六）雄山閣
『クララの明治日記』クララ・ホイットニー、一又民子訳　昭和五十一（一九七六）講談社
『桑島の里』石川県石川郡白峰村桑島　昭和五十三（一九七八）桑島区発行
『幸若舞曲考』森田平次（未刊）明治四（一八七一）頃　金沢市立玉川図書館蔵

『国史大辞典』国史大辞典編集委員会　昭和五十七（一九八二）吉川弘文館（六巻は昭和六十（一九八五）発行）
『国書總目録』昭和四十四（一九六九）岩波書店
『顧昔集録』（元・亨・利・貞・附録上下の合六冊、未刊）森田平次（二〇一八年、石川県立図書館に譲渡）
『古代山岳信仰の史的考察』高瀬重雄　昭和四十四（一九六九）角川書店
『琞友書簡』（森田平次が友人知人からの手紙をまとめ綴じて一冊としたもの、未刊）（二〇一八年、石川県立図書館に譲渡）
『在庁遺文』森田平次（書簡をくれた人について朱で注記、未刊）（二〇一八年、石川県立図書館に譲渡）
『榊原守郁史記』―安政五年～明治二十二年　フラーシェムN・良子校訂・編集　平成十八（二〇一六）桂書房
『薩摩国見聞記　―英国婦人の見た明治の日本』エセル・ハワード、島津久大訳　昭和五十三（一九七八）新人物往来社
『三州奇談』（正・五巻、続・八巻）堀麦水　日置謙校訂（三州奇談・続三州奇談・奇事談が合巻）昭和八（一九三三）、昭和四十七（一九七二）復刻、石川県図書館協会
『三州良民言行録』河合良温（享和二（一八〇二）著）日置謙校訂（『加越能良民伝』に、『加越能三州孝子伝』と合巻で出版、昭和八（一九三三））。昭和四十七（一九七二）復刻、石川県図書館協会
『柿園舎記談』森田平次（未刊）（二〇一八年、石川県立図書館に譲渡）
『柿園舎乃記』森田平次（未刊）（二〇一八年、石川県立図書館に譲渡）
『柿園日記』（八冊）森田平次（未刊）（二〇一八年、石川県立図書館に譲渡）
『新　頑張りまっし金沢ことば』加藤和夫　平成十七（二〇〇五）北国新聞社
『新稿日本登山史』山崎安治　昭和六十一（一九八六）白水社

『新聞集成明治編年史』一巻　中山泰昌編著　昭和九（一九三四）、昭和四十七（一九七二）再版　財政経済学会
『全国市町村要覧』（平成26年度版～28年度版）平成二十六（二〇一四）～二十八（二〇一六）第一法規
『全国方言辞典』（角川小辞典）平山輝男編著　昭和五十七（一九八二）角川書店
『食べられる野草』辺見金三郎　昭和四十二（一九六七）保育社
『追跡　一枚の幕末写真』鈴木明　昭和五十九（一九八四）集英社
『手取川』昭和六十一（一九八六）年九月二十一日付掲載の記事　北国新聞
『富山県地名大辞典』（角川日本地名大辞典16　富山県）昭和五十四（一九七九）角川書店
『新潟県地名大辞典』（角川日本地名大辞典15　新潟県）平成元（一九八九）角川書店
『日本の歴史20』井上清　昭和四十一（一九六六）中央公論社
『日本の歴史　明治維新』（日本の歴史24巻）田中彰　昭和五十一（一九七六）初版　小学館
『日本方言大辞典』平成元（一九八九）小学館
『白山』昭和三十六（一九六一）年十二月十七日付掲載の記事　朝日新聞
『白山』昭和三十七（一九六二）北国新聞社
『白山颪（はくさんおろし）』副田松園（平治）　昭和七（一九三二）石川県図書館協会
『白山私攷』（J・Jラインと白山）久保信一　平成三（一九九一）山路書房（非売品）
『白山の埋み火』加藤政則　昭和六十一（一九八六）川上御前社跡保存会
『白山ものがたり19』青山健一　平成十（一九九八）年五月二十日付掲載の記事　読売新聞（石川よみうり）
『藩史大事典』三巻　中部編Ⅰ　北陸・甲信越　平成元（一九八九）雄山閣出版
『百万石物語―加賀藩政と徳川幕府―』原谷一郎　昭和五十五（一九八〇）北国新聞社

『福井県地名大辞典』（角川日本地名大辞典18　福井県）平成元（一九八九）角川書店
『美川町史』下巻　田中鐵太郎　昭和五十四（一九七九）文献出版
『民俗学事典』柳田国男　昭和二十四（一九四九）東京堂
『明治維新神仏分離史科』（三巻、続二巻）村上専精、辻善之助、鷲尾順敬編（大正十五（一九二六）～昭和三（一九二八）東方書院）→昭和四十五（一九七〇）に覆刻　名著出版
『明治事物起原』上・下　石井研堂　昭和十九（一九四四）。昭和五十四（一九七九）の三刷による。日本評論社
『明治東京風俗語事典』正岡容　平成十三（二〇〇一）ちくま学芸文庫
『明治ニュース事典』①（慶応四～明治十）昭和五十八（一九八三）毎日コミュニケーションズ
『迷信・デマ・噂の心理学』堀亨　昭和五十九（一九八四）批評社
『守貞謾稿』喜多川守貞（天保八～嘉永六）（朝倉治彦・相川修一編）平成四（一九九二）東京堂出版
『八重の塩風』（内田政風からの書簡をまとめて貼って一冊としたもの、未刊）（二〇一八年、石川県立図書館に譲渡）
『大和俗訓』貝原益軒（宝永五（一七〇八）（石川謙校訂の岩波文庫による）昭和十三（一九三八）一刷、昭和五十二（一九七七）四刷による）
『ライン祭（ライン博士生誕一五〇年記念）』昭和六十一（一九八六）石川県石川郡白峰村字白峰　ライン博士顕彰会
『ライン祭（記念冊子復刻版一号～九号）』平成四（一九九二）石川県白峰村ライン博士顕彰会
『落書というメディア―江戸民衆の怒りとユーモア』吉原健一郎　平成十一（一九九九）教育出版
『わが町の歴史・金沢』田中喜男　昭和五十四（一九七九）文一総合出版

あとがき

昭和二十六年（一九五一）に大学（旧制）を卒業し、大学院を志した時、恩師時枝誠記先生に、一生勉強を続けますと大きなことを言いながら、そして一生一緒に勉強をしてゆこうという誘いに負けて結婚したものの、いざ実際に生活してみると思うようにはゆかぬ現実に、勉強は二の次となり、いつの間にか数十年が空しく過ぎていった。このブランクをとり戻すきっかけが金沢の昔話であった。それから先祖の著した『咄随筆』に移って、専攻した国語学に近付くこととなり、そして夫の没後、そのやり遺した古典の総語彙索引をしあげてから、先祖の生きていた江戸時代に的をしぼって、その背景となる幾つかの江戸文献を読み、その総語彙索引づくりにうちこんだ。一方その間、石川郷土史学会の会員として、一年に一回の会誌に、とにかくその一年のまとめを発表してゆこうと決めて、少しずつ石川関連のものも調べ、それを実行している。そうこうしているうちにいつのまにかあと半年で九十歳なのである。いま、先祖の遺してくれた記録を私なりにまとめる事を最後の仕事として、それをしあげるまでは元気でいなければ、と考えて気を付けて毎日を過ごしていたが、ここにきて何とか一応ほぼまとめおえることが出来た。

私も年齢の割にはまずまず元気な方だとは思うが、視野が少しずつ狭くなってきているし、膝もいためて、ゆっくりゆっくりと動いている毎日。とにかくこの最後の原稿を上梓して、そのあとどれだけか分からないが、残りの人生を大切に生きてゆこうと考え、努力している。

思えば多くの方々にお世話になった。ただただ感謝の一言に尽きる「おかげさまで」の一生であった。有難いことである。改めて、皆様、本当に有難うございました。心から御礼申し上げます。

二〇一七年六月十二日

鈴木雅子
（旧姓森田）

追記

昨二〇一八年（平成三十年）に、私も九十一歳になるので、今後のことを考え、私宅で保管していた森田家の古書類を、すべて石川県立図書館の森田文庫に寄附いたしました。従って本書にとりあげた原本も現在は同図書館にあることをご報告申し上げます。

二〇一九年三月二十五日

鈴木雅子◎すずき　まさこ
一九二八年東京生まれ。旧制東京大学文学部卒。
石川郷土史学会会員。近世の日本語を研究する傍ら、
故郷金沢に伝わる昔話や加賀方言を丹念に掘り起こす。
また先祖の森田家に遺された古文書を解明してまとめるなど
郷土史の発展に尽力する。
日本語、郷土史関係の著書、論文は多数ある。旧姓森田。
主な著書
『「咄随筆」本文とその研究』風間書房　一九九五年
『金沢のふしぎな話「咄随筆」の世界』港の人　二〇〇四年
『江戸小咄　鹿の子餅　本文と総索引』（新典社索引叢書14）共編著　新典社　二〇〇六年
『金沢のふしぎな話Ⅱ「続咄随筆」の世界』港の人　二〇〇九年
『宝暦二年　当世下手談義　本文と総索引』共編著　青簡舎　二〇一〇年
『安永九年　当世阿多福仮面　本文と総索引』共編著　港の人　二〇一三年
『金沢の昔話と暮し、ならわし「冬夜物語」の世界』港の人　二〇一四年
『山東京伝　善玉悪玉心学早染草　本文と総索引』編著　港の人　二〇一六年

加賀の下級武士の藩政期と維新後
森田柿園の記録から

二〇一九年十月一日初版第一刷発行

著者　鈴木雅子

装幀　清水理江

発行者　上野勇治

発行　港の人
神奈川県鎌倉市由比ガ浜三―一一―四九　〒二四八―〇〇一四
電話〇四六七―六〇―一三七四　ファックス〇四六七―六〇―一三七五
http://www.minatonohito.jp

印刷製本　創栄図書印刷

ISBN978-4-89629-365-4　C0023